ET LES FAIBLES SUBISSENT CE QU'ILS DOIVENT ?

DU MÊME AUTEUR

MODESTE PROPOSITION POUR RÉSOUDRE LA CRISE DE LA ZONE EURO (avec James K. Galbraith et Stuart Holland), Les petits matins, 2014.
LE MINOTAURE PLANÉTAIRE. L'OGRE AMÉRICAIN, LA DÉSUNION EUROPÉENNE ET LE CHAOS MONDIAL, Enquêtes & Perspectives, 2015.
UN AUTRE MONDE EST POSSIBLE. POUR QUE MA FILLE CROIE ENCORE À L'ÉCONOMIE, Flammarion, 2015.
NOTRE PRINTEMPS D'ATHÈNES suivi de *QU'ALLONS-NOUS FAIRE DE L'EUROPE ?* (propos recueillis par le collectif de *Ballast*), Les Liens qui libèrent, 2015.
ET LES FAIBLES SUBISSENT CE QU'ILS DOIVENT ? COMMENT L'EUROPE DE L'AUSTÉRITÉ MENACE LA STABILITÉ DU MONDE, Les Liens qui libèrent, 2016.
MON COURS D'ÉCONOMIE IDÉAL. 8 BRÈVES LEÇONS POUR TOUT COMPRENDRE, Flammarion, 2016.

ISBN 978-2-330-08655-8

YANIS VAROUFAKIS

ET LES FAIBLES SUBISSENT CE QU'ILS DOIVENT ?

COMMENT L'EUROPE DE L'AUSTÉRITÉ MENACE LA STABILITÉ DU MONDE

essai traduit de l'anglais
par Françoise et Paul Chemla

BABEL

À ma mère, Eleni, qui aurait dit son fait avec autant d'élégance que de compassion à quiconque aurait suggéré que les faibles subissent ce qu'ils doivent.

PRÉFACE

La couverture rouge

Un des souvenirs persistants qui me restent de mon enfance est le crépitement d'une TSF cachée sous une couverture rouge. Chaque nuit, vers neuf heures, je crois, ma mère et mon père se glissaient ensemble sous cette couverture et tendaient l'oreille, avides d'en savoir plus. Quand j'entendais le générique assourdi suivi de la voix d'un présentateur allemand, mon imagination d'enfant de six ans quittait notre maison d'Athènes pour l'Europe centrale – espace mythique que je ne connaissais pas encore, sauf par les aperçus séduisants d'un livre des frères Grimm que j'avais dans ma chambre.

L'étrange rituel familial de la couverture rouge avait commencé en 1967, année inaugurale de la dictature militaire en Grèce. La Deutsche Welle, la radio internationale de l'Allemagne, qu'écoutaient mes parents, était alors devenue notre alliée la plus précieuse contre le matraquage de la propagande de l'État dans notre pays : une fenêtre ouverte sur une lointaine Europe démocratique. Après chacune de ses émissions spéciales d'une heure sur la Grèce, nous passions à table, mes parents et moi, et les adultes discutaient des nouvelles fraîches.

Je ne comprenais pas vraiment ce qu'ils disaient, mais cela ne me troublait guère. Et je ne m'ennuyais pas, car l'étrangeté de la situation m'excitait aussi : pour découvrir ce qui se passait dans notre propre ville d'Athènes, il nous fallait voyager par les ondes – cachés sous une couverture rouge – jusqu'à une terre nommée Allemagne.

La couverture, c'était à cause d'un vieux voisin bougon nommé Gregoris. Ses liens avec la police secrète étaient notoires, et il espionnait souvent mes parents, en particulier mon père, qui, avec son passé d'homme de gauche, était une cible de choix pour un petit mouchard ambitieux. Après le coup d'État du 21 avril 1967 qui avait porté au pouvoir les colonels néofascistes, écouter la Deutsche Welle était une des très nombreuses activités passibles de sanctions pouvant aller du harcèlement à la torture. Ayant remarqué que Gregoris fourrait son nez dans notre cour, mes parents ne prenaient aucun risque. La couverture rouge était notre rempart contre ses oreilles aux aguets.

L'été, ma mère et mon père profitaient de leurs congés annuels pour échapper à la Grèce des colonels pendant un mois entier. Nous chargions notre Morris noire et nous partions vers l'Autriche et l'Allemagne du Sud, ces pays où « les démocrates peuvent respirer », disait et répétait mon père durant l'interminable trajet. Willy Brandt, le chancelier allemand, et un peu plus tard Bruno Kreisky, son homologue autrichien, revenaient dans les discussions comme des amis de la famille, qui se trouvaient aussi en première ligne pour isoler « nos » colonels et soutenir les démocrates grecs.

Pendant nos vacances dans ces pays germanophones, loin du néofascisme kitsch de la propagande des colonels, l'attitude des habitants nous confirmait qu'ils ressentaient pour nous, les Grecs, une authentique solidarité. Et lorsque notre Morris rentrait tristement en Grèce, en repassant la frontière riche en photos de notre dictateur fou et en symboles de son régime extravagant, la couverture rouge nous faisait signe pour nous offrir notre seul refuge sûr.

La main refusée

Près de cinquante ans plus tard, en février 2015, j'ai effectué ma première visite officielle à Berlin en qualité de ministre des Finances de la Grèce. L'économie grecque croulait sous une montagne de dettes et son principal créancier était l'Allemagne. J'étais là pour discuter de ce qu'il convenait de faire à ce sujet. Ma première escale a été, bien sûr, le ministère fédéral des Finances, pour rencontrer son dirigeant actuel, le légendaire Dr Wolfgang Schäuble. Pour lui et ses subordonnés, j'étais un gêneur. Notre gouvernement de gauche venait de battre aux élections les alliés du Dr Schäuble et de la chancelière Merkel en Grèce, le parti de la Nouvelle Démocratie. Notre programme électoral contrariait, pour ne pas dire plus, le gouvernement chrétien-démocrate allemand et ses plans de maintien de l'ordre dans la zone euro.

La porte de l'ascenseur s'est ouverte sur un couloir long et froid. Le grand homme m'attendait au bout dans sa célèbre chaise roulante. Quand je suis arrivé près de lui, il a refusé ma main tendue. Au lieu de la serrer, il m'a indiqué résolument son bureau.

Si mes rapports avec le Dr Schäuble se sont réchauffés au cours des mois suivants, cette poignée de main refusée est tout à fait symbolique de ce qui ne va pas en Europe. Elle prouve qu'au cours du demi-siècle qui sépare mes nuits sous la couverture rouge de cette première rencontre à Berlin, l'Europe a profondément changé. Comment mon hôte aurait-il pu imaginer, même fugitivement, que j'arrivais dans sa ville la tête pleine de souvenirs d'enfance où l'Allemagne représentait ma couverture, ma sécurité ?

En 1974, les Grecs, avec le soutien moral et politique de l'Allemagne, de l'Autriche, de la Suède, de la Belgique, des Pays-Bas et de la France, avaient renversé le totalitarisme. Six ans après, la Grèce s'était jointe à l'union démocratique des nations européennes, à la grande satisfaction de mes parents qui avaient enfin pu plier la couverture rouge et la mettre au placard. Moins de dix ans plus tard, la guerre froide avait pris fin et l'Allemagne s'était réunifiée dans l'espoir de se perdre, à bien des égards, au sein d'une Europe en train de s'unir. Le cœur du projet d'insertion de la nouvelle Allemagne unie dans une nouvelle Europe unie était un ambitieux programme d'union monétaire, qui allait mettre dans la poche de chaque Européen la même monnaie, les mêmes billets et jusqu'aux mêmes pièces (dont une face serait identique, où qu'elles aient été frappées). « Donnez-leur la même monnaie, m'avait dit un chauffeur de taxi athénien au début des années 1990, et en un clin d'œil ils se retrouveront aux États-Unis d'Europe. »

En 2001, les deux pays qui, à la lointaine époque de mon enfance, entraient en contact sous la couverture rouge familiale, la Grèce et l'Allemagne, ont partagé la même monnaie, avec plus d'une douzaine d'autres pays. C'était un projet audacieux, d'une ambition irrésistible pour tout Européen de ma génération.

Une lumière pour les peuples

Ce processus d'intégration européenne avait en fait débuté longtemps avant ma naissance, à la fin des années 1940, sous la tutelle des États-Unis. Il avait été anticipé par le « discours de l'espoir » prononcé à Stuttgart en 1946 par le secrétaire d'État américain James F. Byrnes, qui promettait au peuple allemand, pour la première fois depuis sa défaite, « la possibilité de mettre son talent et son énergie, qui sont grands, au service d'activités de paix, de se montrer digne du respect et de l'amitié des nations pacifiques et de prendre en temps voulu une place honorable parmi les membres des Nations unies».

Peu après, les Grecs et les Allemands, avec d'autres Européens, ont commencé à se rencontrer pour discuter de leur éventuel rassemblement au sein de ce qui deviendrait plus tard l'Union européenne. Nous allions nous unir malgré nos différences linguistiques, notre diversité culturelle, nos tempéraments distincts, et, en nous rapprochant, nous allions découvrir, à notre vive satisfaction, qu'il y avait moins de divergences entre nos pays qu'à l'intérieur de chacun d'eux. Lorsqu'un pays avait un problème, comme la Grèce en 1967 avec le putsch militaire, les autres faisaient bloc pour l'aider. Il a fallu un demi-siècle à l'Europe pour guérir ses blessures de guerre par la solidarité et devenir un lumineux exemple proposé à l'humanité, mais elle l'a fait.

Unifier d'anciens pays ennemis sur la base de mandats populaires obtenus en promettant le partage de la prospérité, la construction d'institutions communes, l'élimination des frontières absurdes qui balafraient le continent, a toujours été une entreprise redoutable, un rêve enchanteur. Par bonheur, à la fin du XXe siècle, c'était une réalité émergente. L'Union européenne pouvait même se poser en modèle, encourager et inspirer le reste du monde, l'inciter à éradiquer ses divisions et à établir la coexistence pacifique sur toute la planète.

Soudain, le monde pouvait imaginer, comme une perspective réaliste, un espace commun créé par des nations différentes et non par un empire autoritaire. Nous pouvions forger des liens qui ne seraient pas fondés sur le sang, la langue, l'ethnie ou un ennemi commun, mais sur des valeurs partagées et des principes humanistes. Il devenait envisageable de créer une communauté de nations où la raison, la démocratie, le respect des droits humains et une sécurité sociale juste offriraient à un corps civique multinational, multilingue, multiculturel, la scène où chacun pourrait être l'homme ou la femme que ses talents lui permettraient de devenir.

« Quand me rendra-t-on mon argent ? »

Puis vint le krach de Wall Street en 2008, suivi du désastre financier mondial. Désormais, rien ne serait plus comme avant.

L'univers de la finance occidentale était devenu plus gros que la planète Terre. L'implosion de ses banques et l'assèchement du crédit qu'elle a provoqué ont durement frappé les pays européens, notamment ceux qui utilisaient l'euro. En Europe, la britannique Northern Rock a été la première banque européenne à s'effondrer, la Grèce, le premier État. Sur tout le continent, banques insolvables et États en faillite se sont retrouvés enlacés dans une étreinte de la mort. Mais il y avait une grande différence entre la Grande-Bretagne et des pays comme la Grèce : si Gordon Brown pouvait compter sur la Banque d'Angleterre pour injecter les liquidités nécessaires au salut de la City, les gouvernements de la zone euro avaient une banque centrale à laquelle sa charte interdisait d'en faire autant. Tout le poids du sauvetage des banquiers stupides allait peser sur les citoyens les plus faibles.

Fin 2009, la faillite de l'État grec menaçait les banques françaises et allemandes : elles risquaient fort de connaître le sort de Lehman Brothers. Simultanément, leurs malheurs étaient exacerbés par l'anéantissement des banques irlandaises, qui avait coulé l'État irlandais. Pris de panique, les politiques se sont empressés de monter, aux frais du contribuable, des renflouements gargantuesques qui ont imposé un fardeau écrasant aux plus pauvres tandis que Google, Facebook et les oligarques grecs jouissaient de l'immunité fiscale. C'est à peine croyable, mais ces prêts de renflouement ont été accordés à condition que les pays pratiquent l'austérité, dévastatrice pour les revenus – nouveau coup porté aux contribuables éprouvés sur lesquels reposait toute cette construction. Comme rien ne se répand plus vite qu'une panique justifiable, les dominos suivants sont vite tombés : le Portugal, l'Espagne, l'Italie, Chypre. Sans riposte crédible à la crise inévitable de l'euro, les gouvernements européens se sont tournés les uns contre les autres, ont pointé des doigts accusateurs partout et ont sombré dans une logique du « dépouille ton prochain » qu'on n'avait pas vue en Europe depuis les années 1930. En 2010, la solidarité européenne avait été totalement rongée de l'intérieur. De cette camaraderie naguère solide il ne restait qu'une misérable coquille.

Quelle était la cause de la crise de l'euro ? Médias et politiciens adorent les explications simples, et, à partir de 2010, l'histoire qu'on a répétée en boucle dans toute l'Allemagne et le nord-est protestant de l'Europe disait à peu près ceci :

Les cigales grecques avaient fait l'école buissonnière, et un jour, brusquement, leur bel été financé à crédit a pris fin. Elles ont alors demandé aux fourmis calvinistes de les renflouer, elles et d'autres cigales de toute l'Europe. Et aujourd'hui les fourmis apprennent que les cigales grecques ne veulent pas rembourser leur dette. Elles veulent que ça reparte pour un tour, la vie dissolue, la fête au soleil, et elles demandent un autre renflouement pour financer tout ça. Elles ont même élu un ramassis de socialistes et de gauchistes radicaux pour mordre la main qui les nourrit. Il faut donner à ces cigales une bonne leçon, faute de quoi d'autres Européens, faits d'un bois plus tendre que les fourmis, seront incités à mener aussi la belle vie.

C'est une histoire forte, une histoire qui, pour beaucoup, justifie l'intransigeance contre les Grecs, contre le gouvernement dans lequel j'ai servi.

« Quand me rendra-t-on mon argent ? » m'a demandé pour plaisanter, mais non sans une pointe d'exaspération agressive, un ministre allemand de second rang en marge de cette première rencontre avec le Dr Schäuble. J'ai tenu ma langue et souri poliment.

Les cigales sont partout

J'espère le démontrer dans ce livre : en tant qu'analyse des causes de la crise en cours, la fable d'Ésope *La Cigale et la Fourmi* – ou tout autre récit de ce genre – nous égare totalement.

D'abord, elle ne dit pas qu'il existe de puissantes cigales partout, y compris en Allemagne et dans les autres États en excédent. Elle passe sous silence la fâcheuse habitude qu'ont toutes ces cigales, du Nord et du Sud, de forger des alliances internationales hégémoniques contre les intérêts des honnêtes fourmis qui travaillent sans répit, non seulement dans des pays comme l'Allemagne, mais aussi dans des pays comme la Grèce, l'Irlande et le Portugal. Mais l'essentiel, c'est que la véritable cause de la crise de la zone euro n'a rien à voir avec le comportement des cigales et des fourmis. Elle se trouve dans la zone euro elle-même et, précisément, dans l'invention de l'euro. De fait, ce livre a pour sujet un paradoxe : les peuples européens qui jusque-là s'unissaient si magnifiquement ont été finalement divisés par une monnaie commune.

Le paradoxe d'une monnaie commune qui divise est au cœur de cet ouvrage. Pour le rendre intelligible, et comprendre ainsi pourquoi le récit des cigales et des fourmis, des renflouements et de l'austérité, est entièrement faux, il nous faudra d'abord examiner les racines historiques de l'euro : dans l'ordre instauré en Europe après la Seconde Guerre mondiale, avec la conférence de Bretton Woods de juillet 1944, où a été forgée la structure économique du continent ; et dans l'effondrement de cette structure, avec le « choc Nixon » de 1971. C'est une histoire dans laquelle les États-Unis ont joué le rôle principal, et elle occupe les deux premiers chapitres de ce livre.

L'Europe et l'Amérique : le livre en trois événements

Au départ, cet ouvrage devait être une suite de mon livre précédent, *Le Minotaure planétaire*, où j'ai esquissé ma vision des causes et de la nature du krach mondial de 2008. À la différence du *Minotaure*, où l'Amérique tenait la vedette, le présent ouvrage a pour acteur principal l'Europe. Mais même si l'Europe joue les premiers rôles, ce sont les États-Unis qui lui apportent l'air qu'elle respire, les nutriments dont elle s'alimente, le contexte mondial dans lequel elle évolue. Ils font aussi figure de victime potentielle des échecs évitables de notre protagoniste. Dans ce livre, je vais braquer les projecteurs sur trois événements historiques qui unissent et en même temps dissocient les destins de l'Europe et de l'Amérique.

Le premier s'est produit en 1971 : pour conserver son hégémonie économique mondiale, l'Amérique a éjecté l'Europe de la zone dollar instituée à Bretton Woods (un équivalent de la zone euro). L'influence de cet événement se ressent encore à ce jour partout en Europe et touche en retour l'Amérique elle-même (voir les chapitres 1 et 2).

Le deuxième a été de plus longue durée : afin de réparer les dommages causés par son expulsion de la zone dollar, l'Europe déstabilisée a fait des efforts répétés pour lier ses nombreuses devises dans une forme d'union monétaire – d'abord le système monétaire européen, puis sa propre zone monétaire (voir les chapitres 3, 4 et 5). Une grande partie de ce livre explique comment s'est faite l'union monétaire de l'Europe et montre notamment que son évolution a été guidée, souvent de façon invisible, par les décisions économiques, passées et présentes, prises à Washington.

Le troisième événement commence à nouveau aux États-Unis, avec l'implosion de Wall Street en 2008. Celle-ci déclenche une réaction en chaîne à laquelle la fragile union monétaire de l'Europe, telle qu'elle était conçue, ne pouvait survivre (voir les chapitres 6 et 7). Le livre examine alors les causes profondes de l'incapacité de l'Europe d'opposer à sa crise une réaction rationnelle et efficace ; les effroyables conséquences de cette incapacité pour les peuples européens ; et son effet négatif sur les efforts de l'Amérique pour se relever de la crise interminable provoquée par l'événement de 2008 (voir les chapitres 7 et 8).

Bref, ce livre, tel que je le vois, explique la crise de l'Europe dans ses rapports historiques avec les tentatives de l'Amérique pour réguler le capitalisme mondial. Et il envoie aussi aux États-Unis un message essentiel : la crise de l'euro est trop importante pour être laissée aux Européens, voire ignorée totalement. Comme le souligne le dernier chapitre, elle pèse sur l'Amérique et nuit à l'avenir de tous.

Notre 1929

À en juger par la façon dont elle se répète parfois, l'histoire a du flair pour la farce tragique. La guerre froide n'a pas commencé à Berlin mais dans les rues d'Athènes en décembre 1944 – ce livre le rappellera. La crise de l'euro a également débuté à Athènes, en 2010, déclenchée par les malheurs de la dette grecque. Par un mauvais tour du destin, la Grèce a été à la fois le berceau de la guerre froide et de la crise de l'euro. Pour un petit pays, être l'épicentre d'un désastre mondial est une infortune. En déclencher deux de mémoire d'homme est une tragédie.

Une autre raison nous amène à examiner le passé quand nous pensons l'avenir de l'Europe. Après l'expulsion tumultueuse de l'Europe de la zone dollar en 1971 (sujet du chapitre 1), les pays européens ont essayé de se serrer les uns contre les autres comme des moutons dans la tempête. Mais la solidarité des années 1970 s'est muée en monnaie commune mal conçue, et des renflouements toxiques ont créé des lignes de faille psychologiques le long des Alpes et sur le Rhin. De ces failles émerge un mal irrépressible (voir chapitres 7 et 8), capable de dynamiter le projet européen et, en prime, de déstabiliser le monde entier. Ces nouveaux clivages nous rappellent ce qu'il serait téméraire d'oublier : deux fois au siècle dernier, l'Europe s'est détraquée au point de s'infliger et d'imposer au monde d'effroyables épreuves.

Dès l'instant où une union monétaire entre des pays différents commence à se fragmenter, et où des lignes de faille grandissent inexorablement, on ne peut rétablir la situation que par un dialogue sérieux et une disposition réelle à réviser la conception du système. C'est parce que ce dialogue n'a pas eu lieu dans les années 1930 que la monnaie commune de l'époque, l'étalon-or, s'est désintégrée. Et voici que quatre-vingts ans plus tard tout recommence, dans une Europe qui devrait avoir appris de ses erreurs. Les Européens ont mis une éternité à comprendre que 2008 est notre version de 1929. Dans les deux cas, Wall Street a été l'épicentre et, une fois la richesse financière disparue, le crédit évaporé, les actifs papier partis en fumée, la monnaie commune a commencé à se déliter. Très vite, la classe ouvrière de chaque pays s'est tournée contre celles de tous les autres en cherchant son salut dans le protectionnisme. En 1929, on pratiquait le protectionnisme en dévaluant sa monnaie par rapport aux autres devises. En 2010, nous le verrons, on le fait en dévaluant sa main-d'œuvre par rapport à celles des autres. L'enchaînement a été d'une similitude déprimante : en un rien de temps, les travailleurs allemands sous-payés ont haï les Grecs et les travailleurs grecs sous-employés haï les Allemands. Voyant la zone euro ballottée par une récession économique massive, le monde entier a attendu impatiemment l'issue de cette version postmoderne des années 1930. Il attend toujours.

Dette et culpabilité

« Une dette est une dette, point final ! » Autre formule, d'une autre sommité de la République fédérale d'Allemagne, qui m'a été adressée pendant cette première visite officielle à Berlin. En l'entendant, comment ne pas penser à ce que Manolis Glezos, le vivant symbole de la résistance grecque contre les nazis, avait écrit en 2012 dans un livre intitulé *Même si c'était un seul deutschemark*[1] ? Cet ouvrage était porteur d'un message du même type que l'assertion de la sommité allemande : chaque deutschemark des réparations de guerre dues à la Grèce doit être remboursé. Même un seul mark payé peut contribuer à redresser une terrible injustice. De même qu'en Allemagne, depuis l'éclatement de la crise de l'euro, il est devenu notoire que les Grecs sont des débiteurs insupportables, de même, en Grèce, les dettes de guerre impayées de l'Allemagne ne lui seront peut-être jamais pardonnées.

Dans mes efforts pour trouver un terrain d'entente avec le ministère des Finances allemand, ce choc des leçons de morale était bien la dernière chose qu'il me fallait. Les questions éthiques sont au cœur du rapprochement entre les peuples. Il faut « clore le chapitre » pour guérir les blessures – en Afrique du Sud, la commission Vérité et Réconciliation l'a démontré avec éclat. Mais lorsqu'il s'agit d'affronter les réalités financières modernes et d'administrer une union monétaire complexe et mal conçue, l'économie biblique est un ennemi sournois. Une dette est une dette, soit, mais une dette impayable ne sera pas payée, sauf si on la restructure raisonnablement. Ni les jeunes Allemands de 1953 (année où les États-Unis ont réuni une conférence à Londres pour réduire sans paiement la dette publique de l'Allemagne à l'égard de plusieurs pays, dont la Grèce), ni les jeunes Grecs de 2010 ne méritaient une vie de misère à cause des dettes impayables de la génération précédente.

« Diable ! Utiliser ces entretiens pour rapprocher les points de vue ne sera pas facile ! » me suis-je dit lorsqu'on m'a assené la phrase que j'ai citée plus haut. Un récit des deux dettes virait au conflit sans fin des leçons de morale. L'Europe est un vieux continent, et les dettes que nous avons contractées les uns envers les autres remontent à des décennies, des siècles, des millénaires. Faire les comptes dans un esprit vindicatif et s'accuser mutuellement au nom de l'éthique, c'était justement ce qu'il fallait éviter au cœur d'une crise économique dont les énormes dettes récentes, venues s'empiler par-dessus les montagnes de dettes anciennes, n'étaient qu'un simple sous-produit.

Le capitalisme, ne l'oublions pas, n'a pu s'épanouir qu'après la « dé-moralisation » de la dette. Il a d'abord fallu remplacer la prison pour dettes par la responsabilité limitée et effacer tout sentiment de culpabilité dont les débiteurs pouvaient être encombrés pour que le « perfectionnement rapide de tous les instruments de production [...] [et les] communications rendues infiniment plus faciles » puissent entraîner « dans la civilisation toutes les nations, même les plus barbares » – comme l'écrit nul autre que Karl Marx[2].

À Berlin, j'ai répondu qu'il était primordial de restructurer la dette publique grecque pour créer une poussée de croissance, seule capable de nous aider à rembourser nos dettes ; sinon la Grèce n'aurait pas de quoi payer. Ma proposition a coulé à pic comme un poids mort.

Fantômes d'un passé commun

Le jour où notre gouvernement a pris ses fonctions, fin janvier 2015, le Premier ministre Alexis Tsipras est allé déposer une couronne à un mémorial en l'honneur de patriotes grecs exécutés par les nazis. La presse internationale y a vu un geste symbolique de défi adressé à Berlin : elle a insinué que nous tentions d'établir un parallèle entre le IIIe Reich et une zone euro dirigée par l'Allemagne, qui imposait un nouveau corset de fer à la Grèce. Cela ne m'a pas aidé dans ma mission de créer des liens d'amitié dans la capitale allemande, notamment au très austère ministère fédéral des Finances.

Jugeant essentiel de souligner que notre gouvernement ne faisait aucun parallèle entre l'Allemagne nazie et l'actuelle République fédérale, j'ai écrit le texte qui suit et je l'ai intégré à ma déclaration dans ma conférence de presse conjointe avec le Dr Schäuble. Mon intention était de tendre un rameau d'olivier :

> Ministre des Finances d'un gouvernement confronté à une situation d'urgence due à une terrible crise de déflation par la dette, j'estime que la nation allemande est celle qui peut nous comprendre, nous les Grecs, mieux que toute autre. Nul ne sait mieux que le peuple de ce pays comment une grave dépression économique associée à une humiliation nationale permanente et à un désespoir sans fin peut faire éclore les œufs du serpent dans une société. Quand je rentrerai chez moi ce soir, je me trouverai dans un parlement où le troisième parti est un parti nazi.
>
> Lorsque notre Premier ministre a déposé une couronne devant un mémorial symbolique à Athènes immédiatement après avoir prêté serment, c'était un geste de défi contre la résurgence du nazisme. L'Allemagne peut être fière de l'éradication du nazisme

sur son territoire. Mais une des cruelles ironies de l'histoire veut qu'il relève sa tête immonde en Grèce, pays qui avait mené une si belle lutte contre lui.

Nous avons besoin de l'aide du peuple allemand dans la lutte contre la misanthropie. Nous avons besoin de nos amis dans ce pays pour rester fermement au sein du projet européen de l'après-guerre ; c'est-à-dire pour ne plus jamais permettre qu'une dépression comme celle des années 1930 divise de fières nations européennes. Nous ferons notre devoir à cet égard. Et je suis persuadé que nos partenaires européens feront le leur.

Appelons cela de la naïveté, mais je m'attendais, je l'avoue, à un accueil positif de mon petit discours. Ce fut un silence de mort. Le lendemain, la presse allemande me fustigeait pour avoir osé évoquer les nazis au ministère fédéral des Finances, tandis qu'une bonne partie de la presse grecque me félicitait d'avoir traité le Dr Schäuble de nazi. À la lecture de ces réactions divergentes après mon retour à Athènes, je me suis autorisé un bref moment de désespoir.

Furieux de voir l'Europe aussi introvertie et de nous voir si prompts à nous accuser mutuellement, j'ai décidé, pour tenter d'alléger un peu la pression, de mettre tous nos maux au compte d'un autre Grec : Ésope. À l'évidence, sa fable simpliste obscurcissait la vérité et dressait une fière nation européenne contre une autre. Sous son influence, les partenaires devenaient adversaires, tous les Européens ou presque risquaient de finir perdants et les seuls gagnants étaient les racistes à l'affût dans l'ombre et ceux qui n'avaient jamais fait la paix avec la démocratie européenne. Ce livre donne un autre récit qui aura, espérons-le, l'effet inverse.

Il n'est pas trop tard. Nous avons encore tout à perdre.

CHAPITRE 1

Et les faibles subissent ce qu'ils doivent

> Ma philosophie est que tous les étrangers veulent nous entuber, et que notre travail consiste à les entuber les premiers.
>
> John Connally[1]

C'est en plein été à Camp David, le lieu de villégiature du président des États-Unis, que le secrétaire au Trésor de Richard Nixon, l'ex-gouverneur du Texas John Connally, a convaincu son président de déchaîner le choc Nixon de triste mémoire sur les dirigeants européens abasourdis. Au terme d'un week-end crucial de discussions avec ses principaux conseillers, le président Nixon a fait en direct à la télévision une déclaration ahurissante: le système monétaire mondial, que l'Amérique avait conçu et qu'elle soutenait depuis la fin de la guerre, allait être démantelé d'un seul coup[2]. C'était le dimanche 15 août 1971.

Quelques heures après l'allocution télévisée du président, à minuit juste, un avion de transport militaire décollait de la base aérienne d'Andrews en direction de l'Europe. À bord, Paul Volcker, le sous-secrétaire de Connally, était résolu à faire face aux ministres des Finances européens qui frisaient déjà la dépression nerveuse collective[3]. Au même moment, Connally lui-même préparait un discours à la nation avant de s'envoler vers l'Europe pour signifier à une clique d'arrogants Premiers ministres, chanceliers et présidents que la partie était finie. *Game over.* Washington avait décidé de mettre fin soudainement au système financier mondial que les États-Unis avaient élaboré en 1944 et sur lequel ils avaient toujours veillé amoureusement depuis.

Tandis que Volcker s'occupait des ministres des Finances européens et des banquiers de Londres et de Paris en essayant de les calmer, Connally a adressé à leurs supérieurs, en tête à tête, personnellement, un message autrement brutal. Messieurs, leur a-t-il dit en substance, cela fait des années que vous critiquez notre façon de gérer le système financier d'après-guerre – celui que nous avons créé pour vous aider, vous, à vous relever des cendres où vous vous étiez mis tout seuls. Vous vous sentiez libres de violer son esprit et ses règles. Vous supposiez que nous allions continuer, comme Atlas, à le soutenir, quel qu'en soit le coût, malgré vos insultes et vos actes de sabotage. Mais vous vous êtes trompés ! Dimanche, le président Nixon a tranché la corde de sécurité entre notre dollar et vos monnaies[4]. Nous verrons bien ce que cela donnera pour vous ! Mon pronostic est que vos devises auront tout l'air de canots de sauvetage largués en plein océan par le fier navire *USS Dollar* : elles seront ballottées par la haute mer, qu'elles n'ont jamais été conçues pour affronter, elles se heurteront entre elles, et, globalement, elles n'arriveront pas à tenir leur cap[5].

Et Connally a résumé le tout d'une formule brève, cinglante, brutale, dont l'écho résonne encore dans toute l'Europe : « Messieurs, le dollar est notre monnaie. Et à partir de maintenant, c'est votre problème[6] ! »

Les dirigeants européens ont compris immédiatement la gravité de leur situation, mais ils ont riposté par une série de réactions impulsives qui, de bévue en bévue, ont abouti quarante ans plus tard à la situation actuelle de l'Europe. En 2010, le continent s'est retrouvé confronté aux conséquences de ces quarante années d'erreurs accumulées (voir chapitres 2, 3 et 4). La crise de sa monnaie commune est due à des défauts dont l'origine est liée à ces événements de 1971, où Nixon, Connally et Volcker ont bouté l'Europe hors de la zone dollar[7]. La comédie des erreurs qu'ont jouée les dirigeants européens face à la crise de l'euro d'après 2010 (voir chapitres 5 et 6) est aussi attribuable à la réaction maladroite de l'Europe au choc Nixon.

C'est cet événement historique déterminant qui va nous occuper dans ce chapitre.

Le coup venait de loin

Nixon ne s'était pas rallié à la philosophie grossière de Connally d'un cœur léger. Et la philosophie de Connally n'était pas aussi grossière que la formulation qu'il aimait lui donner. Le système financier mondial d'après-guerre, que la déclaration estivale de Nixon a jeté à la poubelle de l'histoire, craquait déjà de toutes parts comme une barque condamnée, dont l'inévitable naufrage menaçait d'envoyer par le fond l'hégémonie américaine.

Le prédécesseur immédiat de Nixon à la Maison-Blanche, Lyndon B. Johnson, compatriote texan et mentor politique de Connally, avait aussi compris que l'ordre financier de l'après-guerre conçu par les Américains ne pouvait durer[8]. Dans une discussion qu'il avait eue en 1966 avec Francis Bator, son conseiller adjoint à la sécurité nationale, il avait soutenu avec la dernière énergie qu'il était prêt à y mettre fin en tranchant le lien entre le dollar et la valeur de l'or, dont tout le système mondial dépendait : « Je ne vais pas mettre l'économie américaine en récession, saborder ma politique étrangère en sabrant l'aide ou en retirant les troupes, ou passer au protectionnisme, à seule fin de pouvoir continuer à livrer de l'or aux Français à 35 dollars l'once[9]. » Néanmoins, trop occupé à lancer ses programmes de la *Grande Société* et à intensifier la guerre du Vietnam, hésitant aussi à détruire un système mondial qu'avait créé vingt ans plus tôt l'administration du président Franklin Roosevelt (les architectes ou animateurs du New Deal – nous dirons : les New Dealers), Johnson l'a laissé continuer cahin-caha[10].

Une fois parvenu à la Maison-Blanche, Nixon a également tenté de retarder l'inévitable. Certes, son équipe de stratèges politiques, souvent divisés, était de plus en plus unanime à conclure que le système mondial était détraqué. Mais cette prise de conscience n'aurait pas suffi à convaincre Nixon de lâcher son choc (et John Connally) sur les Européens médusés. En fait, nous le verrons, il a fallu plusieurs initiatives agressives des Français, des Allemands et des Britanniques, de 1968 à l'été 1971, pour qu'il se sente les mains libres. Ce sont ces défis téméraires à la gestion par l'Amérique du capitalisme mondial qui ont donné à Connally et à « ce maudit Volcker[11] » l'occasion de persuader le président qu'il n'y avait pas d'autre solution : il devait mettre à la décharge le système monétaire international dit de Bretton Woods, et il devait jeter l'Europe avec !

Les choses auraient-elles pu tourner autrement ? En 1971, chacun savait que le système financier mondial de Bretton Woods avait été miné par de puissantes forces économiques souterraines que ni les États-Unis ni l'Europe ne maîtrisaient. Les dirigeants européens auraient pu chercher à réformer ce système chancelant par la négociation. Mais ils avaient trop présumé de leurs forces, qui n'étaient pas bien grandes, contre une puissance hégémonique sans peur. À présent, ils allaient en subir les conséquences. Et l'Europe les a effectivement subies. En fait, elle les subit encore, de Dublin à Athènes et de Lisbonne à Helsinki.

Une idée simple pour une Europe en ruine

Le système financier auquel le président Nixon a mis un terme en 1971 était né en juillet 1944 dans les salles de conférences du Mount Washington Hotel à Bretton Woods, dans le New Hampshire. Son cadre naturel majestueux n'aurait guère pu être plus éloigné des réalités qui se forgeaient alors par le sang et l'acier en Europe et dans le Pacifique.

Le débarquement de Normandie n'avait précédé la conférence de Bretton Woods que de trois semaines : des milliers de familles en deuil, majoritairement américaines, étaient encore sous le choc de son effroyable bilan humain. Pendant la conférence elle-même, l'Armée rouge a libéré Minsk avec d'énormes pertes, l'aviation américaine a soumis Tokyo à des bombardements massifs pour la première fois depuis 1942, les troupes algériennes des forces du général Charles de Gaulle ont pris Sienne, tandis que les V-1 pilonnaient Londres impitoyablement. Le 20 juillet, la veille de la conclusion réussie de Bretton Woods, des conspirateurs dirigés par Claus von Stauffenberg ont tenté d'assassiner Adolf Hitler dans son bunker à Rastenburg. Malgré leur échec, l'issue du conflit ne faisait plus de doute. Pour les Alliés, juillet 1944 était sûrement le bon moment pour commencer à préparer l'après-guerre.

La tête pleine du conflit en cours, et dans une incertitude considérable sur leur propre position au sein de l'ordre qui en émergerait, les délégués des quarante nations alliées assistant à la conférence ont élaboré en trois semaines un accord financier impressionnant. Anticipant l'instant où le canon se tairait en Europe, et avant l'émergence de l'Union soviétique dans le rôle du dragon à tuer, les New Dealers au pouvoir aux États-Unis avaient compris que l'Amérique allait hériter d'une mission historique : refaire le capitalisme mondial à son image.

Lors de la cérémonie d'ouverture de la conférence, le 1er juillet 1944, le président Roosevelt a déclaré que son administration abandonnait tout vestige d'isolationnisme américain : « La santé économique de chaque pays, a-t-il déclaré, est un sujet qui préoccupe à juste titre tous ses voisins, proches et lointains. » C'était clair : l'Amérique, seul pays (à la possible exception, sans importance, de la Suisse) à sortir du conflit avec son système monétaire intact, son industrie en plein essor et un salubre excédent commercial, était résolue à prendre sous son aile un monde détruit par la guerre.

Une des victimes du conflit en Europe était la monnaie. Les régimes complices des nazis dans les pays occupés avaient tant fait tourner la planche de leur devise nationale pour soutenir l'effort de guerre de l'Axe que les billets dans les poches des Européens ne valaient plus le papier sur lequel ils étaient imprimés. Et même dans les pays qui avaient échappé à l'occupation, comme la Grande-Bretagne, les coûts de la guerre et l'effondrement du commerce avaient provoqué un tel endettement de l'État et une telle destruction de valeur que la devise ne valait plus rien – du moins dans les échanges internationaux. Bref, le billet vert était la seule monnaie restée debout et la seule capable de lubrifier le commerce mondial.

Washington avait compris qu'une fois les armées allemandes vaincues, sa première tâche serait de remonétiser l'Europe. C'était plus facile à dire qu'à faire, bien sûr. Dans un continent où l'or avait été dépensé ou volé, où les usines et les infrastructures étaient en ruine, où des hordes de réfugiés erraient sur les routes et où les camps de concentration puaient encore de l'innommable cruauté de l'humanité, un papier-monnaie flambant neuf ne suffirait pas. Quelque chose devait donner une valeur aux nouveaux billets. Mais quoi ? Peut-être ne faut-il guère s'en étonner : le « quelque chose » qu'ont trouvé les New Dealers n'était autre que leur propre dollar. L'Amérique allait partager son billet vert avec les pays européens qui, à la fin de la guerre, s'abritaient sous son égide géopolitique. En pratique, cela supposait de nouvelles devises européennes soutenues à taux fixe par des dollars ; autrement dit, tel nombre de deutschemarks, de francs français, de livres britanniques ou même de drachmes grecques vaudrait un nombre de dollars déterminé d'avance et constant. C'est cette garantie du dollar qui allait conférer instantanément une valeur mondiale à la nouvelle monnaie de l'Europe.

Cela ne risquait-il pas de dévaloriser le dollar ? S'il était le point d'ancrage des nouvelles monnaies européennes, sur quoi allait reposer sa propre valeur ? À cette question, on a répondu en s'inspirant de la longue tradition qui lie le papier-monnaie aux métaux précieux qu'aucun alchimiste ne peut contrefaire : l'Amérique garantirait un taux de change fixe, et la pleine convertibilité, entre le dollar et l'or qu'elle détenait dans un bunker sous le siège de la Federal Reserve de New York ainsi qu'à Fort Knox.

C'était une idée simple pour un monde plus simple : offrir à tout détenteur d'un certain nombre de dollars (le chiffre finalement retenu a été 35 dollars), quelle que soit sa nationalité et où qu'il se trouve sur la planète, un droit sans réserve à une once d'or possédée par les États-Unis. De même, on garantirait au détenteur d'un autre montant de chacune des nouvelles devises européennes un nombre précis de dollars qui lui donneraient ensuite un accès garanti à l'or américain. Fondamentalement, les billets verts gagés sur l'or devenaient les garants des autres monnaies au sein d'une nouvelle structure financière mondiale qui est entrée dans l'histoire sous le nom de « système de Bretton Woods ».

Un disciple pour vaincre le maître

Aux négociations de Bretton Woods, le président Franklin D. Roosevelt était représenté par Harry Dexter White – économiste entré en politique dans le sillage du New Deal de Roosevelt[12]. Les New Dealers comme White avaient fait leurs classes dans les années 1930, avec l'effondrement des marchés financiers entièrement libres en 1929 et la Grande Dépression qui avait suivi. Ils avaient pour ambition de combattre la misère et le désespoir en musclant les institutions existantes de l'État fédéral et en en créant de nouvelles, qui rendraient un nouveau 1929 impossible. Bretton Woods offrait à White une occasion de projeter le New Deal au niveau mondial. Sa mission à la conférence était d'une envergure exceptionnelle : concevoir à partir de rien un système financier mondial stable et viable pour l'après-guerre, tout en tenant en respect les Européens qui allaient essayer, estimait-on à Washington, de biaiser le nouveau système en leur faveur.

Les positions économiques de White avaient été très influencées, dans les années 1930, par les écrits de l'économiste de Cambridge John Maynard Keynes. Par une délicieuse ironie du sort, le seul Européen qu'il devait affronter à Bretton Woods n'était autre que John Maynard Keynes lui-même, dépêché par le gouvernement d'union nationale de Winston Churchill pour représenter le dernier empire d'Europe à l'agonie[13].

Keynes avait tout préparé, bien avant d'arriver en Amérique. Il apportait une perception acérée des mécanismes du capitalisme mondial, une compréhension exceptionnelle des forces économiques qui avaient provoqué la Grande Crise, un plan superbe pour remodeler le système financier international. Ajoutons qu'il maniait les mots comme un poète et avait le talent d'un romancier pour le récit[14]. Un seul participant à la conférence de Bretton Woods pouvait lui refuser la gloire suprême de marquer le nouveau système mondial de son empreinte : son disciple américain Harry Dexter White. Et c'est ce qu'a fait White.

La proposition de Keynes débordait de puissance intellectuelle ; White rayonnait du pouvoir que lui conférait la puissance économique et militaire américaine. Keynes préconisait un système mondial capable de stabiliser le capitalisme à un horizon fabuleusement long ; White avait pour mandat d'imposer un système qui refléterait la nouvelle puissance des États-Unis, mais qui ne serait viable qu'aussi longtemps que l'Amérique resterait le pays à l'excédent extraordinaire. Il était sûrement inévitable que les deux hommes s'affrontent et que White l'emporte, même si Keynes réussissait à convaincre son adversaire sur tous les points théoriques.

Et c'est ainsi qu'en juillet 1944, juste après le débarquement, tandis que les armées des États-Unis avançaient en Europe comme dans le Pacifique et que le reste du monde était endetté à leur égard, Keynes a regagné Londres en vaincu. Il s'est refusé à tout commentaire précis sur l'accord que la partie américaine avait finalement imposé et sur son propre plan, que White, au Mount Washington Hotel, avait jeté au panier. Peu après, Keynes a consacré toute l'énergie qui lui restait à une autre négociation avec les New Dealers de Washington, lors d'une conférence à Savannah, en Géorgie. Il s'agissait cette fois de les convaincre de réduire la dette de guerre colossale de la Grande-Bretagne. Cela ne s'est pas bien passé. Pendant les discussions, qu'il a qualifiées d'« infernales », Keynes a eu sa première crise cardiaque. Peu après son retour en Angleterre, à l'âge de soixante-deux ans, une seconde l'a emporté.

La réplique des Méliens

Quarante ans plus tard, en 1988, en examinant les papiers et les livres de Keynes au King's College de Cambridge, j'ai remarqué un exemplaire de *La Guerre du Péloponnèse* de Thucydide, dans le texte original en grec ancien. Je l'ai pris et l'ai feuilleté rapidement. Il y avait, souligné au crayon, le célèbre passage où les puissants généraux athéniens expliquaient aux malheureux Méliens que les « droits » ne sont pertinents qu'entre parties « de force égale », et qu'en conséquence ils allaient faire de leurs interlocuteurs ce qui leur plaisait, parce que « les forts font ce qu'ils peuvent faire et les faibles subissent ce qu'ils doivent[15] ».

Ces mots me sont maintes fois revenus à l'esprit au printemps 2015, face aux créanciers de la Grèce, bien décidés à écraser notre gouvernement. Je suis sûr que Keynes aussi s'est souvent remémoré la phrase à Bretton Woods. Mais je me demande s'il a été tenté, comme moi, de s'adresser à ses adversaires en s'inspirant de la réplique des Méliens, qui, pour assurer leur salut, ont essayé de faire appel à l'intérêt personnel des Athéniens :

> Donc, à notre avis (puisque vous nous forcez à fonder nos arguments sur votre intérêt personnel et non sur ce qui est juste), il est utile de ne pas détruire un principe qui sert le bien commun – laisser ceux qui se trouvent dans les griffes de la mauvaise fortune [...] prospérer au-delà des limites que fixe le calcul précis de leur puissance. Et c'est un principe qui vous concerne tout autant, puisque *votre propre chute s'accompagnerait de la vengeance la plus terrible, sous les yeux du monde entier*[16].

Dans le cas des arrogants Athéniens, ces mots ont sûrement pris tout leur sens des années plus tard, quand leurs ennemis mortels, les Spartiates, ont pris d'assaut les murs d'Athènes pour faire œuvre de destruction. Après la Grande Guerre, en 1919, Keynes avait usé d'une logique proche du raisonnement des Méliens pour mettre en garde les Alliés victorieux : le traité vengeur qu'ils avaient imposé à l'Allemagne à Versailles était un dangereux boomerang qui reviendrait frapper les bases de leurs propres intérêts[17] – et c'est bien ce qui s'est passé quand le traité de Versailles a provoqué en Allemagne une crise économique qui a porté Adolf Hitler au pouvoir. Peut-être les New Dealers encore en vie au milieu des années 1960 ont-ils aussi ressenti le bien-fondé de cette logique quand le système de Bretton Woods, que White avait imposé contre l'avis plus judicieux de Keynes, a commencé à se désagréger. Mais à cette date, il était évidemment trop tard pour y changer quoi que ce soit. Bretton Woods était en bout de course, et le choc Nixon a simplement montré avec quelle implacable efficacité les dirigeants américains s'adaptent aux nouvelles réalités désagréables, contrairement à leurs homologues européens, qui s'accrochent à leurs projets en faillite le plus longtemps possible.

Quand il s'est produit, le choc Nixon a permis à l'Amérique, à la différence d'Athènes, de continuer à jouir de tous les atours d'une hégémonie incontestée – au moins jusqu'en 2008. C'était l'essence même de la proposition de John Connally à son président : les entuber avant qu'ils nous entubent ! L'Europe et le Japon ont donc été sacrément « entubés[18] », mais les New Dealers, qui avaient écarté en 1944 le plan de Keynes, l'ont été aussi : leur projet politique a été détruit. De fait, après 1965, les New Dealers et leurs successeurs ont perdu toutes les batailles intérieures qu'ils ont livrées contre le retour en force des républicains. Et l'on pourrait soutenir que, s'ils ont lamentablement échoué à faire revivre l'esprit du New Deal, même sous des présidents démocrates qui voulaient peut-être le ressusciter (comme Jimmy Carter, Bill Clinton et Barack Obama), c'est parce qu'ils ont rejeté les propositions de Keynes en 1944[19].

Le recyclage par beau temps

Le plan de Keynes était internationaliste et multilatéral par essence. Il tenait compte des leçons de l'histoire (le krach catastrophique de Wall Street en 1929) et reposait théoriquement sur une idée évidente pour tout le monde sauf pour la plupart des économistes professionnels : le capitalisme mondial est radicalement différent de l'économie solitaire de Robinson Crusoé.

Une économie fermée, autarcique (c'est-à-dire autosuffisante), comme celle de Robinson Crusoé dans la littérature ou peut-être la Corée du Nord aujourd'hui, peut être pauvre, isolée et non démocratique mais au moins elle échappe aux problèmes que causent les autres économies par les déficits ou les excédents extérieurs[20]. En revanche, toutes les économies modernes ont des relations avec les autres et peuvent être sûres que ces relations seront presque toutes asymétriques. Pensons aux rapports de la Grèce avec l'Allemagne, de l'Arizona avec la Californie voisine, du nord de l'Angleterre et du Pays de Galles avec le Grand Londres ou des États-Unis avec la Chine : autant de déséquilibres dont la permanence est impressionnante. Bref, les déséquilibres sont la norme, jamais l'exception.

En 1944, Keynes admettait que, dans l'effroyable situation où se trouvait l'Europe, il n'y avait pas d'autre solution qu'un régime de taux de change fixes très dépendant du dollar. Mais si dollariser l'Europe allait résoudre un problème, un système de taux de change fixes fondé sur le dollar, prédisait-il, ferait grandir les déséquilibres commerciaux, avec des conséquences ultimes terribles pour les pays en déficit d'abord, puis pour tous les autres. Sur les raisons de l'effet déstabilisant des taux de change fixes dans un monde d'excédents et de déficits persistants, la logique de Keynes s'ancrait directement dans les événements à l'origine de la Grande Crise – cette Grande Dépression que les New Dealers comprenaient si bien. Voici quelle était son analyse.

Comme la dette d'une personne est l'actif d'une autre, le déficit d'un pays est l'excédent d'un autre. Dans un monde asymétrique, l'argent qu'amassent les économies excédentaires en vendant aux économies déficitaires plus qu'elles ne leur achètent s'accumule dans leurs banques, mais celles-ci sont tentées d'en prêter elles-mêmes une grande partie aux pays ou régions déficitaires : les taux d'intérêt y sont toujours plus élevés puisque l'argent y est plus rare. Les banques contribuent ainsi à maintenir un semblant d'équilibre aux époques de prospérité. Si tout indique que, dans un pays en déficit, le taux de change va rester stable ou même identique, elles prêteront encore davantage sur son territoire, car elles n'auront pas à craindre que les débiteurs qui y vivent aient du mal à les rembourser à cause d'une dévaluation. En ce sens, les banquiers sont des recycleurs d'excédents « par beau temps ». Ils font un profit en prenant aux pays excédentaires une part de leur surplus financier et en le recyclant dans les pays déficitaires.

Mais si le taux de change est fixe, les banques s'emballent. Elles transfèrent des montagnes d'argent dans les régions en déficit tant que le ciel est bleu, sans aucun nuage annonçant la tempête, et les eaux financières, parfaitement calmes. Grâce à leurs lignes de crédit, les déficitaires peuvent continuer à acheter toujours plus aux excédentaires, qui prospèrent sur une immense vague d'exportations. Les entreprises d'import-export s'enrichissent partout, les revenus grimpent dans tous les pays, excédentaires ou déficitaires, la confiance dans le système financier grandit, les excédents grossissent et les déficits se creusent.

Tant que le climat financier reste au beau fixe, le recyclage de l'excédent par beau temps continue. Oui, mais voilà : il ne peut pas durer toujours. Aussi sûrement et brusquement qu'un tas de sable s'écroulera quand on lui ajoutera le grain de trop, le commerce fondé sur le crédit-vendeur se terminera par un spasme violent et soudain. Nul ne peut en prédire le moment mais seuls les imbéciles n'en voient pas la nécessité. L'équivalent du grain de sable de trop est un container de produits importés qui reste en souffrance, non réclamé par un importateur devenu insolvable ; ou le défaut de paiement d'un promoteur immobilier qui a trop abusé du levier et cesse de rembourser son prêt. Il suffit d'une faillite de ce genre dans un pays en déficit pour déclencher la panique générale des banques dans les pays en excédent.

Subitement, les banquiers globe-trotters, naguère si sûrs d'eux, tremblent de tous leurs membres. Du crédit laxiste on passe à l'absence totale de crédit. Dans les régions déficitaires, les importateurs, les promoteurs, les États et les autorités locales, tous devenus très dépendants des banques, se retrouvent à sec. Les prix de l'immobilier s'effondrent, les travaux publics sont abandonnés, les immeubles de bureaux deviennent des tours fantômes, les magasins ferment définitivement, les revenus s'évanouissent et les gouvernements annoncent l'austérité. En un rien de temps, les banquiers ont entre les mains un Himalaya de « prêts non productifs ». La panique va *crescendo,* jusqu'à devenir assourdissante, et les mots inimitables de Keynes résonnent à nouveau : « Dès qu'une tempête se lève », les banquiers se comportent comme le « marin d'eau douce et par beau temps » qui « renonce à naviguer, ou même coule le navire susceptible de l'emmener en sécurité dans sa hâte à pousser son voisin par-dessus bord pour y monter lui-même»[21].

C'est le destin du recyclage de l'excédent par beau temps : provoquer un krach et l'arrêt de tout recyclage. C'est ce qui s'est passé en 1929. C'est aussi ce qui se passe depuis 2008 en Europe.

Recyclage politique de l'excédent ou barbarie

En revanche, quand la valeur de la monnaie d'un pays est flexible, elle fonctionne comme un amortisseur de chocs : elle absorbe la secousse d'une crise bancaire provoquée par des flux commerciaux et financiers insoutenables. Lorsque des pratiques bancaires non viables ont provoqué l'effondrement de l'Islande en 2008, sa devise a chuté, le poisson qu'exporte l'île au Canada et aux États-Unis est devenu incroyablement bon marché, les recettes sont remontées et – point crucial – les dettes libellées en monnaie locale ont fondu (du moins exprimées en dollars, en euros et en livres). C'est pourquoi l'Islande s'est relevée si vite après un choc terrible.

Mais quand la monnaie d'un pays en déficit s'échange à un taux immuable avec celles de ses partenaires commerciaux en excédent, sa valeur internationale est fixe. Cela paraît excellent à qui vit dans ce pays et possède de grandes quantités de sa devise. Mais c'est terrible pour l'immense majorité de sa population, qui en détient peu. Une fois l'enchaînement des faillites enclenché, les revenus vont forcément s'effondrer, alors que les dettes privées et publiques à l'égard des banques étrangères vont rester les mêmes. Le prix d'un taux de change fixe, c'est une étreinte de la mort entre un État en faillite, des citoyens désargentés et un secteur privé insolvable. Une spirale d'effondrement, un hideux tourbillon, conduit la masse de la population à l'esclavage pour dette, le pays à la stagnation, la nation à l'ignominie.

John Maynard Keynes ne le savait que trop[22]. Et Harry Dexter White aussi, car il avait vécu la désolation des années 1930. Il avait l'expérience directe de ce qui se passe lorsque le fardeau écrasant de l'ajustement tombe sur les épaules des plus faibles : sur les débiteurs qui languissent dans les régions déficitaires où les revenus sont au plus bas, où l'investissement disparaît et où seul le trou noir de la dette et des pertes bancaires grandit sans cesse. Tout cela, White le comprenait parfaitement, aussi bien que les Grecs, les Irlandais, les Espagnols et leurs autres compagnons d'infortune dans l'Europe d'aujourd'hui.

C'est parce que White prenait la mesure de ce problème qu'il était d'accord avec Keynes sur un point crucial : il fallait introduire dans le système mondial qu'ils élaboraient un mécanisme de substitution pour amortir les chocs. C'est ce qui avait manqué à l'étalon-or dans les années 1920 et qui manque cruellement à l'Europe aujourd'hui : un dispositif capable d'entrer en jeu à l'instant même où disparaît le recyclage par beau temps de l'excédent par les banquiers, pour que le cercle vicieux de l'effondrement ne puisse pas s'amorcer et précipiter les pays déficitaires d'abord, puis le capitalisme mondial, dans une nouvelle spirale de dépression et de conflits barbares. Quel genre de dispositif ? Un ensemble d'institutions politiques qui interviennent pour recycler les excédents quand le recyclage par beau temps fait naufrage.

Les New Dealers, que White représentait à Bretton Woods, s'étaient déjà attaqués à ce problème dans leur pays. Ils avaient créé des institutions fédérales qui allaient, en temps de crise, recycler automatiquement les excédents là où l'on en avait le plus besoin : un « recyclage politique de l'excédent », pour faire court. L'objectif même du New Deal, dix ans avant la conférence de Bretton Woods, était justement celui-là : la Social Security, le mécanisme fédéral de garantie des dépôts géré par la Federal Deposit Insurance Corporation pour toutes les banques dans tous les États, Medicare, les bons d'alimentation et le budget militaire étaient des institutions ou des mécanismes conçus pour effectuer un recyclage politique de l'excédent afin de combattre la Grande Dépression et de prévenir son retour[23].

Les effets thérapeutiques de ce mécanisme de recyclage politique de l'excédent sont encore sensibles en Amérique aujourd'hui. Quand Wall Street a implosé en 2008, le Nevada a été l'un des États où le choc a été ressenti le plus douloureusement. Lorsque le chômage a grimpé et que les faillites et saisies se sont multipliées à Las Vegas et dans ses banlieues pavillonnaires, ce ne sont pas les contribuables du Nevada mais l'État fédéral et les autorités monétaires de Washington, la Federal Reserve Bank et la FDIC, qui ont supporté les coûts supplémentaires des indemnités de chômage dans cet État et fourni les fonds nécessaires pour remettre ses banques à flot[24].

Ce n'était pas un geste de solidarité du reste des États-Unis à l'égard du Nevada ; c'était un mécanisme automatique qui entrait en jeu pour empêcher la crise du Nevada de faire tache d'huile. Par la Social Security, l'intervention de la FDIC, Medicare et d'autres mécanismes, des surplus venus d'États excédentaires comme la Californie, New York et le Texas ont été réorientés automatiquement vers le désert du Nevada pour arrêter la gangrène. De nombreux Américains pensent que ce recyclage politique de l'excédent va de soi. Ils ont oublié qu'il a été mis en place sous l'administration Roosevelt, par ceux qui, à peine quelques années plus tard, seraient les hôtes de la conférence de Bretton Woods[25].

Keynes avait donc de bonnes raisons d'espérer qu'il pourrait amener un New Dealer comme White à compléter la dollarisation de l'Europe par la création d'un mécanisme politique de recyclage des excédents à l'échelon mondial. De fait, si l'on élargissait la zone dollar à l'Europe, puis au Japon, il fallait évidemment étendre aussi le recyclage politique de l'excédent à tout l'espace couvert par le système de Bretton Woods.

« Nos excédents, notre recyclage »

Le plan de Keynes pour assurer dans Bretton Woods le recyclage de l'excédent était vraiment grandiose. Il comprenait la création d'une nouvelle monnaie mondiale, des taux de change fixes entre cette monnaie et les devises nationales, et une banque centrale mondiale qui allait administrer l'ensemble du système.

La finalité de ce système serait de maintenir la stabilité monétaire partout, de faire barrage aux excédents comme aux déficits dans l'ensemble du monde occidental et, au premier signe de crise dans un pays en difficulté, d'y recycler aussitôt des excédents pour empêcher la crise de se répandre. On allait créer un fonds international pour jouer le rôle de banque centrale du monde et émettre sa monnaie, que Keynes avait nommée provisoirement le bancor. Le bancor ne serait pas imprimé, comme aujourd'hui le bitcoin, cryptomonnaie numérique, est dématérialisé et n'existe que sous forme de chiffres sur des feuilles de calcul ou des supports informatiques. Mais il serait bel et bien la monnaie du monde. Chaque pays aurait un compte en bancors au Fonds monétaire international (FMI), où il effectuerait des retraits quand il achèterait des biens importés d'autres pays, et où les autres pays déposeraient des bancors quand leurs citoyens ou leurs entreprises lui achèteraient des biens et services. Tous les échanges internationaux seraient donc libellés en bancors du FMI, la monnaie mondiale, tandis que les devises nationales continueraient à huiler les rouages des économies nationales.

Un élément déterminant de ce système était l'existence d'un taux de change fixe entre chaque devise nationale et le bancor, donc entre toutes les devises nationales participantes. Le conseil du FMI, où tous les pays seraient représentés, déciderait de ces taux au niveau central, par la négociation. Ils seraient ajustés chaque fois qu'il le faudrait : on décréterait que la monnaie des pays obstinément en excédent pourrait acheter davantage de bancors (pour rendre leurs exportations plus coûteuses et leurs importations moins chères) et on ferait l'inverse pour les pays à déficit persistant.

Proposition encore plus radicale : comprenant que le déficit d'un pays est l'excédent d'un autre, le FMI de Keynes allait prélever une taxe sur le compte en bancors de tous les pays dont les importations et les exportations seraient trop divergentes. L'idée était de pénaliser les deux types de déséquilibre (les excédents exagérés autant que les déficits excessifs ; les Allemagnes de la planète autant que les Grèces), et, ce faisant, d'accumuler un trésor de guerre en bancors au FMI. Ainsi, lorsqu'une crise frapperait, celui-ci aurait les moyens de stimuler les pays déficitaires en difficulté, pour qu'ils ne sombrent pas dans un trou noir d'endettement et de récession qui risquerait de s'étendre à l'ensemble du système de Bretton Woods.

White comprenait sûrement l'importance du recyclage politique de l'excédent au sein du système mondial qu'ils étaient en train d'établir, mais les propositions de Keynes paraissaient insensées à ses oreilles américaines. Ce malin d'Anglais, se demandait-il peut-être, propose-t-il vraiment que les Européens, majoritaires, aient voix prépondérante pour décider comment seront recyclés nos excédents ? Il parle sérieusement ?

En bon keynésien, White admettait que Bretton Woods devait faire plus que dollariser le monde occidental. Il reconnaissait qu'il fallait un mécanisme administré politiquement (hors marché) pour recycler l'excédent, et qu'il s'agissait, bien sûr, de recycler les excédents américains vers l'Europe. Mais que les Européens en faillite, qui venaient d'imposer au monde l'effroyable épreuve de deux guerres mondiales en moins de trente ans et qui rêvaient encore de reconstituer leurs infâmes empires, contrôlent à présent l'usage de l'excédent américain ! L'idée même était insupportable pour un New Dealer anti-impérialiste et patriote comme White. Pour lui, c'était exclu, et on le comprend fort bien. L'Amérique était le seul pays à disposer d'un excédent, seule l'Amérique déciderait comment, quand et vers qui elle le recyclerait.

White a écouté respectueusement Keynes exposer son plan grandiose, mais en a immédiatement rejeté deux points cruciaux. Le premier à passer à la trappe a été l'idée d'une nouvelle monnaie mondiale fantôme (le bancor), géré par un comité directeur du FMI où les États-Unis ne seraient qu'un pays parmi d'autres. Le second point auquel White a mis son veto a été la taxation des pays en excédent – autrement dit, des États-Unis. Pour White, les jeux étaient faits : l'Europe allait être dollarisée et la monnaie mondiale serait le dollar. Le bancor était une grande idée dans un monde multilatéral mais une aimable plaisanterie dans celui où le dollar avait déjà été couronné roi. Quant à l'idée d'un comité directeur du FMI à majorité européenne qui taxerait les excédents américains, elle lui paraissait parfaitement délirante. Ces excédents appartenaient à l'Amérique et elle les recyclerait elle-même, sans avoir à solliciter la permission d'une clique d'Européens en faillite.

La défense du royaume

À la fin de la conférence de Bretton Woods, White avait procédé à une cueillette si éclectique dans les propositions de

Keynes que leur esprit multilatéraliste s'était évanoui. Oui, on allait créer le FMI, mais sa mission ne serait pas d'émettre une nouvelle devise mondiale[26]. Avec la disparition du bancor et l'élévation officielle du dollar au statut de monnaie mondiale, le FMI ne pourrait pas servir de banque centrale du monde. À présent, ce rôle incombait *de facto* à la banque centrale des États-Unis, la Federal Reserve.

Privé de sa fonction de banque centrale, le FMI ressemblerait au conseil monétaire d'une mini ONU, où les représentants des gouvernements nationaux, dont certains seraient plus égaux que les autres, discuteraient en permanence des taux de change de chaque devise avec le dollar. Quant à fixer le dollar à l'or au taux de 35 dollars l'once, c'était totalement contraire à la pensée de Keynes : à ses yeux, lier le nouveau système aux métaux précieux, en l'occurrence l'or, était un dangereux retour à un passé désastreux. Cette architecture mondiale mettait la Federal Reserve en posture délicate : on lui demandait d'émettre la monnaie mondiale sans avoir directement son mot à dire sur son taux de change avec le mark, le franc, la livre sterling et toutes les autres devises européennes participantes.

Les banques centrales européennes se trouvaient face à un problème du même ordre : c'étaient les responsables politiques qui allaient négocier les taux de change de leurs devises (sous les auspices du FMI), mais ce serait aux gouverneurs des banques centrales qu'il incomberait de les défendre, surtout contre les spéculateurs[27]. En général, les politiques détestent dévaluer la monnaie de leur pays, même s'ils savent qu'une dévaluation sera bénéfique – comme c'était le cas en Italie avant l'euro : chaque dévaluation de la lire diminuait le prix des exportations italiennes en Allemagne et ailleurs, tout en réduisant aussi la valeur en marks ou en dollars des prêts souscrits antérieurement par les Italiens en lires. L'opinion publique associe dévaluation à échec, faiblesse et même humiliation nationale. Quand des graphiques indiquant la baisse de la livre ou du dollar dominent les actualités, ce n'est pas bon pour la cote de popularité du chancelier de l'Échiquier ou du secrétaire au Trésor. De plus, si, de l'avis général, une nouvelle dévaluation est probable, les spéculateurs se mettent à emprunter dans la monnaie en difficulté et à utiliser ces prêts pour acheter une devise étrangère plus forte. Quand une nouvelle dévaluation aura lieu, ils pourront ainsi, espèrent-ils, utiliser la devise forte pour acheter un montant plus élevé de celle qu'ils ont empruntée – puisque sa valeur aura baissé –, rembourser leurs prêts et empocher la différence. Les marchés étant ce qu'ils sont, cette stratégie a pour effet de transformer la dévaluation attendue en réalité : plus les spéculateurs vendent la devise faible (c'est-à-dire l'échangent contre une devise forte), plus il y en a sur le marché, donc plus son prix baisse (et sa valeur aussi).

Par conséquent, si on leur donne une chance de « défendre » un taux de change, les politiques vont en général la saisir. Ils doivent alors faire exactement le contraire de ce que fait la spéculation : utiliser toutes les réserves de devises fortes qu'ils ont dans les coffres de leur banque centrale pour acheter leur propre monnaie et inverser la tendance. Cela crée des tensions croissantes entre les responsables politiques et leur banque centrale : voyant bien que ces mesures ne résoudront pas le problème de fond mais ne feront que retarder l'inévitable, les banquiers centraux préfèrent en général ne pas dilapider leurs réserves de devises étrangères dans une bataille perdue d'avance qui sert surtout l'intérêt des politiciens, d'autant plus que le taux de change élevé qu'on essaie de maintenir par ce combat contrarie les intérêts des exportateurs du pays. Autrement dit, en remettant aux politiques le pouvoir de fixer les taux de change, Bretton Woods allait forcément dresser les banques centrales contre les gouvernements – conflit qui ne deviendrait que trop visible quand le système commencerait à chanceler, ce qu'il a fait vers la fin des années 1960. Par moments, l'ordre financier mondial a pris l'allure d'un véhicule conduit par plusieurs chauffeurs aux idées bien arrêtées, certains donnant de brusques coups de volant tandis que d'autres se relayaient aux freins et à l'accélérateur.

L'idée de Keynes – une seule banque centrale mondiale – avait peut-être paru utopique en 1944, mais au début des années 1960 le système qu'on avait créé se révélait bien plus extravagant. C'est que la défense des taux de change n'était pas une tâche purement technique qu'on pouvait déléguer aux technocrates des banques centrales : elle exigeait que les banquiers centraux de nombreux pays coordonnent en permanence leur conduite et se battent avec enthousiasme pour maintenir des taux qu'ils n'avaient pas choisis et qui, souvent, ne leur plaisaient pas. Cette coordination éclairée est devenue de plus en plus décisive (et de moins en moins présente) quand le système a été déstabilisé par les déséquilibres commerciaux et leur conséquence, ce « recyclage par beau temps » de l'excédent *via* les banques qui avait tant inquiété Keynes. Le plus important de tous était le déséquilibre entre l'Allemagne et la France.

À chaque Coccinelle Volkswagen qu'achetait une famille française sans qu'une famille allemande fasse simultanément l'acquisition d'une Renault ou de caisses de vin français, le déficit commercial de la France augmentait. Si cette tendance se poursuivait, le jour viendrait où le conseil du FMI déciderait de dévaluer le franc (par rapport au mark et, par extension, au dollar) : le vin français deviendrait ainsi moins cher en Allemagne, les Volkswagen plus chères en France, et l'équilibre serait rétabli. Le moindre soupçon de dévaluation suffisait à envoyer dans les voiles des spéculateurs des vents de fort mauvais augure, qui leur soufflaient de parier sur une baisse du franc. Comment le faisaient-ils ? Puisque aucun bookmaker raisonnable ne prendrait de paris sur des mouvements de devises, les spéculateurs procédaient comme suit : ils empruntaient des francs à Paris et s'en servaient pour acheter des marks au taux de change en vigueur ; après quoi ils attendaient que le franc soit dévalué contre le mark. Si la dévaluation se produisait effectivement, ils achetaient avec leurs marks beaucoup plus de francs qu'ils n'en avaient empruntés au départ (puisque la valeur du franc avait baissé), remboursaient leur dette en francs et empochaient la différence – une coquette somme.

Parier sur le temps qu'il va faire ou sur les résultats sportifs ne rend généralement pas plus probable l'événement prédit. En revanche – et c'était le problème fondamental –, ces paris sur la baisse du franc augmentaient *réellement* la probabilité d'une chute de la devise française. À chaque franc que les spéculateurs empruntaient à Paris pour acheter des marks, les anticipations de dévaluation montaient, ce qui réduisait un peu plus la valeur réelle du franc sur le marché des devises touristiques, dans les transactions informelles entre sociétés étrangères, etc. Soudain, une fracture apparaissait entre les valeurs officielle et officieuse du franc. Pour défendre le taux officiel, la banque centrale française, la Banque de France, devait alors utiliser tous les marks qu'elle pouvait avoir dans ses coffres pour acheter des francs, afin de maintenir le taux de change entre les deux monnaies. On entrait alors dans l'affrontement direct. Qui allait céder le premier ? Les spéculateurs ou la Banque de France ?

Si personne n'aidait la Banque de France, si on la laissait combattre seule les spéculateurs, son stock de marks et d'autres devises étrangères finirait par s'épuiser. Elle pourrait alors prolonger un peu l'agonie en relevant les taux d'intérêt : elle augmenterait ainsi le rendement du franc, donc inciterait à en acheter et attirerait en France des devises étrangères, qui pourraient servir de munitions supplémentaires contre les spéculateurs. Mais la hausse des taux d'intérêt imposerait aux entreprises françaises de payer plus cher pour investir, ce qui conduirait à une récession dans le pays – et ce n'était pas vraiment ce dont l'économie française chancelante avait besoin.

Ou alors la Banque de France pouvait céder, et téléphoner à son ministre des Finances pour lui annoncer la terrible nouvelle : « Nous ne pouvons pas défendre le franc tant que nos compatriotes continuent à acheter toutes ces Volkswagen. Il est temps d'appeler le FMI et d'organiser la dévaluation du franc contre le mark et le dollar. » Les spéculateurs feraient alors monter en flèche les ventes du meilleur champagne français pour célébrer dignement leur lucrative victoire sur le franc.

Mais un obstacle se dressait sur leur route vers la fortune et la gloire, et c'était la banque centrale allemande, la Bundesbank, estimée et redoutée à la fois. Si elle acceptait d'imprimer des marks (ce que, naturellement, la Banque de France ne pouvait pas faire) et de s'en servir pour acheter des francs, les spéculateurs étaient cuits. Il est facile de le comprendre. Lorsqu'ils vendaient tous les francs qu'ils avaient empruntés à Paris, qu'ils les changeaient contre des marks, ils pensaient précipiter la dévaluation du franc (en postulant que d'autres spéculateurs agiraient comme eux). Effectivement, s'il y avait un torrent d'offres de francs à la vente, beaucoup plus de traders chercheraient à se défaire de leurs francs qu'à en acheter. Exactement comme sur un marché rural, où une offre massive de pommes de terre submerge la demande et provoque l'effondrement du prix de la pomme de terre, les spéculateurs sur les devises prévoyaient qu'à la fin du jour le mark leur achèterait plus de francs qu'il n'avait pu le faire en cours de journée. En cas de dévaluation de 10 %, par exemple, ils n'auraient besoin de reconvertir en francs que 90 % de leur nouveau stock de marks pour rembourser intégralement les banques françaises auxquelles ils avaient emprunté des francs au départ : ils auraient donc fait un profit de 10 % (moins le coût de l'intérêt du prêt).

C'est ici que la Bundesbank pouvait entrer en scène : si la banque centrale allemande imprimait des marks supplémentaires, les remettait anonymement à des courtiers en devises bien choisis et leur donnait l'instruction d'acheter des francs pour son compte, le déséquilibre entre vendeurs et acheteurs de francs s'évanouirait et la valeur du franc ne baisserait pas. Ce serait désastreux pour les spéculateurs, puisqu'ils ne pourraient pas rembourser leurs prêts à Paris en conservant un profit lorsqu'ils reconvertiraient en francs leurs nouveaux stocks de marks[28]. Si la Bundesbank intervenait de cette manière jusqu'à ce que les spéculateurs jettent l'éponge, le système l'emporterait malgré l'aggravation du déficit commercial français avec l'Allemagne. Il était clair pour tout le monde que la Bundesbank pouvait le faire, puisqu'elle possédait les presses qui imprimaient les marks. Mais le voudrait-elle ? Toute la question était là.

D'un côté, la Bundesbank avait le devoir – à l'égard du système de Bretton Woods, de la défense de l'Allemagne – de repousser les spéculateurs et de tenir le front. De l'autre, elle détestait terriblement imprimer des marks pour défendre des taux de change qu'elle n'avait pas choisis, et dans des quantités qu'elle jugeait scandaleuses, car ces marks risquaient de revenir plus tard submerger l'Allemagne, ce qui ferait monter ses prix intérieurs et raviverait les souvenirs de l'hyperinflation du début des années 1920.

La Bundesbank et les banques centrales des autres pays excédentaires allaient-elles faire le nécessaire pour soutenir les banques centrales des pays déficitaires, comme elles y étaient tenues par le système de Bretton Woods ? Oui, malgré toutes leurs réticences, elles le feraient, tant que le système de Bretton Woods leur paraîtrait solide. Et ce système était solide tant que l'Amérique était en excédent face au reste du monde.

Le déficit des États-Unis, les états d'âme de l'Allemagne, l'arrogance de la France

Tout reposait sur les excédents des États-Unis. À la différence de l'Europe actuelle, où les excédents allemands ne jouent aucun rôle stabilisateur[29], l'ordre mondial d'après-guerre dépendait entièrement des excédents américains, la stabilité de l'Europe aussi. C'étaient eux qui alimentaient l'indispensable processus de recyclage des dollars entre les États-Unis et l'Europe et qui assuraient l'avenir du système de Bretton Woods. Tant que l'Amérique vendait assez de produits aux Européens, les dollars qu'elle envoyait en Europe (au titre de l'aide, ou pour acheter des produits européens, ou même pour financer les bases militaires des États-Unis sur le continent) étaient régulièrement rapatriés. Chaque avion que Boeing vendait aux Européens, chaque pelleteuse John Deere qui traversait l'Atlantique épongeait les billets verts qui inondaient l'Europe (on les appellerait « les eurodollars ») et les ramenait aux États-Unis. Ces retours massifs de dollars soutenaient la monnaie américaine contre les devises allemande, française et italienne. Donc, forte de sa pile infinie de dollars, la Federal Reserve pouvait intervenir en achetant autant de francs, de livres ou de lires qu'il était nécessaire pour défendre le taux de change fixe officiel de ces monnaies contre le mark. De ce point de vue, les excédents américains assuraient la stabilité intérieure de l'Europe et donnaient aux Européens toutes les raisons de penser les dollars recyclés comme de l'« or-papier ».

Les choses ont commencé à dérailler, comme l'avait prédit Keynes, lorsque l'Amérique s'est mise à dépenser régulièrement en produits européens et japonais plus que les étrangers en articles *made in America*[30]. À ce moment-là, quand l'excédent américain s'est transformé en déficit, le flux net de dollars a inversé son cours : désormais, il alimentait un lac d'eurodollars qui s'étendait sans cesse. À la fin des années 1960, ce n'était plus un flux mais un torrent, le lac d'eurodollars était devenu plus grand que la mer Caspienne et le système de Bretton Woods était assiégé de toutes parts.

La quantité totale des dollars présents en Europe dépassait à présent de très loin la valeur en dollars des réserves d'or américaines[31]. Autant dire que, si les Européens demandaient aux États-Unis d'échanger ne serait-ce qu'une fraction de leurs eurodollars contre le métal précieux – comme Bretton Woods les autorisait à le faire –, les États-Unis perdraient tout leur or en quelques minutes. Persuadés que le gouvernement américain préférerait démanteler Bretton Woods que regarder passivement ses réserves d'or s'évanouir, les spéculateurs ont prédit qu'un jour viendrait où Washington dénoncerait son engagement à vendre de l'or à 35 dollars l'once, donc autoriserait officiellement le prix de l'or à grimper.

Rien ne motive les spéculateurs plus intensément que l'anticipation d'une hausse de prix pour une denrée ou une matière première précieuse – notamment s'ils pensent que d'autres vont la prévoir comme eux, ce qui accélérera considérablement son rythme. On a vu que ceux qui spéculaient sur la baisse du franc et sur la hausse du mark finançaient leurs paris en empruntant des francs pour acheter des marks. De même, ceux qui spéculaient sur la hausse de la valeur de l'or en dollars empruntaient des dollars pour acheter de l'or, espérant bien que celui-ci allait augmenter comme ils le pensaient. Et plus ils le faisaient, plus le prix de l'or tirait sur sa laisse de Bretton Woods comme un pitbull fou furieux.

Le plan des spéculateurs était simple : amasser un stock d'or en le payant avec des dollars empruntés, attendre que la valeur de l'or en dollars dépasse un certain seuil, puis prendre leurs bénéfices en vendant leur or contre beaucoup plus de dollars qu'ils n'en avaient empruntés – la valeur de l'or en dollars ayant augmenté dans l'intervalle –, rembourser les dollars utilisés pour leur pari et conserver la différence. Le point crucial est que cette différence serait beaucoup plus grande si leur prise de bénéfices suivait l'effondrement officiel de Bretton Woods[32] – ce qui a été le sens du choc Nixon. Bretton Woods et le projet des spéculateurs étaient donc tout à fait incompatibles. Un des deux devait céder.

Pour maintenir la cohésion du système de Bretton Woods, les Américains devaient compter sur l'amabilité des étrangers[33]. La défense du prix de l'or à 35 dollars l'once nécessitait que les banques centrales européennes se joignent à la Federal Reserve pour vendre de l'or à ce faible prix officiel[34]. Elles étaient aussi obligées d'imprimer une quantité croissante de billets dans leur devise pour continuer à acheter les dollars qui déferlaient massivement sur l'Europe en provenance des États-Unis. Or la solidarité européenne avec Washington était minée à la fois par le pessimisme général sur les chances de survie à long terme du système et par les lignes de faille qui, tout naturellement, grandissaient entre les pays européens dont la monnaie était orientée à la hausse (parce qu'ils avaient un excédent commercial, comme l'Allemagne et les Pays-Bas) et ceux dont la devise se dévalorisait (parce qu'ils avaient un déficit croissant, comme la France).

Tenue soit de relever la valeur du mark contre le dollar au FMI, soit d'en imprimer autant qu'il était nécessaire pour défendre sa valeur existante, la Bundesbank a commencé à renâcler dès 1961. Réévaluer le mark, c'était pénaliser les exportateurs allemands, car leurs produits deviendraient plus chers que d'autres sur le marché international. En imprimer, cela sentait l'inflation. Ne faire ni l'un ni l'autre, comme le préférait la Bundesbank, c'était fragiliser Bretton Woods et exaspérer Washington.

Les dirigeants politiques des pays européens déficitaires comme la France et l'Italie avaient eux aussi des raisons d'être en rogne contre l'Amérique. Leur devise nationale était écrasée par le mark et ils sentaient le sol se dérober sous leurs pieds. Pour Paris ou Rome, demander une dévaluation contre le dollar était une chose. Mais perdre continuellement du terrain par rapport au mark, dont la valeur était propulsée à la hausse par l'excédent commercial allemand, était une tout autre affaire. La Federal Reserve étant devenue incapable de défendre le franc ou la lire puisque l'Amérique était désormais en déficit, c'est de plus en plus à la Bundesbank qu'incombait la tâche de soutenir le franc et la lire contre sa propre devise, ainsi que le dollar contre l'or et contre le mark. La France et l'Italie commençaient à comprendre qu'elles risquaient fort de devenir, financièrement parlant, des vassales de l'Allemagne. Perspective fort désagréable quinze courtes années après la fin de la Seconde Guerre mondiale.

Tout cela ne réjouissait pas beaucoup non plus les autorités allemandes. Avec la surabondance des dollars en Europe et la glissade simultanée du franc, de la lire et de la livre, la Bundesbank devait accélérer *ad nauseam* la rotation de ses planches à marks au profit de pratiquement tous les autres. Les décideurs de la politique allemande se sont soudain retrouvés face à un implacable dilemme qui les a violemment divisés : soit imprimer des billets pour défendre Bretton Woods en s'exposant à l'inflation, soit risquer de détruire un système financier international qu'ils percevaient comme la base économique de la *pax americana* (qui tenait en respect les Soviétiques) et de l'Union européenne (qui offrait à l'Allemagne sa seule chance, peut-être, de devenir un État européen « normal »).

Simultanément, en France, la colère du président de Gaulle contre un ordre mondial qui réduisait l'influence de son pays ne cessait de monter. Reflétant son mécontentement face à la gestion américaine du capitalisme mondial, les autorités monétaires françaises refusaient de vendre de l'or pour soutenir la valeur en or du dollar et faisaient même l'inverse : elles suivaient le mot d'ordre des spéculateurs et achetaient de l'or aux États-Unis à 35 dollars l'once. Non que de Gaulle ait eu le même objectif qu'eux : il cherchait, bien sûr, à signifier son déplaisir à Washington, pas à faire un profit en achetant de l'or à bas prix pour le revendre contre un nombre de dollars plus élevé.

Fin 1967, le gouvernement de De Gaulle a tenté de muscler le franc en s'engageant dans une dure politique d'austérité. Hélas, elle a déclenché une récession et une montée du chômage, suivie de troubles sociaux de grande ampleur, dont le point culminant a été l'insurrection de mai 1968, célèbre dans le monde entier. Tandis qu'étudiants et ouvriers descendaient massivement dans les rues de Paris, l'orgueilleux président, soldat qui avait été prisonnier de guerre dans la ville allemande d'Ingolstadt avant de devenir vingt ans plus tard le héros de la Seconde Guerre mondiale en France, a perdu le contrôle du centre de sa capitale et connu la honte de devoir fuir… en Allemagne. Bien qu'il ait été remis en selle par son armée et légitimé par un nouveau triomphe électoral, il a démissionné de la présidence un an plus tard, abattu, sur fond de retour en force des pressions contre le franc.

Au même moment, la Grande-Bretagne était aussi très éprouvée. Son empire avait presque disparu, son industrie perdait des clients à l'étranger comme sur son territoire, et de Gaulle refusait catégoriquement son entrée dans l'Union européenne (en partie pour signifier à Washington que la France n'avait ni la volonté ni l'envie d'accueillir son laquais européen[35]). Dans ces conditions, le Royaume-Uni s'est tourné vers l'Amérique pour stabiliser sa balance commerciale. Or l'Amérique se préparait à faire l'inverse : les jeter tous par-dessus bord.

Depuis le début des années 1960, les États-Unis avaient perdu leurs excédents. Mais, tout au long de la décennie – on le comprend –, ils avaient refusé de se serrer la ceinture, de matraquer leur économie et de renoncer à leur hégémonie mondiale pour préserver Bretton Woods. S'imaginant, bien à tort, qu'ils pouvaient compter sur l'Amérique pour maintenir « son » système financier mondial quoi qu'il arrive, divers dirigeants européens ont joué avec les nerfs de Washington. La Bundesbank, en lutte pour garder son indépendance face aux responsables politiques allemands (qu'elle jugeait vulnérables à l'influence française), a refusé à maintes reprises d'aider à stabiliser, comme elle s'y était engagée, la valeur de l'or en dollars et le franc. Paris, qui dépendait totalement de la Bundesbank pour la défense du franc, ne perdait aucune occasion d'insulter les Américains verbalement et symboliquement, en ordonnant par exemple à un navire de guerre français plein à craquer de billets verts d'accoster dans le New Jersey pour les changer contre de l'or américain. Londres aussi, se sentant fragile en ces temps où son empire disparaissait et où de Gaulle lui refusait l'accès à l'Union européenne, commençait à tester la détermination de l'Amérique[36]. Pour dire les choses comme les voyaient John Connally et Paul Volcker en 1971, le navire mondial gîtait dangereusement et les divers rongeurs européens tâtaient l'eau. C'est alors que Connally et Volcker ont fini par convaincre le président Nixon d'« entuber » les étrangers.

Donc, en 1971, l'Europe a été éjectée de la zone dollar par les États-Unis, bien décidés à maintenir leur hégémonie et refusant de s'infliger l'austérité pour sauver Bretton Woods. Comme nous le verrons au fil des chapitres suivants, elle a réagi en créant son propre Bretton Woods qui, après d'innombrables difficultés et tribulations, allait aboutir à une monnaie commune, l'euro. Malheureusement, les inventeurs de la version européenne de Bretton Woods n'étaient ni des Harry Dexter White ni des John Maynard Keynes. Inconscients des problèmes macroéconomiques qu'entraînent les unions monétaires, ils ont créé un système qui supprimait tous les amortisseurs de chocs et garantissait involontairement que le choc, lorsqu'il viendrait – ce qu'il a fait en 2008 –, serait gigantesque et condamnerait l'Europe à se déchirer.

Le 18 octobre 2008, au cœur du 1929 de notre génération, et juste avant de s'envoler pour Washington où il devait rencontrer le président George W. Bush pour discuter de la façon de réagir à l'effondrement du système financier mondial qui avait succédé à Bretton Woods, le président de la République française, Nicolas Sarkozy, a déclaré à la presse, avec l'emphase qu'on lui connaît: «L'Europe le veut, l'Europe le demande, l'Europe l'obtiendra.» Qu'était-ce au juste que l'Europe demandait et obtiendrait, selon M. Sarkozy? Manuel Barroso, alors président de la Commission européenne, a donné la réponse: «un nouvel ordre financier mondial[37] ».

Nicolas Sarkozy n'a évidemment pas obtenu ce qu'il était venu demander en Amérique en 2008, tout comme son prédécesseur Georges Pompidou avait échoué, dans les derniers mois de 1971, à convaincre les États-Unis de revenir sur le choc Nixon et de rétablir Bretton Woods, mais avec de nouveaux taux de change[38]. La formule retentissante du président Sarkozy n'en confirme pas moins que, huit ans après le lancement de la monnaie commune européenne (l'euro), la France et la Commission européenne rêvaient toujours d'un système mondial du style de celui que Nixon, Connally et Volcker avaient anéanti en ce jour d'août.

C'est en 1971 que l'Europe a été jetée à la mer, mais l'événement hante encore le vieux continent plusieurs décennies plus tard, malgré (ou plutôt à cause de) la création d'une monnaie commune qui n'intègre aucune des leçons que les architectes de Bretton Woods avaient apprises de l'étalon-or de l'entre-deux-guerres. John Connally aurait sans doute gloussé de plaisir à l'idée de hanter si durablement les dirigeants européens. Mais sa bonne humeur aurait été gâchée par une vive conscience du danger clair et immédiat qu'une Europe à la dérive fait courir à un monde post-2008 semé d'embûches.

CHAPITRE 2

Une proposition indécente

Kurt Schmücker n'était pas un émotif[1]. Mais ce matin du 23 mars 1964, il put à peine en croire ses oreilles et parvint mal à dissimuler sa stupéfaction.

En sa qualité de ministre de l'Économie de la République fédérale d'Allemagne, Herr Schmücker avait l'habitude de rencontrer régulièrement son homologue français Valéry Giscard d'Estaing, ministre des Finances du président Charles de Gaulle et futur président de la République française – il le deviendrait dix ans plus tard. Donc, lorsque Giscard était entré dans son bureau, à Bonn, pour une conversation de deux heures, le ministre Schmücker était détendu. Il s'attendait à un entretien anodin, comme les précédents, où l'on s'efforcerait d'afficher la solidarité européenne des deux anciens ennemis qui assumaient la tâche de construire une Union aux tout premiers stades de son développement. La Communauté économique européenne (CEE), comme on appelait alors l'Union européenne, comprenait l'Allemagne, la France, les Pays-Bas, le Luxembourg, la Belgique et l'Italie, les six membres fondateurs initiaux, signataires du traité de Rome conclu le 25 mars 1957[2].

Normalement, Schmücker et Giscard échangeaient poliment leurs points de vue sur divers sujets : la vision que chacun avait de la politique économique de l'autre, la façon dont les deux pays traitaient les flux monétaires transfrontières, les taux d'intérêt, les balances commerciales, leurs attitudes en matière de fiscalité des entreprises et, bien sûr, leurs efforts communs pour cimenter une Union européenne encore dans sa petite enfance. À l'occasion, ils se faisaient aussi des confidences sur leurs rapports tendus avec leurs banques centrales respectives, la Bundesbank et la Banque de France. Rien, donc, qui aurait pu préparer Herr Schmücker à ce qu'il allait entendre. Mais ce matin-là, une fois les amabilités de rigueur échangées, Giscard formula une proposition ahurissante : la France et l'Allemagne devaient créer une monnaie commune, et inviter les quatre autres membres de l'Union européenne à se joindre à elles quand ils seraient prêts.

Nul ne peut savoir quelles pensées traversèrent l'esprit de Schmücker à ce moment-là, mais sa surprise a dû friser l'ahurissement. Qu'est-ce qu'il racontait, cet aristocrate français ? L'Allemagne et la France, partager les mêmes billets, les mêmes pièces, la même banque centrale ? Et laquelle ? La Bundesbank ? Dieu nous en garde !

Extérieurement, Schmücker feignit de n'avoir été nullement surpris. De fait, les minutes de l'entretien attestent qu'il répondit comme s'il n'avait pas entendu cette proposition inouïe. Pourquoi ne pas être plus modestes ? répliqua-t-il. Pourquoi n'essayons-nous pas, simplement, de stabiliser nos taux de change par le biais de nos banques centrales, sur la base d'une « discipline rigoureuse » et de « règles contractuelles » (stratégie de dernier ressort d'un conservateur allemand)[3] ?

Giscard n'était pas du tout de cet avis : « Pourquoi choisir un système qui fonctionne seulement tant que chacun joue le jeu[4] ? » riposta-t-il avec force ; et il précisa que sa proposition venait du sommet – du président de Gaulle lui-même. Ébahi, Schmücker s'efforça de faire comprendre au ministre français des Finances le sens profond de ce que suggérait de Gaulle : la France proposait de renoncer à sa souveraineté nationale ! Paris était-il sérieux sur ce point ? Giscard s'abstint de concéder ou de réfuter l'objection évidente de Schmücker. Il l'esquiva, et préconisa de créer une monnaie commune franco-allemande sur-le-champ, en laissant la porte ouverte aux autres membres de l'Union européenne.

Schmücker savait que ce n'était pas une question sur laquelle il avait autorité pour s'engager sérieusement. Il a donc dûment transmis la proposition de De Gaulle à son chancelier, Ludwig Erhard. En lisant le rapport de Schmücker, le Dr Erhard a pensé qu'il y avait anguille sous roche. La France ne pouvait sûrement pas abandonner avec une telle désinvolture son pouvoir de déterminer ses impôts, de dépenser ses fonds publics, de fixer ses taux d'intérêt et de poursuivre sa chère planification[5]. Encore une fois, de Gaulle devait manigancer quelque chose, s'est dit le chancelier allemand. Après tout, si lui, Ludwig Erhard, avait accédé aux plus hautes fonctions en Allemagne il y avait à peine quelques mois, l'unique raison était le rôle qu'il avait joué pour contrecarrer les plans du président de Gaulle[6]. Cette extravagante proposition de monnaie commune, a-t-il conclu, ne pouvait avoir de sens qu'en tant que prolongement des mêmes desseins.

Ne souhaitant pas entrer dans un affrontement public avec la France, le chancelier Erhard a « égaré » le rapport de Schmücker et feint de ne l'avoir jamais reçu. C'est ainsi qu'une monnaie commune européenne a été pour la première fois mise sur la table, brièvement discutée et spectaculairement ignorée. Néanmoins, quand en 1966 Ehrard s'est vu contraint de quitter la chancellerie, un des très rares documents qu'il a emportés avec lui a été ce rapport, souvenir de la première apparition officielle de l'euro[7].

Une étreinte française deux fois repoussée

Giscard d'Estaing n'a jamais été l'homme à tout faire de De Gaulle. Celui-ci l'a d'ailleurs congédié en 1966, et Giscard a dû attendre l'entrée au palais de l'Élysée d'un nouveau président, Georges Pompidou, trois ans plus tard, pour réintégrer le ministère des Finances – à partir duquel, en 1974, il a accédé à la présidence de la République française. Certes, en 1964, Giscard s'efforçait de servir de Gaulle loyalement, souvent contre son opinion personnelle sur certaines obsessions de l'ancien soldat, tant en politique économique[8] que dans l'effort déterminé du président français pour briser la domination géopolitique de l'Amérique sur l'Europe. Mais en l'occurrence, le 23 mars 1964, la « proposition indécente » qu'il a faite à Bonn était en parfaite harmonie avec sa propre pensée.

Giscard partageait avec de Gaulle un jugement fondamental. Tous deux estimaient que la puissance hégémonique voulait la Lune. Aux sens propre et figuré. Les Américains lançaient des guerres en Indochine. Ils annonçaient des programmes sociaux grandioses et coûteux sur leur territoire. Leurs sociétés anonymes rachetaient de vénérables compagnies européennes qu'elles traitaient indignement[9]. Et comment payaient-ils tout cela ? En imprimant des dollars, qui, à peine sortis des presses, venaient inonder les économies d'Europe, contraignant les Européens, en particulier les Français, à régler la facture de la prodigalité de l'Amérique par une hausse de leur inflation. La France était plus exposée que les autres à ces forces inflationnistes, et cela pesait lourd aussi dans la pensée de De Gaulle et de Giscard.

Du point de vue de Giscard, les Américains obligeaient les Européens à leur prêter l'argent avec lequel ils achetaient l'Europe et déstabilisaient l'ordre financier mondial. Ce verdict, il l'a résumé en deux mots : « privilège exorbitant » – expression restée célèbre pour désigner l'avantage exceptionnel dont jouissaient les États-Unis et leur monnaie, et dont l'Amérique abusait. Cet avantage, il fallait, selon lui, l'éliminer avant que le capitalisme ne soit déstabilisé pour de bon et que les adversaires de la bourgeoisie au pouvoir, notamment en France, ne gagnent la partie.

« Privilège exorbitant » est devenu synonyme de « puissance financière américaine » dès que Giscard a forgé l'expression, et le demeure à ce jour[10]. Mais que faire pour l'éliminer ? On peut imaginer que, du point de vue de Giscard, au début de l'année 1964, il n'y avait qu'un seul moyen de mettre fin à la suprématie monétaire à haut risque de l'Amérique : la France et l'Allemagne, les deux pays dominants en Europe, devaient s'unir pour forger une monnaie commune et surmonter ainsi leur dépendance monétaire à l'égard des États-Unis, qui n'en faisaient qu'à leur tête. Toutefois, comme le disait Schmücker, cette solution n'allait-elle pas compromettre la souveraineté de la France ? Bien sûr que si ! Mais c'était un prix que Giscard, qui croyait fermement aux États-Unis d'Europe, voulait bien payer.

Peut-être Giscard pouvait-il admettre la perte de la souveraineté nationale de la France. Le président de Gaulle, sûrement pas. L'Europe était importante pour de Gaulle comme pour Giscard. Il fallait la gagner. Mais pas à n'importe quel prix, selon de Gaulle. Et sûrement pas en perdant la France en cours de route. Donc pourquoi de Gaulle a-t-il dépêché son ministre des Finances à Berlin avec une proposition qui, si elle avait été acceptée, aurait démantelé les leviers du pouvoir économique de Paris ? Une monnaie commune avec l'Allemagne aurait dépouillé Paris de la maîtrise de l'économie française. Mais une proposition de monnaie commune n'est pas la même chose qu'une monnaie commune.

De Gaulle, ne l'oublions pas, était un tacticien militaire. Dans ses propositions de traités et de monnaies communes, comme dans les manœuvres sur le champ de bataille, l'intention de faire diversion pesait lourd. L'Europe unie n'a commencé à l'intéresser qu'assez tard (vers 1958) et seulement quand il s'est mis à voir en elle un nouvel espace où chercher la grandeur de son État-nation, la France. Le contraste était vif avec les deux premiers chanceliers allemands, Konrad Adenauer et Ludwig Erhard, pour lesquels l'Union européenne était un moyen d'échapper à leur État-nation.

En janvier 1963, la politique a pris feu, et le foyer de l'incendie était Paris. Le 14 janvier, le président de Gaulle a donné une conférence de presse où il déclarait la guerre à l'Anglosphère. Contre le souhait explicite de Washington, il a fait savoir que la France mettait son veto à l'entrée de la Grande-Bretagne dans l'Union européenne. Et comme si cela ne suffisait pas, il a rejeté presque du même souffle une offre américaine de coopération nucléaire avec la France au sein d'une force multilatérale.

Huit jours plus tard, le chancelier allemand Konrad Adenauer était à Paris. Dans la splendeur du palais de l'Élysée, en grande pompe, suivant un cérémonial considérable, Adenauer et de Gaulle ont apposé leur paraphe au traité de l'Élysée, présenté au monde comme la pierre angulaire du rapprochement franco-allemand, la preuve de la cessation définitive des hostilités entre les pays dominants en Europe, et le début d'une « belle amitié ». Washington a été outré. George Ball, sous-secrétaire du département d'État, écrirait plus tard : « Il me serait difficile de surestimer le choc causé par cet événement à Washington, ou les spéculations qui l'ont suivi, notamment dans la communauté des services secrets[11]. »

Ce qui mettait en fureur les gouvernants américains, ce n'était pas que la France et l'Allemagne enterrent la hache de guerre, se rapprochent et renforcent l'unité européenne. Ils se disaient que de Gaulle manigançait quelque chose contre la domination militaire des États-Unis sur l'Europe occidentale et leur hégémonie financière sur l'ordre capitaliste mondial. Précisément, ils craignaient que de Gaulle ne tente d'attirer Adenauer dans une alliance stratégique qui aurait un double objectif : au niveau de la structure financière internationale, miner le système de Bretton Woods centré sur le dollar ; et au niveau géopolitique, contourner l'OTAN en offrant à Moscou un pacte de non-agression qui mettrait hors jeu les États-Unis. Les craintes de Washington étaient d'autant plus vives que le chancelier allemand, anglophobe et catholique, recherchait de longue date l'union avec la France[12].

L'atout maître de De Gaulle était sa vision grandiose d'une Europe « de l'Atlantique à l'Oural ». Elle était séduisante pour de très nombreux Européens : ils partageaient le désir d'éloigner la menace nucléaire qui planait sur leur continent – notamment après la crise des missiles de Cuba en octobre de l'année précédente – et l'espoir de lever le rideau de fer qui le coupait en deux si brutalement. Pour les Allemands en particulier, l'Europe « de l'Atlantique à l'Oural » avait un sens supplémentaire : elle suggérait une réunification de l'Allemagne.

La veille de la signature du traité de l'Elysée, un diplomate américain[13] a recruté le seul membre du cabinet d'Adenauer qui avait la capacité de s'opposer à la dérive du chancelier vers l'étreinte de De Gaulle, et un intérêt à le faire. C'était Ludwig Erhard. Ministre des Finances respecté d'Adenauer, il avait supervisé le *Wirtschaftswunder*, le « miracle » économique qui, depuis 1949, avait transformé l'Allemagne. Ce redressement spectaculaire s'était fondé sur une croissance ultrarapide dynamisée par l'investissement, avec l'aide des États-Unis qui avaient assuré à l'Allemagne un allégement de dettes massif[14], encouragé Wall Street et les multinationales américaines à investir en République fédérale et permis aux exportations allemandes (par le système de Bretton Woods) de bénéficier de prix stables et de vastes marchés.

Erhard n'a pas agi précipitamment. Il a pris son temps avant de se déclarer fermement en faveur de Washington et de s'opposer à l'intention d'Adenauer d'unir ses forces avec de Gaulle. Quand le chancelier a réuni le cabinet fédéral allemand à Bonn le 25 janvier pour discuter du traité de l'Élysée, il n'a rien dit. Mais quatre jours plus tard il a prononcé un vigoureux discours contre la politique étrangère française, en allant jusqu'à prédire – initiative sans précédent – que le traité de l'Élysée ne serait jamais appliqué. À la réunion suivante du cabinet à Bonn, le 30 janvier, Erhard est allé encore plus loin : il a condamné « la dictature de De Gaulle en France[15] », et a même comparé le président français à Hitler. Dans un article publié dans *Die Zeit* le 5 février, il a mis en garde ses compatriotes : l'Allemagne « ne peut pas courir avec le lièvre et chasser avec les chiens ». Il signalait ainsi clairement son allégeance à Washington et jetait le gant à Adenauer parce que le chancelier s'était dangereusement rapproché de De Gaulle. Le même jour, le président Kennedy a déclaré que l'Allemagne devait « choisir entre travailler avec les Français ou travailler pour nous »[16].

En avril 1963, Erhard, par ses interventions, avait affaibli la position d'Adenauer au sein du parti chrétien-démocrate au pouvoir et émergé comme seul candidat du parti à la succession du vieux chancelier. Le 16 mai, après quantité de négociations en coulisse, Erhard et ses alliés ont réussi à faire adopter au parlement fédéral un amendement au traité de l'Élysée, sous la forme d'un Préambule qui mettait fin au rêve de De Gaulle d'une alliance franco-allemande opposée à l'Amérique[17]. Simultanément, persuadé que de Gaulle avait été « repoussé », le département d'État américain, rassuré, recalibrait sa stratégie européenne : il allait éviter de nouveaux affrontements avec de Gaulle et se concentrer plutôt sur le renforcement de ses liens avec Bonn. En octobre 1963, Ludwig Erhard est entré à la chancellerie, en transmettant le ministère de l'Économie à Kurt Schmücker.

La seconde étreinte

Ayant vu ses avances si ostensiblement rejetées, le président de Gaulle a eu une réaction tout à fait remarquable : il n'en a nullement tenu rigueur au nouveau chancelier allemand. Même la comparaison avec Hitler avait glissé sur lui comme l'eau sur le canard. Quand il est devenu chancelier, Erhard a tenu à se rendre aussitôt à Paris pour réaffirmer la « grande amitié nouvelle entre les deux pays[18] » et leurs dirigeants. Le président de Gaulle l'a accueilli à bras ouverts, comme un vieil ami perdu de vue, et six mois plus tard il a dépêché à Bonn son ministre des Finances, l'enjôleur Valéry Giscard d'Estaing, pour sidérer Herr Schmücker par sa proposition d'union monétaire franco-allemande immédiate.

De Gaulle ne comprenait-il pas l'hostilité de l'Allemagne à ses étreintes asphyxiantes ? Quoi qu'il ait pu se passer dans l'esprit du général, une chose est sûre : il ne se faisait aucune illusion. Croire que de Gaulle s'attendait à voir Erhard accepter une monnaie commune franco-allemande est aussi absurde que s'imaginer que de Gaulle lui-même souhaitait cette monnaie. La proposition de devise commune avait deux intérêts tactiques, séduisants aux yeux du stratège qu'était le président français : elle créait la surprise et (même si elle était ignorée ou rejetée) elle pouvait retenir l'Allemagne dans une relation assez étroite avec la France pour laisser à de Gaulle davantage de liberté d'action dans son affrontement avec les États-Unis.

La surprise était là, incontestablement. Erhard et Schmücker avaient toutes les raisons de supposer qu'après le départ d'Adenauer, de Gaulle les laisserait en paix. Une proposition de monnaie commune était bien la dernière chose à laquelle ils s'attendaient. Comme Schmücker l'avait dit à Giscard, rien dans le comportement de Paris n'indiquait la moindre intention de renoncer à sa souveraineté nationale, ni même de déléguer d'importantes décisions sur l'économie française à des institutions supranationales. Il avait raison. La France, et de Gaulle en particulier, gardait jalousement la maîtrise de ses leviers économiques et n'avait aucun intérêt à les laisser disparaître. Pendant plus de dix ans[19], de Gaulle, seul parmi les responsables politiques conservateurs européens, s'était obstinément opposé à la nouvelle relation économique franco-allemande dont les New Dealers américains souhaitaient faire la colonne vertébrale de l'Union européenne émergente[20].

À la différence de beaucoup de ses compatriotes, qui tiraient une immense fierté du processus d'intégration européenne et en parlaient avec lyrisme comme d'un haut fait de l'esprit européen, de Gaulle avait vu que le projet d'Europe unie était un plan américain qui privilégiait l'industrie allemande pour cimenter l'hégémonie mondiale des États-Unis. Le Marché commun et le processus d'intégration européenne faisaient partie à ses yeux d'un plan mondial américain qu'il jugeait mal fondé, insoutenable et par là même préjudiciable à la France comme à l'Europe[21]. Les États-Unis ayant maintes fois promis dans les années 1950 que la France resterait le centre administratif de l'Europe, de Gaulle avait fini par atténuer son opposition à l'Union européenne. Mais il ne l'embrassait que telle qu'il l'avait lui-même définie à un journaliste en visite : l'Union européenne « est un attelage. L'Allemagne est son cheval, et la France son cocher[22] ».

Hélas, en 1963, il était clair que le cheval se dotait d'un esprit indépendant et que le cocher perdait son emprise. Le déficit commercial de la France avec l'Allemagne se creusait de plus en plus vite ; la conséquence était claire : Paris allait être contraint à un terrible dilemme perpétuel. Il lui faudrait soit demander régulièrement et humblement au FMI l'autorisation de dévaluer le franc, et reconnaître ainsi une faiblesse nationale permanente ; soit compter à jamais sur la Bundesbank pour imprimer des marks avec lesquels acheter des francs, et reconnaître ainsi une dépendance éternelle vis-à-vis de l'ancien ennemi. Dans les deux cas, les aspirations de la France à la domination politique et diplomatique de l'Europe unie se désintégraient.

C'était un cauchemar pour de Gaulle, et aussi pour la classe dominante française, qui voyait dans le général un champion intrépide de ses intérêts et de ses ambitions, sur le plan intérieur comme dans l'espace européen. La brutalité de De Gaulle heurtait parfois le sens des convenances de la bonne société, mais, quand il s'agissait de dire leur fait aux politiciens allemands, aux dirigeants américains et aux financiers anglo-saxons, les élites françaises aimaient bien la méfiance propre au président, sa promptitude à parler haut et son attachement au franc fort, à une monnaie stable, non inflationniste, qui allait redorer le blason de la France, dynamiser son secteur bancaire et – c'était important – affaiblir les syndicats français rebelles[23].

De Gaulle est toujours resté sur ses gardes face au projet d'union de plus en plus étroite avec l'Allemagne. Il voyait dans l'unité de part et d'autre du Rhin un beau sentiment lourd de dangers, quels qu'aient été ses mérites pour la France. Même après 1958, quand il a embrassé l'idée d'une Union européenne fondée sur l'axe franco-allemand, il est resté prudent sur le sujet. Lorsque Henry Kissinger lui a un jour demandé comment la France allait empêcher l'Allemagne de dominer l'Union européenne, le président français lui a répondu : « Par la guerre[24] ! » Le héros français de la Seconde Guerre mondiale ne plaisantait pas. De fait, sa proposition indécente de monnaie commune avec l'Allemagne transmise par Giscard à un Schmücker estomaqué était une forme de guerre par d'autres moyens. Elle constituait pour de Gaulle ce qu'est l'étreinte stratégique pour le boxeur en difficulté : un habile moyen de reprendre son souffle avant de lancer un uppercut.

Le chancelier Erhard le savait. Il a compris immédiatement que le projet de monnaie commune de De Gaulle était un piège pour étouffer son pays, neutraliser la Bundesbank, renforcer la position de la France aux dépens de l'Allemagne et enfoncer un coin entre Bonn et Washington[25]. Il voyait bien aussi que, quelle que fût sa réponse, il était perdant. S'il acceptait l'offre de De Gaulle, il risquait de livrer la Bundesbank à Paris ou, au minimum, de s'attirer la vindicte éternelle de la Bundesbank. S'il tergiversait, de Gaulle aurait gagné un temps précieux (puisque les spéculateurs cesseraient de parier contre le franc tant que la situation ne se serait pas éclaircie) et lui-même apparaîtrait comme indécis. S'il rejetait franchement et publiquement la proposition, son image d'unioniste européen en pâtirait et celle de De Gaulle en serait grandie.

Mais Erhard avait renversé Adenauer et pris tous les risques pour aider l'Allemagne à se dégager de la première étreinte de De Gaulle. Il n'allait pas se soumettre à la seconde. Puisqu'il ne voulait pas rabrouer publiquement de Gaulle pour la deuxième fois en un an et craignait que toute réaction publique à la proposition de monnaie commune ne nuise à son gouvernement, le chancelier allemand a fait comme s'il n'avait jamais reçu le rapport de Schmücker.

Et c'est ainsi que, début mars 1964, l'idée de l'euro a zébré le ciel de l'Europe, mais très brièvement et sans être vue de la plupart des Européens. Elle n'a refait surface que lorsque l'Europe a été éjectée en bloc de la zone dollar.

La guerre par d'autres moyens

Nullement perturbé par la rebuffade silencieuse de Bonn, de Gaulle a décidé d'y aller seul. Le 4 janvier 1965, il a donné une conférence de presse. Avec un lyrisme superbe, il a conjuré la peur du déclin national qui habitait ses compatriotes en attaquant de front le privilège exorbitant de l'Amérique. Son objectif était de restaurer la gloire de la France en démontrant qu'elle était le seul pays occidental qui avait les moyens et la volonté d'affronter la puissance hégémonique. Réservant ses flèches au dollar et alléguant l'échec de l'Amérique à diriger convenablement le système financier du monde, de Gaulle a appelé de ses vœux une nouvelle monnaie mondiale.

Que mettrait-il donc à la place du dollar ? Il a proposé, non sans malice, de restaurer l'or sur son trône légitime[26] : « Nous tenons donc pour nécessaire que les échanges internationaux s'établissent [...] sur une base monétaire indiscutable et qui ne porte la marque d'aucun pays en particulier. Quelle base ? [...] Eh ! oui, l'or, qui ne change pas de nature, [...] qui n'a pas de nationalité, qui est tenu, éternellement et universellement, comme la valeur inaltérable et fiduciaire par excellence[27]. » Derrière ces belles envolées rhétoriques, le président français, par ces propos, faisait tout bonnement monter le cours de l'or et baisser celui du dollar, parce qu'il estimait, très justement, qu'un système de Bretton Woods craquant de toutes parts n'était plus compatible avec son ambition d'une France qui dominerait l'Europe[28].

On est toujours tenté de ne pas prendre au sérieux les interventions de De Gaulle, de n'y voir que les foucades d'un homme aigri par sa lutte pour amener Britanniques et Américains à reconnaître une France vaincue, et lui personnellement, comme un des Alliés qui avaient battu et soumis l'Allemagne. De Gaulle n'a jamais pardonné aux Américains d'avoir refusé à la France une place à la table des vainqueurs dans les dernières phases de la Seconde Guerre mondiale, notamment à la conférence de Yalta entre Franklin D. Roosevelt, Winston Churchill et Joseph Staline. Mais imaginer que c'était la raison de son offensive de 1965 contre le dollar et contre le système américain de Bretton Woods, c'est sous-estimer les préoccupations intellectuelles légitimes de De Gaulle au sujet de la propension des superpuissances à devenir arrogantes et finalement à se déstabiliser elles-mêmes[29].

Les objections de De Gaulle au dessein mondial des États-Unis pour l'après-guerre remontaient au moins à 1946. Au 6 septembre 1946, pour être précis, le jour où le secrétaire d'État américain James F. Byrnes était allé à Stuttgart prononcer son « discours de l'espoir » – importante reformulation de la politique américaine à l'égard de l'Allemagne. Jusque-là, les Alliés étaient unis dans leur engagement à transformer « l'Allemagne en pays de nature essentiellement agricole et pastorale[30] ». Le discours de Byrnes a été, dans l'après-guerre, le premier signal indiquant au peuple allemand qu'on allait mettre fin à l'entreprise vengeresse de désindustrialisation qui, à la fin de la décennie, avait détruit 706 établissements industriels. Byrnes a annoncé un revirement politique majeur en déclarant : « On ne doit pas refuser au peuple allemand [...] le droit d'utiliser [...] l'épargne qu'il pourrait accumuler par son travail et sa frugalité pour développer son industrie à des fins pacifiques[31]. »

L'espoir des uns est bien sûr le cauchemar des autres. De Gaulle, en tout cas, a été exaspéré, parce qu'il savait que, dans le cadre d'un système financier arrimé au dollar, une Allemagne réindustrialisée et exportatrice nette allait rendre la France dépendante financièrement de l'Anglosphère, de l'Amérique et même, Dieu nous en préserve, de la Grande-Bretagne !

Le général de Gaulle était l'incarnation même de l'obsession de l'armée française pour les prouesses militaires et industrielles de la Prusse. La détermination et l'efficacité allemandes lui inspiraient autant d'effroi que d'admiration. Dans les années 1930, il s'était élevé contre la construction de la ligne Maginot, en accusant le ministère français de la Guerre d'essayer, avec cet ouvrage défensif, de refaire 1914-1918. La vision qu'avait de Gaulle de la Seconde Guerre mondiale imminente était exactement celle qui inspirait les préparatifs du Haut Commandement nazi : très mobile, fondée sur des colonnes de chars se déplaçant rapidement, affranchies de l'allure d'escargot des divisions d'infanterie, qui cette fois suivraient plus tard, en camions et en fourgons. Quand la guerre a éclaté, les unités blindées de De Gaulle ont été les seules à se couvrir d'une certaine gloire et la défense statique de la ligne Maginot est devenue une honte nationale. L'écœurement de De Gaulle face à l'échec de son pays était empreint de respect pour la tactique militaire et l'industrie allemandes, qui, en s'associant, avaient réussi à humilier la France, à occuper une aussi large partie de son territoire que le souhaitait Berlin, à créer un État vassal des nazis avec Vichy pour capitale et à déclencher (en dressant les partisans de Vichy et les collaborateurs contre la Résistance) une nouvelle guerre civile entre Français, qui allait durer, rhétoriquement, jusqu'à une date avancée des années 1980.

Dans les sociétés anciennes, les vicissitudes contemporaines réinventent souvent de vieilles peurs. De Gaulle était né et avait grandi sous un nuage de malheur national. Vingt-huit ans avant sa naissance, en 1862, le chancelier prussien Otto von Bismarck avait prononcé son « discours du fer et du sang », où il déclarait avec prescience que la Prusse allait régler les « grandes questions de [l']époque » non « par des discours et des votes à la majorité [...] mais par le fer et par le sang ». La perspective d'une Allemagne qui se réindustrialisait, qui faisait grimper sa production d'acier dans les années 1950, ne pouvait en aucun cas séduire un homme dont la vie, depuis sa plus tendre enfance, était marquée par des images du fer allemand versant à gros bouillons le sang français.

Et il y avait pire : de Gaulle était accablé par la promptitude des Français à verser leur sang entre eux pendant que les Allemands, avec leurs fonderies et leurs convertisseurs Bessemer, débitaient de l'acier de première qualité. En 1871, alors que Bismarck proclamait l'unité allemande et couronnait le roi de Prusse empereur du Reich allemand, l'armée du gouvernement français entrait dans la capitale de la France pour écraser sans merci les révolutionnaires de la Commune de Paris, massacrant des dizaines de milliers de personnes. Aux yeux de De Gaulle, la première moitié du XXe siècle n'avait été qu'une récapitulation de ce contraste désastreux : l'impuissance française juxtaposée au succès industriel allemand qui rendait la France dépendante des Anglo-Saxons.

La résistance acharnée de la France au revirement qu'avait laissé prévoir le secrétaire Byrnes dans le « discours de l'espoir » de 1946 a ralenti le relèvement de l'Allemagne. Néanmoins, une fois Washington décidé, pour des raisons qui lui étaient propres, à faire jouer à l'Allemagne un rôle prépondérant dans le plan mondial américain d'après-guerre, son redressement n'était qu'une question de temps : l'Allemagne serait effectivement relevée de ses ruines et sa base industrielle serait non seulement épargnée mais renforcée. Un discours prononcé le

18 mars 1947 par Herbert Hoover, prédécesseur du président Roosevelt, a souligné clairement la récente volte-face de la politique américaine en Europe : « Il existe une illusion, a dit Hoover, selon laquelle la Nouvelle Allemagne [...] pourrait être réduite à un État pastoral. Ce ne serait possible qu'en exterminant ou en déportant hors de ses frontières 25 millions de ses habitants[32]. »

C'est alors que le général de Gaulle et la majorité des hauts responsables de la politique française ont compris qu'ils avaient sur les bras un nouvel affrontement, qui exigeait une stratégie inédite. Celle qu'a choisie de Gaulle pour contenir la montée en puissance de l'Allemagne nouvelle était étrange mais pas illogique : une étreinte asphyxiante, par laquelle la France tenterait d'étouffer sa voisine ressuscitée. Le traité de l'Élysée en janvier 1963 et la proposition indécente de Giscard en mars 1964 en ont été les premières manifestations. Beaucoup d'autres allaient suivre.

Le plan mondial de l'Amérique[33]

Ce n'était pas pour des motifs humanitaires que Washington avait décidé d'épargner à l'Allemagne un retour à un passé bucolique[34]. Et le revirement de l'Amérique n'était pas non plus exclusivement dû à l'amoncellement des nuages de la guerre froide et à l'impératif réel d'endiguer l'Union soviétique. Si l'incitation géopolitique était claire et bien présente, des New Dealers comme James Byrnes, James Forrestal[35], George Marshall[36] et Dean Acheson[37] avaient une autre excellente raison d'autoriser l'Allemagne à reprendre sa place parmi les pays industrialisés.

Le système de Bretton Woods, déjà établi en 1944[38], faisait du dollar la seule et unique cheville ouvrière des échanges commerciaux et financiers dans le monde, celle qui assurait la cohésion de l'édifice. Si, pour une raison quelconque, l'économie américaine entrait en récession, le dollar risquait de fonctionner comme un superconducteur d'ondes récessionnistes qui, ne rencontrant aucun obstacle, allaient aussitôt s'étendre jusqu'aux confins du monde capitaliste. Même de modestes récessions en Amérique pouvaient gagner en vitesse et en férocité quand elles atteindraient l'Europe, le Japon et le reste de l'Asie, où elles risquaient de faire beaucoup plus de dégâts qu'à Chicago ou dans l'Ohio. Pour conjurer ce scénario, on avait un besoin urgent d'amortisseurs de chocs.

Dans un système mondial de taux de change fixes, les amortisseurs de chocs prennent la forme de monnaies régionales fortes, émises par des banques centrales puissantes, qui servent de piliers secondaires soutenant la devise principale du système. Il fallait au moins une monnaie de ce genre en Europe et une autre en Asie. Évidemment, on ne peut pas créer de devises régionales fortes à partir de rien. Elles doivent reposer sur des poids lourds industriels. Mais tout le problème est là : les poids lourds industriels produisent plus de biens manufacturés que leur économie intérieure ne peut en absorber – pensons à la Chine aujourd'hui. Pour fonctionner, ces économies à forte puissance ont besoin de marchés : elles doivent être entourées d'États en déficit permanent avec elles pour qu'elles puissent rester en excédent[39].

La première question était donc : quelles allaient être les économies poids lourds en Europe et en Asie ? En Europe, la Grande-Bretagne était une candidate de la première heure. Mais, comme tant de ceux qui font trop tôt la course en tête, elle s'est retrouvée sur le bas-côté. Ses élites étaient bien décidées à garder leur mainmise sur un empire que Washington jugeait à la fois odieux et insoutenable. Ses soldats de retour, ayant versé leur sang pour le roi et pour le pays, étaient bien résolus à ne pas revenir à leurs maigres salaires et misérables conditions de vie d'avant-guerre. C'est pourquoi Winston Churchill, le roc sur lequel s'était appuyé le pays pendant le conflit, a été balayé en 1945 par une déferlante électorale qui a porté au pouvoir un gouvernement travailliste, dont le discours paraissait révolutionnaire (notamment aux oreilles des Américains). Un an plus tard, une crise budgétaire a mis fin à la convertibilité de la livre sterling et compromis davantage encore la candidature de la Grande-Bretagne au rôle de pilier européen du plan mondial américain. Tous ces événements ont conduit Washington à réexaminer ses intentions, d'autant plus que les dirigeants britanniques s'imaginaient que c'étaient eux qui avaient gagné la guerre et qu'ils méritaient donc de dicter les conditions de la paix.

Lorsqu'il s'est tourné vers l'Extrême-Orient, le gouvernement américain a vu clairement que le seul pays capable de jouer le rôle nécessaire d'amortisseur de chocs dans la région et d'y développer une monnaie convenable était le Japon. C'était une puissance industrielle, dont la plupart des usines étaient restées intactes (sauf peut-être à Hiroshima et Nagasaki) ; sa population active était extrêmement qualifiée et faisait preuve d'une discipline impressionnante ; les États-Unis avaient eu la possibilité d'écrire eux-mêmes sa Constitution ; et – ce n'était sûrement pas le moins important – le pays était gouverné par l'armée américaine. Quand les dirigeants américains ont ramené leur regard vers l'Europe, tout s'est éclairé : il y avait un équivalent évident, l'Allemagne de l'Ouest, et c'était une excellente candidate au rôle d'amortisseur de chocs, de pilier européen du plan mondial.

Pourquoi pas la France ? Pour trois excellentes raisons. Premièrement, l'Allemagne avait une industrie beaucoup plus avancée que celle de la France. En 1945, malgré le pilonnage des Alliés dans les dernières phases de la guerre, la production des usines allemandes représentait plus du double de celle des usines françaises. Deuxièmement, les Allemands vaincus, qui avaient peur d'être voués à un avenir pastoral, allaient pousser un soupir de soulagement si les États-Unis décidaient de parrainer leur économie, d'y investir et, globalement, de la prendre sous leur aile. En revanche, le général de Gaulle et l'immense majorité des Français seraient fous furieux à la moindre allusion à une intervention de ce genre, sans parler d'une prise de pouvoir. Troisièmement, comme pour le Japon, c'était l'Amérique qui avait écrit la Constitution de la République fédérale d'Allemagne, et même créé *ex nihilo* la Bundesbank. Le fait que les forces armées américaines contrôlaient le territoire ouest-allemand sur terre, sur mer et dans les airs ne nuisait pas non plus.

Restait alors la seconde question : qui allait être l'arrière-pays déficitaire des économies poids lourds de l'Allemagne et du Japon ?

La lucidité de De Gaulle

Pour passer de la conception à la mise en œuvre de son plan, Washington devait surmonter l'opposition de De Gaulle, et des Français en général. Le général de Gaulle voyait fort bien que tout cela allait aboutir à un système mondial où la France ne serait plus qu'une puissance de troisième ordre, ce qui réveillait les douloureux souvenirs de l'humiliation de son pays pendant la guerre. Mais son hostilité à ce scénario s'est heurtée à un consensus conservateur européen d'après-guerre qui accueillait la dollarisation de l'Europe avec enthousiasme. Le 20 janvier 1946, de Gaulle a été évincé de ses fonctions de chef du gouvernement provisoire de la République française en raison d'une forte inflation, et du large mécontentement que suscitait son conservatisme austère. Mais pourquoi n'a-t-il pas tenté de revenir peu après ? Pourquoi a-t-il entamé volontairement une traversée du désert qui s'est prolongée jusqu'en 1958[40] ?

De Gaulle sentait bien que les élites françaises n'avaient aucune envie de partager ses profondes appréhensions à l'égard du plan mondial des États-Unis, et de risquer ainsi de perdre les largesses que l'Amérique leur dispensait généreusement pour jouer son jeu. Il s'efforçait néanmoins de les mettre en garde contre l'idée d'un étalon-dollar mondial où le mark serait la monnaie de soutien du billet vert en Europe. Il comprenait parfaitement que, pour jouer ce rôle, le mark aurait besoin d'une industrie lourde allemande, qui aurait elle-même besoin de pays voisins en déficit commercial perpétuel avec l'Allemagne. Il n'y avait pas d'autre moyen de créer la demande nécessaire aux exportations industrielles allemandes. Son peuple ne pouvait-il donc pas le voir ? Bien sûr que si. Mais Washington a joué en finesse, en faisant aux hauts fonctionnaires et aux banquiers français une offre qu'ils ne pouvaient pas refuser.

L'avantage comparatif de la France a toujours été la qualité de ses administrateurs. Chaque année, les grandes écoles produisent en flux régulier des hommes, et plus récemment quelques femmes, qui ont le sens du service public, une remarquable érudition, une parfaite maîtrise des chiffres et une aptitude à administrer des bureaucraties multinationales avec autant d'efficacité que de panache. C'est l'héritage durable de Napoléon Bonaparte, son cadeau à la nation française. De plus, les banques françaises étaient infiniment plus raffinées que leurs homologues allemandes. Conscients de tout cela, les New Dealers ont offert à la classe dirigeante française une puissante incitation à accepter la réindustrialisation de l'Allemagne. Si la France payait le prix, si elle admettait la puissance industrielle allemande et la force inévitable du mark, ce seraient ses hauts fonctionnaires qui administreraient (de Paris et de Bruxelles) l'Europe unie, et ses banques qui géreraient les flux de capitaux et les profits allemands, à l'intérieur comme à l'extérieur de cette entité.

De Gaulle a peut-être été l'une des très rares hautes personnalités françaises qui ne se sont pas laissé séduire par cette offre alléchante. Des hommes comme Jean Monnet (un des pères de l'Union européenne), Jacques Rueff (économiste influent) et Robert Marjolin (dirigeant de l'administration du plan Marshall, qui engendrerait plus tard l'actuelle OCDE) ont compris que de Gaulle ne marcherait pas. Contrairement à eux, il se doutait que, malgré les promesses de Washington, la France allait stagner si le plan mondial de l'Amérique était mis en œuvre.

C'était un fait – et c'est là que de Gaulle avait raison : une Allemagne réindustrialisée, exportatrice, produirait toujours un franc faible dans un système monétaire mondial de taux de change fixes fondé sur le dollar. La France allait donc dépendre du soutien de Washington pour maintenir sa monnaie à parité avec la monnaie allemande. Mais ce soutien transatlantique ne pourrait lui être apporté que si l'Amérique restait en excédent. De Gaulle pressentait que les États-Unis allaient perdre leur excédent et qu'à ce moment-là Paris deviendrait dépendant de l'amabilité de la Bundesbank. C'est exactement ce qui s'est passé.

Le détonateur grec

Un autre facteur décisif sous-tendait l'engagement des États-Unis en faveur de l'Allemagne : la guerre froide. La plupart des gens l'ont oublié, mais cet immense affrontement a aussi commencé dans mon petit pays. Le premier choc entre l'Est et l'Ouest a eu lieu dans les rues d'Athènes juste après le départ des nazis en avril 1944 : il a opposé des éléments de droite soutenus par la Grande-Bretagne à des partisans de gauche soutenus par l'URSS. Ces heurts sont allés croissant en décembre 1944 et ont abouti à l'atroce guerre civile de 1946-1949, qui a laissé une marque indélébile sur toutes les familles grecques que je connais. Cette guerre a été également le prélude du conflit Est-Ouest, qui a donné aux départements d'État et du Trésor des États-Unis l'occasion et le soutien parlementaire nécessaires pour mettre en œuvre une expérience audacieuse en Europe : réunir la France et l'Allemagne au sein d'une Union européenne qui ferait partie intégrante d'un plan économique mondial.

L'inversion du projet de démolition de l'industrie lourde allemande a été facilitée par cette montée des tensions dont la première éruption s'est produite à Athènes. Le « long télégramme » envoyé de Moscou par le diplomate américain George Kennan, pour mettre en garde Washington contre les ambitions expansionnistes des Soviétiques, a persuadé le gouvernement américain de l'urgence d'endiguer l'URSS et a coïncidé avec l'escalade de la guerre civile en Grèce. Lorsque Byrnes a prononcé son « discours de l'espoir » laissant présager le relèvement rapide de l'Allemagne, les Grecs avaient déjà été plongés dans le désespoir d'un abominable conflit fratricide qui serait le prototype des guerres par procuration entre les superpuissances émergentes de la guerre froide[41].

Annoncée par le président Truman le 12 mars 1947, la doctrine Truman se concentrait sur la volonté de gagner la Grèce pour l'Ouest[42], mais elle constituait surtout la déclaration non officielle de la guerre froide[43]. Elle a modelé l'Europe américaine. À partir de cet instant, et en commençant par la Grèce, les États-Unis feraient de l'endiguement de l'influence soviétique leur priorité absolue.

Au seul ton de la proclamation de Truman, Paris a frémi ! Les dirigeants français, à commencer par de Gaulle, ont compris que la nouvelle priorité américaine, l'endiguement des Soviétiques, se traduirait par une résurrection de l'industrie allemande. La réindustrialisation de l'Allemagne a eu lieu pour l'unique raison que les États-Unis l'ont voulue. Et l'Union européenne a été créée parce que Washington comprenait qu'un mark fort exigeait une industrie lourde allemande prospère, qui avait besoin de marchés autour d'elle pour ses produits, ce qui nécessitait un accord avec Paris négocié par les Américains ; accord que l'élite française a accepté à contrecœur mais qui a poussé le général de Gaulle à sortir du jeu politique pendant plus de dix ans.

Quelques années plus tard, en 1953, Hermann Josef Abs, un directeur de la Deutsche Bank de l'époque nazie[44], s'est rendu à Londres à la tête d'une délégation du gouvernement allemand. Il venait prendre part à une conférence réunie par les Américains pour conclure l'« accord de Londres sur les dettes ». Le fond de l'affaire, c'est que les États-Unis ont fait pression sur la Grande-Bretagne, sur la France, sur la Grèce, sur l'Italie, sur l'Espagne, sur la Suède, sur la Yougoslavie, sur la Norvège, sur la Suisse et sur beaucoup d'autres pays pour qu'ils renoncent à la plus grande part des dettes d'avant-guerre qu'avait l'Allemagne à leur égard. Le gouvernement britannique a protesté, en soutenant que l'Allemagne avait la capacité et le devoir moral de payer. Washington a ignoré Londres et, pour diriger par l'exemple, annulé sur-le-champ ses propres prêts consentis à Bonn après 1945. C'est ainsi que les pays et les créanciers privés auxquels l'État allemand et les entreprises allemandes devaient de l'argent ont été persuadés d'effacer plus de 70 % des sommes qui leur étaient dues[45].

Pour toute personne, entreprise ou pays tombé dans les griffes inexorables de l'insolvabilité, l'allégement de la dette est vital. Sans lui, les particuliers languissent dans la prison pour dettes et les pays dépérissent jusqu'à ce que leurs habitants émigrent ou se soulèvent contre les créanciers et leurs Quislings. Si le capitalisme n'a cessé de se renforcer au XIXe siècle, c'est parce que les prisons pour dettes ont cédé la place à la responsabilité limitée. Si General Motors est vivante et en bonne santé aujourd'hui, c'est parce qu'en 2009 l'administration Obama a effacé 90 % de sa dette. Si l'Allemagne s'est relevée dans les années 1950 pour devenir une superpuissance économique, c'est parce que les États-Unis ont forcé les autres Européens à lui accorder un allégement de dette substantiel.

C'est ainsi que l'État scélérat de la guerre, l'Allemagne, a pu renaître de ses cendres, tandis que la Grèce – qui avait été le premier pays à repousser l'agression militaire de l'Axe[46] – a connu un après-guerre désastreux : d'abord en brûlant dans les flammes de sa guerre civile de 1944-1949, puis, après la fin de ce triste épisode, en se vidant pratiquement de ses habitants, qui ont pris la longue route de l'émigration économique. Dans la première moitié des années 1950, tandis que les Grecs émigraient aux États-Unis, au Canada, en Australie, en Belgique et, ironie de l'histoire, en Allemagne (pour y devenir de très productifs *gastarbeiters* – travailleurs invités), le gouvernement grec, cédant aux pressions, a effacé des sommes substantielles que lui devait l'Allemagne. Au même moment, bien que leur destin d'après-guerre ne fût nullement aussi tragique que celui de la Grèce, la France et la Grande-Bretagne, vainqueurs supposés du conflit, se préparaient à vivre des temps économiques intéressants.

Paradoxalement, si la Grèce aujourd'hui reste enlisée dans une dépression profonde, c'est parce que depuis 2010 l'Allemagne refuse tout net d'accorder à Athènes un allégement de dette et que personne, États-Unis compris, n'a la volonté ou les moyens de contraindre Berlin à faire pour la Grèce ce que l'Amérique a fait pour l'Allemagne en 1953. Le résultat est non seulement une dépression économique prévisible, mais aussi l'ascension des nazis d'Aube dorée.

Lors de ma première visite officielle à Berlin, le 5 février 2015, j'ai évoqué le spectre des nazis grecs, et la dépression alimentée par la dette qui les a propulsés au parlement en tant que troisième parti de Grèce[47]. La réaction d'agacement et de rejet qu'a suscitée mon plaidoyer pour l'allégement de la dette a confirmé mes pires craintes, et celles du reste de l'Europe. De deux choses l'une : soit l'élite allemande a totalement oublié le geste de générosité de l'Amérique à son égard, soit elle estime que l'État allemand méritait, immédiatement après la fin d'une guerre abominable qu'il avait déclenchée, un traitement de faveur que d'autres États européens ne méritent pas aujourd'hui.

Cartel dollarisé

Pour établir le pilier européen de son plan mondial, le gouvernement de Washington a dû faire une importante concession. L'union économique qu'il souhaitait créer pour servir d'arrière-pays au mark, il lui a fallu la construire autour d'un cartel centreuropéen de l'industrie lourde. Celui-ci jouissait d'un degré de pouvoir de marché auquel les New Dealers répugnaient. Mais ils n'avaient pas le choix. Il n'existait en Europe que deux mouvements favorables à l'unification du continent dont ils auraient pu solliciter le soutien et la collaboration : la gauche marxiste internationaliste et une vénérable tradition conservatrice centreuropéenne associée à des termes comme « Mitteleuropa » ou « Paneurope ». Aucune hésitation n'était possible.

Au sens fort, « Mitteleuropa » évoquait un idéal intellectuel d'unité multinationale et multiculturelle de l'Europe centrale, qui plaisait assez à une composante non chauvine de ses élites conservatrices. Mais *Mitteleuropa* était aussi le titre d'un livre influent de Friedrich Naumann, écrit au cours de la Grande Guerre : il préconisait une intégration économique et politique de l'Europe centrale, qui serait gérée sur la base des principes allemands et où les États « mineurs » seraient placés sous domination allemande[48]. D'esprit beaucoup plus libéral que la Mitteleuropa, la Paneurope était la fille intellectuelle du comte Coudenhove-Kalergi, intellectuel austro-japonais qui avait consacré sa vie à faire campagne pour la création d'une union politique et économique paneuropéenne[49].

Malgré leurs différences, la Mitteleuropa et la Paneurope visaient à protéger le centre de l'Europe des empiétements géopolitiques et économiques de la Russie à l'est et de l'Anglosphère à l'ouest. Leurs tenants partageaient aussi une autre idée : l'unité européenne devait se superposer aux institutions nationales existantes en Europe et, de fait, aux structures existantes du pouvoir économique des entreprises. Une Union européenne conforme aux idées de la Mitteleuropa et de la Paneurope fonctionnerait en limitant la concurrence entre les entreprises, entre les pays et entre le capital et le travail. Bref, l'Europe du centre ressemblerait à une seule firme gigantesque, structurée hiérarchiquement et gouvernée par des technocrates dont la mission serait de tout dépolitiser et d'atténuer le plus possible tous les conflits.

Il va sans dire que la vision Mitteleuropa-Paneurope avait toujours enthousiasmé les industriels allemands. En son temps, Walter Rathenau, alors président d'AEG (Allgemeine Elektricitäts-Gessellschaft) et plus tard ministre des Affaires étrangères, était allé jusqu'à suggérer qu'une union économique centreuropéenne serait « la plus grande conquête de civilisation[50] ». L'idée était extrêmement séduisante non seulement pour de grandes compagnies comme AEG, Krupp et Siemens, mais aussi pour l'Église catholique et pour des hommes politiques comme Robert Schuman, autre père de l'Union européenne, qui était né en Allemagne et s'était retrouvé français par la grâce d'une frontière mouvante.

En septembre 1947, tandis que les New Dealers réfléchissaient à une union européenne qui serait cohérente avec leur plan mondial, le comte Coudenhove-Kalergi a prononcé un discours à la conférence de l'Union parlementaire européenne, qu'il avait réunie pour tenter de favoriser un rapprochement entre les parlementaires des pays du cœur de l'Europe. Son thème était l'impérieux besoin de faire naître une Europe unie en construisant un vaste marché centreuropéen doté d'une monnaie stable. Ce qu'il omettait de dire, c'est que ce « marché » serait nécessairement dominé par plusieurs grandes entreprises libres de coordonner leurs prix afin d'éviter toute réelle rivalité entre elles, ainsi que toute concurrence venue de nouveaux entrants et, surtout, de l'Anglosphère.

C'est avec ces gens-là, des hommes comme le bon comte Coudenhove-Kalergi, Robert Schuman et Jean Monnet, que les Américains ont dû travailler.

Une fois engagé, le processus de construction de la Mitteleuropa-Paneurope a été inexorable. En janvier 1946, sur injonction de l'ambassade des États-Unis en France, le Commissariat général du plan a été créé à Paris. Quelques mois après la proclamation de la doctrine Truman, le secrétaire d'État George Marshall a prononcé à Harvard un discours qui a marqué le lancement du plan Marshall : ce plan d'aide massive, pesant plus de 2 % du revenu national des États-Unis, a donné le coup d'envoi de la dollarisation de l'Europe[51].

Quelques semaines après ce discours, le Commissariat général du plan distribuait un tiers de l'aide Marshall à l'Europe, fixait des objectifs de croissance en Europe et employait à cette fin trois mille personnes à Paris. Le 3 avril 1948, le président Truman a créé l'Economic Cooperation

Administration ; treize jours plus tard, les États-Unis et leurs alliés européens ont créé l'Organisation européenne de coopération économique (OECE), chargée de trouver où canaliser les fonds, à quelles conditions et à quel usage. En 1961, l'OECE a changé de nom pour prendre celui que nous connaissons aujourd'hui : Organisation de coopération et de développement économiques (OCDE).

Tandis qu'on amadouait l'élite française par des fonctions administratives prestigieuses et des montagnes d'argent pour les exercer, le jeu réel avait lieu dans le champ de l'industrie lourde. En 1950, l'Union européenne est née officiellement, sous la forme d'un cartel du charbon et de l'acier dominé par l'Allemagne, que gérait, bien sûr, une administration internationale dominée par la France et installée à Bruxelles. Son nom ? La Communauté européenne du charbon et de l'acier (CECA). C'était un écart remarquable par rapport aux principes américains en la matière, lesquels comprenaient, depuis le président Theodore Roosevelt, une dose salutaire de démantèlement des cartels. Mais l'Amérique n'aurait pas pu concrétiser son plan mondial en Europe sans faire la paix avec l'idéologie de la Mitteleuropa-Paneurope, qui était intimement liée aux cartels européens.

En s'entendant avec le corporatisme centreuropéen, les décideurs de la politique américaine ont dû avaler une autre couleuvre que la construction de l'Europe nouvelle autour d'un cartel de grandes entreprises : le programme politique douteux qui l'accompagnait. Des corporatistes comme Robert Schuman et Jean Monnet étaient bien décidés à construire la bureaucratie bruxelloise comme une zone hors démocratie. Le comte Coudenhove-Kalergi l'avait dit d'un trait dans un de ses discours, en déclarant son ambition de voir l'Europe « annuler et remplacer » la démocratie en lui substituant « une aristocratie sociale de l'esprit[52] ». Comme toujours lorsqu'une technocratie animée d'un profond mépris platonicien pour la démocratie obtient un pouvoir d'exception, le résultat a été une autocratie inepte, sans âme et antisociale.

Les Européens reconnaissent ce profil dans la bureaucratie bruxelloise d'aujourd'hui. Toutes les enquêtes d'opinion le constatent : ceux qui n'ont aucune confiance dans les institutions européennes sont largement majoritaires. Il est vrai que les citoyens du monde entier – par exemple en Grande-Bretagne, aux États-Unis ou en Inde – sont très critiques à l'égard des institutions de leur État, mais le mécontentement à l'égard de Bruxelles est qualitativement différent. Prenons la Grande-Bretagne, par exemple. L'État britannique s'est développé en tant que jeu d'institutions dont la fonction était de réguler la lutte entre des classes et groupes sociaux différents. L'affrontement entre le roi et les barons a produit la Grande Charte, compromis qui, fondamentalement, limitait les pouvoirs du roi. Plus tard, la classe des marchands ayant acquis une puissance économique hors de proportion avec son rang social et politique, l'État a encore évolué pour concilier les intérêts de ces négociants et ceux de l'aristocratie, notamment après la Glorieuse Révolution de 1688. La révolution industrielle a intégré de nouvelles couches sociales à cette combinaison (les industriels, les syndicats, les communautés locales composées d'anciens paysans) : on a étendu le droit de suffrage et affiné l'appareil d'État.

Pendant ce temps, outre-Atlantique, un processus semblable engendrait la Constitution américaine. Les institutions gouvernementales et administratives des États-Unis sont aussi apparues à une époque d'intenses conflits entre des intérêts établis et des classes sociales. Les propriétaires fonciers esclavagistes, essentiellement dans le Sud, s'opposaient de front aux négociants de la côte Est et aux industriels de l'Illinois, de Boston et du Wisconsin. L'achat de la Louisiane a déclenché une série de nouvelles querelles entre de multiples groupes d'intérêt. Une terrible guerre civile est devenue inévitable, et elle a facilité l'unification de l'Amérique. Plus tard, l'essor des syndicats et l'ascension du complexe militaro-industriel ont révélé l'existence de nouvelles rivalités. Pour rassembler la nation et homogénéiser ses institutions afin de traiter les crises politiques, sociales et financières issues de ces tensions, le Congrès a dû jouer un rôle décisif d'équilibrage. De fait, aucune autorité aux États-Unis ne peut défier le Congrès ni l'ignorer. Quels que soient les défauts que peut avoir la démocratie américaine, il est indéniable que le processus démocratique est essentiel à la cohésion de l'Union.

En revanche, les institutions de l'Union européenne ne se sont pas développées en réaction à des conflits sociaux. Ce sont les institutions et parlements nationaux qui ont fait le gros du travail pour les atténuer. La bureaucratie de Bruxelles a été conçue pour gérer les affaires d'un cartel industriel, celui de l'industrie lourde du cœur de l'Europe. Sans « dèmos », sans un « nous, le peuple » pour les discipliner, et en fait pour légitimer leurs activités, les bureaucrates de Bruxelles méprisaient la démocratie et n'avaient pas à subir son système de contrepoids et de contrôle. Tant que le cartel qu'elles administraient a été prospère sous les auspices du système financier mondial conçu par les Américains, les institutions de l'Union européenne ont été largement acceptées. Mais, à la différence du système américain centré sur le Congrès, l'Union européenne n'avait pas l'indispensable processus démocratique sur lequel se replier en temps d'épreuves.

À en juger par son idéologie officielle, l'Union européenne paraissait tout à fait semblable aux États-Unis, et même à la Grande-Bretagne libérale. Elle semblait avoir pour programme le libéralisme économique, et pour objectif un marché unique affranchi de la tutelle de l'État. Pourtant, il est clair que l'Union européenne est née sous la forme d'un cartel de producteurs de charbon et d'acier qui, ouvertement et légalement, contrôlait les prix et la production au moyen d'une bureaucratie multinationale, investie de pouvoirs juridiques et politiques lui permettant de supplanter les parlements nationaux et d'ignorer les procédures démocratiques. De fait, la tâche initiale de la bureaucratie de Bruxelles était de fixer les prix des produits sidérurgiques et charbonniers et de lever toutes les restrictions à leur libre circulation ou à leur vente entre les États membres du cartel. Cela peut paraître curieux mais c'est parfaitement logique : à quoi aurait servi un cartel international si ses produits étaient arrêtés aux frontières, taxés et soumis à d'autres entraves par les fonctionnaires des États nationaux ? Aux États-Unis, l'équivalent aurait été une bureaucratie de Washington opérant sans Sénat ni Chambre des représentants pour contrôler ses fonctionnaires, ayant le pouvoir d'imposer ses décisions aux autorités des États dans presque tous les domaines et résolue à fixer les prix au-dessus de ceux que le marché aurait choisis.

L'étape suivante aussi allait de soi : après la suppression des droits de douane sur le charbon et l'acier, il était logique de les lever sur tout le reste. Le problème était l'opposition des agriculteurs français, qui exerçaient depuis toujours une influence exceptionnelle sur le système politique de leur pays. L'idée de devoir affronter la concurrence sans entrave du lait, du fromage et du vin importés ne leur plaisait pas. Donc, pour les faire monter à bord, on a créé la « politique agricole commune ». Son objectif ? Faire accepter par les agriculteurs une zone européenne de libre-échange en leur concédant une part des profits de monopole du cartel.

À la fin des années 1950, une union européenne pleinement constituée (dite alors « Communauté économique européenne » et issue de la Communauté européenne du charbon et de l'acier[53]) avait jailli du cartel multinational de l'industrie lourde et de sa représentation politique à Bruxelles. Dollarisée par les États-Unis, elle a vite commencé à produire de gros excédents. Ceux-ci ont financé la prospérité d'après-guerre en Europe dans l'environnement mondial stable assuré par le système de Bretton Woods, lui-même équilibré en permanence par les États-Unis, qui avaient la volonté et les moyens de recycler vers l'Europe une part importante des excédents américains. Un âge d'or s'est dessiné, rayonnant de croissance forte, de chômage inexistant, d'inflation faible, et, peu à peu, il a fait naître une nouvelle Europe de prospérité partagée. C'était un triomphe américain, dont les élites européennes étaient décidées à s'attribuer le mérite.

Tumulte sur les deux rives du Rhin

L'âge d'or de l'Europe a commencé à s'estomper dès que l'excédent américain a disparu. L'essor des exportations industrielles allemandes et japonaises, que les États-Unis avaient soutenues par divers moyens, a conduit leurs deux protégés, l'Allemagne et le Japon, à accumuler leurs propres excédents. Et puisque l'excédent d'une économie est le déficit d'une autre, les excédents allemand et japonais se sont constitués aux dépens des États-Unis, qui se souciaient davantage de stabiliser en permanence l'économie mondiale que de préserver leur propre surplus. Alors qu'il devenait évident que l'Amérique se transformait de pays créancier en pays débiteur, d'économie excédentaire en économie à déficit commercial croissant, les dirigeants de Washington savaient que, s'ils se serraient la ceinture au niveau national pour freiner ces déficits émergents – s'ils réduisaient les dépenses publiques, augmentaient les impôts et imprimaient moins de dollars –, ils allaient déstabiliser un ordre mondial qui reposait sur les largesses américaines.

Donc la Federal Reserve a continué à créer autant de dollars que nécessaire pour empêcher une forte récession dans l'ensemble du capitalisme mondial. En conséquence, l'État et le secteur privé américains se sont enfoncés encore plus dans le rouge et sont devenus débiteurs nets à l'égard de l'Europe et du Japon. Mais tant que l'Amérique gardait le monopole de la monnaie unique du monde, le dollar, en exploitant ce que Giscard avait appelé son « privilège exorbitant », le système de Bretton Woods conservait un souffle de vie.

Simultanément, l'Europe américaine commençait à se replier sur elle-même. Les deux tentatives du président de Gaulle, en 1963 et en 1964, pour attirer l'Allemagne dans une étreinte asphyxiante traduisaient son inquiétude : il voyait que le plan mondial de l'Amérique s'effilochait sur les bords et que la domination politique de la France dans l'Union européenne était menacée.

Quand le chancelier Erhard a ignoré sa proposition d'union monétaire immédiate, de Gaulle a réagi en augmentant la mise contre les États-Unis et Bretton Woods. Persuadé que l'Amérique avait plus de pouvoir qu'il n'était bon pour elle mais moins qu'elle ne le croyait souvent, quelques mois après la conférence de presse provocatrice de janvier 1965 où il avait préconisé un retour à l'étalon-or, il a ordonné le retrait de 25 900 lingots d'or, pesant plus de 350 tonnes, des sous-sols de la Federal Reserve de New York et leur transfert immédiat à Paris[54]. Nul ne peut nier qu'en matière de sémiologie les Français sont imbattables !

La nouvelle a conduit plusieurs compagnies européennes, et diverses banques centrales d'Europe, à réclamer de l'or aux autorités américaines en échange de leurs piles d'eurodollars. Comme nous l'avons vu au chapitre précédent, les spéculateurs, sentant l'odeur du sang, sont entrés dans le jeu : ils ont emprunté massivement des dollars pour acheter de l'or. Le prix officieux de l'or a donc bondi à plus de 70 dollars l'once, alors que les États-Unis étaient toujours légalement tenus de le vendre à 35 dollars l'once seulement. Ajoutant le coup à l'insulte, de Gaulle a aussi fait sortir de l'OTAN les forces militaires françaises et a exigé le démantèlement immédiat de toutes les bases de l'Alliance atlantique sur le territoire français[55].

En Allemagne, un drame parallèle était en cours. À une époque où la coopération de la Bundesbank devenait essentielle, ses réticences à soutenir Bretton Woods ne cessaient de croître. Soutenir Bretton Woods signifiait pour elle, en pratique, imprimer toujours plus de marks pour éponger les dollars et les francs que les spéculateurs empruntaient aux banques de dépôt afin d'acheter la devise allemande – puisqu'ils pariaient sur sa hausse, comme à leur habitude. Tant que la Bundesbank agissait ainsi, les spéculateurs étaient tenus en respect. Mais dès qu'elle ralentissait ses presses à imprimer des marks, les valeurs officielles du dollar et du franc (celles de Bretton Woods) devenaient intenables. Dans ces moments de réticence de la banque centrale allemande, il fallait que les responsables politiques se réunissent dans les bureaux du FMI à Washington pour s'entendre sur une réévaluation politiquement toxique des taux de change[56], ou tout le système s'écroulait. Il n'est pas extravagant de dire qu'au milieu des années 1960, l'avenir du grand dessein d'après-guerre de l'Amérique dépendait de la disposition de la Bundesbank à imprimer des marks.

Les irascibles dirigeants de la banque centrale allemande considéraient le chancelier Ludwig Erhard comme un odieux personnage. Ils voyaient en lui l'homme de Washington, un politicien plus soucieux d'aider l'Amérique à stabiliser Bretton Woods (et de repousser les ouvertures de De Gaulle) que de soutenir la croisade de la Bundesbank contre la hausse des prix intérieurs, qui, craignaient-ils, allaient grimper si on la forçait à imprimer toujours plus de billets. Ayant la mémoire longue et des couteaux bien aiguisés, ils n'avaient jamais pardonné à Erhard d'avoir passé outre – en 1961, quand il était ministre des Finances – à leurs objections contre une demande américaine de réévaluation du mark[57].

Donc, qu'ont fait ces hommes de la Bundesbank ? Dans une initiative plus digne d'une république bananière que d'une démocratie européenne, la banque centrale allemande a provoqué une grave récession pour faire tomber le gouvernement. Comment a-t-elle fait ? C'est simple. Elle a limité la possibilité, pour les banques de dépôt, de consentir des prêts aux entreprises et aux ménages. Cette restriction des liquidités a réduit l'activité économique et étranglé le marché du travail, donc provoqué une brève récession que l'électorat a mise au compte du gouvernement Erhard. Et comment le savons-nous ? Parce que, des années plus tard, le président de la Bundesbank Karl Blessing l'a reconnu. Sans la moindre gêne ni l'ombre d'un regret, il a déclaré : « Nous avons dû agir de force pour remettre les choses en ordre[58]. » Par « ordre », Herr Blessing entendait l'accession à la chancellerie de Georg Kiesinger, autre ancien membre du parti nazi, à la tête d'un gouvernement de grande coalition droite-gauche qui, en raison de sa faiblesse, a laissé à la Bundesbank beaucoup plus de liberté pour traîner les pieds dans la défense de Bretton Woods.

Pendant les trois ans qui ont suivi le putsch de la Bundesbank, l'Allemagne de l'Ouest est devenue une double monarchie. Les chrétiens-démocrates (la droite) et les sociaux-démocrates (la gauche) ont gouverné ensemble, dans un effort d'unité nationale pour surmonter une récession provoquée par leur banque centrale à seule fin de chasser Erhard et de les porter au pouvoir[59]. La solution qu'ils ont trouvée a été un « pacte de stabilité et de croissance », autrement dit un plan de redressement fondé sur une logique simple : contrôle des salaires, pour que l'inflation reste plus faible en Allemagne qu'en France, en Grande-Bretagne et aux États-Unis, et offensive pour exporter plus. En l'espace d'une année, le pacte de stabilité et de croissance avait porté ses fruits. L'Allemagne s'était redressée grâce à ses exportations qui inondaient la France, la Grande-Bretagne et les États-Unis, aux dépens de tous les autres et en déstabilisant davantage encore Bretton Woods[60].

Simultanément, à l'ouest du Rhin, la France était en ébullition. De Gaulle savait que son emprise sur le mouvement ouvrier organisé était négligeable comparée à celle des élites allemandes, qui avaient intégré les syndicats non seulement au gouvernement (grâce à la participation des sociaux-démocrates) mais aussi aux conseils d'administration des entreprises, où les syndicalistes siégeaient aux côtés des dirigeants, en assurant la « modération salariale » en échange de ce pouvoir. Il imaginait qu'en se dotant d'une monnaie forte – l'étalon-or ou le mark –, il allait renforcer l'État français et affaiblir la canaille de gauche. Mais puisque l'Allemagne avait refusé ses avances et que le retour à l'étalon-or n'était que de la rhétorique, il était enlisé dans un bourbier d'inflation incontrôlable et de mécontentement croissant. Dans un ultime effort pour tenir bon contre vents et marées, il a ordonné à Giscard d'Estaing de serrer la vis monétaire pour avoir un franc plus fort[61], plus proche du mark.

Résultat : de Gaulle a perdu sur les deux tableaux. L'emploi en France s'est contracté, la hausse des prix s'est poursuivie, la balance commerciale franco-allemande est passée encore plus dans le rouge, et les spéculateurs ont continué à emprunter des francs pour acheter des marks parce qu'ils s'attendaient à un Waterloo de plus pour le franc. En mai 1968, nous l'avons vu, les étudiants français ont déclenché un soulèvement qui allait marquer une génération et causer à de Gaulle le plus grand embarras possible, puisque l'homme fort de la France a dû fuir Paris et chercher refuge en Allemagne. Même si, grâce au soutien de son armée, il est parvenu à conserver la présidence, il a démissionné un an plus tard, en passant le relais à son second, Georges Pompidou. Dans une des premières interviews du président Pompidou, on lui a demandé ce qu'il pensait de la faiblesse économique de la France par rapport à l'Allemagne. Sa réponse a été troublante : « Les Allemands ont leur deutschemark et nous avons notre bombinette », c'est-à-dire la force de frappe nucléaire française[62]. Manifestement, l'élite française s'était résignée à une domination financière allemande qui était à ses yeux aussi inévitable qu'abominable, et avait l'intention de la contrebalancer avec les armes nucléaires de la France.

Quelques mois plus tard, en septembre 1969, l'Allemagne devait tenir des élections générales. Les spéculateurs ont estimé que le gouvernement suivant allait être obligé de réévaluer le mark pour rétablir un minimum d'équilibre dans le commerce européen, et ils ont donc emprunté à qui voulait leur en prêter des dollars, des francs, des lires ou même de l'or pour acheter des marks. Une masse de marks a envahi l'Allemagne, menaçant d'une envolée des prix ce pays bien connu pour sa phobie de l'inflation. Le gouvernement droite-gauche a fermé la Bourse et le système financier pour quatre jours, espérant ainsi endiguer la marée.

Les élections ont donné un résultat ambigu. Les chrétiens-démocrates étaient en tête pour le nombre de voix, mais c'étaient les sociaux-démocrates de Willy Brandt qui avaient progressé le plus, et ils allaient revendiquer le gouvernement en alliance avec le petit Parti libéral-démocrate (FDP). Pendant que le SPD et le FDP négociaient cet accord, le gouvernement Kiesinger, qui expédiait les affaires courantes, devait décider ce qu'il convenait de faire sur les marchés monétaires. Les sociaux-démocrates du cabinet ont surpris tout le monde en lui suggérant de céder et de réévaluer le mark d'un joli pourcentage. C'est à peu près comme si, aujourd'hui, un dirigeant du Parti travailliste britannique préconisait davantage d'austérité que les Tories, ou un démocrate américain une plus forte réduction de la sécurité sociale que le Tea Party ! Les sociaux-démocrates étaient connus pour leur réticence à nuire aux industries exportatrices, base d'appui de leur électorat principal (la classe des ouvriers d'usine), et pourtant, à cette occasion, ils ont proposé une forte réévaluation de la monnaie allemande.

Kiesinger renâclait : il craignait de voir les industriels et les autres exportateurs allemands se tourner contre lui. Dans cette situation bloquée, le vice-président de la Bundesbank, Otmar Emminger, a proposé un curieux compromis : « Ne faites rien ! Il suffit de nous dispenser, tacitement, de notre obligation de défendre la valeur du dollar. » Épuisés, les politiques lui ont donné le feu vert : on allait laisser de côté Bretton Woods, ne serait-ce que pour un temps ; on allait autoriser la Bundesbank à mettre à l'arrêt ses presses à imprimer, et le mark s'en irait flotter sur des eaux inconnues[63].

À l'ouverture des marchés, le mark s'est mis à monter et la Bundesbank, violant ouvertement ses obligations à l'égard de Bretton Woods, est restée l'arme au pied. Pendant un mois entier, jusqu'à l'entrée en fonction du nouveau gouvernement Brandt, la Bundesbank a laissé la devise allemande monter contre le dollar, tout en intervenant pour limiter son ascension contre le franc afin de soutenir les exportations allemandes en France. Paris était furieux, mais Washington restait placide. Giscard d'Estaing a adressé à Bonn et à Francfort des missives féroces où il accusait les Allemands d'anéantir l'ordre monétaire d'après-guerre et de mettre en danger l'Union européenne.

Washington avait d'abord hésité à morigéner Bonn parce que cette levée temporaire de la pression pour défendre le dollar lui donnait un certain répit : puisque la montée du mark jugulait le flux de dollars vers l'Allemagne et limitait les achats de Mercedes-Benz par les Américains, la Federal Reserve pouvait se détendre un peu. Mais l'administration Nixon a vite conclu que la décision unilatérale de la Bundesbank de laisser flotter le mark était un acte d'agression. Bonn avait beau s'empresser d'expliquer que cette situation était temporaire, qu'on ne laisserait flotter modérément le mark qu'un moment et qu'on le verrouillerait à nouveau ensuite (avec une valeur plus élevée) à sa juste place dans le cadre de Bretton Woods, il était clair que remettre le génie dans la bouteille allait être très difficile.

La Grande-Bretagne et la France étaient à genoux. La hausse du mark n'était pas assez rapide pour rééquilibrer leur commerce avec l'Allemagne. Les Volkswagen et les lave-linge de Siemens étaient maintenant plus chers à Londres et à Lyon, mais pas suffisamment pour entamer sensiblement l'excédent commercial allemand. Simultanément, constatant la hausse impressionnante du mark et comprenant que, pour la première fois depuis les années 1940, les autorités n'étaient pas intervenues pour arrêter sa flottaison à la hausse, les particuliers riches qui avaient de l'argent à épargner se sont dit que le mark allait probablement monter encore plus haut. Cherchant à tirer profit de cette nouvelle réalité, ils ont envoyé leurs liquidités en Allemagne, ce qui s'est traduit par un exode des capitaux de Paris et de Londres vers Francfort.

Confronté à une situation de plus en plus impossible, Giscard d'Estaing s'est souvenu de son voyage de 1964 à Bonn et a lancé de nouveaux appels à une monnaie commune. Mais cette fois (libéré du général de Gaulle), il a voulu inclure d'autres pays européens dans les discussions. Bonn a répété son argument raisonnable : une monnaie commune devait être précédée d'une intégration politique à laquelle la France ne consentirait pas.

Cet échange allait se répéter bien des fois dans les années 1970, 1980, 1990, et en fait jusqu'à ce jour. Paris appelle à une union monétaire, le gouvernement allemand accepte à condition qu'il y ait une union politique qui lui permette de contrôler les dépenses de l'État français. Même après le passage à l'union monétaire, notamment une fois que l'euro est entré sérieusement en crise, ce désaccord s'est perpétué. J'ai eu l'expérience directe en 2015 de vives discussions entre hauts dirigeants français et allemands sur ce sujet précis. À la lumière de ces affrontements, il est clair pour moi que la crise de l'euro se prolonge parce que Paris n'est pas d'accord pour accepter une supervision de son budget national. (J'en dirai plus sur ce point au chapitre 4.)

Revenons à mars 1971. Le monde financier s'est réveillé un matin avec une nouvelle incroyable : la République fédérale allemande détenait plus de réserves en devises étrangères – en dollars, yens, etc. – que l'État fédéral américain. À peine deux décennies et demie après le « discours de l'espoir » où le secrétaire d'État Byrnes avait annoncé la décision de l'Amérique d'autoriser l'Allemagne à rebondir, l'Allemagne avait dépassé sa bienfaitrice beaucoup plus grande et plus riche par le montant de devises étrangères qu'elle possédait, dollars compris. La nouvelle a sidéré le monde, donné à la puissance économique allemande une dimension mythique et éminemment contribué à accélérer la fuite des capitaux vers l'Allemagne. On en était désormais encore plus persuadé : l'Amérique allait être obligée de renoncer à son engagement de vendre chaque once de son or au prix dérisoire de 35 dollars. Les spéculateurs en ont conclu que le prix de l'or en dollars allait exploser. Les dollars ont été changés massivement contre de l'or. Et quand les traders n'ont plus réussi à trouver suffisamment d'or à acheter, ils ont même commencé à changer leurs dollars en francs et en livres, tant ils étaient convaincus que la devise américaine était condamnée. Paris et Londres se sont retrouvés avec une nouvelle pile de dollars, alors que leurs monnaies continuaient à perdre du terrain face à l'Allemagne.

Le 9 mai 1971, le chancelier Brandt a tenté d'apaiser la nervosité du président Pompidou par une lettre manuscrite où il réaffirmait son attachement personnel inébranlable à « l'établissement d'une union économique et monétaire [européenne] ». Pompidou n'a pas été convaincu[64]. Au moment même où Brandt lui donnait ces nouvelles assurances, il savait de source sûre que la Bundesbank se préparait à refaire flotter le mark, comme en 1969. Les conséquences seraient gravement déstabilisantes pour la France et pour la Grande-Bretagne. À l'approche de l'été, Paris a demandé aux Américains si sa pile de dollars toute neuve pouvait être changée contre de l'or. Fureur de Washington. Donc, lorsque le 11 août 1971 Londres a joint sa voix en demandant le paiement en or américain de 3 milliards de dollars de sa propre pile d'eurodollars, Paul Volcker a dit à John Connally, qui s'est aussitôt déclaré d'accord, que l'heure était venue de persuader le président Nixon d'infliger la peine maximale aux dirigeants de l'Europe. Le 15 août, les Européens ont appris la nouvelle : *game over*, fin de partie[65].

Une de mes amies proches m'a confié un jour que, lorsqu'elle a dit à son père qu'elle allait se marier, il lui a répondu : « Contre qui ? » C'est exactement l'esprit du mariage monétaire proposé par de Gaulle à la République fédérale d'Allemagne en 1964. Ne disposant pas de la puissance économique nécessaire pour soumettre l'industrie allemande et la Bundesbank dans un affrontement direct, la France allait procéder autrement : en offrant sa main pour des noces monétaires.

La France a toujours envisagé une union monétaire contre l'Allemagne plutôt qu'avec elle. Ce n'était pas seulement l'une des obsessions de De Gaulle : on en a eu de multiples confirmations. Voici peut-être la meilleure, en date du 18 septembre 1992, alors que la France et l'Allemagne réunifiée venaient de se mettre d'accord, par le traité de Maastricht, pour créer l'euro. Ce jour-là, le quotidien conservateur français *Le Figaro* a écrit ces lignes à la une : « L'Allemagne paiera, disait-on dans les années 1920. Elle paye aujourd'hui : Maastricht, c'est le traité de Versailles sans la guerre[66] ! » Les dirigeants allemands le savaient en 1964, comme ils le savaient en 1992. Pour les élites françaises, une monnaie commune avec l'Allemagne était une tentative de la neutraliser, de conquérir la Bundesbank sans tirer un seul coup de feu. Les décideurs allemands, notamment à la Bundesbank, ont pris soin de ne jamais l'oublier.

Mais pourquoi l'Allemagne a-t-elle fini par accepter une union monétaire qui – elle le savait parfaitement – faisait partie intégrante d'une stratégie française dirigée contre elle ? Selon la théorie admise, le chancelier Helmut Kohl s'est incliné devant les exigences françaises d'union monétaire car c'était le prix à payer pour la réunification allemande. Même si cette considération n'a pas été négligeable, la réponse est ailleurs : la vérité est que l'économie exportatrice allemande ne peut pas s'offrir le luxe d'avoir une devise qui flotte réellement. Si la valeur internationale du mark était déterminée librement dans le tourbillon des marchés monétaires, les excédents allemands créeraient une demande de marks qui ferait monter cette monnaie à un tel niveau que les produits allemands deviendraient trop chers à l'étranger – si chers que les excédents allemands disparaîtraient. L'ambition de demeurer une nation en excédent était incompatible avec un mark flottant.

Tant que le mark a été intégré au plan mondial de l'Amérique et sa valeur fixée dans le cadre du système monétaire international de Bretton Woods, les dirigeants et hauts responsables allemands ont pu se comporter en gestionnaires d'un bel atelier industriel – de l'usine resplendissante de l'Europe. Dans ce monde-là, ils pouvaient se consacrer exclusivement à construire des voitures robustes et à fabriquer des appareils impressionnants en laissant à l'Amérique le soin de gouverner le capitalisme mondial – exactement comme les États-Unis l'avaient prévu dans leurs projets de la fin des années 1940. Hélas, quand les États-Unis ont jeté par-dessus bord Bretton Woods et l'Europe avec, il n'a plus été possible aux dirigeants allemands de continuer à traiter l'ordre mondial comme la météo – comme un système naturel auxquels leurs actions et leurs convictions ne pouvaient rien changer. Il leur a fallu admettre que l'environnement économique international n'était plus ordonné par une volonté divine, qu'il n'était plus indépendant de leurs décisions. Autrement dit, ils devaient faire quelque chose pour modeler cet environnement dans un sens compatible avec la poursuite du succès économique de l'Allemagne.

Réticents à penser à l'échelon mondial, ou à tenter de façonner le monde à leur image, les dirigeants allemands ont adopté une position minimaliste : ils se sont dit qu'un Bretton Woods européen suffirait peut-être à remplacer l'original américain. Et que, s'il était possible de faire fonctionner ce système monétaire européen dans l'intérêt de l'industrie allemande, la monnaie commune que ne cessait de réclamer Paris pourrait, finalement, devenir acceptable pour eux. Mais seulement après avoir écrasé les ambitions de la France d'occuper le siège du cocher tandis que l'industrie allemande ferait tout le travail de trait[67].

CHAPITRE 3

Des pèlerins inquiets

Par un morne après-midi d'automne, deux hommes en complet, de qui émanait une immense autorité, sont entrés dans la cathédrale d'Aix-la-Chapelle. Ils étaient venus rendre hommage à Charlemagne, le roi franc du IXe siècle qui avait brièvement réunifié l'Empire romain et qui incarnait, du moins dans les cercles traditionalistes du cœur de l'Europe, l'aspiration à un royaume chrétien européen sans frontières – qu'ils appelaient la Mitteleuropa, ou la Paneurope. Debout devant le tombeau du guerrier chrétien et près de son vénérable trône, les deux hommes cherchaient à apaiser l'agitation intérieure considérable que leur inspirait ce qu'ils venaient de faire : engager leurs deux pays, la France et l'Allemagne, à lier leurs monnaies. Ce jour-là, 15 septembre 1978, ils avaient signé dans la matinée un accord bilatéral qui créait le système monétaire européen (SME) – le précurseur de l'euro[1].

« L'esprit de Charlemagne flottait peut-être au-dessus de nous pendant que nous discutions des questions monétaires », a confié à un journaliste italien, ce même après-midi, un des deux pèlerins[2]. Son nom ? Valéry Giscard d'Estaing, le ministre des Finances que le président de Gaulle avait envoyé à Bonn, en mars 1964, méduser le gouvernement allemand par sa proposition d'union monétaire immédiate : il était à présent le digne occupant du palais de l'Élysée, le vingtième président de la République française. Le second pèlerin, qui invoquait le fantôme de Charlemagne pour obtenir son aval à l'union monétaire avec la France, était le chancelier allemand Helmut Schmidt, social-démocrate dont l'engagement pour les États-Unis d'Europe était aussi puissant que celui de Giscard[3].

D'acerbes eurosceptiques, notamment d'obédience anglo-saxonne[4], ne voient dans la visite de Giscard et de Schmidt au lieu de repos éternel de Charlemagne qu'une des multiples manifestations de l'eurokitsch, qu'un élément du feuilleton télévisé centreuropéen conçu pour gagner le soutien des électeurs traditionalistes français et allemands. En apprenant que le président français et le chancelier allemand ont ressenti le besoin de se rendre au tombeau d'un roi très ancien pour solliciter sa bénédiction à leur tentative d'union monétaire, quiconque a suivi sur le petit écran le concours de chansons de l'Eurovision reconnaîtra un parfum familier de ringardise. Certes, en prétendant plus tard que l'esprit de Charlemagne leur avait soufflé l'idée d'une banque centrale européenne[5], ils tiraient sur la corde de la crédulité au-delà du point de rupture, mais il est hors de doute que les deux hommes avaient de bonnes raisons d'être extrêmement soucieux. Des peurs moins vives que celle-là, on le sait, ont conduit de hauts personnages à des pèlerinages plus insolites.

Giscard était hanté par le souvenir de la dernière sortie de la France d'une précédente expérience désastreuse d'union monétaire : l'étalon-or de l'entre-deux-guerres. La Grande-Bretagne s'était dégagée en 1931 de l'étranglement asphyxiant de ce système en voie de désintégration. Les États-Unis l'avaient suivie au début de l'année 1933. Mais la France avait tenu bon jusqu'à la fin – jusqu'en 1936. En conséquence, son économie avait été écrasée par la récession[6], sa vie politique était devenue chaotique, et la nation avait été tant affaiblie qu'elle n'avait pas pu résister à l'invasion de l'Allemagne nazie[7] et avait subi une défaite ignominieuse en 1940. Certes, l'union monétaire avec l'Allemagne était une idée de Giscard lui-même, qu'il avait proposée sans succès à Bonn en 1964. Mais, en homme avisé, il devait être douloureusement conscient que les dieux les plus vindicatifs exaucent nos vœux les plus sincères. La France allait-elle mieux faire dans cette nouvelle union monétaire que dans l'entre-deux-guerres ? Et s'il venait d'accepter une institution qui allait lui faire perdre la France sans gagner une Europe unie couvrant l'empire carolingien ? Je ne serais pas surpris que Giscard ait effectivement prononcé une petite prière, cet après-midi-là, en invoquant l'esprit de Charlemagne.

Helmut Schmidt aussi était gravement préoccupé. Le souvenir de ce qui était arrivé au chancelier Ludwig Erhard en 1966 pesait sur lui. De fait, si dans une période relativement calme, le milieu des années 1960, la Bundesbank s'était sentie en droit d'organiser une récession pour renverser un chancelier dont l'abominable crime avait été de la contrarier une fois sur le taux de change du mark contre le dollar[8], Schmidt avait de bonnes raisons de frémir à la pensée de la réaction qu'elle aurait si elle avait vent de ce qu'il préparait avec Giscard depuis le mois d'avril précédent. En fait, Schmidt avait maintenu la Bundesbank et son propre cabinet dans l'ignorance du plan de système monétaire européen, de peur d'un sabotage. Il ne serait pas surprenant que, debout face au tombeau de Charlemagne, lui aussi ait dit une petite prière : « S'il te plaît Charlemagne, fais que la Bundesbank ne se déchaîne pas contre moi en m'accusant d'offrir en dot aux Français son autorité sur la monnaie allemande. »

Un serpent se glisse dans un monde désaxé

Les tremblements de terre font sortir les serpents à l'air libre, et ils ondulent, abasourdis, jusqu'au moment où les plaques tectoniques se sont restabilisées. Le choc Nixon avait été un séisme de ce genre. Il avait fait apparaître en Europe de nouvelles lignes de faille, dont un serpent bien connu avait émergé presque aussitôt. Ce serpent était la réaction initiale de l'Europe à l'effondrement du système de Bretton Woods.

Puisque le dollar chutait et que le mark grimpait, les monnaies européennes risquaient fort de se dissocier. Certaines parvenaient à monter avec le mark. D'autres suivaient avec enthousiasme le dollar dans son grand plongeon. Si rien n'était fait pour les ressouder rapidement, les exportateurs allemands allaient prendre les armes. Les prix de leurs voitures et de leurs lave-linge devenaient prohibitifs en Grande-Bretagne, en Italie et en France, où la colère montait contre l'inflation et la baisse des niveaux de vie.

Avant 1971, l'Europe s'était laissé bercer par un faux sentiment de stabilité gérée par les États-Unis. Les Européens s'étaient habitués à voir leurs monnaies ainsi : soutenues par le billet vert et ne variant que très légèrement entre elles. Les institutions de l'Union européenne étaient également calibrées pour fonctionner en postulant que les devises d'Europe évoluaient comme des bateaux qui montaient ou descendaient avec les flux et reflux de la marée économique, et qui n'étaient que très occasionnellement ballottés par une houle imprévisible.

Donc, lorsque en 1971 l'Europe a été éjectée de la zone dollar et que les taux de change entre ses monnaies se sont mis à danser furieusement à la hausse ou à la baisse, certaines chutant aussi abruptement que d'autres s'envolaient, l'Union européenne a eu les pires difficultés à gérer le cœur de son activité : le cartel de l'industrie lourde et la politique agricole commune. Si l'on ne pouvait plus assurer la stabilité des prix de l'acier, du charbon et des denrées agricoles entre la France, l'Allemagne, la Belgique, les Pays-Bas et l'Italie, faire fonctionner un cartel qui fixait ces prix était impossible. Et sans ce cartel, l'Union européenne perdait sa raison d'être : elle allait sombrer dans des guerres des prix qui détruiraient la répartition établie du pouvoir politique, et qui seraient suivies par la dissolution des bureaucraties bruxelloises, l'antagonisme ouvert entre les capitales européennes et des troubles sociaux incontrôlables sur un continent qui s'efforçait de tourner la page de son passé tumultueux.

C'est pour conjurer ce scénario qu'est né en Europe le « serpent dans un tunnel ». L'idée était de simuler les taux de change fixes de Bretton Woods au sein de l'Europe. Puisque l'Europe ne pouvait rien faire pour convaincre Washington d'associer à nouveau ses devises au dollar, ses dirigeants ont décidé de les aligner sur la monnaie dominante du continent, le mark. Donc, en 1972, les pays de l'Union européenne plus la Grande-Bretagne, l'Irlande, le Danemark et la Norvège[9] se sont mis d'accord pour restreindre les fluctuations des taux de change entre leurs devises en respectant des contraintes d'une extrême rigueur[10]. Pour désigner ce système de taux de change quasi fixes, on a utilisé la métaphore malheureuse du serpent dans un tunnel : chaque taux de change (par exemple celui du franc français avec le deutschemark) n'aurait le droit d'onduler, vers le haut ou vers le bas, qu'au sein d'une bande très étroite.

Pendant quelques mois, le serpent européen s'est tortillé allégrement dans son tunnel. Son corps se composait des économies excédentaires menées par l'Allemagne, et sa queue comprenait les pays déficitaires comme la France, l'Italie, la Grande-Bretagne et l'Irlande. Hélas, quand le cours du pétrole en dollars a explosé en 1973, la queue du serpent s'est détachée comme celle d'un lézard en difficulté.

Pourquoi le serpent ne pouvait-il pas conserver sa queue? Pour la raison même qui avait tué Bretton Woods: en l'absence d'un léviathan recyclant les excédents vers les éléments du système affaiblis par leurs déficits, les pays déficitaires ne pouvaient pas maintenir un taux de change fixe avec les autres, notamment en temps de crise. Pour rester au sein du serpent monétaire de l'Europe, un pays en déficit commercial, la France par exemple, devait attirer à tout instant des capitaux étrangers pour financer ses importations nettes. Ce qui attire les capitaux étrangers, ce sont les taux d'intérêt élevés. Et ce qui les fait fuir, c'est le risque de difficultés de l'État à payer ses factures ou à rembourser ses créanciers. Autrement dit, pour rester dans le serpent, Paris devait simultanément accroître le coût du crédit et diminuer ses dépenses publiques. Mais l'argent cher allait réduire les investissements des entreprises françaises, ce qui aurait pour effet de déprimer l'emploi et les revenus privés. Et si l'État réduisait aussi les dépenses publiques pour rassurer les investisseurs étrangers, c'est la dépense totale (privée plus publique) qui allait baisser. Or à quoi équivaut la dépense totale? Au revenu national, bien sûr. Bref, pour rester dans le serpent, la France aurait dû écraser son économie – et c'était vrai aussi pour la Grande-Bretagne, l'Italie ou l'Irlande[11].

Pour les pays déficitaires, sortir du serpent n'était pas beaucoup plus drôle. Cela signifiait dévaluer leur monnaie par rapport au mark, donc rendre plus chères sur leur territoire non seulement les Volkswagen, mais aussi les machines importées qui permettaient au National Health Service (le service de santé britannique) de fonctionner, aux réacteurs nucléaires français de tourner, aux voitures Fiat d'accélérer et aux trains d'arriver à l'heure. Confrontés à ce choix détestable

– pulvériser sa propre économie ou réveiller les conflits sociaux suscités par l'inflation –, la plupart des gouvernements, et sûrement celui de Washington, auraient opté pour le moindre mal : l'inflation provoquée par une sortie du serpent. Telle a été la position de la Grande-Bretagne. Mais au sud de la Manche, en France, la volonté collective des pouvoirs en place était orientée par une autre priorité : sauver un cartel centreuropéen fabuleusement lucratif, du moins pour les élites, et sa grande bureaucratie multinationale à Bruxelles.

Certes, un impératif économique qui sert les intérêts d'une élite relativement étroite ne peut pas l'emporter automatiquement sur ceux de la grande majorité de la population. Ce n'est possible que si une idéologie dominante permet à cette élite de rallier les autres, de présenter ses intérêts particuliers en les inscrivant dans la logique d'une volonté générale. L'idéal européen était et demeure une idéologie de ce genre. Vue sous cet angle, l'image de Charlemagne n'est pas aussi kitsch et insignifiante qu'elle le paraît de l'extérieur des pays centraux de l'Europe.

Si la puissance et les mérites intrinsèques de l'idéal européen sont incontestables, il procurait aussi aux politiciens de Paris et de Rome un voile idéologique éblouissant pour camoufler leur volonté secrète : faire tout ce qui serait nécessaire pour ne pas se couper de l'eldorado que leur offrait, en pouvoir et en ressources financières, la branche politico-administrative du cartel. Même si c'était au prix d'une récession terrible et douloureuse de leurs économies nationales, on pouvait en général compter sur les milieux politiques des États étroitement liés au cartel pour maintenir leur pays attaché en permanence à ce système.

D'où la question : pourquoi, en l'occurrence, les élites françaises, belges, néerlandaises et italiennes ont-elles abandonné la première expérience d'union monétaire, le serpent, relativement vite ? À cause du coût économique qu'il imposait à leur population, notamment aux travailleurs manuels qui ne vivaient que des revenus du travail ? À en juger par la ténacité avec laquelle elles se sont ensuite accrochées à la réincarnation du serpent[12], cette explication est tout à fait invraisemblable. Une autre réponse est plus convaincante : le serpent n'offrait pas de perspectives d'emplois intéressantes aux ambitieux diplômés des grandes écoles françaises, et autres étudiants des diverses pépinières européennes qui élevaient la prochaine génération de bureaucrates basés à Bruxelles. Il était arrivé sans aucune institution nouvelle qui lui soit propre ; il n'avait pas de bâtiment public frappé de son logo, pas d'armée de fonctionnaires qui dépendaient de lui pour leurs salaires et d'autres avantages, pas de titres prestigieux à conférer à de hauts responsables dont la mission serait de chanter ses louanges. Bref, le serpent n'était pas aimé des élites, donc condamné d'avance. Moins d'un an après sa naissance, il avait perdu sa queue, et le reste était un mécanisme pratiquement sans utilité pour l'Allemagne, une humiliation vivante pour la France et un embarras pour les technocrates de Bruxelles.

Le système monétaire européen élaboré par Giscard et Schmidt en 1978 pour remplacer le serpent mort a fait plus qu'insuffler l'esprit de Charlemagne dans les affaires monétaires de l'Europe. Il est arrivé avec une escorte de nouveaux emplois et de compétences inédites pour la bureaucratie bruxelloise. Contrairement au serpent, le SME avait besoin d'une gestion centrale. Elle serait assurée par les bureaucrates de Bruxelles, qui allaient l'organiser en conjonction avec d'autres fonctionnaires dans les grandes capitales d'Europe : perspective alléchante pour des élites toujours en quête d'un champ de bataille plus vaste où déployer leurs pouvoirs.

Une proposition particulièrement décente

Cinq mois avant le pèlerinage d'Aix-la-Chapelle, Helmut Schmidt s'était entretenu avec l'ancien ministre travailliste britannique Roy Jenkins, qui présidait alors la Commission européenne[13]. Il lui avait confié que, si la gauche française perdait les législatives du mois suivant, comme l'espéraient les sociaux-démocrates allemands, il allait proposer de faire « un grand pas vers l'union monétaire : mobiliser [les] réserves de devises et les mettre en commun [...] pour constituer un bloc monétaire[14] ».

Entre ce bloc monétaire et le défunt serpent, la différence n'aurait pu être plus tranchée. Comme Bretton Woods avait été construit sur le FMI, et dans une moindre mesure la Banque mondiale, le SME en projet allait exiger une administration pour mettre en commun les devises étrangères des banques centrales participantes, coordonner leur déploiement et, espérait-on, stabiliser les taux de change. Manifestement, il lui fallait des fonctionnaires supranationaux ayant autorité pour prendre des décisions dépassant les limites des États-nations. Bruxelles sentait soudain l'arôme d'une nouvelle source de pouvoir : sur les réserves de devises étrangères des États-membres et sur leurs taux d'intérêt.

Il s'agissait en fait d'un grand tournant dans l'attitude du chancelier allemand. Oui à l'union monétaire, avait-il déclaré quelques mois plus tôt, mais pas si elle signifie que l'inflation en Allemagne va monter à 8 %. Que voulait dire Schmidt avec sa condition sur l'inflation allemande ? Son allusion était claire et raisonnable : l'Allemagne craignait une répétition des dernières années de Bretton Woods, pendant lesquelles, pour stabiliser le franc, la Bundesbank avait dû imprimer sans cesse des marks, puisque le franc avait tendance à se dévaloriser en raison de l'excédent commercial allemand avec la France[15].

Le seul moyen de maintenir constante la valeur du franc en marks, c'était que la Bundesbank continue à faire ce qu'elle détestait : acheter des francs en permanence avec des marks fraîchement imprimés. Si ces marks restaient ensuite empilés dans les caves de la Banque de France – ou n'importe où –, cela ne l'aurait guère préoccupée. Mais ces billets allemands ne demeuraient pas sous clé, ils étaient rapatriés à bon rythme en Allemagne : les Français s'en servaient pour acheter davantage de Volkswagen, et les spéculateurs, pour convertir leurs francs en marks, car ils étaient persuadés que la Bundesbank finirait bien par laisser glisser le franc et qu'ils feraient alors un gros profit d'aubaine. Et pourquoi la Bundesbank finirait-elle par laisser glisser le franc ? Parce que les marks rapatriés augmentaient la masse monétaire en circulation en Allemagne, orientaient les prix à la hausse et créaient de l'inflation dans un pays qui la haïssait du fond du cœur et qui faisait confiance à la Bundesbank pour l'empêcher.

Lorsque Schmidt craignait qu'un bloc monétaire, c'est-à-dire un régime de taux de change fixes entre la France et l'Allemagne, ne provoque la montée des prix et l'émoi de la Bundesbank, il disait ce que chacun pensait à Bonn et à Francfort. Arrimer le franc au mark pouvait aisément ramener la Bundesbank et l'État fédéral à la situation qu'ils haïssaient tant dans les années 1960 : l'obligation d'imprimer des billets allemands pour faire remonter la devise française, sous la pression constante de Paris qui réclamait qu'on en imprime davantage tout en accusant Bonn de ne pas être un bon citoyen européen.

Néanmoins, lorsque la droite française, la coalition gouvernementale de Giscard, a, contre toute attente, remporté les législatives du 2 avril 1978, Schmidt a fait ce qu'il avait dit : il est allé voir Giscard à Rambouillet pour lui annoncer qu'il avait changé d'avis. Le visage de Giscard s'est éclairé, et, ensemble, ils ont conspiré pour franchir les étapes suivantes, qui les ont conduits quelques mois plus tard devant le tombeau de Charlemagne après la signature de l'accord franco-allemand sur le système monétaire européen. Cela pose plusieurs questions.

Qu'est-ce qui a poussé Helmut Schmidt à faire à Giscard la proposition particulièrement généreuse dont il avait parlé à Roy Jenkins ? Avait-il de nouvelles raisons d'adopter l'idée proposée par Giscard en 1964, celle-là même que le chancelier Erhard avait rejetée sans cérémonie ? Pourquoi subordonnait-il sa proposition à une défaite de la gauche française ? Et où a-t-il trouvé le courage d'agir dans le dos de la Bundesbank et de risquer sa fureur ?

Le chancelier Schmidt était un Européen convaincu, sans l'ombre d'un doute. Cela explique pourquoi il voulait l'union monétaire, économique et politique – pas forcément dans cet ordre. Mais pas pourquoi il a soudain changé d'avis, passé outre à sa peur panique de l'inflation et ignoré superbement une Bundesbank potentiellement vindicative. Pour comprendre son offre généreuse au président français, il faut se souvenir que Schmidt n'était pas seulement un Européen mais aussi un atlantiste convaincu.

Tout en parlant aux Français et en discutant avec les Britanniques, Schmidt avait les yeux braqués sur l'autre rive de l'Atlantique, attentif à la façon dont la superpuissance qui avait modelé l'Europe de l'après-guerre déployait ses vastes moyens au service de ses objectifs toujours aussi hégémoniques. S'il a surmonté ses réticences à risquer l'inflation en Allemagne et la rage de la Bundesbank, c'est en raison d'un événement historique qui, pensait-il, rendait le moment propice à la création d'un système monétaire européen : la naissance d'un nouveau type et d'une nouvelle époque de prédominance financière américaine, à prévoir pour les années 1980 et au-delà.

Encore ce « maudit » Volcker !

C'était en 1960. La suprématie monétaire américaine d'après-guerre, incarnée par le système de Bretton Woods, était solide comme un roc. Un matin, un jeune banquier de la Chase Manhattan fut abasourdi lorsqu'un de ses collaborateurs entra en trombe dans son bureau avec une terrible nouvelle : « L'or est monté à 40 dollars ! » Dans un monde à l'image de l'Amérique, où l'on supposait l'or fixé pour l'éternité à 35 dollars l'once, ce fut un choc pour Paul Volcker, le jeune banquier dont nous parlons : l'événement lui parut apocalyptique. C'est ce jour-là que Volcker a tout compris : le système de Bretton Woods était voué à disparaître. L'hégémonie américaine allait-elle périr avec lui ? Pas nécessairement, s'est-il dit.

Vers la fin des années 1960, la jeunesse du monde entier était en révolte ouverte contre la prospérité dans le mal-être qu'avait apportée Bretton Woods, et elle exultait à tous les signes de son effondrement. L'insurrection de Paris en 1968 et même Woodstock étaient des échos politiques et culturels des difficultés du système mondial. À cette époque, Volcker s'était déjà suffisamment élevé dans la hiérarchie des administrations démocrates et républicaines successives pour devenir une cheville ouvrière du démantèlement de Bretton Woods. Le choc Nixon de 1971 a peut-être marqué les mémoires avec l'accent texan de John Connally, mais c'est probablement « ce maudit Volcker », comme l'a nommé un jour le président Nixon, qui, par son travail, l'a rendu intellectuellement et techniquement possible. Quels étaient la préoccupation et l'objectif de Volcker ? Faire en sorte que la mort du système de Bretton Woods – inévitable, puisque l'Amérique était passée des excédents aux déficits – donne plus de pouvoir aux États-Unis et non moins.

Quelques courtes semaines après le pèlerinage de Giscard et de Schmidt au tombeau de Charlemagne dans le sillage de la signature de l'accord franco-allemand sur le système monétaire européen, Volcker a prononcé un discours d'une immense portée devant les étudiants et enseignants de l'université de Warwick[16]. C'était le 9 novembre 1978, sept ans après le choc Nixon, et il parlait en sa qualité de président de la Federal Reserve de New York. Dix mois plus tard, le président Carter allait le nommer à la tête de toute la Federal Reserve, et lui donner ainsi la possibilité de mettre en pratique ce qu'il avait prêché à Warwick.

Le discours de Volcker à Warwick[17] est assez peu connu, mais il est sûr qu'il restera dans les annales – probablement comme le plus important de toute l'histoire des banques centrales[18]. « Il est tentant de considérer le marché comme un arbitre impartial », a dit Volcker, usant là d'une formulation banale, à faire bâiller jusqu'aux étudiants de première année en économie. Le dard était, bien sûr, dans le mot « tentant » : Volcker était rarement tenté par la banalité. Et il l'a prouvé dès sa phrase suivante, dont la brutale franchise était peu commune chez les banquiers centraux : « Mais lorsqu'ils ont mis en balance les exigences de la stabilité du système international et le désir de maintenir la liberté d'action de la politique nationale, plusieurs pays, États-Unis compris, ont choisi le second… »

Et comme si ce franc-parler décomplexé ne suffisait pas, Volcker a ajouté une formule qui valait destruction de tous les postulats sur lesquels l'Europe occidentale et le Japon avaient construit leurs miracles économiques d'après-guerre : « [Une] désintégration contrôlée dans l'économie mondiale est un objectif légitime pour les années 1980. » C'était une digne épitaphe pour le système de Bretton Woods. C'était aussi la définition la plus claire de la deuxième phase naissante de l'après-guerre, que Volcker avait tant œuvré à faire advenir. Mais en quoi une « désintégration dans l'économie mondiale », même « contrôlée », allait-elle aider les États-Unis dans les années 1980 ?

Volcker s'était efforcé de répondre aux questions qu'il s'était posées en 1960, quand le prix de l'or avait grimpé sans préavis à 40 dollars : comment l'Amérique pouvait-elle conserver son hégémonie après être devenue déficitaire face au Japon, à l'Allemagne et plus tard à la Chine ? Si les États-Unis n'ont aucun excédent à recycler, comment peuvent-ils dominer le capitalisme mondial ? Il lui a fallu un certain temps pour élaborer une réponse pleinement développée, mais en 1978 il était prêt à l'exposer à son public de Warwick, juste avant de passer de la puissante Federal Reserve de New York à la toute-puissante Federal Reserve.

Dans son essence, sa conférence de Warwick se résume ainsi : si l'Amérique ne peut plus recycler ses excédents puisqu'elle est devenue déficitaire au milieu des années 1960, il faut qu'elle recycle à présent ceux des autres ! Mais comment, objectera-t-on non sans raison, un pays en déficit peut-il recycler les excédents des autres ? Ceux auxquels l'argent appartient, les propriétaires de ces excédents, n'ont-ils pas le pouvoir d'en faire ce qui leur plaît, sans prêter grande attention aux rêveries des déficitaires ? En général oui, pensait Volcker, mais pas toujours. L'astuce, estimait-il, était de persuader les capitalistes étrangers d'expédier volontairement leurs capitaux à Wall Street. Compliqué, mais pas impossible. Pour y parvenir, il fallait atteindre simultanément deux objectifs souvent jugés contradictoires : d'un côté, porter les taux d'intérêt américains à des niveaux astronomiques ; de l'autre, faire en sorte que Wall Street offre aux investisseurs un marché plus lucratif que ses équivalents à Londres, Francfort, Tokyo, Paris ou ailleurs.

Les taux d'intérêt élevés sont merveilleux pour les rentiers, comme on dit – ceux qui vivent de « revenus non gagnés[19] » –, mais pas très bons pour les industriels : leurs coûts d'investissement s'envolent et le pouvoir d'achat de leurs clients s'effondre. C'est pourquoi faire coexister des rendements élevés pour le capital financier (qui exigent que les taux d'intérêt soient hauts) et des taux de profit élevés pour les entreprises américaines (qui exigent que les taux d'intérêt soient faibles) ne serait jamais simple, et Volcker le savait. Cette combinaison ne pouvait se produire que si l'on trouvait un autre moyen d'assurer les profits. Et un moyen possible serait de réduire les salaires. La Federal Reserve enverrait les taux d'intérêt dans la stratosphère ; simultanément, l'État fédéral tolérerait, voire encouragerait activement, des mesures qui écraseraient les perspectives d'évolution des salaires réels des travailleurs américains.

Pour la première fois dans l'histoire des États-Unis, Grande Dépression comprise[20], les cols-bleus américains allaient entrer dans une ère de baisse de leurs salaires réels. Cette baisse, dans une économie mondiale ballottée par la « désintégration contrôlée » que Volcker avait évoquée sans vergogne, était le prix qu'auraient à payer les Américains les plus pauvres pour que les États-Unis puissent maintenir leur hégémonie mondiale malgré leur situation de pays déficitaire. Le destin de la classe ouvrière américaine allait vite toucher, par contagion, les milieux modestes en Grande-Bretagne, en France et, dans les années 1990, même en Allemagne. Quant à l'Afrique et à l'Amérique latine, les plus faibles y ont subi des pertes que seuls les grands romanciers peuvent commencer à narrer.

Une fois installé aux commandes de la Federal Reserve, Volcker n'a pas perdu de temps pour mettre en œuvre son plan. Les taux d'intérêt en dollars ont été relevés à plus de 20 % ; l'inflation américaine a été vaincue ; le Tiers Monde a fait faillite ; l'industrialisation qui bourgeonnait par endroits en Afrique a disparu ; les satellites de l'Union soviétique qui avaient emprunté massivement à l'Ouest en billets verts, comme la Yougoslavie, la Pologne et la Roumanie, ont sombré ; et partout les travailleurs se sont vu imposer une course au moins-disant, où ils ont dû choisir entre l'acceptation de salaires plus faibles que dans d'autres pays et le chômage.

La désintégration était dans l'air, et la majorité des gens, dans la majorité des pays, ont fini par admettre que la main-d'œuvre était surpayée et surprotégée, que l'industrie était surévaluée, que la finance était sous-évaluée et devait être libérée de toute entrave. Tout devenait de plus en plus réductible à sa valeur financière. Des industriels de renom, comme General Motors en Amérique et Cadbury en Grande-Bretagne, ont été ramenés à leur valeur boursière : leur image d'institutions vénérables dans l'opinion publique s'est évanouie. Les ingénieurs ont perdu la partie face aux jeunes diplômés audacieux des écoles d'affaires qui, malgré leur inexpérience, sont montés dans la hiérarchie jusqu'à diriger des géants comme Ford et General Electric. Les travailleurs aussi ont été financiarisés, contraints de prendre des risques croissants sur le marché immobilier et sur leur retraite. Un nouveau refrain était né – « Il n'y a pas d'autre option », *There is no alternative*, en abrégé TINA –, vite doté d'un tour idéologique par Margaret Thatcher en Grande-Bretagne et Ronald Reagan aux États-Unis. Les citoyens financièrement fragiles, parce qu'ils n'avaient accès ni aux biens d'équipement ni aux revenus « non gagnés », ont subi un assaut sans précédent depuis les années 1930. Un assaut qu'avec les programmes du New Deal et de la Grande Société aux États-Unis, comme avec le contrat social implicite dans l'économie cartellisée de l'Union européenne, on avait cru impossible dans l'après-guerre.

En Europe continentale, une économie cartellisée sans frontière qui comprenait divers territoires monétaires se heurtait à des problèmes particuliers. La désintégration de Volcker avait inséré dans sa chair le tranchant d'un énorme coin. À chaque hausse des taux d'intérêt, à chaque secousse qui faisait diverger les valeurs des devises des pays européens excédentaires et déficitaires, l'Europe que l'Amérique avait construite à la fin des années 1940 se déchirait. Les responsables politiques du cœur de l'Europe, comme Schmidt et Giscard, espéraient fermement que leur système monétaire européen serait le ciment qui garderait soudées leurs réalités d'après-guerre. L'histoire allait montrer combien ils se trompaient.

Pas le choix

L'histoire se moque des processus démocratiques : elle creuse son sillon en droite ligne comme un rouleau compresseur qui aplatit nos préférences collectives. Cela peut parfois avoir du bon. Si l'on avait demandé aux Européens, sous le féodalisme, de choisir la révolution industrielle plutôt que le servage, il est pratiquement sûr qu'ils auraient refusé. L'effondrement de Bretton Woods n'a pas été un choix délibéré. Même Paul Volcker, qui a joué un rôle majeur dans sa disparition, aurait préféré qu'il survive, et il avait raison.

Bretton Woods avait été conçu comme un système d'équilibre des flux commerciaux et financiers internationaux. Le New Deal qui avait stabilisé, certes imparfaitement, l'Amérique des années 1930 a été internationalisé après la guerre : on a étendu son cercle vertueux partout dans le monde dit occidental. La réduction de l'inégalité entre les pays et dans chacun d'eux sous Bretton Woods était un trait inhérent à la conception du système[21]. C'est pourquoi, dans les années 1950 et 1960, les pauvres « n'avaient jamais mieux vécu », comme on dit, grâce à un léviathan qui avait parfaitement compris ce qui servait le mieux ses intérêts : une stabilisation éclairée du capitalisme mondial, qui passait par la réglementation des activités financières, la limitation de toutes les formes de profits abusifs et la redistribution active des revenus en direction des démunis.

Au centre de ce plan mondial, dont Bretton Woods était la composante monétaire, il y avait la position excédentaire des États-Unis – le fait qu'ils étaient sortis de la guerre en exportant infiniment plus de produits industriels et agricoles qu'ils n'en importaient. Pour stabiliser leur domination mondiale, ils ont utilisé leur excédent commercial judicieusement, à des fins politiques et hégémoniques, en comprenant parfaitement la différence profonde entre hégémonie et autoritarisme. Dans ce monde-là, les banquiers comme Paul Volcker étaient enfermés dans leur boîte. Dans les années 1950 et 1960, les banquiers américains avaient été contraints de travailler dans les étroites limites que leur fixaient les institutions du New Deal. Leur salaire était important, mais pas plus de six fois supérieur, au plus sept, à celui du portier de leur siège social – à comparer aux multiplicateurs scandaleux d'aujourd'hui, trois cents fois et plus. Ils payaient l'impôt à des taux qui feraient bien rire les banquiers actuels, et sans recours possible à tout un archipel de paradis fiscaux. Les taux d'intérêt étaient fixes, aux alentours de 5 %, et les possibilités de parier avec l'argent des déposants sévèrement circonscrites par des réglementations draconiennes qui dataient de la présidence de Franklin Delano Roosevelt.

Bretton Woods avait maintenu Paul Volcker et ses collègues banquiers dans les chaînes forgées aux feux de la Grande Dépression et conçues pour empêcher que le capitalisme ne soit encore coulé par un nouvel épisode de financiarisation dans le grand style des années 1920 (où le commerce des produits financiers pèse plus lourd que tous les autres, si bien que les prêts et la dette rapportent plus de profits que le capital)[22]. Mais ce serait une grave erreur d'imaginer que Volcker a œuvré pour la démolition de Bretton Woods parce que ce système restreignait sa liberté de faire des profits. La banque sans entraves n'était pas du tout son idéal. Volcker était lui-même un homme du New Deal qui avait fait ses classes en défendant le système de Bretton Woods et en s'efforçant de le stabiliser. C'est seulement quand il a été convaincu que le mécanisme d'équilibrage mondial de Bretton Woods était condamné par des forces échappant au contrôle de l'Amérique que son pragmatisme a joué.

Au lieu de se replier dans un bunker pour défendre un système qui s'écroulait autour de lui, comme ont coutume de le faire les Européens, Volcker et beaucoup d'autres de sa trempe ont fait ce qui était leur spécialité : devancer les événements, les orienter, façonner le prochain système financier mondial avec les débris de celui qu'ils avaient détruit quand ils avaient compris que tenter de le sauver était absurde. Volcker est l'incarnation même du décideur américain sûr de lui, dont le plus gros défaut est d'être absolument persuadé que ce qui est bon pour les États-Unis est bon pour le monde – faiblesse que compense une stupéfiante aptitude à voir loin dans l'avenir et à distinguer le souhaitable du réalisable.

S'il avait eu le choix, Volcker aurait préféré réparer et conserver Bretton Woods, en dépit des restrictions que ce système imposait à ses activités bancaires. Pourquoi ? Parce qu'il comprenait que, si l'on veut exercer une hégémonie réelle et durable, il faut rejeter la logique des généraux athéniens dans *La Guerre du Péloponnèse* de Thucydide[23]. Les New Dealers paraissaient peut-être d'une arrogance insupportable aux yeux d'Européens comme le président de Gaulle, mais ils n'en admettaient pas moins une vérité simple : quand « les faibles subissent ce qu'ils doivent», leur capacité même, sans parler de leur volonté, de reproduire la puissance des forts chute abruptement.

Le secret de Condorcet

Est-il vrai que les faibles reproduisent la puissance des forts ? Les forts ne font-ils pas ce qu'ils ont le pouvoir de faire, sans aucune aide des faibles, dont la seule consolation est une glorification moralisante de leur misère ? En 1794, tandis que la Révolution française se préparait à céder la place à un nouveau despotisme, le marquis de Condorcet a fait une allusion brillante aux «tyrans» qui doivent «cacher à la nation qu'ils oppriment [...] le secret de sa puissance et de leur faiblesse»[24]. Le pouvoir réel n'est pas chez les oppresseurs mais chez les opprimés. C'est une idée dont les New Dealers avaient douloureusement conscience mais que les élites européennes n'ont toujours pas comprise.

Le pouvoir d'accumuler des excédents commerciaux, d'amasser une large part de la richesse produite collectivement, de fixer l'ordre du jour – ce ne sont pas des formes de puissance que l'on peut conserver longtemps par la force brute et l'autoritarisme. Lorsqu'on écrase les déficitaires qui ne peuvent satisfaire à leurs obligations, on détruit la position excédentaire de leurs partenaires commerciaux plus puissants. Lorsqu'on jette en prison le débiteur en défaut de paiement, on peut être sûr que sa dette ne sera jamais remboursée. Et l'empire des forts n'a une chance de survivre que si les faibles ont des motifs raisonnables de défendre le système qui les asservit.

Comme tous les New Dealers, Volcker comprenait parfaitement que le pouvoir peut se miner lui-même, au niveau d'une économie nationale et, plus encore, au niveau international. Il avait vu dans sa jeunesse la financiarisation débridée conduire à la liquidation totale du capital, et l'agressivité sans frein dans les relations internationales mener à l'anéantissement de millions de personnes sur les champs de bataille, dans les camps de concentration, dans le Dust Bowl de la Grande Dépression. Volcker n'avait probablement jamais lu les pages de Thucydide sur le discours des représentants des Méliens, ni les idées pénétrantes du marquis de Condorcet. Mais il appartenait à une génération persuadée que les puissants ne pouvaient piétiner les faibles qu'à leurs risques et périls. Et pourtant, en 1978, il avait conclu que la tentative de l'Amérique de créer dans l'après-guerre un système qui protégeait les citoyens et les pays économiquement faibles était morte.

Pour sauver l'*american way of life* et la domination mondiale des États-Unis, il fallait désintégrer l'économie internationale de façon contrôlée. Et la politique monétaire, sur laquelle Paul Volcker allait acquérir une autorité décisive, serait son arme de désintégration massive.

Le défi de Volcker est relevé

Volcker a estimé qu'il avait le devoir d'élever les taux d'intérêt à des niveaux jusque-là inconnus dans les grandes économies capitalistes. L'interprétation courante est qu'il frappait à mort le monstre de l'inflation : en relevant substantiellement les taux d'intérêt, il encourageait les Américains à épargner. Et puisque pour épargner plus il faut dépenser moins, les consommateurs allaient réduire leur demande de biens et services, ce qui ralentirait la hausse des prix. Mais c'est une toute petite partie de l'histoire. Les motivations de Volcker étaient beaucoup plus profondes.

Le système d'après-guerre qui avait restreint l'exercice du pouvoir financier des forts sur les faibles, entre les personnes comme entre les pays, était mort. Et cela parce que l'Amérique avait perdu son excédent – ce grand instrument de stabilisation qui maintenait la cohésion de l'ordre mondial depuis 1945. Quand John Connally, sur la base des analyses de Volcker, a déclaré en langage cru au président Nixon : « tous les étrangers veulent nous entuber, et notre travail consiste à les entuber les premiers », il voulait dire que le mécanisme équilibrant de Bretton Woods était déséquilibré par les excédents de pays comme l'Allemagne et le Japon.

Indifférents à la responsabilité mondiale qui accompagne les gros excédents commerciaux, ces étrangers essayaient, en toute puérilité, de profiter de l'attachement des États-Unis à la stabilité du monde. Et le résultat était un effondrement de l'équilibre d'après-guerre. Comme des enfants immatures qui ne savent pas ce qui est bon pour eux, ils tiraient profit des difficultés de l'Amérique, avec des résultats négatifs pour tout le monde. Il fallait les remettre à leur place.

Et ils ont été remis à leur place. Pas une, pas deux, mais trois fois. La première en 1971, quand les monnaies européennes ont été éjectées de la zone dollar. La deuxième avec les crises pétrolières de 1973 et 1979, qui ont limité l'avantage de coût des entreprises industrielles européennes et japonaises sur leurs concurrentes américaines. Et une dernière fois, qui n'a pas été la moins cuisante, avec les très fortes hausses des taux d'intérêt de Volcker de 1979 à 1982 : elles ont frappé l'Europe et le Japon beaucoup plus durement que l'économie américaine, plus résistante, en leur infligeant un effondrement prodigieux de leur activité économique, car le coût de la décision de *ne pas* envoyer son capital à Wall Street est monté en flèche.

Dans son discours de Warwick en 1978, Volcker avait amplement prévenu les Européens. En fait, il avait lancé un défi à Bonn, Paris, Londres et Tokyo. Il avait annoncé, entre les lignes, la deuxième phase de l'hégémonie mondiale de l'Amérique dans l'après-guerre. En 1971, avait dit implicitement

Volcker à ses auditeurs, l'Amérique a démantelé le système monétaire dont les Européens avaient stupidement miné l'intégrité. Sa prochaine initiative va être la création d'un système mondial extrêmement déséquilibré, qu'elle dominera grâce à, et non malgré, ses déficits jumeaux – celui du commerce extérieur et celui du budget de l'État fédéral.

Le prix de ce nouveau système, qui allait étendre la domination de l'Amérique, était élevé : les faibles et les pays fragiles devraient à nouveau s'en sortir par leurs propres moyens, subir non ce qui est optimal pour le monde mais ce qu'ils « doivent » dans une économie mondiale non contrainte par des règles et des institutions de type New Deal ; la politique deviendrait malsaine ; la solidarité sociale s'affaiblirait ; les relations internationales s'envenimeraient ; la pauvreté exploserait en Amérique latine et en Afrique. Mais les États-Unis sortiraient nécessairement gagnants, bénéficiaires nets, de ce changement dans la douleur, et cette pensée consolait Volcker d'avoir œuvré à la déconstruction de la version universalisée du New Deal qui, dans sa jeunesse, lui avait inspiré le désir de consacrer sa vie au service public[25].

C'est l'aube de cette ère nouvelle, plus incertaine, qui a fait de 1978 une année aussi importante, et poussé le chancelier Schmidt à repenser l'idée d'union monétaire franco-allemande, proposée à l'origine par Valéry Giscard d'Estaing en 1964. Le nouveau plan mondial américain, fondé sur une désintégration contrôlée, sous l'égide de Washington, des mécanismes commerciaux et bancaires internationaux, rendait soudain plus attrayante l'idée d'une Mitteleuropa monétairement unifiée de façon institutionnalisée.

Donnant un tour postmoderne à l'esprit de Charlemagne, le chancelier Schmidt, suivi par le président Giscard, a relevé le défi de Volcker.

Un triomphe de l'optimisme ?

Tandis que Volcker préparait sa désintégration contrôlée, le chancelier allemand a estimé que le système monétaire européen allait peut-être apporter beaucoup plus que des postes lucratifs pour les jeunes gens de l'élite centreuropéenne dans des directions générales toutes neuves à Bruxelles. Étant donné le nouveau rôle de l'Amérique, il était possible que le SME fonctionne réellement, qu'il soit autre chose qu'un nouveau triomphe de l'espérance sur l'expérience.

Le chancelier Schmidt le savait : les États-Unis étaient sur le point de lancer l'économie mondiale dans les rapides de la financiarisation en utilisant les taux d'intérêt américains comme levier. Depuis l'époque d'Erhard, Bonn avait toujours été à l'écoute des projets de Washington, du moins mieux que les hauts responsables de l'Élysée, imbus d'eux-mêmes et plus prompts à mépriser l'Amérique qu'à chercher à deviner ses intentions. Tandis que l'équipe de Giscard consacrait toute son attention aux manœuvres en cours à Bruxelles et surtout à l'attitude de l'Allemagne à l'égard de ses plans, les responsables allemands étudiaient fiévreusement les conséquences probables d'un bloc monétaire qui allait devoir prospérer dans le cadre du nouveau dessein de Volcker.

Le serpent, ils le savaient, avait échoué pour deux raisons, donc chacune était parfaitement capable, à elle seule, de causer sa mort prématurée. La première était l'absence d'institutions conjointes pour mener une politique monétaire commune. Le SME en aurait, sous la forme de comités tout neufs à Bruxelles. La seconde raison, potentiellement plus importante, était la même qui avait torpillé Bretton Woods à la fin des années 1960 : l'absence d'un mécanisme pour soutenir les taux de change fixes en recyclant les excédents – autrement dit, en prenant les profits aux pays qui les produisaient (ou du moins les recevaient) et en les redirigeant vers les régions ou pays en déficit.

Le système de Bretton Woods avait eu les institutions nécessaires pour coordonner les taux d'intérêt et les interventions des banques centrales sur les marchés monétaires. Mais cela n'avait rien fait pour apaiser les tensions entre la Bundesbank et le gouvernement fédéral allemand quand l'Amérique avait perdu son aptitude à réguler les flux commerciaux et financiers par l'exportation de ses propres excédents. Pourquoi le SME, même s'il possédait les « bonnes » institutions, réussirait-il à la fin des années 1970 et au début des années 1980 là où Bretton Woods avait échoué à la fin des années 1960 ?

Voici l'idée qui donnait de l'espoir au chancelier Schmidt : si le dessein planétaire de Volcker créait un torrent permanent de capitaux allemands dirigé vers Wall Street, il était possible qu'une union monétaire avec la France fonctionne. *Cette fois, ce serait peut-être différent* : c'est cette pensée qui explique, au moins en partie, le changement d'attitude de Schmidt. Était-il optimiste par lucidité intellectuelle ou prenait-il ses désirs pour la réalité ?

Les années 1980, 1990 et même 2000 ont confirmé que l'optimisme qui sous-tendait le SME était en partie justifié. La désintégration de Volcker, inaugurée par des hausses substantielles des taux d'intérêt, a permis aux États-Unis d'accomplir un exploit unique dans l'histoire : ils ont renforcé la puissance de leur empire en augmentant leurs déficits, commercial et budgétaire. « Mais qui va payer ? » auraient pu demander les calvinistes. « Le reste du monde ! » aurait répliqué Paul Volcker. « Comment ça ? » « Par un transfert permanent des capitaux » – telle est la réponse que les décideurs américains ont donnée dans la pratique, même s'ils ne l'ont jamais formulée en ces termes.

Les dirigeants allemands auraient préféré mourir que d'imiter la prodigalité délibérée de l'Amérique, mais l'équipe de Helmut Schmidt pouvait voir s'ouvrir un espace pour un Bretton Woods européen dans cette nouvelle phase de l'hégémonie américaine. Les déficits américains en expansion constante allaient fonctionner comme un aspirateur géant, qui absorberait les produits de l'excédent commercial de l'Allemagne et les capitaux de son excédent financier. Dans ces conditions, il serait peut-être possible d'arrimer sans danger le franc français au deutschemark[26]. Comme à la fin des années 1960, la Bundesbank allait devoir imprimer des marks pour acheter des francs, afin d'empêcher la devise française de baisser. Mais contrairement à ce qui se passait à cette époque, la menace d'une inflation en Allemagne serait bien plus faible avec Volcker en liberté. On pouvait désormais compter sur l'aspirateur américain, dynamisé par les super-taux d'intérêt de Volcker, pour engloutir les marks fraîchement imprimés : on ne les verrait pas repasser aussitôt de France en Allemagne. Bref, pour la seconde fois depuis le « discours de l'espoir » de Byrnes en 1946, la République fédérale pouvait compter sur l'Amérique pour l'aider à cimenter sa position, et sa réputation, de poids lourd industriel de l'Europe.

En consentant au projet d'union monétaire du président Giscard d'Estaing, le chancelier Schmidt pouvait envisager de sérieux bénéfices : la stabilisation de l'Union européenne autour de l'axe franco-allemand, le renforcement du cartel industriel centreuropéen et le maintien d'une demande constante pour les biens industriels allemands en France et dans les autres pays latins qui lui étaient attachés. Et tout cela sans les craintes antérieures d'inflation en Allemagne qui déchaînaient la fureur de sa banque centrale.

Qu'il n'ait pas été possible, finalement, d'éviter la colère de la Bundesbank confirme assez que Schmidt avait de bonnes raisons d'être inquiet en apposant son paraphe sur l'accord du SME. Mais il n'était pas entièrement inconsidéré de prévoir que, cette fois, les choses seraient peut-être différentes. Dynamisées par les déficits des États-Unis, les grandes économies excédentaires du monde, l'Allemagne, le Japon et plus tard la Chine, ont débité continuellement des produits que l'Amérique absorbait, et pourtant, près de 70 % des profits européens ont été retransférés aux États-Unis sous forme de flux de capitaux vers Wall Street. Et qu'ont fait les professionnels de Wall Street avec cet argent ? Ils ont financé l'essor de la financiarisation.

L'émancipation des banquiers de leurs chaînes du New Deal était à la fois un symptôme et un prérequis de cette nouvelle phase de l'hégémonie américaine. Qui d'autre que les banquiers pouvaient faciliter les immenses transferts de capitaux, le tsunami perpétuel de capitaux, nécessaires au financement des déficits américains, qui devaient continuer à grandir pour maintenir l'illusion de ce que Ben Bernanke, un des successeurs de Volcker, a nommé la Grande Modération ? Le recyclage par beau temps, à très vaste échelle, avait pris au niveau mondial le relais du recyclage planifié, politique, qui était l'essence du système de Bretton Woods. L'aventure ne pouvait, certes, que mal finir, mais elle a été capable de lancer l'économie mondiale dans une logique de folles dépenses qui a duré trois décennies avant de s'écraser en 2008[27].

Les banques françaises et allemandes ont participé allégrement à tout cela, et soutenu par leur crédit frénétique la tentative d'union monétaire de l'Europe – le SME, d'abord, puis la monnaie unique. Ce n'est qu'en 2008 que l'Europe s'est trouvée confrontée aux dégâts colossaux qu'avaient infligés ses banquiers au projet d'union monétaire. Deux ans plus tard, en 2010, la crise de l'euro était en plein essor et l'Europe en plein désarroi.

Une bête immémoriale

Il était une fois, rapporte un célèbre mythe grec, un roi de Crète nommé Minos. Il faisait régner la paix, permettait au commerce de sillonner les mers dans des navires lourdement chargés, et répandait la prospérité et ses bienfaits dans l'ensemble du monde connu. Hélas, un terrible secret était enfoui dans les fondations du palais du bon roi. Au sein de l'enchevêtrement inextricable des sous-sols du palais, qu'on appelait le Labyrinthe, vivait une créature aussi féroce que malheureuse. Elle était née de l'union de la reine avec un taureau sacré, et son intense solitude n'avait d'égale que l'effroi qu'elle inspirait dans le monde entier. Le Minotaure – tel était le nom de cette bête tragique – avait un appétit vorace que seule pouvait assouvir la chair humaine. Et il fallait assouvir le monstre, faute de quoi le règne du roi prendrait fin aussitôt, balayé par la fureur des dieux. De temps à autre, un bateau chargé de jeunes gens quittait la lointaine Athènes, ville que Minos avait soumise par les armes. Il accostait en Crète, et livrait son tribut humain afin que le Minotaure le dévore. C'était un rituel aussi horrible qu'indispensable pour préserver la paix de l'époque et perpétuer sa prospérité.

Confiné pendant des millénaires à la mythologie, le spectre du Minotaure est revenu hanter l'Europe quand Paul Volcker a prononcé son discours à l'université de Warwick. Sans qu'il l'ait voulu, le thème de son exposé avait une ressemblance frappante avec celui du mythe crétois : dans les deux cas, un ordre mondial apparemment stable était sous-tendu par un terrible secret[28]. Dans les deux récits, l'équilibre et la prospérité fondés sur le commerce reposaient sur des tributs se déversant de la périphérie (Athènes aux temps mythologiques, l'Europe et l'Asie dans la version Volcker) vers le siège du pouvoir (respectivement la Crète et Wall Street). Ces tributs nourrissaient en permanence l'aberration menaçante de l'histoire, dans un cas le Minotaure, dans l'autre le déficit commercial des États-Unis, qui dévorait les exportations nettes du reste du monde et permettait à ses industries de tourner à plein régime. Volcker présidait à la naissance d'un nouveau Minotaure, planétaire, dont le Labyrinthe se situait au tréfonds de l'économie américaine.

Ce que Ben Bernanke nommait la Grande Modération était en fait l'équilibre le plus immodéré et le moins stable que l'économie mondiale ait jamais connu. Le secret de Polichinelle que nul n'osait évoquer, c'est que le nouvel ordre mondial dépendait du gonflement incessant des déficits jumeaux de l'Amérique. La Grande Modération reposait donc sur la fine membrane d'une bulle gigantesque en expansion constante. Plus les déficits américains enflaient, plus l'appétit du Minotaure planétaire pour les capitaux d'Europe et d'Asie grandissait. Son importance véritablement mondiale était due à son rôle dans le recyclage du capital financier (les profits, l'épargne, l'argent des excédents) dans les circuits internationaux établis par Wall Street. Il maintenait les resplendissantes usines allemandes en pleine activité. Il engloutissait tout ce qui était produit au Japon et plus tard en Chine. Et pour refermer le cercle, les propriétaires étrangers (ou américains) de ces lointaines usines envoyaient leurs profits, leurs liquidités, à Wall Street – tribut moderne au Minotaure planétaire.

Que font des banquiers quand un tel tsunami de capitaux leur arrive tous les jours ? Quand, semaine après semaine, des milliards de dollars, nets, leur passent entre les mains tous les matins ? Ils trouvent moyen de les faire fructifier. Tout au long des années 1980, des années 1990 et sans discontinuer jusqu'en 2008, Wall Street a reçu le flux entrant quotidien des capitaux étrangers et construit par-dessus des montagnes de dérivés qui, avec le temps, ont acquis les propriétés d'une monnaie privée. La financiarisation, comme nous appelons aujourd'hui ce processus, a été le sous-produit essentiel du maintien et du renforcement de l'hégémonie des États-Unis, sur la vague toujours plus haute des déséquilibres commerciaux et dans l'intérêt du financement des déficits jumeaux en expansion constante de l'Amérique. Elle est née comme une écume à la surface des torrents de profits qui se sont mis à couler d'Allemagne et du Japon vers Wall Street quand la désintégration contrôlée de l'économie mondiale imaginée par Volcker s'est concrétisée. Mais très vite l'écume a pris le dessus, usurpé le flux sous-jacent des valeurs réelles, mis la finance aux commandes du processus et fait de l'industrie sa servante.

Comme son prédécesseur mythologique, le Minotaure planétaire maintenait l'économie mondiale en fonctionnement. Jusqu'au jour de 2008 où les pyramides d'argent privé accumulées en le nourrissant frénétiquement se sont effondrées sous leur propre poids incroyable. Pour le système monétaire de l'Europe, né en 1978, le coup a été fatal. L'Amérique aussi allait ressentir son impact, mais c'est le maillon le plus faible de l'Europe, la Grèce, qu'il a écrasé.

Le pèlerinage d'Athènes

La dictature grecque s'est effondrée au cours de l'été 1974, à la fin de ma première année de lycée. Quand le régime militaire s'est écroulé, c'est dans l'avion présidentiel de Valéry Giscard d'Estaing qu'un homme politique grec, ami personnel du président de la République française, a atterri à Athènes pour prendre les rênes de l'État. Cinq ans plus tard, en 1979, un an après la signature de l'accord franco-allemand sur le système monétaire européen, Giscard est arrivé à Athènes dans le même avion.

Pendant la journée et la nuit précédentes, les autorités grecques avaient prouvé leur aptitude à l'efficacité brutale en achevant à toute vitesse la large route à plusieurs voies reliant l'ancien aéroport au centre d'Athènes. C'était un geste à l'intention du président français, pour lui démontrer les intentions de modernisation de leur pays, car Giscard venait dans la capitale grecque signer le traité qui ferait de la Grèce un an plus tard, en 1980, un membre à part entière de l'Union européenne.

Voici comment Giscard a expliqué au principal quotidien français les raisons de son pèlerinage de 1979 à Athènes :

> Il y avait de nombreuses réticences chez nos partenaires : le pays [la Grèce] était désorganisé, sa démocratie n'était pas encore solidement établie, il n'avait aucune frontière commune avec un État-membre. J'ai emporté la décision en soulignant qu'il fallait le faire [admettre la Grèce dans l'Union européenne] pour fortifier la démocratie. Et comme j'occupais, à ce moment-là, la présidence tournante de la CEE, j'ai signé l'acte d'entrée de la Grèce dans la communauté à Athènes le 28 mai 1979.
> La logique de cette décision était uniquement politique : il fallait conforter la Grèce au sortir de la dictature. Mais elle avait aussi une portée symbolique. J'ai été éduqué, comme ceux de ma génération, dans l'idée que la démocratie, la politique, tout cela venait de ce pays. Pour nous, la Grèce était synonyme de culture. Dès lors, l'idée qu'elle soit laissée à la porte de l'Europe était insupportable[29].

Trente-six ans plus tard, moins d'un mois après ma nomination aux fonctions de ministre des Finances de la Grèce, Giscard a soutenu dans une interview à un autre quotidien français[30] que, si la Grèce avait « toute sa place dans l'Union européenne », elle devrait quitter l'union monétaire – cette monnaie unique qui était l'aboutissement « naturel » du traité sur le système monétaire européen qu'il avait conclu avec Schmidt en 1978. De même que Volcker, Connally et Nixon ont cherché dans l'Eurexit la solution des problèmes de la zone dollar, de même aujourd'hui certains des pionniers de la zone euro sont tentés par le Grexit pour remédier à ceux de la monnaie commune[31]. Il est clair que quelque chose a horriblement mal tourné.

Que Giscard ait eu raison ou tort d'intégrer la Grèce à l'Europe unie en mai 1979 ou de préconiser le Grexit en février 2015, l'ironie de l'histoire jouait pleinement : l'union monétaire dont il avait donné le coup d'envoi avec Schmidt en septembre 1978 a d'abord asphyxié notre gouvernement au printemps 2015, puis, le 12 juillet 2015, avec l'« accord » du sommet de la zone euro sur la Grèce, écrasé sans remords cette même démocratie que Giscard avait tant voulu protéger en faisant entrer la Grèce dans l'Union européenne.

Les années 1980 et le début des années 1990 n'ont pas été tendres pour le système monétaire de l'Europe. La décennie a commencé par une récession mondiale majeure (1979-1982) qui a compliqué le maintien de la cohésion entre les devises européennes ; puis, quand une certaine stabilité est revenue, incitant l'Europe à tenter de resserrer son union monétaire, une nouvelle récession, au début des années 1990, lui a porté un coup dévastateur. Au terme de près de deux décennies d'efforts infructueux pour fixer leurs taux de change, pour créer un Bretton Woods européen après le choc Nixon, un choix brutal a été imposé aux dirigeants de l'Europe : renoncer totalement à l'union monétaire ou y aller à fond – remplacer un système multidevises à taux de change presque fixes par une monnaie unique, l'euro.

Dans cette période charnière, entre 1991 et 1993, ce sont les successeurs directs de Giscard et de Schmidt, le président François Mitterrand en France et le chancelier Helmut Kohl en Allemagne, qui ont été les forces motrices du projet de l'euro. L'ancien ministre des Finances de Mitterrand, Jacques Delors, devenu le tout-puissant président de la Commission européenne, a averti le président français que, pour une union monétaire convenable, des règles et des comités basés à Bruxelles ne suffiraient pas. Il fallait aussi, au minimum, une dette publique commune (comme Alexander Hamilton, le premier secrétaire au Trésor, l'avait soutenu à la fondation des États-Unis) et une politique d'investissement commune (comme le savaient fort bien les New Dealers).

Comme à son habitude, Mitterrand, vers 1993, a fait une réponse nuancée. Oui, a-t-il reconnu, nous avons besoin d'une certaine dette commune et d'un programme d'investissement à l'échelon de l'Union. Mais cela exigeait un degré d'union politique que Helmut Kohl et lui n'avaient pas le pouvoir d'imposer aux puissantes élites françaises et allemandes. Voici quelle a été, en l'occurrence, la solution de Mitterrand : mettre délibérément la charrue avant les bœufs, puis attendre un gros nid-de-poule sur la route qui persuaderait ceux qui, par-derrière, conduisaient l'Europe qu'il fallait changer de configuration. On allait d'abord souder les monnaies européennes. Et la prochaine crise financière mondiale, quand elle surviendrait, convaincrait les milieux influents en France et en Allemagne de la nécessité de fusionner leurs systèmes politiques dans une forme de fédération.

Mitterrand comprenait qu'une monnaie unique sans dette commune, et sans politique globale d'investissement pour prendre les surplus des pays excédentaires et les investir dans les pays déficitaires, s'exposait à de graves problèmes. Du moins l'a-t-il reconnu en privé devant Jacques Delors[32]. Il voyait bien qu'en cas de crise financière violente l'euro ne serait pas à la hauteur. Mais il croyait aussi, viscéralement, que, lorsque viendrait la prochaine crise mondiale, ses successeurs et ceux de

Kohl n'auraient d'autre option que d'accepter l'union politique nécessaire pour le sauver. S'ils ne le faisaient pas, l'euro allait se faner et mourir.

Malheureusement, quand la mère de toutes les crises financières a frappé en 2008 et précipité l'euro, dix-huit mois plus tard, dans une descente en vrille, les successeurs de Mitterrand et de Kohl ont été particulièrement déficients. Au printemps 2015, j'ai eu le privilège (si c'est le mot qui convient) de subir de longues réunions avec eux et de les écouter dans des téléconférences qui duraient jusqu'au petit matin. Mitterrand se retournerait dans sa tombe s'il voyait à quel point ses héritiers et successeurs et ceux de Kohl n'ont pas été à la hauteur quand la crise de l'euro a frappé. Ils ont eu quantité d'occasions d'aider à construire l'union politique manquante, comme l'avait espéré Mitterrand, et ils les ont toutes laissées passer (voir chapitre 5). Pourquoi ? C'est toute la question. Pourquoi l'Europe n'a-t-elle pas réussi à se rassembler en réaction à sa longue crise d'après 2008 ? Les États-Unis sont sortis de toutes leurs crises financières (à partir du début du XIXe siècle) plus forts et plus unis. Pourquoi pas l'Europe ?

Il est courant d'entendre les Européens déplorer le manque de dirigeants compétents et regretter ceux des décennies précédentes. « Ah ! si nous avions un Mitterrand, un Giscard, un Kohl ou un Schmidt au gouvernement ! » Ce lamento est aujourd'hui fréquent dans les bars, les taxis et même les parlements européens : on sous-entend qu'avec eux l'Europe serait à présent en train de s'unir, comme l'a fait l'Amérique après 1929 sous la direction de Franklin D. Roosevelt. Mais les choses ne sont pas si simples. D'abord, l'union de l'Europe ne ressemble absolument pas à celle de l'Amérique, pour les raisons soulignées au chapitre précédent : elle a été fondée pour administrer un cartel industriel, et non pour servir de mécanisme politique équilibrant des intérêts en concurrence dans une démocratie[33].

Ensuite, ce n'est pas pour rien que, dans le monde entier, le leadership politique n'est plus ce qu'il était.

Ce n'est pas parce que le gène du leadership s'est atrophié dans la génération actuelle. C'est parce que la dépolitisation de la vie politique, aidée et renforcée par l'union monétaire technocratique de l'Europe, a éloigné de la politique les éléments les plus naturellement doués pour elle – les « animaux politiques ». Plus on abandonne les décisions politiques capitales à des technocrates non élus de deuxième ordre, moins les hommes et femmes de talent s'orientent vers la politique. Le jeune Mitterrand serait-il entré en politique dans une Europe où les questions de taux d'intérêt, de fiscalité et de bien-être social sont laissées à des bureaucrates sans visage ?

Sans l'avoir voulu, Mitterrand et Kohl ont contribué à l'apparition d'une technocratie autour de l'union monétaire, et celle-ci a fait disparaître le type de dirigeant politique capable d'intervenir en temps de crise et d'achever leur œuvre. Pour ajouter un amalgame politique à l'union monétaire qu'ont inaugurée Schmidt et Giscard et qu'ils ont eux-mêmes poussée si loin, il faut des dirigeants que leur union monétaire a éliminés. Ce n'est donc pas une simple histoire d'héritiers et successeurs qui ne sont pas à la hauteur de la tâche que leur ont léguée les pionniers. Le problème est que les pionniers ont mis en place des institutions monétaires qui, simultanément, avaient besoin de futurs dirigeants politiques pour les compléter et détournaient de la politique les personnalités d'envergure. L'étoffe de la tragédie a été tissée dès le départ dans l'union monétaire de l'Europe.

En un sens, les pionniers de l'euro, Giscard et Schmidt, Mitterrand et Kohl, pourraient être excusables. L'Union européenne est née en tant que cartel des industries lourdes, dont l'excellent sous-produit a été l'impossibilité d'organiser une nouvelle guerre en Europe, puisque les instruments nécessaires pour la mener avaient été européanisés. Pourquoi ces dirigeants n'auraient-ils pas imaginé qu'en européanisant la monnaie ils aboutiraient à l'union politique ? Mitterrand aurait-il pu savoir que l'union monétaire allait avoir l'effet opposé à celui qu'il avait prévu ? Qu'elle allait compliquer l'union politique au lieu d'en faire le prolongement naturel d'une monnaie unique ? Qu'elle allait peut-être même devenir tueuse en série de démocraties, en commençant par les maillons faibles comme la Grèce avant de porter de terribles coups à la France et à l'Allemagne ?

Je répondrais volontiers : non seulement Mitterrand et Kohl auraient pu, mais ils auraient dû le savoir.

« C'est une erreur dangereuse de croire qu'une union monétaire et économique peut précéder une union politique, ou qu'elle va fonctionner, pour citer le rapport Werner[34], "comme un ferment pour le développement de l'union politique dont elle ne pourra, à la longue, se passer". » C'est l'économiste de Cambridge Nicholas Kaldor qui a écrit cette phrase. Pas en 2015, ni en 1993, mais en 1970, à une date où le bon professeur voyait déjà le choc Nixon se profiler et l'Europe envisager d'y répondre en mettant la charrue avant les bœufs[35]. Kaldor en avait repéré assez de signes : les Européens étaient sur le point de commettre l'« erreur dangereuse ». Un affrontement entre la France et l'Allemagne se développait déjà, même à ce premier stade, et ses antennes sensibles l'avaient perçu.

Le rapport Werner de 1970, qu'il a lu et qu'il cite, stipulait explicitement que la nécessaire coordination des dépenses publiques et des fiscalités nationales était une condition préalable à une union monétaire viable. Cette idée avait été introduite dans le rapport par les représentants allemands, avec le soutien de leurs collègues italiens et néerlandais mais contre le souhait explicite des Français. Fidèle à la vision gaullienne de l'Europe en tant que moyen de renforcer (et non d'affaiblir) son État-nation, la France s'opposait à cette dimension fédéraliste. Paris voulait le beurre (un mark européanisé) et l'argent du beurre (conserver sa souveraineté nationale en matière budgétaire). Quand la Commission européenne a pris le parti de la France, comme elle le faisait en général avant la naissance de l'euro, l'Allemagne a perdu tout enthousiasme pour le projet, même si huit ans plus tard seulement, en 1978, le chancelier Schmidt, influencé par le nouveau jeu de l'Amérique, allait le ressusciter.

Kaldor a entraperçu cette opposition émergente sur l'axe franco-allemand et, bien avant que Giscard et Schmidt n'aient accédé au pouvoir, il a sonné l'alarme : « [Si] la création d'une union monétaire avec contrôle de la Communauté sur les budgets nationaux engendre des pressions qui conduisent à l'effondrement de tout le système, elle va empêcher, et non promouvoir, le développement d'une union politique[36]. »

Au lieu d'écouter ce sage conseil, l'Europe officielle a choisi de se laisser joyeusement porter par une mer de mythes agréables pour elle. Le déni des lois économiques fondamentales est devenu sa règle de conduite, et l'hubris, sa réaction aux protestations du réel. La némésis, comme auraient pu l'en avertir les tragiques grecs, prenait son temps : elle attendait son moment dans l'histoire.

CHAPITRE 4

Cheval de Troie

Londres, novembre 1990. Après des semaines de lutte acharnée pour repousser une meute de ministres bon chic absolument décidés à la renverser, Margaret Thatcher a livré son ultime combat dans une réunion aujourd'hui célèbre de son cabinet, au 10 Downing Street. La question qui avait permis aux barons du Parti conservateur de faire bloc contre leur Première ministre était l'union monétaire de l'Europe. Elle ne voulait pas en entendre parler ; ils désiraient ardemment rattacher la livre sterling au système monétaire européen.

Quand la réunion du cabinet a commencé, Thatcher a vite compris que son règne de onze ans était fini. Un après l'autre, même les ministres qui jusque-là lui étaient restés fidèles ont abandonné le navire, avec toute la pleutrerie qu'on peut attendre de politiciens comprenant qu'ils auront plus de beurre sur leur tartine, et un siège plus sûr, avec un nouveau dirigeant. On dit que la Dame de fer a versé une larme, une seule, signe d'humanité dont beaucoup ont douté.

Le soir même, elle a fait sa dernière apparition à la Chambre des communes à l'heure des questions à la Première ministre.

Ce fut un spectacle mémorable. Jouant de son ascendant impressionnant sur le Parlement, Thatcher n'allait pas manquer l'occasion de se venger de ses collègues en leur démontrant qu'aucun d'eux ne dominerait jamais l'opposition comme elle le pouvait. Sa larme s'est muée en cataracte rhétorique, parsemée d'humour, déferlant sur ses adversaires.

Le leader de l'opposition, Neil Kinnock, doit encore regretter d'avoir choisi l'union monétaire européenne comme angle d'attaque pour marquer des points contre la Première ministre sortante. « La Première ministre nous dira-t-elle », a demandé l'un des députés de Kinnock, en prévoyant, bien à tort, que Thatcher serait embarrassée par le sujet, « si elle va continuer son combat personnel contre une monnaie unique et une banque centrale [européenne] indépendante ? » Avant qu'elle ait pu répondre, un autre député de l'opposition a lancé malicieusement : « Non, on va la nommer gouverneur ! »

« Quelle bonne idée ! » a répondu Thatcher après la vive hilarité de la Chambre. Puis, poursuivant d'un ton badin : « Je n'y avais pas pensé. Mais si je l'étais, il n'y aurait pas de Banque centrale européenne responsable devant personne, et surtout pas les parlements nationaux. Parce qu'avec ce type de Banque centrale il n'y aura aucune démocratie, [et la Banque centrale va] ôter ses pouvoirs à tous les parlements jusqu'au dernier, et elle pourra avoir une monnaie unique, et une politique monétaire, et une politique des taux d'intérêt, qui nous enlève à tous tout pouvoir politique[1]. »

Pour la première et la dernière fois, peut-être, le Premier ministre d'un grand pays européen mettait dans le mille sur la nature de l'union monétaire de l'Europe. Croire possible de gérer la monnaie de façon apolitique, par des moyens exclusivement techniques, est une dangereuse folie de première grandeur. C'est le fantasme de la monnaie apolitique qui a fait de l'étalon-or de l'entre-deux-guerres un système aussi primitif, dont la mort inévitable a engendré les gangsters fascistes et nazis avec les conséquences que nous connaissons et déplorons tous.

À la base de l'étalon-or, il y avait l'idée de dépolitiser la monnaie en liant sa quantité à celle de l'or – métal que les politiciens ne pouvaient faire apparaître à partir de rien puisqu'il était exogène, fourni par la nature. Le même fantasme de la monnaie apolitique est à l'œuvre aujourd'hui dans la construction d'une Banque centrale européenne qui n'est responsable devant aucun parlement (comme Thatcher l'a si finement souligné), mais aussi dans les nouvelles monnaies numériques comme le bitcoin, dont l'argument de vente est qu'aucune autorité politique ne s'exerce sur elles. La précieuse contribution de Margaret Thatcher a été de dire : la régulation des taux d'intérêt et de la masse monétaire est une activité politique par essence ; si on la retire des compétences d'un parlement élu démocratiquement, on s'enfoncera progressivement dans l'autoritarisme.

Sa phrase finale sur la question n'a cessé de résonner dans mon esprit pendant les cinq mois où j'ai été ministre des Finances de la Grèce. Chaque fois que les gangsters d'Aube dorée me regardaient en ricanant au parlement grec, à chaque réunion de l'Eurogoupe où Mario Draghi, président de la Banque centrale européenne, fixait les paramètres au sein desquels nous devions peiner, nous les politiques, sans aucune possibilité d'en appeler à un parlement ou à une quelconque procédure pensable comme démocratique[2], les mots de Thatcher sonnaient juste : « L'enjeu de la monnaie unique est la politique de l'Europe[3]. »

Il m'arrive de revenir à la vidéo décolorée de la dernière intervention parlementaire de Thatcher en tant que Première ministre pour en tirer une joie amère. « Ça m'a bien amusée ! » a-t-elle conclu allégrement, satisfaite d'avoir renvoyé ses bourreaux à leur médiocrité.

J'ai passé mes années d'études à participer à toutes les manifestations que j'ai pu trouver contre Thatcher et la politique de son gouvernement. Mon admiration de sa critique prémonitoire du déficit démocratique inhérent à l'euro est donc particulièrement savoureuse. C'est ce que la politique, je le comprends aujourd'hui, peut faire de mieux : nous éclairer grâce à la perspicacité d'un adversaire. Dans les réunions où j'ai pris la parole à Londres en septembre 2015 pour célébrer l'accession de Jeremy Corbyn à la direction du Parti travailliste, j'ai osé mentionner mon appréciation positive de la critique de la monnaie apolitique par Margaret Thatcher. À mon grand soulagement, mes auditoires ont bien accueilli, semble-t-il, mon hommage à une femme politique qui symbolise pour nous à gauche tout ce que nous avons combattu.

L'erreur de Thatcher

Que l'union monétaire européenne fût un projet politique, ce n'était pas douteux. Ses pionniers affichaient leur programme fièrement et ouvertement. Le président Giscard et le chancelier Schmidt avaient évoqué en 1978 la création d'une puissance centreuropéenne qu'approuverait l'esprit de Charlemagne. À la fin des années 1980 et au début des années 1990, François Mitterrand voyait dans la monnaie unique le prélude d'une fédération. L'enjeu de l'euro avait toujours été, comme disait Margaret Thatcher, « la politique de l'Europe ». Quel genre de politique ? C'était toute la question. Celle qui promeut la vision d'une prospérité commune dans une Europe démocratique ? Ou celle qui divise les Européens et transforme leurs démocraties en chemises vides qui sèchent sur la corde à linge d'une banque centrale irresponsable ?

C'est une question, hélas, que l'on n'a jamais posée sérieusement. On n'a évoqué la dimension politique de l'union monétaire que dans des sermons où on la liait au devoir historique de l'Europe de resserrer toujours plus son union. Toute inquiétude sur les perturbations qu'une monnaie commune, involontairement peut-être, risquait de provoquer dans l'économie sociale de l'Europe était aussitôt classée comme vaine récrimination de populistes égarés, dangereux, indignes d'être admis dans la société convenable. Car c'est ainsi qu'on a présenté les choses pendant la marche à la création de l'euro : le moindre doute sur la solidité de l'architecture de la nouvelle devise prouvait assez que le sceptique était un antieuropéen, un nationaliste, un charlatan peut-être. Ce n'était pas si différent du traitement qu'on réservait en Amérique à ceux qui critiquaient les plans du Pentagone avant l'invasion de l'Irak ou de l'Afghanistan.

Si les élus des partis de gouvernement n'osaient pas exprimer des vues nuancées sur l'union monétaire, quelques hauts fonctionnaires ont à l'occasion appelé un chat un chat. En 1991, un an après le discours de Thatcher à la Chambre, l'économiste et homme politique allemand Wilhelm Nölling, membre du Conseil des gouverneurs de la Bundesbank, a corroboré son jugement : « Nous ne devons nourrir aucune illusion. La controverse actuelle sur le nouvel ordre monétaire européen porte sur le pouvoir, l'influence et la satisfaction des intérêts nationaux[4]. »

Il est ahurissant que l'Europe ait pu s'illusionner au point de croire que toute critique de son union monétaire était nécessairement inspirée par le nationalisme et, inversement, que seuls ceux qui avaient dépassé leur intérêt national pour ne penser qu'à celui de l'Europe défendaient la monnaie commune. Ce que disait Nölling – et il avait raison –, c'est que les champions français et allemands de l'union monétaire voyaient en elle un moyen de s'assurer plus de pouvoir et de promouvoir ce qu'ils percevaient comme leurs intérêts nationaux, souvent contre ceux de leurs partenaires européens. La guerre par d'autres moyens – comme le président de Gaulle voyait en 1964 son plan d'union monétaire avec l'Allemagne[5].

Dans l'idéal, les institutions de l'Europe auraient dû harmoniser les intérêts nationaux de ses membres en une volonté européenne commune. Mais postuler que l'union monétaire allait automatiquement réaliser cette harmonie était une dangereuse extravagance. La proposition «l'union monétaire est bonne pour l'économie de l'Europe et compatible avec la démocratie européenne» aurait dû être un théorème. L'Europe a décidé de la considérer comme un axiome.

Margaret Thatcher faisait deux objections, qui, soit dit en passant, coïncidaient avec celles de la gauche radicale en Europe. D'une part, l'union monétaire allait produire un désastre économique. De l'autre, elle allait miner les parlements et avec eux des droits démocratiques durement gagnés. Dans une interview donnée quelque mois après son renversement, elle pronostiquait: «Comme tous les régimes de taux de change fixes, cette monnaie unique finira par craquer. Elle n'aboutira pas à des résultats harmonieux.» Autrement dit, lorsque l'autorité sur la monnaie de pays différents est transféré à des technocrates, hors de toute surveillance parlementaire qui pourrait leur faire peur ou les soutenir si nécessaire, une crise de grande ampleur est inévitable. Et quand cette crise inévitable frappe, on assiste au retour en force des intérêts nationaux. Il faut une naïveté considérable pour supposer, avec Mitterrand, que l'union politique l'emportera sur la montée des chauvinismes.

Bref, Thatcher faisait écho à la prophétie de Nick Kaldor (rappelée à la fin du chapitre précédent): l'union monétaire allait empêcher, et non faciliter, la formation d'une union politique démocratique en Europe. Dès l'instant où l'autorité sur la monnaie d'entités politiques séparées est dépolitisée, les parlements n'ont plus le droit d'élaborer et de prendre des décisions sur des sujets importants ; ils perdent donc leur raison d'être, la légitimité démocratique s'évanouit et, quand survient la crise économique inévitable, les solutions autoritaires, très politiques, apparaissent comme les seules possibles. Le TINA cher à Margaret Thatcher – « *There is no alternative* », il n'y a pas d'autre option – émerge alors sous sa forme la plus abominable… qui épouvantait même Thatcher.

Mais celle-ci se trompait sur un point déterminant. Évoquant la monnaie unique dans ce débat à la Chambre des communes, elle y a vu « la fédération européenne par la porte de derrière ». Il est vrai que certains de ses adversaires d'outre-Manche avaient cette intention. Le président Mitterrand, le séduisant antagoniste de Thatcher, avait bel et bien le projet de faire de l'euro un cheval de Troie, qui introduirait clandestinement au sein des remparts de l'Europe une fédération que les Européens, sans cette ruse, auraient rejetée, car ils n'étaient ni prêts ni enclins à transférer l'autorité politique de leurs parlements nationaux à une institution fédérale de Bruxelles.

L'erreur de Thatcher a été de supposer que le stratagème mitterrandien réussirait. Elle n'a pas compris – et Mitterrand non plus – que la capacité de créer une fédération pour résoudre les problèmes de son union monétaire n'était pas dans l'ADN de l'Union européenne. La monnaie-cheval de Troie n'apporterait pas de fédération. Comme je vais l'expliquer, l'euro, avec les bureaucrates qui l'administraient, était inapte à produire un tel rejeton. Seul un autoritarisme massif et inefficace pouvait sortir de son ventre de bois.

Pas dans sa nature

Si les gardiens de l'union monétaire de l'Europe ont toujours été des cryptofédéralistes, comme le redoutait Thatcher et l'espérait Mitterrand, pourquoi une fédération européenne est-elle aujourd'hui plus éloignée que jamais ? François Mitterrand savait – et probablement le chancelier allemand Helmut Kohl aussi – que la monnaie commune allait déclencher des flux monétaires insoutenables des pays en excédent vers les pays en déficit. Ils voyaient bien l'un et l'autre qu'une crise de grande ampleur était inévitable. Mais ils espéraient que cette crise susciterait l'élan politique qui conduirait à une Europe fédérale. Il n'en a rien été.

La crise de l'euro qui a frappé durement en 2010, en commençant par la Grèce, a offert aux politiques et hauts fonctionnaires partisans d'une fédération l'occasion idéale de passer à l'action. Dans une situation où certaines banques sombraient en entraînant dans leur chute les États qui devaient les renflouer (comme en Irlande et en Espagne) tandis que d'autres étaient acculées à la faillite par les États insolvables où elles étaient domiciliées (comme en Grèce et au Portugal), la création d'institutions fédérales aurait été le remède parfait[6]. Or les responsables européens, même aujourd'hui, font tout ce qui est en leur pouvoir collectif pour ne pas aller vers une fédération. Au prix d'une exacerbation de la crise que rien n'imposait, ils ont créé une série de piètres simulacres d'institutions fédérales, en veillant bien, toujours, à leur donner l'air d'être fédérales alors qu'au fond elles ne le sont absolument pas[7]. Les cris déchirants des économies sociales sous pression n'ont donc suscité qu'une confédération de l'incompétence, comme pour réfuter les craintes de Thatcher.

Les cryptofédéralistes que Margaret Thatcher voyait partout en 1990 avaient-ils donc disparu en 2010, les avait-on fait taire ? Ou n'avaient-ils jamais été en position dominante ? J'ai déjà pris parti sur ce point, en soutenant dans les chapitres précédents que les gènes de l'Union européenne la vouaient dès le départ – dès 1950 – à la dépolitisation des décisions politiques. Les élites de l'Europe voulaient une mégabureaucratie de mèche avec les grands oligopoles sans les caprices d'une politique démocratique fédérale. Dans cette veine, on a créé une « Europe des États » délibérément contraire à une « Europe des citoyens ». Bruxelles a été construite sur la base du « Nous, les États... » pour exclure l'idéal du « Nous, le peuple... ». On a inventé cette mégabureaucratie pour servir un cartel de grandes entreprises qui cherchait à établir des règles et des normes industrielles communes dans une liberté absolue : aucun parlement ne devait avoir de pouvoir réel sur ce qu'il faisait. Ce n'est pas par accident que le Parlement européen, quand on l'a institué pour donner à l'Union européenne une apparence de responsabilité démocratique, n'a pas reçu le droit de légiférer[8]. Le grand espoir des démocrates européens, c'était que la démocratie allait s'infiltrer discrètement dans l'Union européenne comme elle l'avait fait dans les institutions d'États-nations tels que la Grande-Bretagne et la France. Ces États étaient au départ des instruments des puissants, mais avec le temps ils s'étaient démocratisés. Si l'on avait pu transformer la Grande-Bretagne, les États-Unis et l'Allemagne en démocraties libérales, pourquoi Bruxelles ne connaîtrait-elle pas le même sort ?

Les eurosceptiques anglais répondent que la démocratie parlementaire authentique se construit sur le roc de liens communs et de conventions en évolution constante que seule peut produire une nation. S'ils ont raison, une Europe multinationale ne deviendra jamais un espace démocratique. Dans cette vision sceptique, le mot « Européen » est un signifiant géographique et peut-être culturel qui ne peut servir de ciment à une démocratie européenne, car les identités sous-jacentes, française, italienne, allemande ou grecque, l'emporteront toujours.

Mais ici, les eurosceptiques anglais sont illogiques, ou alors ils insultent grossièrement, par exemple, les Écossais.

En effet, si leur thèse est vraie, de deux choses l'une : soit le Royaume-Uni n'a pas de légitimité démocratique, soit les Écossais et les Anglais ne sont plus de véritables nations. Il suffit d'y réfléchir un instant. Si les Écossais sont bien une nation, considérer qu'un parlement doit correspondre à une nation unique ne peut mener qu'à une seule conclusion : la Chambre des communes à Londres n'est pas représentative de la nation écossaise et ne fait que projeter l'autorité illégitime de l'Angleterre au nord du mur d'Hadrien[9]. La seule autre assertion compatible avec la perspective « une nation, une souveraineté » est d'estimer que les Écossais ne constituent plus une nation, qu'ils ont été absorbés dans une nation britannique. Mais dans ce cas, les Anglais non plus ne constituent pas une nation : les deux identités séparées (anglaise et écossaise) ont fusionné il y a un certain temps dans une identité britannique qui les englobe, et qui peut soutenir une démocratie parlementaire britannique.

Donc, les conservateurs partisans de l'unité nationale, qu'il s'agisse des tories britanniques ou des adversaires madrilènes de l'indépendance de la Catalogne, feraient mieux de se décider : si une identité européenne commune et un sentiment d'appartenance supranationale sont impossibles, l'Union européenne doit être dissoute, et Londres et Madrid doivent aussi accorder leur indépendance aux Écossais et aux Catalans. En revanche, si une identité européenne supranationale est possible et si elle peut produire un peuple européen souverain, une Union européenne démocratique est envisageable.

La plupart des Européens (dont l'auteur) soutiennent la seconde option : ils sont persuadés que les difficultés de l'Union européenne ne peuvent être dues à l'impossibilité de forger une identité européenne commune qui intègre leurs identités nationales sans les usurper. Leur seul problème, c'est qu'ils ne voient pas du tout comment l'Union européenne pourrait évoluer, à partir de ses institutions bureaucratiques au service d'un cartel économique, pour devenir une démocratie européenne au service d'un peuple européen souverain.

Le XIXe siècle offre de multiples exemples où la marchandisation, le triomphe de l'accumulation du capital sur l'autorité féodale et la suppression concomitante des frontières intérieures ont jeté dans le creuset de la création d'identité une large gamme de personnalités régionales et produit de nouvelles identités nationales. L'unification allemande, effectuée par la poigne de fer de la Prusse, en est une excellente illustration. Envisager que l'union économique puisse un jour engendrer une identité européenne, un « Nous, peuple d'Europe… », n'est ni extravagant ni malsain. L'unification institutionnelle entamée dans les années 1950 aurait d'ailleurs pu s'engager dans cette voie. Les programmes d'échanges d'étudiants sont le meilleur exemple de processus guidé par Bruxelles qui promettait de développer une identité européenne dans la jeunesse d'Europe.

Ce n'est pas l'impossibilité de développer cette identité qui a gravement compromis les perspectives d'une évolution de l'Union européenne vers une fédération démocratique grâce aux progrès de cette construction identitaire. C'est l'union monétaire et les ressentiments qu'elle a créés. L'unification des monnaies de l'Europe a amplifié simultanément le pouvoir des bureaucrates sur les élus et la violence de toute crise économique à venir. Les deux phénomènes n'ont cessé de s'alimenter réciproquement et leur ultime effet a été de tuer les chances d'une démocratisation de l'Union européenne.

L'union monétaire a engendré une terrible crise, comme Margaret Thatcher et François Mitterrand l'avaient tous deux prédit. Mais ni l'un ni l'autre de ces habiles politiques n'avaient vu venir la suite : cette crise allait donner aux bureaucrates les moyens d'accroître l'autorité qui leur permet de repousser toutes les pressions démocratiques visant à réduire leur pouvoir[10]. L'union monétaire, la crise économique et le déficit démocratique allaient se fondre dans un cercle sans fin de renforcement mutuel. Aucune fédération ne pouvait sortir de ce brouet toxique. Aucune n'en est sortie.

Le bras long de Francfort

La banque centrale allemande, la Bundesbank, pouvait voir l'intérêt de réduire les fluctuations des taux de change, et même de fixer ces taux. Ce qu'elle jugeait détestable, c'est qu'ils soient fixés par des politiciens, même s'ils étaient allemands. Quand Helmut Schmidt a fait savoir que Giscard et lui avaient l'intention de créer le système monétaire européen (SME), la Bundesbank est passée à la vitesse supérieure pour poser des limites au SME, aux élus et, bien sûr, aux hauts fonctionnaires de Bruxelles. Elle a aussi lancé une campagne pour l'abandon d'une promesse de Schmidt à Giscard : la mise en place d'un fonds de renflouement qui, sous le nom de « fonds monétaire européen », aurait eu mission de consentir des prêts aux États-membres momentanément incapables de rester fixés au mark.

Le conseil des gouverneurs a fait connaître ses exigences. La valeur de la monnaie allemande serait déterminée par la Bundesbank basée à Francfort. Point final. Le fardeau de tout ajustement de la valeur d'autres devises pour maintenir le SME en fonctionnement serait supporté par les devises faibles, pas par le mark. Bref, la Bundesbank réclamait le contrôle du taux de change du mark avec le dollar et le yen ; les traînards de l'Europe, notamment la France, devraient faire ce qu'ils pourraient pour tenir le rythme. Autant dire qu'elle déclarait ouvertement qu'elle ne ferait jamais monter le mark pour aider Paris.

Si le franc français tombait au-dessous de sa valeur plancher dans le SME, les Français devaient subir une aggravation de la récession, par une forte hausse des taux d'intérêt, pour faire remonter leur devise au niveau prévu pour elle par le traité. Francfort refusait tout net de réduire ses propres taux pour tendre une main secourable au franc. C'est pour cela que le peu sympathique Norman Tebbit, ministre préféré de Margaret Thatcher, aimait dire que MCE (mécanisme de change européen – la composante du SME censée maintenir la stabilité des taux de change) signifiait « mécanisme de crise éternelle ».

Le chancelier Schmidt a fait de son mieux pour apaiser la Bundesbank en 1978. À un moment donné, cédant à l'exaspération, il a recouru au chantage : si Francfort continuait à se montrer récalcitrant, a-t-il dit à son président, il se verrait contraint de réduire, par un vote au Bundestag, la chère autonomie de la Bundesbank. Une menace que son successeur, Helmut Kohl, aurait à répéter quinze ans plus tard, en 1993, pour amener la banque centrale allemande à jouer le jeu lors de la création de l'euro. Dire que les relations entre les dirigeants politiques allemands et leurs interlocuteurs de la banque centrale étaient difficiles serait vraiment au-dessous de la vérité.

Contre toute attente – du moins à Francfort –, le SME et le MCE qui s'y trouvait inséré ont bien fonctionné au début. La raison ? Le plan de Volcker opérait comme le chancelier Schmidt l'avait intelligemment anticipé. Dans tous les États-Unis, les centres commerciaux regorgeaient de produits importés d'Allemagne, du Japon et plus tard de Chine, et Wall Street était inondé d'argent jailli du reste du monde. Les cols-bleus américains tombaient de l'escalator des revenus réels sur lequel ils montaient depuis plus d'un siècle ; mais ils pouvaient compter sur un crédit facile et sur l'espoir d'un magnifique envol de la valeur de leur maison hypothéquée. Du point de vue de Helmut Schmidt, l'économie américaine avait commencé à fonctionner comme un aspirateur : elle attirait aux États-Unis les capitaux excédentaires de l'Allemagne et empêchait ainsi toute montée de pressions inflationnistes en République fédérale.

La hausse du dollar qui a suivi l'imposition par Volcker de taux d'intérêt exorbitants a été aux yeux de la Bundesbank une bénédiction, et lui a inspiré de meilleurs sentiments pour le SME. Comme le mark baissait contre le billet vert, il le faisait même contre la lire italienne et la peseta espagnole, monnaies traditionnellement plus réactives au cours du dollar. Bien au chaud au milieu de sa fourchette cible vis-à-vis de ses homologues latines, le mark a connu entre 1978 et 1980 deux ou trois années de confort au sein de l'union monétaire naissante de l'Europe.

Mais le revers de la médaille de la désintégration de Volcker n'allait pas tarder à se manifester[11]. En 1980, elle provoquait un ralentissement mondial. Le Premier ministre français, Raymond Barre, a pris au sérieux sa mission de rester fixé au SME-MCE : il était bien décidé à sacrifier l'emploi et l'activité économique en France à la stabilité du franc[12]. Donc, dans une France où le chômage montait, il a pratiqué ce que nous appelons aujourd'hui l'austérité – coupes dans les prestations sociales, augmentations de la TVA, réductions de l'investissement public, etc. Il a encore sacrifié des emplois – beaucoup – sur l'autel du maintien de la valeur du franc en marks dans les limites de l'accord. Un an plus tard, en 1981, les restrictions budgétaires de Barre ont coûté à Giscard la présidence et porté le socialiste François Mitterrand à l'Élysée.

De l'autre côté du Rhin, le chancelier Schmidt avait du souci à se faire. Craignant de subir le même sort que Giscard, il a choisi l'option contraire. Pour stimuler l'emploi, il a laissé glisser le budget fédéral allemand dans le déficit. Et l'emploi a tenu, comme il l'avait prévu. Mais, avec la phobie des déficits qui animait la Bundesbank, les jours de Schmidt à la chancellerie étaient comptés. Lorsque l'inflation s'est mise à monter et la balance commerciale allemande, fait sans précédent, à entrer dans le rouge, la banque centrale a réagi avec violence. En cas de hausse rapide des prix et de gonflement des importations nettes, un seul remède à court terme a les faveurs des déficitophobes : le relèvement du loyer de l'argent dans le pays (c'est-à-dire du taux d'intérêt), qui douche la demande locale, arrête simultanément la montée des prix et des importations, mais pousse l'économie intérieure dans la récession.

Helmut Schlesinger, le vice-président de la Bundesbank, a persuadé son conseil des gouverneurs d'être plus volckérien que Volcker : les taux d'intérêt à court terme ont été portés au niveau ahurissant de 30 %. Simultanément, le partenaire de coalition de Schmidt, le Parti libéral-démocrate (FDP), a exigé l'austérité. La conjonction des taux d'intérêt extraordinaires de la banque centrale et des coupes du gouvernement fédéral dans les dépenses publiques a fait son effet : en 1982, le chômage avait doublé en Allemagne. C'est alors que la queue du gouvernement fédéral allemand s'est débarrassée de son corps : le petit FDP a abandonné Schmidt et ses sociaux-démocrates pour s'allier aux chrétiens-démocrates de Helmut Kohl. Avec le gouvernement Schmidt, sa promesse aux Français d'ajouter un fonds monétaire européen au SME a été balayée. Toute chance de voir le Bretton Woods européen ressembler au modèle original américain était anéantie.

En 1982, Volcker avait involontairement provoqué le remplacement de l'axe Giscard-Schmidt en Europe par un autre attelage franco-allemand marquant : François Mitterrand et Helmut Kohl. Tandis que l'Amérique commençait à jouer pour de bon son rôle de Minotaure sur la scène mondiale, le duo qui avait institué l'union monétaire en 1978 a courtoisement passé le relais à un autre binôme, qui, en 1994, allait fonder la Banque centrale européenne et baptiser son nouveau-né l'euro. Jamais très loin derrière ce long enchaînement de concessions, négociations et manigances, et sur fond d'événements mondiaux considérables (comme la fin de la guerre froide), la Bundesbank a été présente en permanence, guidant, aidant ou sabotant activement l'axe franco-allemand autour duquel tournait l'Union européenne.

Les aspirations de la canaille

L'axe franco-allemand est l'Union européenne. Personne ne le reconnaîtra jamais, mais à vrai dire ses autres États-membres ne font qu'ajouter une simple consécration liturgique à tout ce que décident les dirigeants allemands et français. C'est que l'influence de son origine et de son centre franco-allemands ne s'est jamais affaiblie, même si ses frontières se sont élargies, en créant une périphérie qui ne cesse de croître. Depuis le pèlerinage de Giscard à Athènes en 1979, qui y avait fait entrer la Grèce en 1980, l'Union européenne est passée de dix à vingt-huit États-membres, et ce n'est pas fini. Après l'intégration d'anciennes dictatures de droite (la Grèce, l'Espagne et le Portugal), la disparition du rideau de fer lui a ouvert une vaste zone d'expansion : elle a assimilé ces pays à bon rythme, y compris trois anciennes républiques soviétiques.

Puisque l'Allemagne et la France s'efforçaient de maintenir en vie la flamme de l'union monétaire, les nouveaux États-membres ont allégrement renoncé à l'indépendance de leur devise pour lier leur sort à ce qui pourrait sortir du laboratoire franco-allemand. Paradoxalement, l'union monétaire a été renforcée par les aspirations de ceux qui étaient le moins capables de survivre en son sein, sans parler d'y prospérer.

La prédilection des grandes puissances industrielles européennes pour une monnaie commune est facile à comprendre[13]. Mais que dire du penchant de sociétés faibles, comme la Grèce, pour une devise forte qui menace de les étriller totalement ? Après le choc Nixon et les grandes poussées d'inflation qui l'ont suivi dans les années 1970, les plus riches, du côté de Milan ou d'Athènes, en avaient assez des dévaluations. Leurs yachts, leurs élégantes résidences urbaines, leurs manoirs à la campagne, leurs actions dans les entreprises locales et le contenu de leurs comptes bancaires intérieurs se dévalorisaient sans cesse quand ils comptaient en dollars et en marks. Chaque fois qu'ils se rendaient à Londres pour la saison théâtrale, ou qu'ils allaient skier en Suisse, ils constataient que la valeur nette de leur fortune intérieure avait diminué. Leur seul recours était de liquider leurs actifs dans leur pays et de trouver moyen d'esquiver le contrôle des capitaux qu'il avait établi pour exporter leur argent à Genève, Londres, Wall Street ou Francfort. Ah ! s'il n'y avait qu'une seule monnaie, et la libre circulation des capitaux ! Si le mark fort était la monnaie de tout le monde, tous ces soucis disparaîtraient…

Les classes laborieuses aussi, en Grèce, en Italie, en Espagne et ailleurs, supportaient de moins en moins leurs devises nationales. Elles faisaient d'immenses efforts dans les négociations collectives avec leurs employeurs pour obtenir des augmentations de salaires : grèves coûteuses, fastidieux travail d'organisation, âpre combat, épuisant, pour mobiliser les camarades de travail, etc. Après quoi la banque centrale du pays annonçait une nouvelle dévaluation et tous les gains durement gagnés partaient en fumée, parce que l'inflation explosait en réaction à la hausse du prix du pétrole importé qui faisait monter presque tous les autres. Certes, les dévaluations permettaient aux travailleurs de garder des emplois qui sans elles auraient disparu, en protégeant les produits de leur travail contre une vague d'importations compétitives venus de pays comme l'Allemagne. Mais la fatigue de la dévaluation s'était ancrée, et elle a été habilement exploitée par des élites fort désireuses de rallier leur classe ouvrière à la cause de l'union monétaire.

La politique entrait aussi dans l'équation – différemment dans chaque État-membre, mais puissamment. Le gouvernement irlandais tenait à prendre une initiative qui n'avait guère de sens économique mais une forte portée politique et symbolique : découpler la livre irlandaise, la punt, de la livre britannique pour l'aligner sur le deutschemark. Souhaitant remercier Dublin de son soutien au SME, le gouvernement allemand a offert son aide financière. Cette aide ne compensait pas la réalité économique – le commerce irlandais se faisait toujours principalement avec la Grande-Bretagne –, mais elle était politiquement utile à un gouvernement qui voulait devenir indépendant de Londres et trouver un moyen détourné de faire jouer l'influence de l'Union européenne dans la question de l'Irlande du Nord. En Italie, en Espagne et au Portugal aussi, la politique a été déterminante dans le projet d'union monétaire. Le chancelier Schmidt avait investi un énorme capital politique, en coopération avec Washington, pour que la gauche ne réussisse pas à prendre le pouvoir dans la péninsule Ibérique[14], et bien sûr en Italie, où un Parti communiste rénové, sous la direction éclairée d'Enrico Berlinguer, œuvrait à un « compromis historique » avec des éléments progressistes de la démocratie chrétienne italienne.

L'union monétaire et la perspective d'une monnaie commune étaient des cadeaux politiques de grande valeur aux forces conservatrices de la périphérie de l'Europe, mais les dirigeants français et allemands ont aussi utilisé adroitement l'attrait du SME pour circonvenir les gouvernements de l'Europe périphérique, en offrant aux hommes d'affaires locaux des contrats lucratifs avec les multinationales françaises et allemandes. Mise sans modération au service de l'union monétaire, la combinaison « fonds européens de Bruxelles plus liens d'affaires » a empêché toute opposition sérieuse à la logique de la monnaie unique. Comme leurs agents politiques, les employeurs ont tiré beaucoup d'avantages de ces transactions : elles ont apaisé des syndicats jusque-là rebelles et des intelligentsias nationales en quête de raisons de se révolter contre ce qu'elles percevaient comme l'« homogénéisation » européenne.

Dans des pays comme l'Italie et la Grèce, les kleptocrates nationaux ont habilement joué la carte de l'union monétaire pour prolonger leur domination. Avouant effrontément qu'ils étaient les grands coupables de l'inflation, de l'incompétence administrative et de la corruption qui accablaient leurs pays, ils ont demandé qu'on leur laisse encore un peu de temps, et bientôt Rome, Athènes, Madrid et Lisbonne pourraient être gouvernés directement par Bruxelles et Francfort, dans le cadre d'une Europe monétairement unifiée. Des politiciens grecs et italiens représentant de ténébreux intérêts locaux – comme Giulio Andreotti et Bettino Craxi, deux des Premiers ministres italiens les plus sulfureux, et des dirigeants des gouvernements grecs de Nouvelle Démocratie et du PASOK – ont fait aux électeurs excédés qui ne les supportaient plus une curieuse proposition : Continuez à voter pour nous, et nous vous débarrasserons de… notre régime ! Une fois l'union monétaire achevée, notre pays sera administré *de facto* par les Européens du Nord. Donc supportez-nous encore un petit peu et nous allons vous délivrer de… nous ! La modernisation arrive. Des administrateurs calvinistes vont prendre les rênes de notre pays, en faire une Allemagne, un Danemark peut-être, sur la Méditerranée !

Dans leur for intérieur, la plupart des Grecs que je connais ont fait bon accueil à cette offre, même s'ils protestaient pour la forme et pour apaiser leur fierté blessée et leur mauvaise conscience. J'ai bien l'impression qu'il en a été de même en Italie, en Espagne, au Portugal et même en Irlande.

En Europe du Nord, c'était différent, mais pas tant que cela. Là aussi, les facteurs politiques déterminaient les attitudes à l'égard de l'union monétaire. La Belgique est un bon exemple. Avant la Grande Guerre, elle était dans la sphère d'influence de la France : elle est restée liée pendant des décennies à l'Union latine – tentative du XIXe siècle pour créer une monnaie commune européenne autour du franc-or français –, ce qui lui a fait prendre du retard sur les Pays-Bas et l'Allemagne à une époque où ces deux pays s'industrialisaient rapidement. Plus tard, dans les années 1930, elle a partagé à nouveau le destin de la France : les deux pays sont restés stupidement enchaînés à l'étalon-or agonisant jusqu'à ce que la force de leur monnaie ait anéanti leur économie. Pendant des décennies, les régions flamandes ont protesté contre les effets désastreux de cette dépendance excessive de la Belgique à l'égard de la France. Donc, lorsque les États-Unis ont reconfiguré l'Europe après la Seconde Guerre mondiale, le traité du Benelux a lié la Belgique aux Pays-Bas et fixé le franc belge au deutschemark. Néanmoins, en raison des clivages ethniques entre francophones et néerlandophones, une union monétaire franco-allemande était la solution rêvée pour la Belgique, indépendamment de tout argument ou réalité économiques.

Après la chute du mur de Berlin, une variété différente d'État-membre est apparue. Les anciens satellites de l'URSS, qui avaient subi des coupes massives dans les dépenses, une récession profonde, une montée de la pauvreté à des niveaux sans précédent et souvent une dévastation totale, ont fait la queue aux portes de l'Union européenne. À l'époque où ils se sont portés candidats, « union monétaire » était le maître mot. Bien décidés à être admis, et à laisser définitivement derrière eux le souvenir et la crainte de l'ours soviétique, ils ont embrassé avec ardeur le nouveau dogme. Habitués par leur passé à suivre fidèlement la ligne du parti de la puissance géopolitique dominante, et rompus à l'usage massif de la récession comme moyen de réguler les conflits sociaux, des pays comme la Slovaquie et la Lettonie étaient bien préparés à la logique, si l'on peut dire, d'une union monétaire dénuée du recyclage politique de l'excédent qui aurait été nécessaire pour la stabiliser correctement. Les dirigeants politiques allemands, désireux d'étendre le rayon d'action du mark le plus loin possible, ont sauté sur l'occasion.

En même temps, l'inclusion d'États-membres encore plus faibles et plus pauvres permettait à l'Allemagne de justifier une réduction des aides publiques à la canaille qui, dans des pays comme la Grèce et l'Italie, aspirait à mieux vivre. « Comment pouvez-vous insister pour obtenir des pensions de retraite mensuelles de 700 euros en Grèce alors que les Lituaniens et les Slovènes doivent se contenter de 300 euros ? » C'est une question qu'on m'a assenée de multiples fois dans les réunions de l'Eurogroupe en 2015. J'ai répondu que, dans ce cas, il ne fallait pas admettre l'Albanie dans l'Union, faute de quoi les Lituaniens et les Slovènes allaient devoir subir une baisse de 60 % de leurs retraites pour s'aligner sur les Albanais. Leur raisonnement menait à une course vers le pire. Mon argument les a laissés de marbre. Mais, tout en plaidant ma cause, je pouvais voir la triste mine du ministre des Finances français. Il savait que l'offensive dont j'étais la cible – menée par une alliance, sous direction allemande, de ministres des Finances essentiellement d'Europe de l'Est pour m'obliger à accepter des coupes inhumaines sur les petites retraites et des hausses insensées de la TVA sur les produits de première nécessité – se tournerait bientôt contre lui[15].

Qu'est-ce qui avait à ce point réduit le pouvoir de la France depuis l'époque où Helmut Kohl et François Mitterrand conspiraient pour faire adopter le traité de Maastricht et créer l'euro ? Dans les années 1980 et 1990, malgré les nombreux affrontements entre la France et l'Allemagne sur le contrôle de leur audacieux projet, il y avait une étroite coopération entre les hauts responsables des deux pays. Au lendemain immédiat de la création du SME en 1978, la position de la France avait été renforcée par la première phase d'expansion de l'Union européenne, qui y avait introduit des pays occidentaux où l'opposition de gauche était puissante (la Grèce, l'Espagne et le Portugal). En revanche, sa seconde phase d'expansion, vers l'est, dans un immense espace anciennement communiste ravagé par la récession et habitué à obéir à une puissance hégémonique, a fait basculer le rapport de forces au détriment de la France. Ces nouveaux entrants – par exemple les États baltes et la Slovaquie – étaient aussi des pays déficitaires (comme la France), mais ils n'avaient aucun système de sécurité sociale à protéger (à la différence de la France), avaient déjà pratiqué une austérité très dure et tenaient à prouver leurs mérites de dignes supplétifs de Berlin dans l'Eurogroupe. Avance rapide jusqu'en 2010, et la France s'est soudain retrouvée en minorité juste au moment où la crise de l'euro poussait son budget national dans le rouge[16].

La lente défaite de la France

Sa situation de partenaire déficitaire d'une Allemagne déficitophobe, dont le budget sortait du rouge justement à cause de la même crise[17], a énormément fragilisé la position de la France. En même temps, l'incapacité de son ministre des Finances de peser dans l'Eurogroupe était une conséquence presque naturelle de l'expansion de la zone euro. Mais le livret de la défaite de la France avait été écrit en 1983, même s'il avait fallu dix ans de plus pour qu'il soit joué sur la scène de l'union monétaire de l'Europe.

Dans les années 1960, nous l'avons vu au chapitre 2, le président de Gaulle avait eu l'idée d'une monnaie commune pour étouffer l'Allemagne renaissante et la soustraire au contrôle direct de Washington. Et dans les années 1970, nous l'avons vu au chapitre 3, le président Giscard d'Estaing avait signé le traité du SME afin de dynamiser une vaste fédération européenne et d'utiliser un lien fort entre le franc et le mark pour soumettre les puissants syndicats français au pouvoir modérateur et disciplinant de la Bundesbank. Une décennie plus tard, le président Mitterrand a combiné les projets de De Gaulle et de Giscard au sein d'un plan nouveau et audacieux : utiliser la Bundesbank comme instrument pour mettre en œuvre au niveau européen un programme économique inapplicable au niveau national en France. Pour voir la logique interne de ce plan extravagant, qui s'est soldé par un échec colossal et a conduit à un affaiblissement considérable de la puissance française, il nous faut revenir au début de son mandat présidentiel.

François Mitterrand avait été élu en mai 1981 pour former un gouvernement de coalition socialo-communiste ayant pour but explicite de mettre fin à l'austérité, de rétablir l'égalité et de promouvoir la croissance. Persuadés que le nouveau gouvernement allait donner priorité à la croissance et à l'emploi sur le maintien de la valeur relativement élevée du franc dans les accords du SME – conclus par Giscard, le prédécesseur de Mitterrand, et Schmidt en 1978 –, les spéculateurs de la City et de Wall Street se sont mis à parier que le gouvernement Mitterrand allait laisser baisser le franc. La force de la prophétie des spéculateurs a été prise au sérieux même par de petits investisseurs qui, anticipant une chute du taux de change entre le franc et le mark, ont envoyé leurs liquidités en Allemagne. Donc, peu après l'entrée de François Mitterrand au palais de l'Élysée, il y a eu un exode des capitaux, de la France vers Francfort, centre financier de l'Allemagne.

Mitterrand n'avait aucune envie de déchirer le traité du SME avec l'Allemagne la première semaine de sa présidence. Espérant gagner du temps, il a autorisé la banque centrale française, la Banque de France, à porter les taux d'intérêt à 25 %, afin d'inciter les épargnants français à garder leurs liquidités dans le pays, mais aussi d'attirer de l'argent étranger en France. Simultanément, son ministre des Finances, Jacques Delors, a introduit un gel des prix pour contenir l'inflation. Aucune de ces deux mesures n'a atteint son but, et Mitterrand a donc donné pour instruction à Delors de négocier avec l'Allemagne une dévaluation du franc au sein du SME. Les autorités allemandes ont accepté, à une condition : un gel immédiat des salaires sur tout le territoire de la République française. La gauche française a aussitôt exigé une sortie immédiate du SME, faute de quoi le gouvernement français en serait réduit à être l'agent des choix politiques du gouvernement allemand pour… la France.

Mitterrand a dû choisir : sortir du SME en dévaluant unilatéralement le franc ou renoncer à son programme antiaustérité pour rester à l'intérieur du SME. À la vive indignation de la gauche, le président a opté pour le SME. Mais, pour rester fixé à ce protoeuro, il fallait attirer des devises étrangères en France, donc relever les taux d'intérêt, réduire les dépenses publiques et, fondamentalement, mettre en récession l'économie française pour maintenir la stabilité du taux de change entre le franc et le mark. C'était la première fois qu'un gouvernement de gauche allait jeter aux orties un programme antiaustérité pour rester fidèle à la logique d'acier de l'union monétaire de l'Europe[18].

Cependant, Jacques Delors, maître tacticien, a convaincu son président que leur programme socialiste était compatible avec une volte-face sur l'austérité. Pour combattre l'austérité, expliquait-il, ils devaient d'abord l'embrasser, dans le cadre d'une stratégie de lutte intensifiée contre l'austérité (l'expression est de moi, pas de Delors). Delors raisonnait ainsi : tant que la France mettrait en œuvre des politiques favorables aux travailleurs, par exemple en luttant contre le chômage par des grands travaux et en protégeant les salaires, les marchés financiers de l'Anglosphère allaient spéculer contre le franc, faire monter les coûts d'emprunt de l'État, provoquer une fuite des capitaux en Allemagne et ailleurs, et imposer une dévaluation de la devise française et de l'État français. L'inflation suivrait et, avant même d'avoir compris ce qui lui arrivait, le gouvernement tomberait. Mais cela signifiait-il qu'ils devaient baisser les bras ? Non, répondait Delors. Cela voulait dire que leur politique antiaustérité, qui ne pouvait être appliquée au niveau de l'État-nation français, devait l'être au niveau de toute la zone du SME, la zone euro d'aujourd'hui. Tant qu'il était la devise d'un pays déficitaire, le franc français resterait le jouet de la City et de Wall Street. Mais pas s'il était indissolublement lié au redoutable deutschemark. Le moyen de mettre en œuvre les idées de 1981, concluait Delors, c'était de « capturer » la Bundesbank et de convaincre le gouvernement allemand d'adopter le programme des socialistes au niveau européen.

Il suffit aujourd'hui d'énoncer cette proposition pour que son invraisemblance saute aux yeux ; jamais les élites allemandes ne se soumettraient, jamais elles ne se rallieraient au programme des socialistes français. Mais en 1983, cette ambition exorbitante a eu du poids dans les cercles parisiens. Les hauts dirigeants de l'élite française, de toutes tendances politiques, étaient tout à fait persuadés que les capacités de la France dans le nucléaire civil et militaire, ses systèmes administratifs supérieurs, ses banques plus raffinées (comparées à celles de Francfort), conjugués à la réticence d'une Allemagne divisée à diriger l'Europe, suffiraient à les maintenir sur le siège conducteur du continent. L'esprit de croisade de Jacques Delors avait simplement ajouté un vernis antiaustérité à ce sentiment d'être en droit de diriger : c'est pourquoi il s'était persuadé que l'on pourrait convaincre les responsables allemands du bien-fondé du keynésianisme français du moment que Paris démontrerait aux Allemands sa capacité de se discipliner suffisamment pour maintenir le franc aussi fort que le mark, quel qu'en soit le coût.

C'est donc sur ces bases douteuses que le gouvernement du président Mitterrand a abandonné sa politique antiaustéritaire : on ne pourrait vaincre l'austérité qu'au niveau de toute l'Europe, une fois qu'on en aurait administré des doses suffisamment lourdes à l'économie française pour apaiser les marchés financiers et convaincre les élites allemandes de s'incliner devant la sagacité supérieure de la stratégie économique de la France. Selon ce plan au funeste destin, l'austérité « socialiste » française allait bercer la Bundesbank d'un sentiment de sécurité qui la livrerait au pouvoir de Delors, ce qui permettrait aux hauts fonctionnaires français de construire une banque centrale européenne à l'image de la France. À partir de cette banque, la monnaie unique répandrait dans toute l'Union européenne les politiques expansionnistes de Mitterrand et Delors, orientées vers la croissance et contre l'austérité – celles-là mêmes qu'ils venaient d'abandonner dans leur pays. C'est du moins ce que disait le conte de fées.

En 1983, Helmut Kohl était à la chancellerie, et il aimait bien ce qu'il voyait de l'autre côté de la frontière, notamment la disposition de Jacques Delors à soutenir le franc. Les deux gouvernements se sont lancés dans un projet qui est encore d'actualité : convaincre les électeurs allemands que l'union monétaire germanisait la France et exportait la discipline teutonne dans l'Europe latine – loin d'importer la paresse française en Allemagne, elle transformait les cigales en fourmis. De plus, deux ans après l'élection de Kohl et l'abandon par le gouvernement français de sa position antiaustérité, Delors est passé de Paris à Bruxelles pour devenir le président le plus puissant, peut-être, que la Commission européenne ait jamais eu.

C'est une des curieuses habitudes de l'histoire : l'humanité est souvent influencée par ses échecs plus que par ses désirs. François Mitterrand était entré à l'Élysée avec les meilleures intentions antiaustérité, mais c'est son échec, suivi d'une volte-face, qui a laissé une marque indélébile sur l'Europe, et bien entendu sur la France. Les réunions actuelles de l'Eurogroupe, où le ministre français des Finances n'a pratiquement aucun poids, sont la conséquence directe de cet échec.

L'importance de la stratégie inspirée par Delors, le recours à l'austérité en France comme un bélier qui allait enfoncer la porte de la Bundesbank, a été amplifiée par l'exceptionnel succès de Mitterrand à persuader une grande partie de la gauche française, traditionnellement récalcitrante, de se rallier à la cause de Delors – et, en pratique, de soutenir le cartel conservateur du centre et du nord de l'Europe. Au lieu du socialisme dans un seul pays qu'il avait promis aux électeurs français en 1981, il avait fini par épouser le corporatisme cartellisé sur un seul continent, ou autour de l'axe Paris-Berlin pour être un peu plus précis. Pourtant, de nombreux marxistes français ont été impressionnés par le déterminisme écrasant de Mitterrand, qui éveillait sûrement chez eux un souvenir subliminal : l'enthousiasme stalinien à se trouver du bon côté d'un processus historique inévitable. Certains deviendraient ses fidèles compagnons de route sur le chemin de l'union monétaire.

De 1983 à 1986, le SME a fonctionné à la satisfaction de la Bundesbank, ce qui a permis à la relation Mitterrand-Kohl de s'épanouir. L'aspirateur de Volcker continuait à faire son travail : il siphonnait vers les États-Unis les capitaux allemands excédentaires, maintenait un dollar fort et, comme l'avait prévu le chancelier Schmidt à la fin des années 1970, permettait au lien établi entre le franc et le mark de tenir, avec l'aide occasionnelle d'une nouvelle dose d'austérité en France.

Mais les choses ont commencé à dérailler après 1986, quand les autorités américaines ont décidé de diminuer la puissance de l'aspirateur, en limitant le taux de croissance de leurs déficits. La récession du début des années 1980, provoquée par les taux d'intérêt astronomiques de Volcker et les premières coupes budgétaires de Ronald Reagan, avait effrayé l'administration Reagan. Alors, en utilisant comme instrument principal le budget militaire, Washington avait monté l'expansion macroéconomique la plus keynésienne de l'histoire des États-Unis. C'était absolument extraordinaire. Le président qui avait gagné l'élection de 1980 en pourfendant les dépenses publiques et en prônant le rétrécissement de l'État s'était fait réélire en 1984 en déclarant « C'est à nouveau le matin en Amérique » sur la base de dépenses publiques massives.

Après quoi le Minotaure s'était déchaîné – un peu trop déchaîné, en fait, avec des importations surgonflées et des exportations américaines très gênées par la force du dollar. Désireux de conserver les flux entrants de devises étrangères en Amérique, Washington ne souhaitait pas réduire sensiblement les taux d'intérêt. Mais comment les autorités américaines pouvaient-elles faire baisser la valeur internationale du dollar (pour donner un coup de fouet à leurs exportations et réduire l'emballement des importations) sans diminuer le prix de l'emprunt et du prêt en dollars, que le Minotaure avait besoin de maintenir à haut niveau ? La réponse du gouvernement de Washington a été typiquement américaine : il a usé de sa puissance politique brute sur la scène mondiale.

Dans les accords dits du Plaza, signés en 1985, Tokyo a été contraint de revaloriser substantiellement le yen par rapport au dollar, et le mark a été forcé de suivre. Les exportations du Japon ont été très durement touchées, celles de l'Allemagne, moins. L'objectif de Washington a été atteint, mais la « correction » s'est révélée trop forte. En 1987, le dollar était descendu à des niveaux menaçants pour Wall Street. La même année, dans une réunion du G-7 tenue à Paris, les dirigeants américains ont fait pression dans le sens opposé, pour une hausse du dollar. Aux termes de ce qu'on appelle aujourd'hui les accords du Louvre, Washington a imposé aux Européens de participer à des efforts coordonnés pour faire monter le dollar.

La Bundesbank n'aimait pas que des politiciens échappant à son contrôle direct tripatouillent la valeur internationale du mark. Elle n'a pas tardé à manifester son mécontentement en déstabilisant le système SME-MCE aux dépens de la France. Il lui suffisait pour cela de signaler aux marchés, par des rumeurs, ou de petits ajustements dans certains des taux d'intérêt qu'elle régulait, qu'elle ne ferait rien, quand ce serait nécessaire, pour stabiliser la valeur du franc – c'était la même attitude qui avait causé tant de tumultes au temps de Bretton Woods (voir chapitre 2).

Le gouvernement français faisait de son mieux pour continuer à démontrer à la Bundesbank ses compétences austéritaires : il utilisait tous les leviers disponibles afin de faire tomber son inflation au-dessous de celle de l'Allemagne, d'aligner ses taux d'intérêt sur ceux de Francfort et de montrer que le franc était l'égal du mark. Les responsables français adoptaient un nouveau refrain : ils parlaient comme si l'union monétaire entre la France et l'Allemagne était déjà effective en tous points – à ce détail près, peut-être, que les billets français et allemands portaient des images différentes. Plus l'irritation montait à la Bundesbank, plus les dirigeants français surjouaient l'harmonie. Le directeur du Trésor en France à cette époque, un certain Jean-Claude Trichet[19], a formulé admirablement l'hubris des autorités françaises. Contestant contre toute évidence que l'ancre du système SME-MCE fût le mark, il a réfuté l'idée d'une prédominance de la monnaie allemande par cette déclaration extraordinaire: «L'ancre du système, c'est le système lui-même[20].»

Incapables de saisir les finesses de la sophistique postmoderne des Français, les dirigeants de la Bundesbank ont été scandalisés. Aucun système régional de taux de change fixes ne peut s'ancrer lui-même! se sont-ils sûrement dit, fort justement. Même Bretton Woods avait eu besoin d'une ancre: le lien entre le dollar et l'or. Cette phrase de Trichet niant que le mark allemand soit l'ancre de l'union monétaire de l'Europe ne resterait pas impunie. Mais la punition a dû être différée, à cause de la réunification de l'Allemagne. Le chancelier Kohl a donné instruction à la Bundesbank de se tenir tranquille, dans cette période où l'Union soviétique de Mikhaïl Gorbatchev et la France du président Mitterrand se montraient disposées à laisser l'Allemagne de l'Ouest absorber la République démocratique allemande. Pour l'instant, il convenait de laisser aux Français leurs illusions, même s'il fallait pour cela mettre en cage comme un fauve la Bundesbank pour qu'elle n'agresse pas Delors et Trichet.

Une fois l'Allemagne dûment réunifiée, Francfort a eu sa chance. La Bundesbank a pris prétexte du coût de la réunification: il lui a donné l'occasion de relever les taux d'intérêt allemands à un tel niveau que Paris s'est trouvé face à un nouveau dilemme, qui n'était pas si différent de celui auquel Delors et Mitterrand avaient été confrontés en 1983: dévaluer, donc avouer que la parité permanente du franc avec le mark est un doux mensonge, ou faire monter les taux d'intérêt français à un niveau qui doublera le chômage en quelques mois? Reconnaître la suprématie du mark dans le SME ou entrer en récession?

Tel était le choix devant lequel Francfort avait le plaisir de placer Paris, après avoir rongé son frein pendant des mois et subi en silence les déclarations d'autosatisfaction des responsables français. Mais humilier la France, bien que ce fût satisfaisant en soi, n'était pas le seul souci de la Bundesbank. Elle tenait aussi à tirer vengeance des responsables politiques allemands, en particulier de Kohl : il avait ignoré les objections de la banque centrale contre une union monétaire des deux Allemagnes qui accordait aux Allemands de l'Est un deutschemark (ouest-allemand) pour chacun de leurs marks est-allemands sans valeur.

Sous Helmut Schlesinger, son nouveau patron, la Bundesbank a fait d'une pierre deux coups, et vite. Le mécanisme de change européen, le moteur principal du SME, était le projet politique favori de Berlin et de Paris, leur « toboggan » ou « trajectoire de descente[21] » vers la monnaie unique. Début 1993, la Bundesbank avait anéanti cette trajectoire particulière. Pourquoi ? Parce qu'elle n'avait jamais pardonné aux dirigeants politiques fédéraux de Berlin d'avoir conclu derrière son dos, et sans son approbation totale, un accord avec Paris pour effectuer une union monétaire. Et comment la Bundesbank a-t-elle procédé ? Par une politique des taux d'intérêt et des machinations souterraines qui ont délibérément étripé le système SME-MCE[22].

Les politiciens de Berlin ayant reçu une bonne correction et appris dans la douleur (encore) que marginaliser la Bundesbank dans leurs tractations avec Paris était une très mauvaise idée, la banque centrale allemande a bien voulu envisager une monnaie commune. Mais à ses conditions et sous son contrôle direct. Ce n'est que lorsque Berlin et Paris ont reconnu l'autorité et les priorités de Francfort, et, même alors, avec une réticence considérable, que la Bundesbank s'est sentie prête à accorder aux politiques ce qu'ils souhaitaient :

remplacer le SME-MCE par un projet encore plus ambitieux, la monnaie unique nommée euro.

Quant à la France, elle avait été soumise à une récession provoquée politiquement, une de plus. Une grande partie de la population avait vu sa prospérité et ses perspectives sacrifiées sur l'autel d'une fragile union monétaire entre son pays et l'Allemagne. Cette récession avait été particulièrement dure à encaisser puisqu'elle n'avait même pas permis de maintenir en vie le rêve de Delors et de Trichet : une union monétaire entre égaux.

Quand a sonné l'heure de l'euro, après l'abandon des pitoyables efforts de l'Europe pour mettre en place des régimes de taux de change fixes, c'était clair : le franc et le mark ne convolaient pas dans un mariage romantique. Pour décrire ce qui se passait, « prise de contrôle » eût été plus juste qu'« union ». De fait, la constitution de la zone euro avait le parfum des deux versions de la réunification allemande : celle de 1871, dominée par la Prusse, et la seconde, en 1990, où l'Allemagne de l'Ouest avait absorbé l'Allemagne de l'Est. La seule consolation, peut-être, des dirigeants politiques français était qu'en fin du compte, et à l'aube du projet de l'euro, leurs homologues allemands aussi pansaient les plaies que leur avait infligées la Bundesbank.

Descente cruelle

Le 8 décembre 1991, l'Union soviétique a expiré. Le même jour, les dirigeants européens sont partis pour la ville néerlandaise de Maastricht. C'est là qu'ils allaient rédiger, dans les deux jours qui ont suivi, l'acte de naissance de l'euro : le traité de Maastricht. Tandis que le drapeau rouge descendait pour la dernière fois sur le Kremlin, les monnaies européennes s'engageaient sur une nouvelle trajectoire de descente censée les amener en douceur sur une même piste d'atterrissage : une monnaie commune qui mettrait fin à vingt ans de perturbations causées par le choc Nixon de 1971. Malheureusement, l'arrivée sur la monnaie commune allait s'avérer plus proche d'un saut à l'élastique manqué que d'une trajectoire de descente.

L'idée initiale était claire : on allait éliminer en quelques années les fluctuations entre le mark et les autres devises de l'Europe, en vue de les verrouiller fermement les unes aux autres. Quand elles se seraient mises à évoluer en parfaite synchronie, à monter et à descendre toutes exactement du même taux par rappport au dollar, on les remplacerait par l'euro. Du moins, c'était le plan, prévu pour aboutir en 1997[23].

Le métier de commentateur à Bruxelles a une caractéristique remarquable : le succès professionnel semble y être inversement proportionnel à la capacité prédictive. Voici ce que Daniel Gros, économiste et commentateur dont l'opinion est encore tenue à ce jour pour le summum de la sagacité conventionnelle au sujet de l'Union européenne, a déclaré à l'époque sur le processus qui venait d'être décidé d'un commun accord : « En bref, il est peu de raisons de croire que le SME puisse être déstabilisé, dans les années 1990, par des attaques désordonnées de la spéculation. L'élément fondamental de la stabilité des taux de change réside dans un engagement ferme et crédible de subordonner les objectifs de politique intérieure à la défense de la parité[24]. » Quelqu'un s'attendait-il vraiment à voir la France et l'Allemagne subordonner leurs objectifs à la défense de taux de change indéfendables ? Les événements de 1992 lui auraient vite démontré que sa confiance était mal placée.

Afin de se qualifier pour l'euro, un pays devait éliminer tous les contrôles sur ses flux monétaires entrants ou sortants pendant au moins deux ans et, pendant cette période, prouver que la valeur en marks de sa monnaie pouvait rester dans une bande dont les limites inférieures et supérieures se rapprochaient de plus en plus, jusqu'à sa stabilisation totale. Des critères supplémentaires, dits de Maastricht, énonçaient des règles communes sur le montant total de dette publique et le déficit budgétaire maximal qu'on autorisait à l'État-membre[25]. Bref, l'Allemagne allait abandonner le mark, ou permettre aux autres d'en utiliser une version, si le reste de l'Europe s'engageait à financer ses déficits sans compter sur elle ni sur la nouvelle banque centrale.

Le traité de Maastricht a été signé deux mois plus tard, en février 1992. Il prévoyait la création d'une Banque centrale européenne dont la charte refléterait parfaitement celle de la Bundesbank et dont la mission serait de garantir que les louches politiciens de Paris, Athènes, Rome et Madrid aient un pouvoir zéro, très précisément, sur la monnaie de l'Europe. Les illusions de descente en douceur vers la nouvelle monnaie ont immédiatement volé en éclat, malgré les règles strictes du traité. Neuf jours après sa rédaction et avant même qu'il soit signé, la Bundesbank a fait souffrir Paris, au cas où les Français auraient l'audace d'imaginer qu'ils avaient fait entrer dans leur jeu la banque centrale allemande, conformément au plan initial de Jacques Delors. En portant un taux d'intérêt crucial à son plus haut niveau depuis la guerre, Francfort a signifié aux pays déficitaires qu'on leur remettait la monnaie unique à condition qu'ils se tiennent prêts à être refoulés à tout moment dans leur enclos récessionniste. S'ils n'augmentaient pas eux aussi leurs taux d'intérêt, au prix d'une poussée du chômage et d'une baisse de l'investissement, leurs devises souffriraient et ils se retrouveraient en dehors de la trajectoire de descente convenue. Ils pouvaient soit suivre la voie qui conduisait à l'euro, soit mettre en œuvre des politiques de croissance. Pas les deux à la fois.

Pierre Bérégovoy, le Premier ministre français, a parlé ouvertement de « victoire de l'égoïsme allemand sur la solidarité internationale[26] », et des journaux italiens ont condamné le « travail de sape » de la Bundesbank. En juin 1992, le Danemark, dont l'économie avait subi une longue récession en raison des efforts désespérés de son gouvernement pour maintenir sa devise dans la fourchette du SME-MCE, a organisé un référendum pour ratifier le traité de Maastricht. Quand les Danois, contre toute attente, ont voté non[27], pour tenter de conserver l'indépendance relative à l'égard de la Bundesbank que permettait leur monnaie nationale, le désarroi a gagné le petit monde officiel de Bruxelles, la trajectoire de descente a été remise en cause et les marchés ont commencé à attaquer les devises des pays déficitaires. L'Italie, la France et l'Espagne ont d'abord réagi en ordonnant à leurs banques centrales de dépenser toutes leurs réserves pour maintenir la lire, le franc et la peseta sur la trajectoire de descente. Et quand cela s'est révélé insuffisant face à l'agressivité des spéculateurs, elles ont durci l'austérité.

Pendant ce temps, à la Bundesbank, le président Schlesinger préparait d'autres hausses des taux d'intérêt, de crainte d'une poussée d'inflation en Allemagne, tandis que le chancelier Kohl utilisait toutes les manœuvres classiques, et toutes les menaces possibles contre la Bundesbank – dont celle de légiférer sur une réduction de l'autonomie de Francfort –, pour empêcher une nouvelle augmentation des taux qui aurait transformé la trajectoire de descente en chute libre. Le 16 juillet 1992, la Bundesbank a réagi en relevant un de ses taux, mais pas tous : elle indiquait par ce signal, certes maussade, qu'elle voulait la paix avec le gouvernement fédéral.

Margaret Thatcher a commis deux erreurs à propos de l'Europe. La première, courante chez les politiques et les commentateurs britanniques, a été d'imaginer qu'un marché européen unique était possible sans quelque chose qui ressemble à un État européen unique. On peut réduire des droits de douane et abolir des quotas sans atteinte à la souveraineté des parlements nationaux, mais un marché unique exige bien davantage : il nécessite une réglementation unique. Ce qui veut dire que les États-membres perdent tout pouvoir de fixer des normes de qualité particulières, des règles environnementales ajustées à des milieux précis, ou des mesures protégeant leurs travailleurs et retraités des courses transfrontières au moins-disant social. Peut-être un marché unique n'a-t-il pas besoin d'une monnaie unique, mais il lui faut un État unique de style fédéral pour fonctionner correctement. Et dans ce cas, s'il faut mettre en place un État unique de style fédéral, autant avoir une monnaie unique également.

Margaret Thatcher a été d'une perspicacité impressionnante dans sa critique de l'idée de monnaie unique sans État démocratique pour la soutenir. Elle a vu juste en prévoyant que le projet de l'euro n'aboutirait pas à des « résultats harmonieux » avec une banque centrale commune se comportant comme si l'on pouvait dépolitiser la plus politique des entités économiques : la monnaie et son prix (le taux d'intérêt). Mais elle a eu tort de croire que l'euro était un cheval de Troie pour faire passer une fédération en contrebande.

Autrement dit, la seconde erreur de Thatcher a été de prendre pour un désir de vraie fédération le penchant conservateur, traditionaliste, dans les pays centraux de l'Europe en faveur d'une Europe des États. Mais l'erreur de Mitterrand a été une défaillance morale et politique : comme avant lui de Gaulle, Pompidou et Giscard, il a choisi de ne pas faire la distinction entre « Nous, les États… » et « Nous, le peuple… ». Or c'est une différence capitale, puisque seul le second peut investir des institutions, comme celles de Bruxelles, du pouvoir de légiférer en son nom. Les États ne le peuvent pas.

L'Europe des États constituait la base qui convenait pour le cartel de l'industrie lourde sur lequel on avait fondé l'Europe unie dans les années 1950. Par conséquent, pour les élites européennes et les politiciens des partis établis, l'idée d'une république fédérale où les sans-culottes de France, d'Espagne et, Dieu nous en garde, de Grèce auraient une influence réelle sur les décisions collectives de l'Europe était exclue. Elle n'entrait pas dans leurs calculs. Alors, incapable de tirer les leçons de l'histoire et refusant de renoncer à ses objectifs mesquins, la classe dominante de l'Europe a entrepris de recréer l'étalon-or, prouvant ainsi son inaptitude monumentale à comprendre ce qu'elle faisait.

Keynes avait qualifié l'étalon-or de « relique barbare et dangereuse d'une ère révolue ». Il ne se doutait pas que l'Europe le ressusciterait à la fin des années 1990 et recréerait ainsi les conditions d'une nouvelle grande crise dans les années 2010, crise économique qui a fini – comme l'avait prédit Nicholas Kaldor (autre économiste de Cambridge) en 1971 – par empêcher cette même union politique qui aurait dû être son antidote.

CHAPITRE 5

Celui qui est parti

J'avais un ami qui n'assistait aux fêtes que pour dire combien on s'y ennuyait. C'est un peu l'attitude de la Grande-Bretagne envers l'Union européenne. Les querelles intestines sur la question de l'Europe déchirent les deux grands partis, le Parti travailliste et le Parti conservateur, depuis des années. À ce jour, les dirigeants de Londres doivent impérativement garder le contact avec les proeuropéens et les eurosceptiques sur l'ensemble de l'éventail politique britannique. Donc, quand ils se rendent à Bruxelles, ils se conduisent comme mon ami : ils assistent à tout pour déclarer leur insatisfaction permanente.

Margaret Thatcher à droite et Tony Benn à gauche ont expliqué pourquoi l'opposition de la Grande-Bretagne à l'Union européenne a des fondements bien plus solides qu'un snobisme britannique excentrique. Situés aux extrémités opposées de l'éventail politique, ils étaient d'accord pour refuser la poursuite de l'intégration du pays dans l'Europe unie : c'était à leurs yeux une démarche antidémocratique qui allait diluer les pouvoirs du Parlement britannique[1]. Nation traditionnellement commerçante, la Grande-Bretagne a besoin de faire partie du grand marché qui se trouve à ses portes. Et un marché unique homogène a besoin de lois, de normes et de réglementations qui ne peuvent se décider au niveau national[2]. La souveraineté que certaines forces politiques britanniques, à gauche comme à droite, veulent conserver jalousement dans leur chère Chambre des communes subit donc la forte pression des exigences des groupes sociaux les plus puissants du pays : les grands négociants, les industriels et bien sûr la City, pour laquelle un « Brexit » serait extrêmement périlleux.

Ce bras de fer entre la souveraineté et les forces du capital financiarisé a conduit à un équilibre précaire, mi-chèvre mi-chou : la Grande-Bretagne est dans l'Union en menaçant constamment d'en sortir, elle conserve son indépendance monétaire tout en regardant, sidérée, la crise de la zone euro déclencher des évolutions sur lesquelles Londres n'a aucune influence. Quelles que soient ses tergiversations institutionnalisées sur les questions européennes, il est certain qu'en se retirant à temps du projet de l'euro la Grande-Bretagne s'est épargné de terribles souffrances économiques. La façon dont elle a échappé à l'euro et les raisons du mécontentement continuel que lui inspirent ses relations avec Bruxelles éclairent utilement l'état de l'union de l'Europe.

La folie de Major, le bain de Lamont

Les années 1980 ont été terribles pour la gauche. Les syndicats ont été vaincus ; la classe ouvrière s'est mise à perdre des effectifs et de l'influence ; l'inégalité a entamé une ascension sérieuse pour la première fois depuis la Grande Guerre ; l'Union soviétique s'est effondrée sous le poids de son déclin économique et moral, et les partis sociaux-démocrates du monde entier ont été séduits par la bête de la financiarisation[3]. Simultanément, les années 1980 ont porté un coup très dur au monétarisme simpliste mis à la mode par Margaret Thatcher et ses combattants de la nouvelle droite.

Adopté à Londres en 1979 lors de l'accession de Thatcher au pouvoir, le dogme monétariste était simple. Il y a inflation, affirmait-il, lorsqu'il existe dans une économie une quantité de monnaie toujours croissante pour acheter une quantité de marchandises à peu près stable. Quand cela se produit, la somme qui peut être dépensée par marchandise – son prix – augmente, c'est pourquoi le taux d'inflation reste élevé[4]. Conformément à cette logique, le remède monétariste contre l'inflation consiste à plafonner strictement le taux de croissance de ce qu'on appelle la masse monétaire. Pour rétablir la stabilité des prix détruite par le choc Nixon en 1971, il suffisait donc de faire coïncider le rythme d'expansion de la masse monétaire avec le taux de croissance de la production de biens et services.

Le monétarisme s'est accompagné de législations et de politiques économiques qui ont porté des coups dévastateurs au mouvement syndical britannique et à son agent politique, le Parti travailliste. Mais en même temps il a ravagé le marché du travail, vidé de sa substance la base industrielle de la Grande-Bretagne et mis le pays sur les rails d'une montée des conflits sociaux. En 1983, l'équipe économique de Thatcher avait compris : si elle se contentait de cibler la masse monétaire[5], elle allait accélérer la mort politique du gouvernement. La période 1983-1987 a été une sorte d'interrègne. Le monétarisme grossier a été abandonné et l'économie s'est rétablie. Mais elle l'a fait grâce à de nouvelles bulles dans l'immobilier et la finance – bulles qui ont vite stimulé une croissance nourrie par la dette, aux antipodes des valeurs victoriennes de Thatcher.

Simultanément, la hausse des prix commençait à ternir sérieusement le blason des conservateurs, qui se targuaient d'être le parti de la monnaie saine et de l'inflation faible. Il fallait trouver une nouvelle cible, autre que la masse monétaire, pour juguler l'inflation sans ramener la Grande-Bretagne aux 4 millions de chômeurs de 1981-1983. C'est alors que le système monétaire européen (SME), centré sur le mark, a séduit plusieurs membres du gouvernement Thatcher. À partir de 1987, Londres a fixé un taux de change cible de la livre avec le mark pour voir s'il était envisageable d'atteler la livre à la voiture du SME-MCE[6], afin de tenir en laisse l'inflation tout en laissant respirer l'économie britannique. Cette stratégie s'est révélée fort difficile : les taux d'intérêt nécessaires pour maintenir le sterling fixé à la monnaie allemande étaient si élevés qu'ils en devenaient politiquement toxiques. La livre n'est donc pas parvenue à rester au niveau du mark, et en 1990 le taux d'inflation était trois fois plus élevé en Grande-Bretagne qu'en Allemagne[7].

À la fin des années 1980, après plus d'une décennie aux commandes, Margaret Thatcher était politiquement sur le déclin. En octobre 1990, circonvenue par John Major, son chancelier de l'Échiquier, elle accepta l'adhésion de la Grande-Bretagne au SME-MCE[8] il l'avait convaincue que c'était le seul moyen disponible pour lutter contre l'inflation. Un mois plus tard, pour avoir refusé de faire le pas suivant – après l'adhésion au SME-MCE, se joindre au projet de l'euro –, elle fut renversée par les Tories proeuropéens (voir le chapitre précédent) et remplacée par Major, qui nomma chancelier Norman Lamont. Celui-ci a donc hérité de la participation britannique au système de changes fixes du SME-MCE et s'est efforcé d'en tirer le meilleur parti, en s'appuyant sur lui pour faire baisser le taux d'inflation britannique de 12 % à la date de son accession à la chancellerie à 2 % environ en 1992[9].

En avril 1992, Major remporta la quatrième victoire électorale successive des Tories. Fort de son succès tout à fait inattendu et de la hausse immédiate de la livre qui l'avait suivi[10], il se sentit assez sûr de lui pour faire une déclaration qu'il allait plus tard regretter : la livre sterling allait devenir la monnaie la plus forte du SME-MCE, peut-être son ancre. Sachant bien qu'une telle perspective était aussi improbable qu'indésirable, Lamont a sûrement eu du mal à se taire, et quelques mois plus tard la présence même de la Grande-Bretagne dans le SME-MCE était menacée.

Le début des années 1990 ressemblait à celui des années 1980 : c'était une période de récession mondiale. La Federal Reserve américaine, qui par bonheur n'est pas intrinsèquement déficitophobe, comme l'est la Bundesbank, a réagi en baissant ses taux d'intérêt à moins de la moitié du niveau en vigueur en Europe. Confronté à la chute du dollar, le commerce britannique avec les États-Unis était à la peine, et la livre sterling avait bien du mal à rester au niveau d'un mark orienté à la hausse, car, en raison du coût de la réunification des deux Allemagnes, la Bundesbank relevait les taux d'intérêt allemands[11].

Tout le monde pensait que le chancelier Lamont allait relever les taux d'intérêt britanniques pour maintenir la livre dans sa fourchette du SME-MCE. Mais il avait un problème : le choc frontal entre sa loyauté naturelle à l'égard du Premier ministre et son propre pessimisme sur le projet monétaire de l'Europe. En août 1992, il estimait que la partie était finie : le SME-MCE avait aidé la Grande-Bretagne à se débarrasser de la forte inflation léguée par le monétarisme des années 1980 mais n'avait plus rien à lui offrir – sauf la récession et les souffrances sociales, nullement nécessaires, que déclencherait sûrement toute tentative d'augmenter sans retenue les taux d'intérêt pour rester au niveau du mark.

Le 26 août 1992, les pressions sur la livre étaient telles que la City et tous les acteurs du marché s'attendaient à voir Lamont relever les taux d'intérêt pour la maintenir au-dessus de son cours plancher du SME-MCE. Mais le chancelier avait compris qu'il n'y avait pas de niveau des taux d'intérêt susceptible de permettre à la Grande-Bretagne de rester dans le SME-MCE sans écraser son économie réelle. Au lieu d'annoncer sans ambiguïté un relèvement des taux, il déclara, en termes énergiques mais vagues, qu'il ferait tout le nécessaire pour soutenir la livre. Sentant sa réticence à augmenter les taux, les marchés en conclurent que seul le soutien de la Bundesbank pourrait garder la Grande-Bretagne au sein du système monétaire problématique de l'Europe. Mais la Bundesbank viendrait-elle à la rescousse ? La semaine suivante, les devises britannique et italienne subirent une énorme pression : elles se retrouvèrent tout au bord de la trajectoire de descente, à quelques centimètres du crash. Le 3 septembre, Lamont fit savoir qu'au lieu d'augmenter les taux d'intérêt il allait emprunter plus de dix milliards de livres pour faire monter sa devise. À nouveau, tous les regards se tournèrent vers la Bundesbank : allait-elle sortir de sa tranchée pour venir au secours des Anglo-Italiens ?

Tout se décida le lendemain, après un débat télévisé à Paris. La France était à la veille d'un référendum sur le traité de Maastricht. Les principaux partis recommandaient le oui, mais, contre toute attente, le non était à haut niveau dans les sondages, ce qui n'était pas sans rappeler le résultat surprise du référendum au Danemark. Si les Français aussi rejetaient Maastricht, l'euro était mort. Mitterrand le savait, et, ce soir-là, il utilisa le débat télévisé – remarquable – pour assurer la victoire du oui.

Le débat fut extraordinaire, parce qu'au côté de Mitterrand se tenait Helmut Kohl, le chancelier allemand. Face à eux se trouvait un partisan du non, Philippe Séguin, qui se lança dans une tirade où il accusait Mitterrand d'accepter une Banque centrale européenne (BCE) irresponsable et antidémocratique.

Ses arguments n'étaient pas très éloignés de la critique de Margaret Thatcher. Piqué au vif par cette attaque et craignant qu'elle ne lui fasse perdre le référendum, le président dépassa de quelques pas ce que pouvait endurer la Bundesbank. Il répondit :

> Les techniciens de la Banque centrale [européenne] sont chargés d'appliquer dans le domaine monétaire les décisions du Conseil européen [...]. Or j'entends dire partout, à la radio, à la télé, que cette Banque centrale européenne sera maîtresse des décisions. Ce n'est pas vrai. La politique économique appartient au Conseil européen et l'application de la politique monétaire appartient à la Banque centrale [européenne], dans le cadre des décisions du Conseil européen. [...] Ceux qui décident la politique économique, dont la politique monétaire n'est qu'un moyen d'exécution, ce sont les politiques. [...] [Les membres de la BCE seraient comme les membres de la Commission :] sans doute ne peuvent-ils pas s'empêcher d'avoir une tendresse pour les intérêts de leur pays[12].

Il ne fallut que quelques instants aux vertueux dirigeants de Francfort pour réagir à une telle insinuation : la Banque centrale européenne à laquelle ils étaient sur le point de déférer leurs pouvoirs allait être le jouet des politiciens français ! Sentant bien que la Bundesbank n'était pas motivée pour défendre les taux de change en vigueur – qu'elle avait encore l'intention de donner une bonne leçon aux politiciens –, les traders du marché monétaire éprouvèrent la résistance du système en pariant immédiatement contre la lire. Comme ils s'y attendaient, la Bundesbank ne vint pas au secours de la devise italienne et la lire fut pulvérisée. Rien de ce que put faire la Banque d'Italie, même porter ses taux d'intérêt de 1,75 % à 15 %, ne réussit à rétablir la valeur de la lire en marks.

Quelques jours plus tard, à Bath, dans une réunion informelle à laquelle participaient les banquiers centraux et les ministres des Finances européens, Lamont tenta d'obtenir de Schlesinger, président de la Bundesbank, l'engagement de baisser les taux d'intérêt allemands. Cette décision aurait allégé en partie la pression qui pesait sur la livre sterling et sur la lire, et aurait peut-être sauvé le rêve de la trajectoire de descente. Rien à faire. La Bundesbank était décidée à humilier les Français en obligeant le gouvernement de Mitterrand à demander officiellement une dévaluation du franc dans le SME-MCE. Elle exigeait de la France un aveu de faiblesse officiel, sous la forme d'une requête de dévaluation qui mettrait fin au grand récit sur la trajectoire de descente aisée et inéluctable.

Pour le président Mitterrand, qui avait tant investi dans le mythe du franc déjà verrouillé au mark, une telle démarche aurait probablement entraîné la défaite dans le référendum capital. Pour le gouvernement italien également, accepter de dévaluer quand la France ne le faisait pas aurait été fatal. La Grande-Bretagne résistait aussi à l'idée de dévaluation : elle tenait à conserver les taux d'intérêt britanniques pas très loin de ceux de l'Allemagne. Finalement, malgré les pressions venues de toutes parts, Schlesinger ne céda sur rien et donna même une interview pour annoncer que la Bundesbank avait la ferme intention de ne rien faire.

C'est alors que John Major, le Premier ministre britannique, tenta de faire mieux que le roi Knut le Grand dans un discours où il annonçait la détermination de son gouvernement à exclure « une option molle, une option de dévaluateur, qui constituerait une trahison de notre avenir et de l'avenir de nos enfants[13] ». C'était le signal qu'attendaient les spéculateurs pour plumer l'État britannique – avec George Soros, c'est bien connu, en chef de meute. Une occasion comme il s'en présente une fois par siècle : tirer profit d'un engagement à maintenir un taux de change avec le mark que la Bundesbank – elle l'avait dit expressément – ne défendrait pas ! C'était un peu comme si, à l'hippodrome, Soros connaissait d'avance le nom du cheval qui allait gagner (le mark) et qu'un parieur richissime (la Banque d'Angleterre) s'engageait à miser une somme colossale sur la victoire d'un autre cheval (la livre sterling) : plus il pourrait trouver d'argent pour miser contre ce parieur richissime, plus il gagnerait gros. C'est pourquoi Soros prit la tête d'un syndicat de spéculateurs disposant de 10 milliards de dollars, avec lesquels il paria contre la Banque d'Angleterre et la livre. Son profit, selon les estimations, a été de l'ordre d'un milliard de dollars pour quelques heures de « travail ».

Lamont savait qu'en prenant un engagement public, son Premier ministre courait au désastre. C'était bien simple : aucun taux d'intérêt autre qu'astronomique ne permettrait de le tenir. Le 16 septembre 1992, dans une réunion du cabinet au 10 Downing Street, il conseilla de sortir immédiatement du SME-MCE. Sa recommandation fut rejetée, et il reçut l'ordre de porter les taux d'intérêt à 15 %. « Ce fut une erreur coûteuse commise par Major, mais on l'a bien sûr reprochée à votre serviteur », m'a écrit récemment Lamont dans une communication privée.

Le même jour, qu'on appelle aussi le Mercredi noir, après l'échec de tous les efforts pour tenir le cap, Major fut contraint dans la soirée d'annoncer que la Grande-Bretagne sortait du SME-MCE, sous les quolibets des médias, qui raillaient l'échec spectaculaire de son gouvernement. Quelques jours plus tard, la presse signala que Lamont, loin d'être abattu, avait chanté sous sa douche[14]. Elle se trompait, comme toujours : c'était dans son bain[15] !

Retombées

La Grande-Bretagne a été le seul pays dont le ministre des Finances a chanté dans son bain quand le SME-MCE lui est tombé sur la tête, mais pas le seul à succomber aux assauts des spéculateurs. Rome a suivi et, très vite, toute l'Europe s'est vue contrainte de se rendre à l'évidence : la trajectoire de descente du SME-MCE était intenable. Londres a été aussi la seule capitale à reconnaître ouvertement que tout cela avait été une terrible erreur : cet aveu s'explique surtout par la détermination du chancelier de l'Échiquier à utiliser le Mercredi noir pour étouffer dans l'œuf tout projet d'enferrer à nouveau son pays dans les plans monétaires de l'Europe. Alors que certains ministres, ceux qui avaient été en première ligne pour renverser Thatcher, entretenaient quelque espoir de revenir dans le SME-MCE, Lamont ne voulait pas en entendre parler[16].

La Suède et la Finlande ont suivi l'exemple de la Grande-Bretagne et coupé les ponts avec l'expérience monétaire européenne – ces deux pays ne faisaient pas partie de l'Union européenne et n'étaient pas censés entrer dans le SME-MCE, mais ils avaient aligné sur lui leurs devises et l'avaient payé au prix fort[17]. En revanche, le sud de l'Europe, Rome et Madrid en particulier, répugnait à s'avouer vaincu. Dans les pays méditerranéens, le SME-MCE était devenu synonyme de la stratégie des élites locales pour maintenir leur emprise sur leur population : la promesse de renoncer, finalement, à leur pouvoir en le transférant à une technocratie d'experts compétents qui, de Bruxelles, allait administrer l'Europe.

Les élites françaises avaient une raison particulière de feindre que tout était normal – que le SME-MCE était vivant et en pleine forme. Pendant la longue présidence de Mitterrand (1981-1995), les partis dominants du centre gauche et du centre droit s'étaient succédé au gouvernement[18], en se chargeant tour à tour d'imposer l'austérité au nom du « franc fort », dans le sillage du plan initial de Delors en 1983 : utiliser l'austérité en France pour capturer la Bundesbank et mettre fin à l'austérité au niveau continental. Toute une décennie de capital politique investi dans cette stratégie extravagante était en jeu, et mieux valait tricher un peu qu'admettre carrément son échec.

Pour éviter de reconnaître la débâcle à laquelle avait conduit le SME-MCE, on a inventé une feuille de vigne tout à fait typique des fabrications de l'Union européenne. Le système resterait en place, à ce détail près qu'il serait très peu contraignant : ses devises-membres auraient droit à des fluctuations considérables, plus ou moins 15 %. Autrement dit, s'il était impossible de maintenir les monnaies dans la trajectoire de descente initiale, on allait élargir sa définition pour qu'elle englobe n'importe quoi. Désormais, même si l'avion tombait en plein vol et s'écrasait sur une lointaine montagne, cela confirmerait que la trajectoire de descente restait opérationnelle.

La seule institution européenne qui estimait que les événements de fin 1992 lui donnaient raison était la Bundesbank. Hans Tietmeyer, qui avait succédé à Schlesinger à la tête de la Banque centrale allemande l'année suivante, avait un programme simple : donner une chance à l'union monétaire du moment que toute idée de symétrie entre la France et l'Allemagne cédait la place à l'engagement inébranlable de laisser la Bundesbank dominer sans entrave la politique économique européenne. On donnerait à Paris et à la canaille toutes les leçons nécessaires pour qu'ils suivent à la lettre la ligne de Francfort et s'inclinent devant son autorité.

La France savait qu'elle n'avait pas le choix. Le référendum de 1992 avait été gagné, certes d'un cheveu[19], mais le grand dessein de ses élites avait volé en éclats. Cela faisait dix ans qu'elles jouaient les seconds couteaux de la Bundesbank et soumettaient leur économie à une longue récession à petit feu, estimant que c'était un juste prix à payer pour la création d'une Banque centrale européenne sous domination française, qui finirait par neutraliser la Bundesbank et par la rendre obsolète une fois pour toutes. Ce plan avait été totalement renversé par les retours de bâton périodiques et bien pensés de Francfort : la captive désignée s'était révélée suprêmement douée pour les machinations. Elle avait porté l'estocade en organisant l'effondrement du SME-MCE en 1992. Par ce coup de maître, la Bundesbank a obtenu que la Banque centrale européenne soit créée à son image, installée à Francfort et conçue pour imposer une austérité périodique et variable aux économies plus faibles, y compris la France.

Après les tempêtes de 1992, l'année 1993 a paru clémente. La récession en Allemagne, aggravée par les taux d'intérêt élevés dont s'était servie la Bundesbank pour miner le SME-MCE, a inspiré à Francfort une politique monétaire plus souple[20]. Et l'assouplissement en Allemagne était comme de l'huile répandue à la surface du canal franco-allemand généralement tumultueux. Sauf que, chaque fois que le calme revenait, un responsable français saisi d'ambition se laissait aller à une déclaration à laquelle la Bundesbank s'estimait tenue de réagir dans son style inimitable. En avril 1993, le gouverneur de la Banque de France a jugé bon de répéter que les monnaies française et allemande étaient égales et apportaient un soutien comparable à la monnaie unique – c'était une énormité, et pas seulement aux oreilles de Francfort. C'était comme si la France demandait quelques claques de plus de la Bundesbank avant que l'Allemagne ne partage sa monnaie avec les Français. Bien entendu, les taux d'intérêt allemands sont montés dans les heures qui ont suivi et la Banque de France en a payé le prix.

La main secourable de la financiarisation

Tandis que la France finissait par apprendre dans la douleur l'art de la soumission, dans les entrailles de l'économie américaine le Minotaure devenait fou furieux : il engloutissait des quantités colossales de produits importés et de capitaux étrangers. Son appétit aidait à stabiliser l'économie allemande, puisqu'il aspirait quantité de liquidités inutilisées qui s'accumulaient en Allemagne à cause du gros excédent commercial de ce pays.

L'administration Clinton – en particulier Robert Rubin et Larry Summers, respectivement au National Economic Council et au Trésor – œuvrait activement à perpétuer la voracité du Minotaure. Les déficits américains maintenaient la vitalité du capitalisme mondial, créant l'illusion d'une Grande Modération alors qu'en réalité les marchés dépendaient de plus en plus des déséquilibres croissants de l'Amérique. Si le Minotaure américain cessait de consommer frénétiquement les produits et l'argent des autres, les marchés seraient frappés de plein fouet, les banques couleraient et l'économie mondiale risquait fort de chavirer. C'est précisément ce qui s'est passé en 2008.

Afin d'écarter ce scénario et d'assouvir la faim du Minotaure, l'administration Clinton a ressenti le besoin d'émanciper la finance en ôtant les derniers vestiges des chaînes qui l'entravaient depuis le New Deal. Il fallait des injections constantes d'énergie financière pour perpétuer l'illusion d'un équilibre mondial stable. Mais cela impliquait d'affranchir les banquiers de toute restriction, de les laisser libres de créer une gigantesque « valeur » papier à partir des flux de capitaux entrants et sortants de Wall Street et de la City.

Dans ce nouvel univers de la financiarisation, où les banquiers créaient de nouveaux « produits » qui, à peine nés, se comportaient en monnaie frappée à titre privé, la finance et la banque se sont détachées de la planète Terre par des moyens que le monde a fini par comprendre dans la douleur vers la fin de l'année 2008. Une marée mondiale d'investissements et de dépenses était propulsée par une monnaie privée créée au sein de banques et de sociétés financières privées – Lehman Brothers, Goldman Sachs, AIG et les autres –, dont les activités s'éloignaient toujours plus de l'idée que se faisait du métier de banquier le commun des mortels, industriels allemands compris.

Au milieu des années 1990, les banquiers européens et leurs amis politiques ont compris que de grandes évolutions étaient en cours dans l'Anglosphère, et que l'Europe devait soit les embrasser, soit les rejeter. Mais le petit monde des officiels européens n'a pas le courage politique de faire ce genre de choix, ni la capacité d'analyse nécessaire pour prendre position sur les sujets controversés. Sa tendance naturelle est de noyer le poisson ; d'essayer de faire les deux à la fois, d'avoir le beurre et l'argent du beurre. Donc Bruxelles n'a rien fait. Au lieu de réglementer les banques européennes pour qu'elles cessent d'engranger les titres toxiques qu'elles achetaient massivement, ses hauts responsables s'en sont tenus aux vains discours.

La Bundesbank aussi voyait venir la financiarisation. Ses dirigeants en avaient peur, car ils savaient combien les banques allemandes étaient primitives. Ils les aimaient ainsi : ils détestaient les banques à grand spectacle de style anglo-saxon, si peu attentives aux besoins des industriels de taille moyenne comme ceux qui constituent la colonne vertébrale de l'industrie allemande. Aujourd'hui encore, en Allemagne, le secteur bancaire comprend un petit nombre de sociétés d'envergure mondiale basées à Francfort et tout un réseau de petites banques, nombreuses, souvent régionales et intimement liées aux gouvernements des *Länder* et aux industriels locaux. La Bundesbank a fondé son pouvoir sur le maintien de liens forts avec ces deux types de banques.

Depuis le choc Nixon, la banque centrale allemande avait défendu bec et ongles de petites banques dont des spéculateurs étrangers avaient tenté de s'emparer. Mais à présent la montée de la financiarisation dans l'Anglosphère inspirait à Francfort de sérieuses inquiétudes, tant pour ces petits établissements, vaisseaux sanguins de l'industrie allemande, que pour les multinationales du secteur bancaire allemand : elles risquaient de se dissocier de l'économie nationale ou de faire des bêtises dangereuses pour l'Allemagne. Ces craintes ont donné à la Bundesbank de nouvelles raisons[21] de voir d'un œil plus favorable la perspective d'une Banque centrale européenne située à Francfort, avec une charte copiée sur la sienne et une politique déterminée par ses gènes. L'Allemagne pourrait ainsi influencer davantage les décisions qui allaient déterminer le rythme et la nature de la financiarisation dans toute l'Europe, et la Bundesbank garderait le contrôle des banques allemandes d'envergure internationale.

À la fin de 1993, la capitulation des autorités françaises devant Francfort était complète, et la voie était libre pour achever une union monétaire que Paris avait d'abord imaginée comme un moyen de capturer la Bundesbank, mais à laquelle celle-ci ne s'était ralliée qu'après avoir descendu en flammes le stratagème français. Mitterrand, son gouvernement et les hauts fonctionnaires de la Banque de France se savaient vaincus, mais ils ont décidé de voir les choses du bon côté.

Une fois enfermés dans l'euro dominé par la Bundesbank, la classe dominante française et les technocrates qu'elle était si apte à produire pouvaient au moins s'attendre à conserver leur pouvoir en France même, et le long du corridor Paris-Bruxelles. Peut-être n'avaient-ils pas gagné l'Europe, mais ils n'avaient pas perdu la France, du moins pas encore[22]. De plus, leur gouvernement pourrait mieux résister aux pressions du mouvement ouvrier organisé, et leurs apparatchiks se consoleraient en exerçant leurs talents à la Commission européenne, que Jacques Delors musclait pour en faire une entité proche d'un gouvernement européen. Enfin, même si la France n'avait pas réussi à capturer la Bundesbank, l'Union européenne restait capable de promouvoir la planification, autrement dit – tel était le sens de ce mot codé – de veiller sur les grandes compagnies françaises en les renflouant, comme dans le sauvetage d'Air France, et de prendre des mesures facilitant leur expansion à travers les frontières européennes : on a vu par exemple une entreprise publique française acheter avec le soutien complice de Bruxelles la majeure partie du secteur de l'électricité privatisé en Grande-Bretagne[23].

C'est ainsi qu'avec un petit coup de main de la financiarisation anglocentrique et après les victoires successives de la Bundesbank sur les dirigeants politiques de Paris et de Berlin, l'euro a été autorisé à naître. Et avant même qu'il ne soit entré dans les portefeuilles, les poches et les distributeurs de billets, les événements des années 1990 ont donné au peuple d'Europe une petite idée du futur visage de l'« Euroland » (notamment quand la « lune de miel » serait terminée). Puisqu'elle ne disposait d'aucun mécanisme de recyclage politique des excédents, l'union monétaire européenne condamnait les pays les plus faibles et leurs citoyens les plus fragiles à subir une terrible contraction quand le capitalisme européen se tétaniserait, en réaction aux convulsions inévitables de la financiarisation. Seul l'espoir initial de Mitterrand adoucissait un peu l'implacable réalité : une future crise financière mondiale allait forcer la zone euro à opter pour une solution fédérale. En 2010, deux ans après le type de crise que Mitterrand avait à l'esprit, cet espoir est mort aussi.

Protocole d'entrée

On peut se représenter la monnaie unique européenne, l'euro, comme un club dont les règles d'admission ont été conçues pour être violées et les buts définis sous forme de paradoxes ahurissants.

Ses règles d'entrée, les seuils quantifiables des critères dits de Maastricht – par exemple : la dette publique d'un pays ne doit pas dépasser 60 % de son revenu national ; le déficit annuel du budget de l'État ne doit pas être supérieur à 3 % du revenu national –, constituent le règlement intérieur des États-membres. À réciter régulièrement, les « critères » sont les Dix Commandements de la zone euro : ils prescrivent les principaux « Tu feras » et « Tu ne feras point », et respirent un mépris protestant du laxisme financier. Ce sont des textes d'incantation ritualiste, qui répandent le culte de la monnaie « apolitique » de l'Europe – le type de monnaie dont Margaret Thatcher dénonçait les dangers. Évidemment, l'objectif réel des critères de Maastricht était de laisser pénétrer dans la zone euro des pays qui ne les satisfaisaient pas, puis de les forcer à faire tout le nécessaire pour les satisfaire. La Grèce est célèbre dans le monde entier pour ses statistiques, artistement trafiquées afin que mon pays puisse entrer dans l'enclos, mais si l'on veut vraiment comprendre ce qui s'est passé, c'est vers l'Italie qu'il faut se tourner.

Il fallait admettre l'Italie dans la zone euro dès le début – dès 2000 –, une des grandes raisons étant que les industriels allemands en avaient vraiment assez de la baisse de la lire, qui restaurait périodiquement la compétitivité de la compagnie automobile Fiat par rapport à Volkswagen et aux autres constructeurs. Une zone euro sans l'Italie mais avec la France n'avait aucun sens, étant donné la puissance des liens commerciaux de l'Italie du Nord avec la France et l'Allemagne, la participation de son industrie lourde au cartel initial sur lequel reposait l'Union européenne et son intégration culturelle totale au noyau dur de l'Europe.

Mais la dette publique de l'Italie était deux fois plus lourde que le maximum admis par Maastricht pour un pays entrant, et son taux d'inflation aussi languissait dans la zone rouge. Rome a vraiment fait de son mieux pour pousser ces chiffres vers leurs seuils maastrichtiens. Armés de la meilleure ingénierie financière que pouvait fournir Goldman Sachs, d'habiles hauts fonctionnaires ont laissé libre cours à une créativité comptable qui a fait disparaître un peu de dette et de déficit budgétaire. Malgré tout, les chiffres bougeaient très peu, même quand Rome administrait de fortes doses d'austérité pour déprimer les prix, comprimer les dépenses et, plus généralement, donner à l'Italie le profil d'un pays en voie de conversion aux vertus teutoniques.

C'était donc clair : pour que l'Italie puisse troquer sa lire mal-aimée, orientée à la baisse, contre l'euro plaqué de cuivre, il fallait tordre les règles de Maastricht. Et on les a tordues ! Bruxelles et Francfort ont proposé une vaste réinterprétation de leur règlement intérieur : du moment que les pays évoluaient vers les seuils de Maastricht, l'Europe pouvait considérer qu'ils avaient réussi l'examen.

Environ un an plus tard, la Grèce aussi a été admise dans l'euro. La presse financière a déliré sur la duplicité d'astucieux responsables grecs qui auraient mené en bateau leurs interlocuteurs d'Europe du Nord, en s'armant de « statistiques grecques » pour leurs multiples subterfuges, mais les rédacteurs de ces articles se trompaient du tout au tout. J'ai demandé à un ami qui a joué un rôle important dans ces discussions comment les négociateurs étaient parvenus à convaincre l'Allemagne de laisser entrer la Grèce dans la zone euro. Sa réponse a été d'une modestie désarmante : « Nous avons simplement copié tout ce qu'avaient fait les Italiens, plus quelques astuces qu'avait utilisées l'Allemagne elle-même. Et quand ils ont menacé de mettre leur veto à notre entrée, nous les avons menacés de révéler au monde ce que l'Italie et l'Allemagne avaient manigancé[24]. » Une fois tordues pour laisser entrer l'Italie, les règles de Maastricht ne pouvaient pas exclure la Grèce – du moins sans que chacun apprenne les agissements des dirigeants européens.

Monnaie commune, vices peu communs

L'euro a été construit sur trois paradoxes et une ineptie.

Les deux premiers paradoxes étaient déjà présents dans le système SME-MCE, tentative européenne de simuler Bretton Woods. Le premier date de 1983 : le gouvernement socialiste français a embrassé l'austérité comme moyen de mettre fin à… l'austérité au niveau paneuropéen[25]. Le deuxième était la promesse des oligarchies gréco-hispano-italiennes à leur propre population : l'euro allait les priver de tout pouvoir sur leur peuple[26] ! Le troisième paradoxe a été inventé spécialement pour l'euro. La monnaie commune a été équipée d'une Banque centrale européenne sans État pour soutenir ses décisions et d'États sans banque centrale pour les soutenir aux moments difficiles[27]. Afin de combler cette lacune institutionnelle, le traité de Maastricht et ses successeurs ont créé une panoplie de règles non crédibles pour contraindre les États. Naturellement, les règles non crédibles deviennent à la fin des règles violées. Constatant qu'on violait leurs règles, Bruxelles et Francfort en ont fabriqué de nouvelles, encore plus strictes (voir chapitre 6), qui ont fini par asphyxier ceux qui ont tenté de les appliquer.

Quant à l'ineptie intégrée aux fondements de l'euro, l'humanité devrait l'avoir comprise depuis l'entre-deux-guerres, où elle a conduit, dans un enchaînement qu'on aurait pu espérer inoubliable, à la dépression et au conflit mondial. Encourager le libre-échange par suppression des droits de douane et des quotas et fixer les taux de change (afin que les prix à long terme soient plus prévisibles pour les acheteurs et les vendeurs) sont deux politiques qui peuvent être associées fructueusement ; mais faire les deux et autoriser simultanément la libre circulation transfrontières des capitaux, c'est chercher de sérieux ennuis. La raison est simple. Quand l'argent est libre de se déplacer, aux époques de prospérité il cherche les taux d'intérêt les plus élevés. Les pays en déficit offrent des taux d'intérêt supérieurs, et, si les taux de change sont fixes, ils sont très attractifs pour les capitaux en surplus des pays en excédent. Mais leur afflux crée dans les zones déficitaires une montagne de dettes qui, aux premiers signes de renversement de la conjoncture économique, ne pourront plus être remboursées. C'est pourquoi il y a consensus entre les économistes – ce qui est rare – pour estimer que la libre circulation des marchandises et des capitaux ne peut pas être associée à des taux de change fixes, sauf si le système prévoit aussi un mécanisme de recyclage politique de l'excédent[28].

Fixer les taux de change entre des régions économiquement disparates apporte toujours des bénéfices à court terme. Mais c'est comme envahir la Russie : l'opération commence très fort dans l'espoir et l'enthousiasme, progresse vite, semble impossible à arrêter, puis ralentit terriblement quand l'hiver cruel prélève son tribut et se termine par le sang sur la neige et les représailles sans répit. Les Américains ont appris cette leçon dans les années 1930 avec l'étalon-or des années 1920, et ils l'ont appliquée à l'époque de Bretton Woods, jusqu'au moment où ils n'ont plus eu d'excédent à recycler. Quand des hommes comme Paul Volcker ont vu que l'économie américaine n'avait plus les moyens d'assurer le recyclage politique de l'excédent, ils ont détruit l'ensemble du système – avec le choc

Nixon de 1971. C'est qu'ils avaient conscience de l'ineptie que l'Europe ne veut pas comprendre : si l'on a le libre-échange, la libre circulation des capitaux et un système de monnaie unique, mais pas de mécanisme de recyclage politique de l'excédent, on aboutira à un résultat très proche de l'étalon-or des années 1920.

Après le choc Nixon, les dirigeants européens ont décidé d'établir des taux de change fixes entre leurs monnaies, en balayant d'un revers de main ce qui était pourtant une certitude : il s'ensuivrait des récessions asymétriques où les économies les plus faibles perdraient le plus de revenu. En 1978, le chancelier Schmidt et le président Giscard d'Estaing ont lancé le système monétaire européen. Puis, au début des années 1990, le chancelier Kohl et le président Mitterrand ont supervisé la construction de leur trajectoire de descente, leur toboggan vers la monnaie unique. Et pour finir, l'euro – le summum des taux de change fixes – a été inauguré en 2000. Ces efforts épuisants pour réaliser l'union monétaire ont tous connu le même destin : leurs débuts prometteurs ont vite dégénéré en période de larmes et de récriminations parce que la guerre économique a éclaté et que la récession a ruiné les Européens les plus faibles.

Si, à la fin des années 1990 et jusqu'en 2008, l'Europe paraissait prospère malgré l'introduction d'un étalon-or insoutenable, c'est pour une raison qui n'a pas grand-chose à voir, ou rien du tout, avec la conception de sa monnaie unique : il n'y avait à cette époque aucun besoin de recyclage politique de l'excédent, puisque le monde de la finance privée assurait un énorme recyclage par beau temps, porté par le Minotaure américain.

En 2008, après l'écroulement de Wall Street sous le poids de son hubris et des montagnes de risques que la financiarisation avait accumulées (tout en se prétendant sans risque), l'Amérique n'a plus été capable d'assurer à l'Union européenne la demande pour ses exportations qui l'avait stabilisée jusque-là. Le Minotaure avait été blessé à mort. L'Europe allait vite découvrir que ses propres banques privées étaient saturées de dettes toxiques venues de Wall Street, et que des pays comme la Grèce avaient un État insolvable. La boucle fatale, l'étreinte de la mort entre banques insolvables et États européens insolvables, avait commencé. La suite est entrée dans l'histoire.

L'architecture de la zone euro était incapable de soutenir les ondes de choc du séisme de 2008. Depuis, elle est en proie à une crise profonde, que l'Union européenne aggrave considérablement en niant que les règles de sa monnaie y soient pour quelque chose. Le seul problème à ses yeux est de les faire respecter.

L'europhilie, la germanophobie et les élites françaises

Pourquoi les Européens ont-ils créé l'euro ? On pourrait répondre par cette analyse théoriquement fausse mais amusante[29] :

Les Français avaient peur des Allemands.
Les Irlandais voulaient échapper à la Grande-Bretagne.
Les Grecs étaient terrorisés par la Turquie.
Les Espagnols voulaient ressembler davantage aux Français.
Les Italiens du Sud voulaient avoir le droit d'émigrer en Allemagne.
Les Italiens du Nord voulaient devenir allemands.
Les Néerlandais et les Autrichiens étaient presque devenus allemands.
Les Belges cherchaient à guérir leurs graves divisions internes en fusionnant à la fois avec les Pays-Bas et la France sous les auspices d'un mark reconfiguré.

Les Baltes tremblaient à l'idée d'un retour en force de la Russie.
Les Slovaques n'avaient pas d'autre endroit où aller après leur séparation d'avec leurs frères tchèques.
La Slovénie s'évadait des Balkans.
La Finlande devait le faire puisque la Suède ne le faisait pas.
Enfin, les Allemands avaient peur des Allemands !

Comme tout gros mensonge, celui-ci contient de petites vérités – petites mais importantes. Les classes dominantes corrompues de Grèce, d'Italie, d'Espagne et d'autres pays de ce genre ont renforcé leur pouvoir en s'engageant à le transférer à Bruxelles et à Francfort. Les élites françaises avaient bel et bien peur des Allemands. Et le peuple allemand avait raison de redouter cette peur, et l'aptitude de son propre État-nation à se détruire par une extrême agressivité.

Presque instinctivement, ceux qui critiquent l'euro accusent de ses tristes effets l'Allemagne et les Allemands. Je me suis toujours élevé contre cette tendance, pour deux raisons. D'abord, « les Allemands », ça n'existe pas. Ni « les Grecs ». Ni « les Français », d'ailleurs. « Vous êtes tous des individus », explique Brian à ses suivants indésirables dans une célèbre scène du film des Monty Python. L'idée sérieuse ici, c'est qu'il y a beaucoup plus de divergences de caractère, de sens moral et d'opinion chez les Grecs et chez les Allemands qu'entre les Grecs et les Allemands. Ma seconde raison d'avoir constamment refusé l'inculpation coutumière de l'Allemagne est que, si l'on abaisse le débat au niveau des stéréotypes, la responsabilité de Paris dans les vices de l'euro est plus lourde que celle de Berlin.

Souvenons-nous de l'article épouvantable du quotidien conservateur français *Le Figaro* que j'ai évoqué une première fois à la fin du chapitre 2. Publié deux jours après le Mercredi noir et deux jours avant que les électeurs français ne rendent leur verdict sur le traité de Maastricht, il disait :

« Les adversaires de Maastricht craignent que la monnaie unique et la BCE ne consacrent la suprématie du Mark et de la Bundesbank, mais c'est le contraire. Si le traité est appliqué, l'Allemagne devra partager le pouvoir monétaire dont elle use et abuse aujourd'hui [...]. L'Allemagne paiera, disait-on dans les années 1920. Elle paye aujourd'hui : Maastricht, c'est le traité de Versailles sans la guerre[30] ! »

Aucun Allemand, aucun Européen en fait, ne pouvait pardonner de tels sentiments, et nul ne pouvait attendre de la Bundesbank autre chose qu'un plan pour faire rentrer ces mots dans la gorge des élites conservatrices françaises, dont *Le Figaro* est une composante distinguée. La lutte désespérée que menaient alors ces hautes sphères pour persuader leur électorat sceptique de voter oui au référendum de Maastricht (où le non a failli l'emporter) n'est pas une excuse. Le traité de Versailles de 1919 a condamné les Allemands à une misère sans nom, humilié une nation fière et amorcé sa prise en main par les gangsters nazis. Le nazisme serait resté dans l'histoire une note de bas de page sans les réparations impossibles que les Alliés victorieux n'avaient aucun droit d'imposer et le gouvernement allemand aucun droit moral d'accepter.

Et il ne s'agissait pas d'un simple éditorial tendancieux dans un journal. Pour le président de Gaulle, on l'a vu au chapitre 2, l'union monétaire avec l'Allemagne était la guerre par d'autres moyens, exactement dans l'esprit de l'article du *Figaro*. Même la volte-face de Delors en 1983 n'était rien d'autre qu'un plan français pour usurper une institution chère au peuple allemand (la Bundesbank), l'intégrer à une banque centrale dominée par les Français et étendre ainsi à l'Allemagne et à toute l'Europe les politiques préférées à Paris. Du point de vue allemand, Delors et *Le Figaro* étaient plus ou moins sur la même ligne. Certes, des Français éclairés comme Delors et Mitterrand croyaient sincèrement que leurs politiques seraient bonnes aussi pour l'Allemagne, mais la question n'est pas là. Après tout, la plupart des dirigeants de la Bundesbank aussi sont persuadés que leur politique de rigueur monétaire est bonne pour la France, et même pour les Grecs.

S'il est vrai que des responsables politiques allemands comme Wolfgang Schäuble disent et répètent que les règles sont sacrosaintes, tandis que leurs homologues français usent volontiers d'une terminologie qui fleure davantage les Lumières françaises, cela ne prouve nullement que le problème de l'Europe est un pouvoir excessif de l'Allemagne. Quand j'étais jeune, j'écoutais de courtois représentants des classes dirigeantes françaises en appeler à la volonté générale ou à l'intérêt commun de l'Europe, et mon cœur grec en était flatté et réjoui. Mais ces belles paroles m'ont fait un autre effet quand j'ai appris à les traduire, à percevoir leur sens réel. Avant l'introduction de l'euro, de Gaulle, Mitterrand, Delors et les autres invoquaient l'intérêt général de l'Europe alors qu'en fait ils demandaient aux autres Européens de faire des sacrifices pour soutenir l'illusion coûteuse d'une égalité de puissance entre le franc et le mark[31]. Et chaque fois que les plans bien pensés de la France se brisaient sur l'écueil de la réalité, leurs auteurs expliquaient couramment leur échec par l'inculture des étrangers qui n'avaient pu en saisir les finesses[32].

L'euro a changé tout cela. Pris dans son corset d'acier, les subtils administrateurs français ont avalé à petites gorgées l'amère réalité : l'union monétaire n'allait pas leur livrer l'Allemagne sur un plateau d'argent – en fait, ils étaient en train de perdre la France. C'était le résultat naturel, et pas immérité, d'une expérience monétaire que Paris avait promue avec vigueur alors que l'Allemagne n'y participait qu'avec réticence.

Cette chronique du voyage vers l'euro devrait avoir convaincu le lecteur que sa navigation en haute mer dans l'économie mondiale ne serait jamais paisible. Effectivement, l'inaptitude de l'Europe à comprendre dans les années 1990 qu'on ne peut pas dépolitiser la valeur de la monnaie a conduit à une lutte acharnée pour la suprématie sur le navire en perdition de ce système monétaire.

Depuis le choc Nixon, et malgré tous les efforts des autorités, les devises européennes ont obstinément refusé d'évoluer dans le même sens. L'euro a été conçu pour avoir raison de leur entêtement. Mais au lieu de supprimer les maux de tête que créaient les fluctuations des taux de change, il a engendré une série de migraines de l'économie réelle. Après une période initiale d'optimisme irrationnel qui a érigé de nouvelles chaînes de montagnes de dettes publiques et privées, la jeune devise a dopé les vieux problèmes aux anabolisants et les a lâchés brutalement sur les Européens abasourdis.

Dans les années 1990, alors que le Minotaure américain aidait l'Europe à passer à l'euro, voir à l'œuvre les hauts responsables européens était un peu comme assister à une représentation de *Macbeth* ou d'*Othello* et se dire : comment des personnages apparemment intelligents peuvent-ils être si naïfs ? Quand le Minotaure américain a été grièvement blessé en 2008, la réalité a tiré le tapis sous les pieds de ces dirigeants et ils sont tombés de l'incompétence tragique à une comédie des erreurs.

Comment tant de grands journalistes, d'universitaires, de hauts fonctionnaires et de chefs politiques ont-ils pu croire qu'ils parviendraient à lier durablement le franc français et le deutschemark, sans parler de la lire italienne, de la peseta espagnole et de la drachme grecque, sans mécanisme politique pour recycler les excédents allemands et néerlandais et gérer les déficits des secteurs publics et privés ? Ne voyaient-ils pas que, s'ils laissaient aux banquiers de Francfort et de Paris le soin de distribuer les excédents allemands dans toute la périphérie de l'Europe, ces surplus financiers allaient submerger les régions déficitaires en créant des bulles massives ? Comment pensaient-ils que la zone euro allait affronter l'éclatement prévisible de ces bulles alors qu'elle n'avait aucun mécanisme pour le faire ?

Le mot « union » porte une lourde responsabilité. On accole les mots « monétaire » et « union » et aussitôt on imagine une convergence, des économies et des peuples qui se rapprochent. Pourtant, l'histoire relatée aux deux chapitres précédents, celle des années 1980 et 1990, révèle le contraire : en imposant tous les coûts de l'ajustement aux économies déficitaires, on a répété le péché mortel de l'étalon-or. Mais à la différence de l'étalon-or, dont les États pouvaient se retirer simplement en tranchant le lien entre leur monnaie et l'or, la zone euro était un Hôtel California[33] : les États-membres qui y étaient entrés ne pourraient jamais en sortir.

C'est la beauté et la malédiction de la zone euro. Une fois à l'intérieur, on n'a plus de monnaie qu'on pourrait détacher de l'euro ; on n'a que l'euro. Pour sortir de l'union monétaire européenne, la Grèce ou l'Italie, par exemple, devraient d'abord créer une nouvelle drachme ou une nouvelle lire, puis la détacher de l'euro. Mais créer une nouvelle monnaie papier, la distribuer dans tout le pays, recalibrer les systèmes bancaires et les systèmes de paiement pour qu'ils fonctionnent avec elle et prendre toutes les autres mesures qui seraient nécessaires demande au minimum douze mois. Puisque la seule raison de se donner toute cette peine pour recréer une monnaie perdue est de la dévaluer par rapport à celle que les gens ont dans la poche[34], sortir de l'euro revient à annoncer une très forte dévaluation douze mois à l'avance. Dès la première allusion à une dévaluation dans douze mois, une course effroyable commence. Chacun s'empresse de liquider tout ce qu'il possède, convertit le tout en euros, retire ces euros du système bancaire, et soit les empile sous son lit, soit leur fait passer la frontière et les envoie en Allemagne ou en Suisse, où ils seront en sécurité. Avant même qu'on n'ait eu le temps de prononcer le mot « panique », les banques font faillite, le pays se vide de toute valeur, l'économie s'effondre.

Il est donc certain depuis toujours qu'avec la clause Hôtel California intégrée à la conception de la zone euro, les économies ayant le plus besoin d'être hors de l'euro ne pourraient pas en sortir. Une fois dans l'euro, les pays déficitaires sont pris dans l'énorme attraction gravitationnelle de la monnaie commune, condamnés à une dépression toujours plus grave dès l'instant où l'économie mondiale tourne mal. À ce moment-là, les gouvernements ont trois options : la mort par mille blessures austéritaires, une sortie fatale de l'euro ou une campagne de désobéissance contre les diktats de Bruxelles et de Francfort afin d'obliger l'Europe soit à reconsidérer l'architecture de sa monnaie, soit à violer ses propres règles en expulsant de force de la zone euro un État-membre. En qualité de ministre des Finances de la Grèce, j'ai préconisé la troisième option, et j'ai démissionné, en juillet 2015, quand mon Premier ministre a choisi la première parce qu'il pensait Bruxelles sur le point d'imposer à la Grèce la deuxième – un départ forcé[35].

Si l'on observait l'Europe avec un certain recul émotionnel et historique, on pourrait dire qu'elle a fait de sa propre balkanisation un objectif, une forme d'art. Des récessions qui auraient dû être relativement bénignes ont fini par diviser les Européens et régner sur eux, en aggravant les écarts de niveaux de vie et en créant des perspectives d'avenir différentes selon les régions de l'Union. Telle a été la conséquence de la tentative de fixer les monnaies les unes aux autres avant de créer un mécanisme quelconque pour recycler les excédents des zones qui en produisaient, en investissant une partie de ces excédents dans les pays et régions en déficit prononcé.

Avant le verrouillage final des taux de change qui, à la fin des années 1990, a précédé le lancement de l'euro, les taux de change fixes en Europe avaient tendance à se défaire régulièrement, sous la pression politique des populations qui souffraient de leur mauvais ajustement. Au lieu d'en tirer les conclusions qui s'imposaient, les pouvoirs en place ont décidé d'augmenter la mise, de fixer ces taux irréversiblement, de remplacer toutes les monnaies par une seule, et cela sans rien faire pour assurer l'essentiel : le mécanisme manquant de recyclage politique.

Si Norman Lamont n'avait pas hérité du SME-MCE mais de l'euro lui-même, il n'aurait pas eu à craindre la dévaluation de la monnaie de son pays. La livre ayant été abolie, il aurait fait face à un autre problème : l'effondrement de l'économie réelle en Grande-Bretagne, l'accumulation de dettes insoutenables et les exigences féroces d'une Banque centrale européenne lui demandant de durcir l'austérité, qui, dans une boucle sans fin, exacerbe la récession. Bref, l'euro a remplacé la peur de la dévaluation par la certitude de la dépression.

Je me souviens de débats enflammés à la fin des années 1990, tandis que l'euro planait à l'horizon, avec d'autres économistes au niveau international comme avec des amis athéniens. J'avais beau faire tous les efforts possibles pour leur expliquer que l'euro était mal conçu, rien n'y faisait. J'ai cherché des analogies dans la conduite automobile, la navigation, dans tous les aspects de la vie que j'ai pu imaginer, pour les mettre en garde : la Grèce mais aussi la France, l'Italie, l'Espagne et beaucoup d'autres allaient perdre gros en entrant dans une monnaie commune bâclée. « C'est comme si nous retirions les amortisseurs d'une voiture et foncions droit sur le plus gros nid-de-poule. » Ma voix se perdait dans les certitudes capitonnées de mes interlocuteurs. « C'est comme si nous lancions un splendide bateau-mouche sur un océan calme et majestueux alors que nous savons bien qu'il n'a pas été conçu pour la tempête. » À cette autre comparaison répondait la même indifférence. L'attrait de l'euro s'avérait capable de l'emporter sur les arguments économiques les plus rationnels.

Certains voient dans cet idéalisme une preuve des vertus morales de l'Europe. Ils ont tort. Le totalitarisme repose sur des idéologies imperméables au raisonnement, qui peuvent attirer dans leurs rets des esprits parfaitement sensés. *Mephisto*, d'István Szabó, est peut-être la meilleure représentation de la capture d'une belle intelligence par une sinistre idéologie. Le protagoniste, joué par Klaus Maria Brandauer, perd progressivement son esprit critique et lui substitue une fringale de pouvoir, enjolivée par la répétition incantatoire de certitudes absurdes. Mes conversations avec mes amis à la fin des années 1990 démontraient, et par une masse considérable de preuves, que l'Europe était sous l'emprise d'une évolution de ce genre.

Dans la bonne société du continent comme parmi mes amis et mes collègues, on qualifiait d'« antieuropéen » tout scepticisme sur la mécanique naissante du Système européen des banques centrales (composé de la BCE et des banques centrales de tous les États-membres de l'Union européenne). On appelait « modernisation » la soumission aux plans des élites pour écraser les salaires et au droit automatique de Bruxelles à dicter les bonnes réponses aux questions authentiquement politiques. Être « proeuropéen » signifiait reléguer les parlements nationaux au statut de chambres d'enregistrement et assujettir les faibles à l'avis supérieur des forts. Faire d'une austérité forcément vouée à l'échec l'unique instrument de la politique macroéconomique, c'était le « bon sens ». Et ainsi de suite.

Les simples citoyens qui aimaient bien l'idée de partager une monnaie avec les autres Européens pour mettre le cap vers une fédération mythique ne pouvaient pas savoir qu'ils seraient les premiers sacrifiés sur l'autel de la gestion inepte par l'Europe de la crise inévitable de l'euro. Mais leurs représentants élus n'avaient pas d'excuses, sauf celle d'avoir été trop occupés à profiter de l'immense pouvoir discursif et des amples rétributions matérielles que dispensait le projet de l'euro aux milliers de bureaucrates et d'administrateurs qui contribuaient à sa genèse.

Margaret Thatcher craignait que, sous couvert de l'euro, on n'infiltre subrepticement une fédération. Que n'a-t-elle eu raison ! Mais si l'euro était un cheval de Troie, ce qui en est sorti est bien moins héroïque : une bureaucratie qui n'y comprend rien, inefficace, sûre de ses propres croyances mystiques, et œuvrant inlassablement pour des politiciens capables de répéter à l'infini des règles inapplicables. La démocratie est une fleur trop fragile pour survivre à une telle tristesse.

CHAPITRE 6

Alchimistes à l'envers

À l'époque où le rideau de fer s'ouvrait, un film a saisi avec élégance l'impact émotionnel de la division de l'Europe dans l'après-guerre, mais aussi exprimé une douloureuse angoisse sur l'Union européenne en mutation. C'est *La Double Vie de Véronique*, de Krzysztof Kieslowski (1991).

Le ressort du film était le lien indissoluble entre deux étrangères physiquement identiques, Weronika en Pologne et Véronique en France, interprétées l'une et l'autre par Irène Jacob. Leurs chemins ne se croisent qu'une fois, au moment où l'Europe est en passe d'être réunifiée. Folle de joie d'avoir été invitée à une audition pour un grand rôle de chanteuse, Weronika, pressée de rentrer chez elle, traverse précipitamment la place principale de Cracovie et se trouve prise en pleine manifestation. Un protestataire heurte son sac par accident et ses partitions tombent à terre. Tandis qu'elle les ramasse, elle remarque Véronique qui monte dans un autobus touristique. Les regards des deux femmes se rencontrent pendant une fraction de seconde. Weronika réussit l'audition et obtient le rôle, mais, tandis qu'elle chante de tout son cœur à la première, elle s'effondre sur scène et meurt. À ce moment précis, à Paris, Véronique est submergée par une douleur aussi profonde qu'inexplicable.

La communion émotionnelle et musicale de Véronique avec sa double polonaise (elles partagent l'amour de la même musique) et la perte radicale qu'elle ressent à la mort de Weronika symbolisent la solidarité et le lien culturel et spirituel unissant les Européens de l'Ouest à ceux qui sont restés derrière le rideau de fer, et aussi aux Méridionaux qui, en Grèce, en Espagne et au Portugal, n'ont été libérés du fascisme qu'au milieu des années 1970. Un film comme *La Double Vie de Véronique* illustrait une unité culturelle européenne qui, malgré d'épouvantables divisions, s'était perpétuée et en fait renforcée dans l'ombre. Il s'inscrivait aussi dans le travail culturel qui aidait à promouvoir l'idée de monnaie unique européenne.

Tandis que les frontières s'estompaient et que le marché unique triomphait, « renforcement de l'unification » devenait synonyme d'« union monétaire » – celle qui avait vu le jour en 1972 avec le serpent au triste destin, engendré le SME avec l'accord Giscard-Schmidt de 1978, et pris sa forme finale en 1993 sous la ferme direction de Mitterrand et de Kohl. Par une amère ironie de l'histoire, la situation actuelle le prouve, ce grand élan vers l'unification européenne a eu l'effet contraire : il a suscité un mécontentement sans précédent.

Aujourd'hui, Weronika obtiendrait peut-être un contrat d'enregistrement à Paris ou à Londres, mais son chant serait homogénéisé sur un marché européen de la musique et de l'art qui ignore les frontières et n'a pas de foyer. Véronique et Weronika ne seraient plus unies par la mélodie et l'émotion, par le sentiment de culpabilité et la culture ; elles seraient liées par les clauses d'un cabinet juridique international. Il est probable, en fait, que la grande peur de Véronique serait de voir

Weronika venir à Paris lui prendre son emploi. Dans ce monde dur, il n'y a plus de place pour des films idéalisant l'unité de l'Europe comme *La Double Vie de Véronique* de Kieslowski.

Il fut un temps où l'alchimie, rayonnant d'un optimisme illimité, jugeait possible de transformer le plomb en or – une matière banale en objet précieux. Avant sa trajectoire de descente vers la monnaie unique, l'Union européenne était une précieuse source d'espoir, un splendide attracteur de rêves. Mais ensuite sont arrivés les alchimistes à l'envers. Avides d'exploiter les fabuleuses occasions de profit et de pouvoir créées par la décision extravagante de dépolitiser la monnaie de l'Europe, ils ont entrepris systématiquement, même si ce n'était pas leur intention, de transformer l'or de l'Europe en plomb.

Frénésie

Franz a travaillé pendant vingt-cinq ans pour une très grande banque allemande. En novembre 2011, nous étions assis côte à côte sur un vol long-courrier Francfort-New York. Les premières heures, nous n'avons échangé que des signes de tête, dans le silence de rigueur entre parfaits inconnus. Puis nous avons engagé la conversation sur la crise de l'euro, qui avait commencé, en Grèce, l'année précédente. Quelques minutes plus tard, Franz me faisait une confidence : les années « fastes » de l'euro – il entendait par là : de la fin des années 1990 à peu avant 2008 – avaient été les pires de sa vie.

Avant 1998, son travail consistait à voler de capitale en capitale dans toute l'Europe, pour évaluer la solvabilité des gouvernements, des autorités locales, des compagnies de distribution d'eau et d'électricité, des promoteurs, des banques et des grandes entreprises. Les aspirants emprunteurs l'invitaient dans les meilleurs restaurants, lui exposaient longuement leurs projets, flattaient son ego, l'emmenaient à l'opéra, jouaient sur le double registre de la déférence et de la supériorité, et, surtout, s'efforçaient de lui prouver qu'ils étaient solvables. Franz restait neutre, ne s'engageait à rien, reprenait l'avion pour Francfort et, quand il en avait le temps, examinait attentivement les chiffres et les documents qu'il avait rapportés pour décider qui obtiendrait combien. « Avant l'euro, m'a-t-il dit, je me sentais roi. »

Dès l'instant où les marchés ont compris que l'euro allait se concrétiser et que même la Grèce allait y entrer, tout a changé. Vers 1998, la vie enchantée de Franz s'est soudain muée en cauchemar. La pression de ses supérieurs est devenue permanente. « Prête ! Prête ! Prête ! » Tel était leur nouveau credo. L'ancien pourvoyeur décontracté de ressources financières rares a été mué en prolétaire stressé et surpayé. Il devait satisfaire un quota hebdomadaire de prêts, quelle que fût la solvabilité des clients : on lui avait volé le libre arbitre qui le valorisait à ses propres yeux.

Les formidables bonus qu'il gagnait s'il dépassait ses objectifs de prêts ne compensaient rien du tout, soulignait-il, car ses clients avaient vite compris qui était le patron : ce n'était plus lui, c'étaient eux. Quand les hommes d'affaires espagnols, les promoteurs irlandais, les banquiers grecs, les industriels italiens ont saisi que Franz subissait une énorme pression pour leur prêter, ils ont changé d'attitude. Plus les ordres du QG d'évacuer plus vite l'argent qui inondait son antre de Francfort se faisaient stridents, plus ils devenaient arrogants. Au début, Franz a tenté de mettre en garde le conseil d'administration contre ce raz-de-marée de prêts à des clients douteux que la banque, il y a peu, n'aurait pas touchés avec des pincettes. Ses rapports ont été ignorés et, aux rares occasions où il passait quelque temps à Francfort, il ressentait à la froideur de leur langage corporel la désapprobation de ses supérieurs. Il a vite compris que ses rapports avaient heurté de front le *business plan* des hauts dirigeants. Il risquait fort d'être classé comme élément déloyal et peu fiable.

Dans les séances de réflexion stratégique organisées pour galvaniser le personnel et l'unir autour de la nouvelle logique des hautes sphères, Franz et ses collègues ont découvert que la définition de leur poste avait radicalement changé. Ils n'étaient plus là pour porter des jugements sur les clients. L'évaluation et la gestion du risque n'étaient plus du tout de leur ressort. Leur mission était de fourguer des prêts, d'atteindre leur quota un peu comme des vendeurs d'encyclopédies, dont la rémunération dépend du nombre d'unités qu'ils écoulent.

« Et le risque ? » a un jour demandé Franz, à ce qu'il m'a dit. À la différence des encyclopédies, que leur vendeur peut oublier une fois qu'il les a livrées aux clients, les emprunts ont la sale habitude de revenir mordre celui qui les accorde. Des banquiers comme Franz s'étaient sentis importants parce qu'il leur incombait d'évaluer le risque de chaque prêt qu'ils accordaient. Tout venait de là : leur prestige, leur magie, leur sentiment d'être quelqu'un. Hélas, une nouvelle division du travail dans le secteur bancaire avait mis fin abruptement à tout cela.

Les professionnels comme Franz avaient pour ordre, désormais, de fermer les yeux sur le risque. « Laissez le risque à nos experts en gestion du risque », leur a-t-on dit. « Votre travail est de chasser le rendement[1] et de maximiser les sommes que vous prêtez. » Telles étaient leurs nouvelles instructions. Dès que le client signait et que Franz lui versait l'argent, le contrat était transmis aux spécialistes de la gestion du risque, qui engageaient un processus élaboré au départ à Wall Street. Exactement comme aux États-Unis, les prêts de Franz étaient découpés en fines tranches qui allaient être mêlées et appariées à de petits bouts d'autres prêts, puis mises en bottes dans de nouveaux produits, les dérivés, et enfin vendues à d'autres sociétés financières partout dans le monde. Le risque qu'avait créé Franz en prêtant à des Européens douteux allait ainsi se dissiper, croyait-on, dans l'immense archipel du risque planétaire « sans risque[2] ».

Manifestement, le nouvel univers de Franz n'était pas propre aux banques de la zone euro. Il était né à Wall Street sous l'effet de la financiarisation portée par le Minotaure américain. Après quoi il avait gagné la City, puis Francfort et Paris. Mais l'expérience de Franz se distinguait de celle de ses collègues de l'Anglosphère par une folie particulière, exclusivement liée à la forme que prenait dans la zone euro la chasse au rendement.

Maastricht avait posé que l'union monétaire allait durer toujours. Afin que nul n'en doute, le traité de 1993 fixait les conditions nécessaires pour entrer dans la monnaie unique, mais n'en prévoyait aucune pour en sortir. La doctrine Hôtel California était ainsi entérinée dans le droit européen. Quand les marchés ont été convaincus que personne ne quitterait jamais la zone euro, les banquiers allemands et français se sont mis à regarder un emprunteur irlandais ou grec comme l'équivalent d'un client allemand de même solvabilité. C'était logique. Si les emprunteurs portugais, autrichiens et maltais étaient tous payés en euros, pourquoi les traiter différemment ? Et si le risque qu'il y avait à prêter à tel individu, entreprise ou État particulier ne comptait pas, puisque les prêts, aussitôt après leur signature, seraient éparpillés à travers l'ensemble de l'univers connu, pourquoi ne pas traiter de la même façon les débiteurs en perspective dans toute la zone euro ?

Puisque les Grecs et les Italiens gagnaient à présent de l'argent dans une devise qui ne pourrait jamais plus être dévaluée face à la monnaie allemande, les banques allemandes et françaises ont cru qu'il était aussi avantageux de prêter dans les pays méditerranéens qu'aux Pays-Bas ou en Allemagne.

En fait, une fois l'euro inventé, il était plus lucratif de prêter aux particuliers, aux entreprises et aux banques des États-membres déficitaires qu'à des clients allemands ou autrichiens. Pourquoi ? Parce qu'en Grèce, en Espagne, en Italie du Sud, l'endettement privé était extrêmement faible. Certes, les gens étaient en général plus pauvres qu'en Europe du Nord, habitaient des logements plus modestes, conduisaient des voitures plus anciennes, et ainsi de suite, mais leur logement était à eux, ils n'avaient pas d'emprunt en cours sur leur véhicule et ils vouaient souvent à la dette l'aversion profonde qu'engendre le souvenir encore frais de la pauvreté. Les banquiers adorent les emprunteurs qui ont peu de dettes et un petit nantissement – une ferme, ou un appartement à Naples, à Athènes ou en Andalousie. Une fois dissipée la crainte de la dévaluation des lires, drachmes ou pesetas qu'ils avaient dans la poche, ces Méridionaux sont devenus les clients que des banquiers comme Franz ont eu pour instruction de cibler.

Franz n'a pas ménagé ses efforts pour me faire mesurer la soudaineté et la puissance de l'offensive de sa banque sur la périphérie de l'Europe. Son nouveau *business plan* était clair et net : s'assurer une plus grosse part du marché de la zone euro que les autres banques, les banques françaises en particulier, elles aussi en train de prêter à tout-va. Ce qui ne pouvait avoir qu'un sens : prêter dans les pays déficitaires, qui offraient aux banquiers un triptyque d'avantages.

Premièrement, la faiblesse de l'endettement privé laissait une énorme marge à une croissance massive des prêts. Lorsqu'ils faisaient un calcul approximatif, les banquiers français et allemands salivaient à la pensée des perspectives de crédit en Méditerranée, au Portugal et en Irlande. Contrairement aux clients britanniques ou néerlandais qui, endettés jusqu'aux oreilles, ne pouvaient emprunter qu'un peu ou pas du tout, les clients grecs et espagnols pouvaient quadrupler leurs emprunts, tant ils en avaient peu au départ. Deuxièmement, les exportations des pays excédentaires vers les pays déficitaires accueillis dans l'euro étaient désormais à l'abri des dévaluations des monnaies faibles, qui n'existaient plus. Aux yeux des banquiers, un cercle vertueux était à l'œuvre : l'augmentation de leurs prêts aux pays déficitaires laissait prévoir une accélération de leur croissance intérieure, qui justifiait donc les prêts qu'ils leur faisaient. Troisièmement, les banquiers allemands étaient en extase devant la différence entre les taux d'intérêt qu'ils pouvaient facturer en Allemagne et ceux qui avaient cours dans des pays comme la Grèce. Le grand écart entre les deux était une conséquence directe du déséquilibre commercial entre les pays. Un gros excédent commercial signifie que les voitures et les lave-linge vont du pays en excédent au pays en déficit et l'argent en sens inverse. Le pays excédentaire est inondé de « liquidités » – de fonds qui s'y accumulent en proportion des exportations nettes qu'il déverse sur son partenaire commercial. Puisqu'il y a de plus en plus d'argent dans les banques du pays en excédent – à Francfort pour être précis –, il devient plus disponible, donc moins cher à emprunter. Autrement dit, son prix baisse. Et quel est le prix de l'argent ? Le taux d'intérêt ! Les taux d'intérêt en Allemagne étaient donc beaucoup plus bas qu'en Grèce, en Espagne et autres pays du même genre, où les sorties d'argent – puisque les Grecs et les Espagnols achetaient de plus en plus de Volkswagen – maintenaient le prix des euros en Europe du Sud plus haut qu'en Allemagne[3].

C'est cet écart toujours croissant des taux d'intérêt des emprunts entre les pays centraux et les pays périphériques de la zone euro qui a gâché la vie de Franz, car sa tâche était de prêter là où il pouvait facturer le taux le plus élevé – de chasser le rendement. La création de l'euro avait soudain saturé les banques allemandes de liquidités, et des hommes comme lui ont alors été contraints par leurs patrons de réexporter cet argent jusqu'au fin fond des pays déficitaires – où jusque-là on empruntait si peu. Telle était la mission de Franz : stimuler l'endettement dans les pays déficitaires pour récolter les profits fabuleux nés du grand écart entre les taux d'intérêt des pays faibles et des pays forts de la zone euro.

Une forme d'emprunt dominait toutes les autres, en raison de l'importance de ses montants : la dette publique – ce qu'empruntaient les États. Même une petite différence entre les taux d'intérêt que les banquiers facturaient à l'État grec et à l'État allemand constituait un permis d'imprimer de la monnaie. Tant qu'on tenait l'union monétaire pour éternelle, les écarts de taux d'intérêt – les spreads – garantissaient au banquier qui faisait sortir de l'argent d'Allemagne ou de France (à un taux, disons, de 3,5 %) pour le prêter à l'État grec (disons, à 4 %) un profit sans risque. De combien ? La différence entre les deux taux (0,5 %) multipliée par le montant prêté à l'État grec. Mais plus on prêtait d'argent à l'État grec (ou aux banques irlandaises, d'ailleurs), plus le spread diminuait[4], donc plus le banquier devait accroître ses prêts pour maintenir ses profits. « Frénésie » est probablement un mot trop faible pour décrire ce qui se passait.

« J'ai vécu la vie d'un prêteur prédateur », a conclu Franz tandis que l'avion atterrissait. Prenant nos bagages à main, nous nous sommes dirigés vers la zone douanière. Franz m'a serré la main : « La Grèce, c'était notre marché subprime. Bonne chance, l'ami ! » Nous étions tous deux loin de nous douter que, quatre ans plus tard, je m'efforcerais d'expliquer à mes collègues ministres des Finances que la dette non remboursable de la Grèce était un symptôme de la folie collective de la zone euro.

Nein puissance trois

Septembre 2008. Dick Fuld, le dernier PDG de Lehman Brothers, s'adresse à Hank Paulson, secrétaire au Trésor des États-Unis : il sollicite une ligne de crédit gigantesque pour maintenir Lehman à flot. Comme chacun sait, Paulson refuse. Le mieux qu'il puisse faire, explique-t-il à Fuld, est de demander aux autres banquiers d'affaires d'apporter leur aide, en prenant en charge une partie du passif de Lehman. Mais c'est tout : pas de renflouement. « Déclarez-vous en faillite, si vous y êtes obligé. »

Imaginons un dialogue légèrement différent, et entièrement fictif, où le secrétaire au Trésor des États-Unis aurait dit à Fuld : « Pas de renflouement, et vous n'avez pas le droit de vous déclarer en faillite ! » Quoi ? Un haut responsable public ne peut évidemment pas exiger d'une entité insolvable qu'elle ne dépose pas le bilan tout en refusant de la renflouer. Cela ne pouvait pas arriver. Seulement, c'est arrivé. Pas aux États-Unis, bien sûr, mais en Europe, dix-huit mois plus tard.

Vers la fin de l'année 2009, Georges Papandréou, Premier ministre grec fraîchement élu, pouvait voir à de multiples indices que la Grèce était un autre Lehman Brothers. En janvier 2010, le doute n'était plus permis : l'État grec n'avait aucune chance d'assurer le service de sa dette gigantesque de plus de 300 milliards d'euros. Enfermé dans la zone euro, il n'avait plus de drachme à dévaluer, plus de banque centrale grecque pour l'aider. Recherchant désespérément un renflouement avant que les marchés et les citoyens n'aient pris pleinement conscience de la situation, il s'est adressé aux partenaires européens de la Grèce pour obtenir du secours. Deux hautes personnalités avaient les moyens de répondre à son appel de détresse : la chancelière d'Allemagne Angela Merkel et le Français Jean-Claude Trichet, qui présidait la Banque centrale européenne. Ce dernier tenait absolument à maintenir la fiction officielle des élites françaises : en matière monétaire, la France et l'Allemagne parlent d'une seule voix et n'ont qu'un seul programme.

Les réponses de Merkel, soutenue avec enthousiasme par Trichet, entreront dans l'histoire : *nein* au renflouement de la Grèce, *nein* à l'allégement des taux d'intérêt[5] et – stupeur ! – *nein* au défaut de paiement de la Grèce dans le style de Lehman Brothers. Jamais le déni n'était apparu plus nettement et n'avait été formulé avec plus d'aplomb. Le dirigeant d'un pays en faillite, dont la monnaie était émise à Francfort et contrôlée par M. Trichet, a reçu de la chancelière allemande l'ordre de ne pas même penser à se déclarer en faillite, alors qu'on lui refusait toute assistance.

L'analogie entre la Grèce et Lehman est justifiée à plusieurs titres, même si l'une est un pays et l'autre une banque d'affaires défunte. Lehman et la Grèce étaient toutes deux condamnées à l'effondrement dès que la financiarisation aurait des problèmes. Chargée d'assouvir l'immense appétit du Minotaure américain pour les exportations et les capitaux des pays excédentaires, elle allait forcément capoter quand la montagne de dérivés qu'elle amassait atteindrait le point de bascule. Comme une violente marée reflue sans préavis, l'argent et le crédit ont disparu des circuits financiers d'Amérique et d'Europe. Privées des flux de capitaux que les financiers faisaient apparaître tous les jours, les entités les plus endettées allaient être les premières à s'écrouler. Lehman et la Grèce ont été les plus célèbres, mais, au-delà des gros titres et des figures tragiques de M. Fuld et de M. Papandréou, ce qui se jouait était plus vaste et plus terrible : les certitudes sur lesquelles on avait bâti la zone euro étaient sur le point d'être démasquées comme des illusions. Le triple *nein* de la chancelière d'Allemagne à M. Papandréou révélait la détermination des élites d'Europe à nier la vérité sur la zone euro – à refuser d'admettre qu'elle était la macroéconomie d'envergure planétaire la moins prête à soutenir les ondes de choc de cette fin de siècle ultraviolente.

Subterfuge

Le château de cartes (ou de dérivés, pour être précis) de la financiarisation a commencé à s'effondrer en 2007, sous le poids de son hubris. La frappe de monnaie privée a décliné, puisque les banquiers ne se faisaient plus confiance entre eux pour leurs produits papier, et les liquidités se sont donc vite taries partout. La première panique bancaire a touché Northern Rock en Grande-Bretagne, et le premier renflouement financé par le contribuable a suivi : celui de la banque d'affaires américaine Bear Stearns. De hauts responsables américains comme Paulson, Ben Bernanke, président de la Federal Reserve, et Tim Geithner, qui dirigeait la Federal Reserve de New York, ont alors tenté frénétiquement d'endiguer la contagion. Dans les douze mois suivants, pour remplacer l'argent privé qui disparaissait du système, ils ont autorisé une création d'argent public aussi massive qu'il leur a paru nécessaire. Mais combien de leurs amis banquiers devaient-ils sauver, et qui devaient-ils abandonner à la fureur des forces du marché ? En septembre 2008, ils ont opté pour une réponse nuancée.

Ils allaient laisser une seule banque faire faillite : Lehman. Elle servirait de leçon aux autres et montrerait au peuple américain que ses représentants n'étaient pas entièrement inféodés aux banquiers. Simultanément, ils se préparaient à renflouer toutes les autres institutions financières si l'insolvabilité de Lehman créait une situation ingérable. Le résultat a été un transfert de pertes privées de la comptabilité des banques aux registres de la dette publique. Le plus gros de tous les temps.

Les troubles de Wall Street ont instantanément infecté Londres, et l'Anglosphère est passée de l'hégémonie financière au statut d'homme malade du monde. On s'en est réjoui chez les dirigeants de Bruxelles, Paris, Francfort et Berlin : les Anglos, éternels donneurs de leçons sur la fragilité de leur union monétaire et contempteurs de leur modèle social de marché, avaient reçu la correction qu'ils méritaient. Jusqu'au moment où l'on a compris que la situation des banques allemandes et françaises était encore plus précaire que celle de Lehman : leurs colonnes d'actifs étaient plombées par les dérivés venus d'outre-Atlantique, qui avaient perdu 99 % de leur valeur.

En Allemagne, le gouvernement a paniqué. En 2009, il a persuadé son parlement fédéral, le Bundestag, de provisionner 500 milliards d'euros de crédits et transferts pour sauver les banquiers allemands. Une mesure semblable a été prise en France, où les quatre principaux établissements financiers risquaient la disparition immédiate. Votez des sommes astronomiques pour les banques, a-t-on dit sans ménagement aux parlementaires des deux pays, ou c'en est fait du monde tel que vous le connaissez !

C'est ainsi que des députés qui avaient coutume d'ergoter sur quelques millions d'euros pour les retraites, la santé ou l'éducation ont donné carte blanche à leur gouvernement pour transférer des centaines de milliards à des banquiers qui, peu avant, nageaient dans les liquidités. C'est ce qui a aidé les banques allemandes et françaises à survivre à l'effondrement de leurs folles transactions en dérivés. Mais une autre calamité se profilait : les prêts que des banquiers comme Franz avaient accordés dans les régions déficitaires de la zone euro étaient assez élevés pour acculer ces pays à la faillite si les banques irlandaises, espagnoles et grecques aux abois se déclaraient en défaut de paiement. L'encre n'était pas encore sèche sur les premiers accords qu'un second sauvetage bancaire était en marche : il fallait renflouer les banquiers des pays en déficit, car leurs États n'avaient pas les moyens de le faire.

Les gouvernements français et allemand n'avaient aucune envie de revenir devant leur parlement demander de l'argent frais, cette fois pour les banques irlandaises, italiennes, espagnoles et grecques. Ils se sont donc déchargés de la tâche sur la Banque centrale européenne (BCE). Dénuée des pouvoirs qu'une banque centrale convenable aurait dû avoir, la BCE a autorisé les banques de la zone euro à effectuer une opération remarquablement risquée : émettre des IOU[6] – des reconnaissances de dette – que personne n'allait vouloir acheter (puisque ces banques étaient insolvables), les apporter au ministre des Finances de leur gouvernement, faire tamponner par ce ministre sur ces promesses de payer une garantie de l'État (que chacun savait l'État incapable d'honorer) et enfin les déposer à la BCE comme nantissement, en échange d'argent que la BCE allait créer pour le leur prêter.

En pratique, la banque centrale de la zone euro, qui, en vertu de sa charte datant de Maastricht, n'avait le droit de prêter ni aux gouvernements des États-membres ni à des banques insolvables, prêtait indirectement au gouvernement de chaque pays déficitaire l'argent dont avaient besoin ses banques insolvables pour prétendre qu'elles ne l'étaient pas[7]. Bref, les banques feignaient d'être solvables ; les États déficitaires feignaient d'avoir l'argent nécessaire pour garantir qu'elles étaient effectivement solvables ; et la BCE apportait son soutien en feignant de considérer que ces tristes couples de banques insolvables et d'États insolvables étaient parfaitement solvables, donc avaient droit, aux termes de sa charte, à ses liquidités.

Le rituel le plus étrange que j'ai dû subir pendant les cinq mois où j'ai été ministre des Finances de la Grèce, au premier semestre 2015, portait sur ce tour de passe-passe, près de huit ans après son invention. Mon collaborateur de confiance et ami Vassili Kafouros entrait dans mon bureau avec les contrats par lesquels mon ministère, et par extension l'État grec, garantissait les IOU des banquiers grecs. Connaissant bien mon mépris pour cet arrangement, Vassili m'abordait avec la plus grande prudence, et seulement à des moments qu'il jugeait relativement détendus. Nous tremblions tous deux de rage devant cette triste réalité : à tout moment, mes signatures garantissaient plus de 50 milliards d'euros de dettes des banques privées, alors que notre État ne pouvait gratter quelques centaines de millions d'euros pour financer nos hôpitaux publics, nos écoles ou les pensions des retraités grecs.

Apposer continuellement ma signature sur ces feuilles de papier a probablement été la tâche la plus incongrue et répugnante que j'ai dû accomplir. Sa concurrente la plus proche au titre de corvée ministérielle la plus désagréable était la répétition obligatoire de ce mensonge éhonté : les banques grecques étaient solvables et l'État allait honorer tous ses engagements à l'égard de chacun de ses créanciers, dont ces garanties que je signais en sachant pertinemment que je ne pourrais pas les honorer si besoin était. Mon unique consolation : je n'étais pas le seul. Les ministres des Finances et les banquiers centraux de la zone euro se livraient régulièrement à ce subterfuge grossier depuis les folles journées de l'automne 2008[8].

Déni

Pourquoi la Grèce est-elle devenue le premier pays de la zone euro à faire ouvertement faillite ? C'est assez simple. Dès l'instant où il a paru probable que la drachme était entrée dans l'histoire et que la place de la Grèce dans l'euro était assurée, des banquiers comme Franz se sont lancés dans une frénésie de prêts, pour les raisons qu'il m'a expliquées si éloquemment pendant notre vol vers New York.

Franz a omis un élément de l'histoire, probablement parce que son importance lui avait échappé : les réformes du marché du travail – dites réformes Hartz[9] – que la République fédérale a mises en œuvre dès que les billets de l'euro sont entrés en circulation. Introduites à une époque où la croissance était dynamisée par les États-Unis, ces réformes visaient à renforcer les exportations allemandes et leur compétitivité en les rendant moins chères par une importante réduction du salaire moyen effectif des travailleurs allemands, obtenue à la fois en diminuant leurs taux horaires et en poussant un grand nombre de salariés dans ce qu'on a baptisé les minijobs[10].

En conséquence, puisqu'ils avaient une moindre part des profits des entreprises, les travailleurs allemands ne pouvaient s'offrir les biens qu'ils produisaient. Privés de demande intérieure, les produits allemands excédentaires ont donc inondé des pays comme l'Irlande, la Grèce et l'Espagne, où la demande était soutenue par les prêts que Franz et ses collègues, les banquiers de Francfort, déversaient sur la périphérie de l'Europe en puisant dans les profits surabondants des entreprises allemandes. Ces exportations de produits allemands et de profits allemands dans le reste de la zone euro ont eu pour effet, en Grèce et en Irlande, une croissance annuelle de 5 % alimentée par la dette : elle donnait l'impression que ces sociétés fragiles, écrasées de déficits, étaient des économies miracles, contrairement à l'Allemagne avec son taux de croissance anémique de 1 %.

Comment s'étonner que des travailleurs allemands désargentés, en vacances d'été en Grèce, n'en aient pas cru leurs yeux en constatant une hausse de niveau de vie dont ils ne pouvaient que rêver ? Et, quand la bulle qu'alimentaient les prêts allemands a éclaté dans le sud de l'Europe, est-ce un mystère si cette stupéfaction s'est muée en hostilité envers les cigales de Grèce, d'Espagne et d'Italie ? Ce que les touristes allemands ne voyaient jamais, bien sûr, c'est que la Grèce regorgeait de fourmis qui travaillaient dur et avaient du mal à survivre pendant ces années de taux de croissance miraculeux. On répétait alors aux travailleurs à bas salaire, aux retraités, que leur situation n'avait jamais été si belle – que leurs salaires réels, leur niveau de vie, augmentaient –, mais eux ne ressentaient pas les choses ainsi. Et ils avaient raison[11]. Si tout allait bien pour les Grecs riches, qui vivaient à l'aise grâce aux prêts bancaires allemands et français, les Grecs pauvres étaient de plus en plus nombreux à tomber dans un piège de la pauvreté. Dans les bonnes années ! Et quand les mauvaises sont arrivées en 2010, on leur a dit qu'ils s'étaient conduits en cigales insouciantes, qu'ils avaient provoqué la crise et qu'ils devaient à présent en payer le prix.

Beaucoup demandent : les autorités de Bruxelles, de Berlin et d'Athènes ne voyaient-elles pas que la dette publique grecque (et le style de vie des Grecs riches) était insoutenable ? Aussi étonnant que cela paraisse, non, elles ne le voyaient pas, et voici pourquoi. Si l'on se représente la dette publique d'un pays et son revenu national comme deux montagnes en train de grandir, la dette paraît gérable tant que la montagne du revenu pousse plus vite que celle de la dette. La montagne de la dette grandit automatiquement par empilement des intérêts, à un taux égal au taux d'intérêt. En Grèce, ce taux avait baissé à 3 %, grâce à la débauche de crédit de source étrangère. Simultanément, la montagne du revenu national (mesurée en euros) augmentait beaucoup plus vite, à 8 % – 3 % dus à la hausse des prix et les 5 % restants à la croissance de la production. Bien que la dette publique de la Grèce fût importante, il semblait donc que son service pouvait être assuré puisque les revenus augmentaient beaucoup plus vite. Mais lorsque les événements de 2008 ont tari le crédit, deux changements terribles et simultanés ont mis fin à cette illusion.

D'abord, tout nouveau crédit ayant cessé ou presque, il est devenu impossible à l'État grec de refinancer sa dette, sauf s'il était prêt à payer des taux d'intérêt de plus de 10 % aux rares investisseurs encore présents, par goût du risque, sur les marchés monétaires. Deuxièmement, le revenu national grec est entré en croissance négative : il a baissé, parce que la récession mondiale a déprimé le tourisme et les revenus des innombrables Grecs vivant du commerce de produits importés, financé par la dette. Quand le taux de croissance de la montagne de la dette – le taux d'intérêt – a grimpé de 3 % à 10 % et que la montagne du revenu, au lieu de croître, s'est mise à diminuer (- 3 % d'abord, puis - 5 %), la soutenabilité de la dette grecque est devenue une contradiction dans les termes.

Au vu de ces réalités brutales, répondre par un triple *nein* à la demande d'aide de Georges Papandréou début 2010 était d'une stupidité dévastatrice. C'était aussi réaliste que lui suggérer d'envoyer la Grèce dans une autre galaxie où, sans dévaluation, sans allégement de la dette et sans nouveau prêt, il était possible de ne pas se déclarer en faillite. Le triple *nein* était une expression réflexe du déni grossier de l'Europe, de son refus de voir qu'elle était confrontée à une crise structurelle. Elle avait créé une union monétaire composée d'États sans banque centrale pour les soutenir en un temps de crise planétaire et d'une Banque centrale européenne sans État pour la protéger. Les règles de Maastricht étaient impossibles à respecter.

Le triple *nein* de la zone euro a tenu de janvier 2010 à mai de la même année, après quoi Berlin et Francfort n'ont plus été en mesure d'esquiver : la Grèce était sur le point de faire défaut sur ses dettes à l'égard des banques allemandes et françaises. À ce moment-là, le déni de l'Europe a muté, il a pris une autre forme : le prétendu renflouement de la Grèce, qui allait servir de modèle à une action du même type à Dublin, Lisbonne et Madrid et qui a laissé sa marque sur Rome, et même sur les Pays-Bas et sur la France, en précipitant le continent tout entier dans une nouvelle phase récessionniste[12]. L'essence de l'accord offert à la Grèce était simple : puisque vous êtes insolvables, nous allons vous accorder le plus gros prêt de l'histoire à condition que vous réduisiez votre revenu national dans des proportions jamais vues depuis les raisins de la colère. Un enfant de huit ans intelligent vous le dira : un tel renflouement ne peut que mal se terminer.

Mais ce n'était pas un renflouement. La Grèce n'a jamais été renflouée. Pas plus que les autres porcs[13] de l'Europe – les PIIGS, comme on a désigné collectivement le Portugal, l'Irlande, l'Italie, la Grèce et l'Espagne. Les renflouements de la Grèce, puis de l'Irlande, puis du Portugal, puis de l'Espagne ont été d'abord et avant tout des plans de sauvetage des banques françaises et allemandes.

En distordant ses règles pour sauver les banques privées des PIIGS (par les émissions d'IOU dont nous venons de parler), la BCE avait donné quelque répit à la chancelière Merkel et au président Sarkozy : ils n'avaient pas eu à redemander à leur parlement de l'argent public pour les banquiers français et allemands. Mais maintenant il en fallait beaucoup plus. En mai 2010, les bons d'État grecs avaient perdu 82 % de leur valeur. Autrement dit, une banque ou un investisseur privé à qui l'État grec devait 100 euros ne pouvait vendre son titre de créance que 18 euros. C'était un désastre pour les banques françaises et allemandes, auxquelles la Grèce devait jusqu'à 200 milliards d'euros. Et ce n'était que la pointe émergée d'un énorme iceberg. En 2009, l'exposition des banques allemandes aux dettes grecque, irlandaise, espagnole, portugaise et italienne se montait à 704 milliards d'euros[14] ! C'était un chiffre ahurissant : plus, beaucoup plus, que la base totale de capital sur laquelle reposait le système bancaire de l'Allemagne. Si la

Grèce coulait à pic, et si la contagion abattait certaines des autres banques périphériques, le système bancaire allemand était cuit.

Soudain, il est devenu impératif de sauver la Grèce. Mais l'État grec se trouvant exclu des marchés monétaires, puisque aucun investisseur sain d'esprit n'aurait prêté au gouvernement d'Athènes, les banques allemandes et françaises craignaient le pire : la Grèce allait forcément se mettre en défaut de paiement, et elles seraient alors à la merci de régulateurs tenus, s'ils respectaient leurs règles, de déclarer insolvables de vénérables établissements comme BNP Paribas ou Finanz Bank. Un nouveau renflouement des banques allemandes et françaises était devenu inévitable. Le second en moins de deux ans.

Le problème était que la chancelière Merkel et le président Sarkozy ne pouvaient pas imaginer de revenir devant leur parlement demander encore de l'argent pour leurs copains banquiers, donc ils ont opté pour la meilleure solution de second choix : ils ont sollicité leur parlement en invoquant l'admirable principe de solidarité avec la Grèce, puis avec l'Irlande, puis avec le Portugal, et enfin avec l'Espagne. Voilà pourquoi M. Papandréou a été forcé d'accepter le plus gros prêt de l'histoire : plus de 91 % a servi à sortir d'affaire les banques françaises et allemandes en leur rachetant à 100 euros des obligations dont la valeur de marché avait chuté à moins de 20 euros.

Un stratagème cynique, dont l'objectif était de transférer de la comptabilité des banques françaises et allemandes aux contribuables européens des centaines de milliards de pertes, a été présenté au monde comme la manifestation de la solidarité européenne. Ce qui rend ce transfert scandaleux, et pas seulement cynique, c'est que l'argent prêté à la Grèce ne venait pas seulement des contribuables français et allemands, mais aussi des Portugais, des Slovaques, des Irlandais – de contribuables dont les banques n'avaient rien à gagner. Le fond de l'affaire, c'est que les pertes privées des banques françaises et allemandes ont été épongées par toute la zone euro : même les plus humbles citoyens des plus faibles des États-membres ont été contraints de mettre la main à la poche.

Le renflouement de la Grèce n'est pas passé en douceur dans les seize parlements où il a été débattu. Nationalistes et antieuropéens en ont profité pour fustiger leurs gouvernements, qui osaient demander au peuple, lui-même accablé par la récession d'après 2008, de donner de l'argent destiné aux pires cigales de Méditerranée. En coulisse, on leur expliquait que le seul but du renflouement grec était de sauver leurs propres banques, mais l'occasion d'afficher leur patriotisme était trop belle pour qu'ils s'en privent. Ils ont exigé de voir un peu de sang grec avant d'accepter l'accord.

On a donc attaché au prêt grec de méchantes pointes, conçues pour causer une douleur visible aux plus faibles des Grecs. Ces « conditions », comme on les appelle, sont faciles à résumer : démantèlement du bien-être social élémentaire sous la supervision de hauts fonctionnaires représentant la BCE, la Commission européenne et le Fonds monétaire international[15]. C'est ainsi qu'est née la troïka – le triumvirat de la BCE, de la Commission européenne et du FMI : un petit groupe d'huissiers grimés en technocrates qui jouissaient de pouvoirs dont les gouvernements d'Europe ne pouvaient rêver. À chaque visite de la troïka, l'idéal d'une prospérité européenne commune prenait un nouveau coup.

Baignoire budgétaire

En 2010, j'ai parlé de supplice de la baignoire budgétaire. Lorsque j'ai été nommé ministre des Finances en 2015, on a rappelé cette formule pour prouver que j'étais un provocateur. En fait, c'est une expression parfaitement juste et raisonnable pour décrire les pratiques de la troïka à Athènes et ailleurs. Qu'est-ce que le supplice de la baignoire? On prend un individu, on le couche sur le dos et on lui plonge la tête dans l'eau jusqu'à ce qu'il suffoque. Juste avant qu'il ne meure, on arrête, on autorise au sujet quelques respirations atrocement douloureuses, et on recommence. On répète l'opération jusqu'aux aveux.

Évidemment, le supplice de la baignoire budgétaire n'est pas physique, il est budgétaire. Mais l'idée est la même, et c'est exactement ce qui est arrivé aux gouvernements grecs successifs depuis 2010. Tenus de s'acquitter de dettes insoutenables, ils ont été privés non pas d'air mais de liquidités. En même temps, on leur a interdit de se déclarer en défaut de paiement à l'égard de leurs créanciers. Chaque fois qu'ils se trouvaient face à des versements qu'on les forçait à effectuer, on leur refusait les liquidités nécessaires jusqu'à la dernière seconde, juste avant la faillite officielle. En guise d'aveux, on les obligeait à signer de nouveaux accords de prêts, qui – ils le savaient – allaient exacerber la crise. La troïka leur remettait juste assez de liquidités pour rembourser ses propres membres. Exactement comme dans le supplice de la baignoire, la liquidité fournie était calculée de façon à être juste suffisante pour que le sujet reste en vie, hors défaut de paiement officiel, pas davantage. Donc la torture continuait, et son effet net était de maintenir le gouvernement totalement sous la coupe de la troïka.

C'est ainsi que fonctionne la baignoire budgétaire, et je ne peux imaginer aucune expression qui soit meilleure et plus exacte pour décrire ce qui se passe depuis 2010. Pendant mes cinq mois au ministère des Finances, j'ai fait l'expérience directe de ce processus fort intéressant, par exemple quand la Banque centrale européenne a délibérément contribué à réduire l'accès de notre gouvernement aux liquidités en interdisant aux banques grecques d'acheter nos bons du Trésor.

Évidemment, le supplice de la baignoire pose un problème : c'est une piètre méthode pour découvrir la vérité, puisque les sujets, afin d'arrêter la torture, avoueront tout ce que l'enquêteur veut entendre. C'est ce qui s'est passé avec la baignoire budgétaire de la troïka. Les gouvernements successifs des États-membres endettés de la zone euro ont accepté ses programmes tout en sachant pertinemment qu'ils allaient aggraver les crises.

Austérité de Ponzi

Franz et ses collègues banquiers ont géré, de fait, une immense arnaque de Ponzi[16] dans les pays déficitaires de l'union monétaire européenne. C'est ce que voulait dire Franz par son triste aveu : « J'ai vécu la vie d'un prêteur prédateur. » Et quand la pyramide s'est effondrée, comme ces arnaques le font inévitablement, la croissance de Ponzi s'est métamorphosée en quelque chose que j'ai baptisé un jour « austérité de Ponzi ».

Les systèmes de Ponzi classiques reposent sur un tour de passe-passe : l'illusion d'un fonds dont la valeur globale croît plus vite que celle des investissements qu'on y met. En réalité, c'est le contraire. L'arnaqueur qui gère un système de Ponzi s'attribue en général une part du capital qui afflue, mais le fonds lui-même ne crée aucun capital nouveau qui permettrait de compenser ces fuites, sans parler de payer les rendements qu'il promet. Tous les dividendes versés pour perpétuer l'illusion de sa croissance viennent des nouveaux investissements. Et cette apparence de croissance, alors qu'en réalité il n'y en a pas, est bien sûr l'appât qui attire dans le système de nouveaux participants, dont le capital sera utilisé par l'arnaqueur pour maintenir cette façade.

L'austérité de Ponzi est l'inverse de la croissance de Ponzi. Si les systèmes de croissance de Ponzi reposent sur l'attrait d'un fonds qui ne cesse d'augmenter, dans le cas de l'austérité de

Ponzi, ce qui séduit les participants en faillite est la promesse d'une réduction de leur dette ; pour surmonter leur insolvabilité, ils vont à la fois se serrer la ceinture par une politique d'austérité et recevoir de nouveaux prêts, qui leur fourniront les fonds nécessaires pour rembourser les dettes arrivant à maturité, telles que les obligations. Puisqu'il est impossible d'échapper à l'insolvabilité de cette manière, à cause de l'effet dépressif de l'austérité sur le revenu, les systèmes d'austérité de Ponzi, tout comme les systèmes de croissance de Ponzi, demandent un afflux constant de nouveaux prêts pour perpétuer l'illusion qu'on a évité la faillite. Mais pour attirer ces prêts, les organisateurs d'une austérité de Ponzi doivent faire le maximum pour maintenir la façade d'une réduction du déficit.

La croissance de Ponzi existe depuis des lustres. Mais il a fallu la sagesse collective des grands et bons esprits d'Europe pour créer le premier système d'austérité de Ponzi de l'histoire. Les accords de prêts grecs, portugais, irlandais, espagnols et chypriotes en sont des exemples éclatants. Des États en faillite enlaçant des secteurs bancaires insolvables ont été forcés de contracter des emprunts toujours plus lourds (essentiellement financés par les contribuables européens) à condition de se serrer la ceinture par l'austérité. Tant que le système continue, qu'on signe encore plus d'accords de prêt, la dette publique en proportion du revenu national ne fait en réalité que grandir. Répétons-le : comme dans les systèmes de croissance de Ponzi, qui exigent des investissements croissants pour que soit maintenue l'illusion d'une croissance, il fallait en Grèce, au Portugal, en Irlande, en Espagne et à Chypre des prêts croissants pour que soit maintenue l'illusion d'une réduction de la dette.

Voici l'un des pires exemples d'austérité de Ponzi dans le grand style de la zone euro. Printemps 2012 : le gouvernement grec, qui a signé le second plan de renflouement du pays[17], s'est effondré face à la colère populaire devant la triste situation de la nation. De nouvelles élections sont prévues en mai 2012, et Syriza, parti de gauche radicale qui préconise le rejet de l'accord, est en ascension rapide dans les sondages. Horrifiée à l'idée de voir un parti antitroïka accéder au pouvoir, la troïka suspend le versement des tranches du prêt au gouvernement intérimaire[18]. L'administration n'a alors d'autre choix que de suspendre ses propres versements aux institutions et aux particuliers. Les hôpitaux, les écoles, les salaires, les retraites souffrent. Mais ce qui préoccupe les grands et bons esprits, c'est la dette de la Grèce à l'égard de la Banque centrale européenne – la BCE.

Voyez-vous, chers lecteurs, M. Jean-Claude Trichet, président de la BCE, avait fait en 2010 une tentative, manquée, de soutien aux bons d'État grecs : il avait acheté une tranche de ces bons grecs à des prix vraiment dérisoires. Officiellement, son objectif était de faire remonter leur valeur, et de contribuer ainsi à conserver à l'État grec son accès aux marchés – sa capacité d'emprunter à des investisseurs privés[19]. Le plan de Trichet avait fait naufrage, la Grèce aussi[20]. Mais à présent, la BCE détenait ces bons d'État, et ils commençaient à arriver à maturité. Si la BCE ne les avait pas achetés en 2010, ils auraient été soumis, comme les autres bons d'État grecs détenus par des investisseurs privés, à la décote (la réduction, le *haircut*) intervenue quelques mois plus tôt, début 2012. Désormais, il n'en était pas question. La BCE ne pouvait accepter de réduire le principal d'une créance sur un État-membre, car cela aurait été une violation de sa charte, qui lui interdit tout ce qui pourrait ressembler au financement d'un État – sauf bien sûr quand elle tord ses propres règles pour sauver divers banquiers, comme nous l'avons vu plus haut[21].

Cela veut dire que le gouvernement grec expédiant les affaires courantes, tout en passant l'économie sociale grecque à la moulinette, doit trouver cinq milliards d'euros en quelques jours pour rembourser la BCE sur un de ces bons d'État arrivant à maturité. D'où va venir l'argent ? La troïka a suspendu les versements du prêt, et aucun aventurier de la finance n'est prêt à se risquer là où même la troïka refuse d'aller.

La conduite à tenir dans cette situation est évidente : Athènes doit se déclarer en défaut de paiement sur les bons d'État que possède la BCE, ou la BCE doit offrir au gouvernement grec un rééchelonnement, un échange de dettes ou un mécanisme de ce type. Mais Francfort et Berlin s'y opposent avec la dernière énergie. Quand il s'agit de pays comme l'Allemagne et la France, les règles sont faites pour être violées[22]. Pour des pays comme la Grèce, en revanche, les règles sont les règles, point final ! Même lorsqu'elles sont impossibles à appliquer et à faire respecter. Si l'État grec peut se mettre en défaut de paiement envers les citoyens les plus faibles, grecs ou non, les fonds de pension et autres créanciers de ce genre, ses dettes à l'égard de la BCE sont sacro-saintes. Il doit les payer quoi qu'il arrive. Mais comment ?

Voici ce que les hautes sphères trouvent en guise de solution : la BCE autorise le gouvernement grec à émettre des IOU sans valeur – des bons du Trésor à court terme –, dont aucun investisseur privé ne voudra, et à les remettre aux banques grecques insolvables[23]. Les banques grecques déposent alors, en tant que nantissement, ces reconnaissances de dette au Système européen des banques centrales[24], reçoivent en échange des prêts, et remettent l'argent au gouvernement grec pour qu'Athènes puisse rembourser la BCE.

Si cette procédure a un petit air de système de Ponzi, c'est parce qu'elle est la mère de tous les systèmes de Ponzi ! C'est un tour de manège d'austérité de Ponzi qui laisse tant les banques insolvables que l'État grec insolvable un peu plus insolvables qu'avant, tandis que la population grecque s'enfonce dans un désespoir toujours plus profond. Et tout cela pour que l'Union européenne puisse prétendre que ses règles stupides ont été respectées.

Ce n'est qu'un exemple du cercle vicieux de l'austérité de Ponzi inlassablement reproduit dans toute la zone euro. Son but proclamé était de réduire la dette. Mais la dette a augmenté partout[25]. Est-ce un échec ? Oui et non. C'est un échec au regard des objectifs officiels de Bruxelles, pas de ses motivations profondes. La véritable raison d'être des prêts de renflouement était claire : ôter des livres de comptes des banques (essentiellement) d'Europe du Nord les dettes impayables de la périphérie et les transférer aux contribuables européens, au prix d'une aggravation de l'endettement et d'une récession provoquée par les conditions attachées aux nouveaux prêts.

Ces transferts toxiques, effectués au nom de la solidarité européenne, ont conduit à une danse macabre entre banques insolvables et États en faillite, tristes couples précipités l'un après l'autre dans l'abîme de l'austérité compétitive. Déflation, investissement ultrafaible, fragmentation de la société, montée de la pauvreté : tout cela a eu pour effet de traîner de vastes pans de fières populations européennes, surtout leurs citoyens les plus modestes, dans l'équivalent moderne de l'hospice des pauvres victorien.

Impuissance

2011. La contagion des défauts de paiement et des effondrements se répand de pays en pays *via* la monnaie commune. Le ministre des Finances d'un grand État européen, dont l'économie est d'une tout autre envergure que celle de la Grèce, cherche comment arrêter l'effet domino qui entraîne son pays au désastre. Il accepte de voir un de mes amis, qui souhaite lui exposer une proposition de nature à arrêter net la machine infernale de l'endettement dans la zone euro.

Le ministre écoute, et aime beaucoup l'idée. Il demande immédiatement à ses collaborateurs d'organiser des rencontres entre son visiteur et des responsables de Bruxelles, des élus du Parlement européen et d'autres personnalités, pour l'aider à plaider auprès de ces importants décideurs européens en faveur de cette intéressante proposition. Mon ami se tourne alors vers lui : « À quoi bon, monsieur le Ministre ? Pourquoi devrais-je essayer de convaincre tous ces responsables si je vous ai convaincu, vous ? Vous êtes le ministre des Finances d'un grand pays européen. Vous siégez à l'Eurogroupe et au Conseil ECOFIN [conseil des ministres des Finances de l'Union européenne]. Si ma proposition vous plaît, pourquoi ne la présentez-vous pas comme la vôtre à la prochaine réunion ? »

Le ministre sourit. Il s'enfonce dans son confortable fauteuil et fait une réponse qui, tragiquement, est parfaitement sensée :

« Savez-vous ce qui va se passer si je mets sur la table votre splendide projet ? Quantité de SMS sortiront de la pièce avant même que j'aie fini de parler. La presse annoncera aussitôt que je propose une gestion centrale d'une part de la dette de chaque État membre de la zone euro. Quelques secondes plus tard, les marchés monétaires refuseront de prêter à mon gouvernement, sauf à des taux d'intérêt usuraires, car le bruit courra que, si je propose de telles idées, c'est que mon pays ne peut plus refinancer sa dette. Le lendemain, cher ami, je ne serai plus ministre. En quoi cela aidera-t-il à promouvoir votre proposition ? »

L'année suivante, ce ministre n'était plus là de toute façon, et son gouvernement non plus. Ce qui est toujours bien présent, à en juger par mes propres expériences plus récentes, c'est le grand écart terrifiant entre les propos éminemment raisonnables que tiennent à huis clos certains ministres et la stupidité de leurs déclarations à l'Eurogroupe et dans les autres enceintes officielles.

Chute de dominos ou dévissage d'alpinistes ?

Quand le mal grec a commencé à se répandre, en infectant l'Irlande, le Portugal et l'Espagne avant d'atteindre l'Italie et de menacer d'abattre l'ensemble du château de cartes, les médias ont usé sans retenue de la métaphore des dominos qui tombent. Une meilleure analogie serait celle d'un club d'alpinisme.

Imaginons un groupe d'alpinistes disparates à flanc de paroi, certains plus agiles, d'autres moins habiles, tous liés dans une solidarité forcée par une corde unique. C'est à peine croyable, mais les membres de notre club se sont imposé une règle irrévocable : cette corde commune n'est jamais fixée à la paroi qu'ils sont en train de gravir. Un séisme se produit soudain (comme l'effondrement de Wall Street) et une des membres (disons de tempérament hellénique) perd pied : seule la corde arrête sa chute. Déstabilisé par le poids de cette alpiniste en perdition qui se balance dans le vide, et par quelques rochers particulièrement instables qui tombent d'en haut, le deuxième alpiniste le moins robuste (un Irlandais, peut-être ?) fait de son mieux pour tenir bon mais finit par lâcher prise.

La tension qui s'exerce sur les alpinistes restants s'accroît alors considérablement, et le nouveau membre le plus faible chancelle, au bord d'une chute qui créera une nouvelle traction monstrueuse sur la cordée restante des sauveteurs. Les membres plus vigoureux tiendront-ils ? Parviendront-ils à atteindre le sommet en tirant avec eux les poids morts, avant que l'implacable force de gravité ne précipite l'ensemble du groupe dans l'abîme ? Ou les plus forts, usant de leurs couteaux bien aiguisés, vont-ils se libérer en coupant la corde (et revenir à quelque chose de plus proche du mark) ?

Si le club d'alpinisme est une bien meilleure analogie que les dominos, c'est à cause de l'architecture de la zone euro, et en particulier de la règle de Maastricht stipulant qu'aucun État-membre ne doit compter sur l'aide financière d'autres États-membres ou de l'Union – clause dite de non-renflouement, qui visait à dissuader d'emblée les gouvernements de se mettre en mauvaise posture[26]. Pouvait-on respecter cette règle (équivalent de la décision de ne pas fixer la corde commune à la paroi) tout en interdisant à des pays comme la Grèce de se déclarer en faillite et de cesser de rembourser les banquiers ? Des esprits ordinaires répondraient non. Mais les hauts fonctionnaires de Bruxelles ne sont pas des gens ordinaires.

Admirablement secondés par des conseillers financiers qui avaient fait fortune en tordant la logique à leur avantage, ils ont trouvé une solution ingénieuse. Ils ont créé un nouveau fonds, qu'ils ont baptisé Fonds européen de stabilité financière (FESF), chargé de renflouer les États-membres déchus en leur prêtant l'argent nécessaire pour assurer le salut des banquiers. C'était l'équivalent financier de la décision de lier plus étroitement nos alpinistes les uns aux autres, mais sans fixer la corde commune à la paroi.

Pour que les États-membres puissent prêter à leurs homologues en difficulté tout en respectant en apparence la clause de « non-renflouement », il y avait un truc. Il était dissimulé dans la structure diabolique des obligations qu'allait émettre le FESF. Au début, quand seule la Grèce avait besoin d'être renflouée à hauteur, disons, d'un milliard d'euros, le FESF procédait à une émission d'obligations d'une valeur nominale d'un milliard d'euros, les vendait sur les marchés monétaires et remettait l'argent au gouvernement grec, qui le transmettait aussitôt aux banquiers européens. La nouvelle dette d'un milliard d'euros était désormais due par la Grèce, mais elle était prise en charge par les États-membres restants de la zone euro qui demeuraient solvables, et qui étaient soudain devenus les créanciers de la Grèce : chacun d'eux assumait une part de la nouvelle dette en proportion de son revenu national relatif[27]. Pour préserver la clause de non-renflouement et faire en sorte qu'il n'y ait pas la moindre dette commune – c'est-à-dire que chaque euro de dette appartienne à un seul et unique État-membre –, la tranche de cette émission d'obligations d'un milliard « appartenant », disons, à la France porterait un taux d'intérêt égal à celui que payait la France quand elle empruntait à ses propres fins : c'est ce taux qui serait versé au propriétaire d'une de ces obligations (l'investisseur qui l'achèterait). La tranche espagnole rapporterait un taux d'intérêt différent, la tranche italienne aussi, et ainsi de suite.

Donc, chaque pays qui participait au sauvetage de la Grèce, ou plus tard du Portugal, de l'Irlande, et des autres, payait des taux d'intérêt de marché qui dépendaient de sa propre solvabilité, laquelle reflétait son risque pays de faire faillite. Ce qui signifiait que l'État-membre le plus susceptible de suivre le chemin de la Grèce payait les intérêts les plus lourds sur la tranche de l'émission du FESF qu'il prenait en charge pour que la Grèce puisse recevoir ce milliard d'euros de nouvelle dette.

Les bons connaisseurs des dérivés structurés qui ont détruit Lehman Brothers et Wall Street avec elle – les obligations adossées à des actifs ou CDO – reconnaîtront dans les obligations du FESF qui finançaient les renflouements la même forme de risque synthétique. Mais les obligations du FESF étaient encore plus toxiques que les dérivés nocifs de Wall Street ! Pour le comprendre, voyons ce qui s'est passé quand l'Irlande a fait faillite et a eu besoin d'un renflouement financé par ce fonds.

Pour prêter à l'Irlande, le FESF devait émettre une nouvelle dette au nom de tous les pays de la zone euro, sauf la Grèce, qui avait déjà chuté dans l'insolvabilité, et bien sûr l'Irlande. Autant dire que, la Grèce et l'Irlande étant sorties du groupe des pays créanciers, les membres restants du FESF devaient se partager un fardeau plus lourd. Les marchés se sont aussitôt concentrés sur le pays marginal suivant, celui qui empruntait au taux le plus élevé au sein du FESF, pour prêter à la Grèce et à l'Irlande déchues : c'était le Portugal ! Immédiatement, les taux d'intérêt du Portugal sont montés en flèche, ce qui l'a fait basculer par-dessus bord.

Cela va continuer jusqu'au moment où le groupe de pays restant dans le FESF deviendra si réduit qu'il ne pourra plus ou ne voudra plus supporter le fardeau des dettes réunies des États déchus. À ce moment-là, les derniers pays solvables, l'Allemagne en tête, seront forcés de proclamer la triste fin de l'euro et de se retirer. Ou la BCE devra inventer une autre astuce pour violer ses règles impossibles à suivre.

Ignorance

Traditionnellement, l'Eurogroupe réunit les ministres des Finances européens au moins une fois par mois. Aux pires moments de la crise de la zone euro, leurs réunions ont produit une succession de décisions catastrophiques. En 2011, les opérateurs ayant appris à ignorer les communiqués enjoués de l'Eurogroupe, la demi-vie de leur effet positif sur le sentiment du marché était tombée à quelques heures au mieux.

À l'automne 2011, l'Eurogroupe s'est réuni en Pologne. Timothy Geithner, le secrétaire au Trésor des États-Unis, était là, avec quelques conseils judicieux à donner aux Européens sur les moyens de desserrer l'étreinte mortelle entre banques insolvables et États en faillite. La principale recommandation de Geithner était que la Banque centrale européenne devait, d'une façon ou d'une autre, indiquer son intention de garantir une partie de la dette des principaux pays, comme l'Italie : elle montrerait ainsi aux marchés que l'Europe était prête à arrêter l'effet domino qui menaçait de faire chavirer la zone euro. On ne l'a pas seulement ignoré ; on l'a attaqué. À la fin de la réunion, la ministre des Finances autrichienne, Maria Fekter, s'exprimant au nom de ses collègues européens, a déclaré que ce n'était pas aux Américains de venir expliquer aux Européens comment faire face à la crise de la dette alors que l'Amérique était plus endettée que la zone euro. « Nous n'avons pas de leçons à recevoir des États-Unis ! » a-t-elle lancé sur le ton du défi[28].

Quand je l'ai vue à la télévision prononcer ces mots, je dois reconnaître que j'ai désespéré. Ses propos révélaient l'ignorance profonde des dirigeants européens et leur refus d'entendre le conseil simple, utile, que leur avait donné le secrétaire au Trésor des États-Unis. Maria Fekter et les autres ministres des Finances de la zone euro semblaient s'être donné pour mission de ne rien comprendre à leur problème. De croire que le problème de l'Europe, c'était la dette. Pas la conception architecturale de la zone euro. Pas ses règles inapplicables. Mais la dette. La dette n'a jamais été le problème de l'Europe. C'est un pur symptôme d'une conception institutionnelle abominable. Nos ministres des Finances ressemblaient à des médecins qui, face à un cancéreux en proie à de vives douleurs, font un mauvais diagnostic et ne voient que les douleurs. Comment s'étonner que le traitement qu'ils prescrivent soit pire que le mal ?

L'austérité de Ponzi se répand

À la fin de l'année 2011, le président de la BCE Jean-Claude Trichet, qui a peut-être été le pire banquier central du monde, a été remplacé par un personnage d'une habileté redoutable : Mario Draghi, ancien directeur général du Trésor italien, ancien gouverneur de la Banque d'Italie, et, ce qui n'est pas sans importance, ancien vice-président chez Goldman Sachs International. Draghi pouvait voir qu'il ne restait plus que quelques mois à son propre pays, l'Italie, avant de tomber dans le même bourbier que la Grèce, et qu'après cela l'Espagne et la France deviendraient incapables d'assurer le service de leurs dettes de plusieurs milliers de milliards d'euros. En fait, l'euro était sur le point de se dissoudre, les alpinistes de la zone continuant à basculer l'un après l'autre, et au ralenti, dans l'abîme. Draghi a donc décidé d'agir sur-le-champ.

Sa première initiative, deux semaines après avoir pris les commandes de la BCE, a été d'« imprimer » mille milliards d'euros et de les prêter aux banques en difficulté de la zone euro. Tant que les banquiers pourraient trouver autour d'eux des feuilles de papier quelconques, Draghi les accepterait comme nantissement et leur remettrait l'argent[29]. Comme il est d'usage en Europe, cette opération simple a reçu un nom compliqué : *Long Term Refinancing Operations* (LTRO) – opérations de refinancement à long terme. En l'occurrence, l'intention réelle de Draghi était de prêter aux banques pratiquement sans intérêt pour qu'elles fassent ce que la charte de la BCE lui interdisait de faire lui-même : prêter aux États chancelants, notamment au gouvernement italien en route vers l'hospice des pauvres.

Simultanément, le concept de zone hors démocratie, conçu à Bruxelles dans les années 1950, venait de prendre un sens nouveau à Rome, et d'ailleurs à Athènes. La chancelière Merkel (avec le président Sarkozy derrière elle) avait jugé deux Premiers ministres, Georges Papandréou en Grèce et l'inimitable Silvio Berlusconi en Italie, inaptes à maintenir l'austérité au rythme nécessaire pour qu'elle puisse justifier devant le Bundestag le financement des dettes insoutenables de l'Italie et de la Grèce, *via* le FESF ou la BCE. On a du mal à croire que les Premiers ministres de pays d'Europe puissent être congédiés ou choisis au gré des humeurs d'un autre dirigeant européen, mais c'est exactement ce qui s'est passé quand Papandréou a été remplacé par l'ancien vice-président de la BCE, un certain Loukas Papademos, et Silvio Berlusconi par Mario Monti, ancien commissaire européen[30].

Monti avait pour mission de mettre de l'ordre dans les finances publiques de l'Italie. Il savait Berlin très désireux de faire subir à l'Italie le même calvaire qu'à la Grèce : la troïka détestée débarquerait dans les ministères de Rome et imposerait une hyperaustérité. Il a donc tenté de prévenir ce scénario en introduisant lui-même une forme plus modérée d'austérité, dans l'espoir d'endiguer la dette de l'Italie avant d'aller solliciter humblement l'Eurogroupe. Pour y parvenir, il a cherché auprès de l'autre Mario, M. Draghi de la BCE, une aide dont il avait terriblement besoin. Il allait l'obtenir sous la forme du LTRO, le stratagème qui vient d'être mentionné.

À cette date, toutes les banques d'Europe étaient au bord de l'écroulement, et les États de première ligne comme l'Italie se portaient tout aussi mal. La BCE espérait que ses prêts LTRO à intérêt quasi nul rapporteraient aux banques emprunteuses un assez joli profit si elles reprêtaient cet argent aux États à des taux plus élevés, qui n'en seraient pas moins beaucoup plus bas, et de très loin, que les taux usuraires exigés d'eux par les investisseurs privés. Banques et États obtiendraient ainsi un sursis, au moins temporaire.

Un matin de février 2012, le PDG d'une des plus grandes banques d'Italie a fait savoir au gouvernement Monti que sa banque allait déposer le bilan si elle ne recevait pas sur-le-champ 40 milliards d'euros. Un État au bord de l'effondrement, sous le poids écrasant de ses propres dettes à la grecque, s'est alors trouvé confronté à un effroyable dilemme : faire une énorme dépense qu'il ne pouvait se permettre ou regarder passivement les banques du pays fermer leurs portes l'une après l'autre. Heureusement, le LTRO de Draghi était là. Donc, voici ce qui s'est passé. Séance tenante, le même matin, la banque en perdition a émis pour 40 milliards d'euros d'IOU que, dans la situation périlleuse où elle se trouvait, aucun investisseur n'aurait achetés. Le ministre des Finances italien a garanti cette dette privée en lui attribuant de futures recettes fiscales ; il a donc ajouté 40 milliards d'euros à la dette publique de l'Italie. Enfin, la banque a porté ces IOU à la BCE et reçu des liquidités issues du généreux programme LTRO de Draghi.

Donc, au bout du compte, le plan de Draghi pour redresser les banques italiennes et l'État italien avait échoué. Son système soutenait les banques, mais il avait enfoncé l'État italien dans un endettement encore plus insoutenable.

Despotisme

Klaus Masuch était, jusqu'à une date récente, le représentant de la BCE dans la délégation de la troïka qui sème la panique partout où elle va. Début 2012, voici qu'elle passe par Dublin. Dans la conférence de presse qui suit ses entretiens avec les gouvernants irlandais, M. Masuch, entouré de journalistes pour la plupart flagorneurs, se sent assez à l'aise pour confier qu'à son avis les citoyens irlandais sont des esprits fins, parce qu'ils comprennent que les efforts de la troïka sont durs mais nécessaires. Voici exactement ce qu'il dit : « L'état d'esprit [du peuple irlandais], pour autant que je puisse en juger, et je n'en ai qu'une vision limitée, est très bon. Je suis impressionné de voir combien le débat en Irlande est approfondi, à quel point des raisonnements économiques et financiers complexes sont bien compris. […] Quand j'arrive de l'aéroport en taxi, je vois que les chauffeurs de taxi sont très bien informés. C'est un très bon signe, je pense, qui montre que nous avons ici une discussion ouverte. Il s'agit d'un processus d'ajustement difficile, mais il y a un débat économique et c'est ainsi que cela doit se passer. »

À cet instant, Vincent Browne, grande figure du journalisme irlandais, pose la question qui tue, donnant le coup d'envoi d'un échange fascinant.

Browne : Klaus, votre chauffeur de taxi vous a-t-il dit que les Irlandais sont abasourdis d'apprendre qu'on exige qu'ils paient des milliards d'euros à des détenteurs d'obligations non garanties, pour des dettes qui n'ont rien à voir avec le peuple irlandais, qui ne le concernent absolument pas, essentiellement pour renflouer des banques européennes ou assurer leur solvabilité ? Et si votre chauffeur de taxi vous avait posé cette question, qu'auriez-vous répondu ?
Masuch : Je dirais que je peux comprendre que c'est une décision difficile qu'a prise le gouvernement, mais qu'il y a un certain nombre de problèmes différents à mettre en balance, et je comprends que le gouvernement en soit arrivé à conclure que le coût pour le peuple irlandais, pour la stabilité du système bancaire, pour la confiance dans le système bancaire, aurait été beaucoup plus lourd pour le contribuable que la mesure que vous avez citée. [...] Bref, le secteur financier aurait été touché, la confiance dans le secteur financier aurait été touchée négativement, et je peux comprendre que c'était une décision difficile qui a été prise dans ce sens-là.
Browne : Ce n'est pas la question ! On nous impose de payer au nom de cette banque défunte, d'une façon qui n'est absolument pas dans l'intérêt du peuple irlandais, des milliards pour des obligations non garanties afin d'assurer le salut de banques européennes. Comment expliqueriez-vous cette situation au chauffeur de taxi dont vous avez parlé ?
Masuch : Je pense avoir répondu à la question.

Browne : Non, vous n'avez pas répondu à la question. Vous avez parlé de la viabilité des sociétés financières. La banque dont je parle est défunte. Elle est morte. Elle est finie. Maintenant, pourquoi impose-t-on au peuple irlandais, sous la menace de la BCE, pourquoi le peuple irlandais est-il contraint de payer des milliards à des détenteurs d'obligations non garanties sous la menace de la BCE[31] ?

Masuch : … [Inaudible]

Browne : Vous n'avez pas répondu à la question la dernière fois, peut-être y répondrez-vous cette fois-ci.

Masuch : …

Browne : C'est inadmissible ! Vous intervenez dans cette société, vous causez d'énormes dégâts en nous imposant d'effectuer des paiements qui ne sont pas dans l'intérêt du peuple, ici en Irlande, mais dans l'intérêt de sociétés financières européennes. Vous devez répondre à la question. Pourquoi inflige-t-on ce fardeau au peuple irlandais ?

Masuch : Je pense avoir répondu à la question…

Browne : Vous n'avez rien à dire ? Il n'y a aucune réponse, c'est ça ? C'est bien ça ? Aucune réponse ?

Masuch : J'ai répondu…

Browne : Vous avez répondu à une autre question.

La modératrice : C'est votre opinion.

Browne : C'est mon opinion et ce sera celle du chauffeur de taxi !

Incapable de réduire au silence l'infatigable journaliste, Masuch a rassemblé ses papiers et quitté la salle la queue entre les jambes. Si vous voulez voir de vos yeux le déficit démocratique de l'Europe, ou comprendre pourquoi ses citoyens sont toujours plus nombreux à ne faire aucune confiance aux institutions européennes, tapez dans votre moteur de recherche : « journaliste contre BCE », regardez la vidéo, et pleurez.

Par la bouche d'un de ses personnages, Bertolt Brecht a dit un jour : « La force brutale a perdu la partie. On ne délègue plus un seul assassin, je vous le dis, quand on peut déléguer un huissier[32]. » À l'époque de la troïka, l'Europe a enrichi le sens de son persiflage en employant de dignes technocrates, comme M. Masuch, dans cette profession. Trois ans plus tard, en février 2015, j'allais me trouver face à M. Masuch. Lui dans le même rôle d'homme de la BCE au sein de la troïka, moi comme ministre des Finances d'un gouvernement grec élu pour dire non à la misanthropie irrationnelle dont l'Europe a fait sa politique officielle[33].

Tandis que j'étais assis en face de Klaus dans un terne bureau bruxellois, à échanger des amabilités avant d'engager une dure négociation, les images de la vidéo de YouTube montrant le courageux Vincent Browne me sont soudain revenues. Notre entretien a abouti à une impasse, puisque, à la différence du cabinet irlandais en 2009, j'étais mandaté par mon gouvernement, par notre parlement et par le Premier ministre pour lui dire non. Je pense que Vincent Browne aurait aimé[34].

La mutinerie de Monti

Quand l'hiver 2012 a passé le relais à un printemps troublé, l'Italie était à genoux, à deux doigts de la ruine, et un Mario Monti en grande difficulté sentait la pression de l'effondrement des finances publiques, et des trous noirs qui bourgeonnaient sur les livres de comptes des banques. La plupart des Italiens tenaient Monti pour une personnalité fiable, avec son mandat réussi à Bruxelles, son solide bagage universitaire et son honnêteté fondamentale. Cela dit, il n'avait pas été élu, et devait son ascension météorique aux plus hautes fonctions du pays à la chancelière Merkel, qui avait exigé qu'il remplace Silvio Berlusconi, certes détestable mais dûment élu. Ce n'était pas la meilleure façon d'obtenir la sympathie de l'opinion publique italienne, car elle doutait fort du droit de la dirigeante allemande à décider de qui devait gouverner l'Italie.

La chancelière Merkel avait chargé Monti d'une mission impossible : freiner la montée de la dette italienne, en pleine ascension dans une période où les taux d'intérêt exigés de l'État italien grimpaient considérablement à cause de la maladie contagieuse qui s'était déclarée en Grèce. Les priorités personnelles de Monti étaient différentes. Étant donné le traitement ignominieux que subissait la Grèce aux mains de la troïka, il estimait de son devoir patriotique d'user de ses bonnes relations avec le gouvernement allemand pour mettre en œuvre une austérité *light*, qui tiendrait à distance Mme Merkel et épargnerait ainsi à l'Italie une administration directe par la troïka.

Peu après sa nomination, Mario Monti a constaté que sa tâche devenait de plus en plus impossible. Les banques italiennes récoltaient tous les bénéfices des efforts de Mario Draghi, sans même avoir à sortir du bois elles-mêmes. Mais les marchés obligataires, où l'Italie devait emprunter quotidiennement pour servir sa dette de 2 000 milliards d'euros, devenaient féroces : ils exigeaient des taux d'intérêt usuraires et propulsaient ainsi la dette totale de l'Italie à un niveau insensé. Monti en était maintenant persuadé : tant que les investisseurs verraient son État chancelant garantir les banques italiennes chancelantes, aucune dose d'austérité modérée ne les apaiserait. Sentant qu'il était dans une situation impossible, ses adversaires aiguisaient leurs couteaux – ceux qui, à gauche, n'avaient que mépris pour son programme d'austérité comme ceux qui étaient furieux de l'éviction de son prédécesseur Berlusconi –, tandis que ses rares admirateurs perdaient leur foi en sa magie.

Monti savait qu'il devait agir. Et il a agi !

Au sommet de l'Union européenne de juin 2012, alors que la réunion tirait à sa fin et que la chancelière Merkel s'apprêtait à quitter la salle, Monti a demandé la parole. De sa voix suave, il a fait la déclaration peut-être la plus brutale de sa vie. La chancelière s'est rassise, comprenant qu'il se passait forcément quelque chose de grave pour que Mario Monti prenne une telle position.

Le message de Monti était simple : si une décision radicale n'était pas prise d'un commun accord, là, tout de suite, sur le financement des banques de la zone euro, il mettrait son veto au communiqué du sommet. Il était absurde, a-t-il dit, d'attendre d'États en difficulté comme l'Italie qu'ils empruntent pour soutenir des banques insolvables, puis d'attendre de ces mêmes banques qu'elles financent ces mêmes États au moyen de prêts de la BCE[35]. Il fallait que ça change. Monti exigeait, en particulier, que les banques ayant besoin d'injections d'argent frais empruntent directement au fonds de renflouement de l'Europe, le Mécanisme européen de stabilité (MES), successeur du fonds temporaire qu'avait été le FESF. Il exigeait aussi – c'était le point crucial – que ces prêts du MES aux banques s'effectuent totalement en dehors des gouvernements nationaux, et n'entrent pas dans le calcul de la dette nationale des États-membres. Si en Italie, en Espagne ou en Grèce une banque de dépôt avait besoin d'argent public pour rester à flot, elle devait le demander, précisait Monti, au fonds de renflouement européen, et pas aux gouvernements éprouvés d'Italie, d'Espagne ou de Grèce.

Monti venait de violer le protocole par un acte effroyablement radical à l'aune des normes européennes, qui était aussi radicalement sensé : il avait exigé une vraie union bancaire, comme celle des États-Unis. Si sa demande cruciale était acceptée, les banques italiennes en difficulté seraient européanisées – c'est-à-dire gouvernées et financées directement par la zone euro, exactement comme une banque du Nevada en difficulté est recapitalisée, « résolue » et prise en main par Washington, sans qu'on demande à l'État du Nevada d'emprunter pour elle à Wall Street ou à la City[36].

L'intervention de Monti a été accueillie par un silence de mort. Puis, poussé par sa propre aspiration à une solution du même ordre pour les banques en faillite dans son pays, le Premier ministre espagnol, Rajoy, a osé soutenir la proposition italienne. Après quoi le plus timide des dirigeants peut-être, le président François Hollande, dans sa première intervention au sommet, a joint sa voix. Confrontée à un front uni des Latins, la chancelière Merkel a cédé, mais en ajoutant un préalable : OK à la recapitalisation directe des banques pour les banques italiennes et espagnoles, mais seulement après la constitution d'une union bancaire officielle, par un accord entre les États-membres, au sein de l'union monétaire européenne.

Qui aurait pu repousser une suggestion aussi raisonnable ? Pour ma part, j'aurais accepté avec enthousiasme. Toutes les banques soumises au même régime de réglementation et supervisées par une autorité unique, siégeant dans les bureaux de la BCE à Francfort, responsable devant l'Europe dans son ensemble et dotée d'un fonds de recapitalisation commun à l'échelon de l'Union – le MES, selon la proposition de Monti : c'était une rare manifestation de rationalité au regard des normes courantes des sommets européens. Mario Monti avait-il réussi à pousser la chancelière d'Allemagne à faire le premier pas, et peut-être le plus important, vers une véritable union économique ? Vers une union qui aurait la volonté et les moyens de traiter une faillite de banque en Italie, en Grèce ou en Allemagne comme un problème d'insolvabilité dans le secteur financier européen, à régler par une institution européenne, sans renvoyer le banquier en faillite au gouvernement d'un État-membre sous pression ?

On a pu le croire un moment. Mais il fut bien trop fugitif.

Sur la brèche : une décision à violer

Quand le sommet de juin 2012 a pris fin, la presse a justement acclamé Mario Monti comme un héros : il avait sauvé la zone euro, ou du moins réussi à imposer à la chancelière d'Allemagne et à son ministre des Finances une politique qui créait le premier amortisseur de chocs notable dans le système[37]. En tant que commentateur de la crise de l'euro, c'est aussi la première fois que je suis allé à la télévision chanter les louanges d'un dirigeant européen et dire du bien d'une décision d'un sommet de l'Union européenne.

Pourtant, quelques semaines plus tard, le triomphe de Monti s'est désintégré. Les premiers signes de ce qui allait se passer sont apparus dans une lettre que le ministre allemand des Finances Wolfgang Schäuble a publiée dans le *Financial Times* en août 2012. Dans cette lettre[38], le Dr Schäuble saluait la décision de constituer une union bancaire, mais ajoutait une remarque de fort mauvais augure : il ne voyait pas du tout comment cette union de plus de six mille banques pourrait se concrétiser. C'était le coup d'envoi d'un processus, dirigé de Berlin, d'institution d'une union bancaire qui n'en a que le nom, pour respecter dans la forme l'accord de juin 2012 alors qu'en réalité on neutralisait la proposition de Monti.

Ce processus s'est déroulé prudemment, en plusieurs étapes. D'abord, Berlin a exigé que l'union bancaire ne concerne que les sociétés financières « d'importance systémique », c'est-à-dire 124 banques. Son objectif ? Maintenir hors du système les nombreuses petites banques régionales allemandes basées sur les *Länder*, car le gouvernement allemand et la Bundesbank souhaitaient garder pour eux, et hors de toute supervision européenne, leurs réseaux d'intérêts politiques et économiques. Puis – deuxième étape – l'union bancaire a été limitée à une supervision commune des grandes banques par la BCE, qui laissait au niveau national le gros des coûts de règlement des faillites bancaires[39]. La troisième étape a été la création d'un fonds d'assurance collective auquel tout le monde contribuerait et pourrait faire appel en cas de nouvel effondrement, mais qui, en réalité, serait désespérément inadéquat en cas de nouvelle crise comme celle de 2010.

Le sens des deuxième et troisième étapes, prises conjointement, était clair : le lien entre banques insolvables et États en faillite – l'étreinte hideuse – resterait intact. Si la crise menaçait une banque allemande ou néerlandaise, ses déposants seraient en sécurité. Si elle frappait une banque grecque ou portugaise, les déposants ayant plus de 100 000 euros à la banque subiraient probablement une lourde perte[40] et les dépôts garantis (inférieurs à cette somme) viendraient aggraver la situation des finances publiques de l'État sous pression.

Bref, on allait honorer l'excellente idée de Monti sur l'union bancaire en la violant, pas en la respectant. L'union bancaire de l'Europe, tant célébrée, n'existe que de nom ; en réalité et en pratique, sa désunion bancaire est aussi nocive que jamais. On en a eu la preuve suprême dans les dernières semaines où j'ai été ministre des Finances de la Grèce, quand la BCE a fermé les banques grecques alors même qu'en sa qualité de superviseur unique de l'union bancaire elle les jugeait solvables. Quelle union bancaire autorise la fermeture de banques qu'elle estime solvables pour forcer le gouvernement d'un État-membre à accepter d'aggraver l'austérité budgétaire, de réduire davantage les pensions de retraite, d'augmenter la TVA, et de prendre d'autres mesures de ce genre ?

L'ultime effort de Monti ayant fait long feu, ses jours étaient comptés. Ce même été, en 2012, la lourde tâche du sauvetage de l'Italie – synonyme de la survie même de l'euro – allait passer à l'autre Mario, celui qui présidait la Banque centrale européenne.

Tout ce qu'il faudra ?

Tandis que montaient les chaleurs de l'été 2012, les lignes de faille de l'euro s'élargissaient jusqu'au point de rupture. L'Italie et l'Espagne étaient en première ligne, et leurs défenses ployaient sous les paris d'acteurs du marché obligataire qui s'enhardissaient, car ils ne croyaient pas Rome et Madrid capables d'éviter le sort de la Grèce, du Portugal et de l'Irlande. Berlin a compris qu'il se trouvait face à un dilemme simple : sortir lui-même de l'union monétaire ou laisser la BCE sauver l'euro en violant l'esprit, et peut-être la lettre, de sa charte imposée par la Bundesbank.

À la mi-juillet, dans une interview au quotidien financier allemand *Handelsblatt*, Christian Noyer, gouverneur de la Banque de France, a fait un aveu jusque-là impensable : « Nous observons actuellement une défaillance du mécanisme de transmission de la politique monétaire. Pour les marchés, le taux d'intérêt appliqué aux différentes banques dépend des coûts de financement de l'État où elles sont domiciliées et non des taux fixés par la Banque centrale [...]. Cela signifie que la transmission de la politique monétaire ne s'opère pas[41]. » C'était comme si un pilote de ligne prenait l'interphone pour dire aux passagers : « Le train d'atterrissage a lâché et les ailes vont bientôt céder. »

Le 26 juillet 2012, Mario Draghi a pris les choses en main en prononçant un élégant discours à Londres devant des investisseurs épuisés : « L'euro, c'est comme un bourdon. C'est un mystère de la nature parce qu'il ne devrait pas voler et pourtant il vole. Donc, l'euro a été un bourdon qui a très bien volé pendant plusieurs années. Et aujourd'hui, je crois que les gens se demandent : "Comment cela a-t-il été possible ?" Il y avait probablement quelque chose dans l'atmosphère, dans l'air, qui faisait voler le bourdon ; maintenant, quelque chose a sûrement changé dans l'air, et nous savons quoi, après la crise financière. Le bourdon va devoir devenir une véritable abeille. Et c'est ce qu'il est en train de faire. »

Draghi souhaitait, sans nul doute, que l'euro devienne une devise convenable, avec tous les attributs nécessaires : un mécanisme de recyclage de l'excédent, et le type de légitimité politique que seule la démocratie libérale peut conférer – cette même démocratie libérale que la zone euro avait été conçue pour esquiver. Il fondait tous ses espoirs sur l'investissement politique de toutes les parties concernées à ne pas laisser mourir la monnaie unique comme était mort le SME-MCE au début des années 1990, et il l'a dit on ne peut plus clairement : « Quand certains parlent de la fragilité de l'euro, de la fragilité croissante de l'euro, et peut-être de la crise de l'euro, très souvent des États-membres ou des dirigeants qui ne font pas partie de la zone euro, ils sous-estiment l'ampleur du capital politique qui est investi dans l'euro. »

Après avoir répété que l'euro était un projet politique, certes paradoxal puisqu'on le construisait comme une zone hors politique, Draghi a prononcé la phrase qui, à elle seule, a fait plus pour sauver l'euro en cet été 2012 que les centaines de milliards qu'avait dépensées la BCE pour le stabiliser : « Dans le cadre de notre mandat, la BCE est prête à faire tout ce qu'il faudra pour préserver l'euro. Et, croyez-moi, ce sera suffisant[42]. » Qu'entendait-il par « tout ce qu'il faudra » et « dans le cadre de notre mandat » ? Dans les semaines qui ont suivi, une annonce officielle de la BCE a explicité l'engagement de Draghi : on ne laisserait pas l'Espagne et l'Italie, et en fait la France, suivre le chemin de la Grèce. « Tout ce qu'il faudra », cela voulait dire que l'Italie et l'Espagne, les États de première ligne dans la bataille pour sauver l'euro, n'auraient pas à emprunter aux autres contribuables européens ; on allait étayer leurs dettes avec de l'argent imprimé par la BCE. Mais comment Draghi allait-il le faire dans le cadre de son « mandat » ? Il a répondu en annonçant le programme Outright Monetary Transactions – Opérations monétaires sur titres.

L'idée de l'OMT était simple : au moment que la BCE choisirait – autrement dit, quand la situation de l'Italie et de l'Espagne deviendrait vraiment rude –, la BCE entrerait sur les marchés monétaires pour acheter un nombre illimité de bons d'État italiens et espagnols afin de stabiliser leur valeur, et avec elle les taux d'intérêt que payaient les gouvernements italien et espagnol pour refinancer leur dette publique. Et comment la BCE financerait-elle ces achats ? En créant des euros numériques à partir de rien. Mais la charte de la BCE permettait-elle de financer ainsi la dette d'un État-membre ? N'était-ce pas une violation de la clause de non-renflouement, imposée par la Bundesbank comme pierre angulaire de la BCE ?

Draghi a répondu par une argumentation ingénieuse. L'OMT n'avait rien à voir avec le soutien des finances publiques de l'Italie et de l'Espagne. Son seul objectif était de réparer les mécanismes de transmission de la politique monétaire de la BCE dans l'ensemble de la zone euro, qui s'étaient brisés[43]. Effectivement, bien que les taux d'intérêt de la BCE aient chuté à moins d'1 %, les entreprises d'Italie et d'Espagne devaient emprunter à 9 %, alors que leurs homologues d'Allemagne ou des Pays-Bas le faisaient à moins de la moitié de ce taux. Donc, raisonnait Draghi, l'OMT ne visait pas à aider financièrement les gouvernements espagnol et italien, puisque la charte de la BCE interdisait expressément une telle intention.

Non, l'achat de dette publique italienne et espagnole (de bons d'État émis par Rome et Madrid) n'avait d'autre but que de rétablir le contrôle de la BCE sur les taux d'intérêt payés par les entreprises dans toute la zone euro ; de rendre à la BCE les moyens de faire ce que lui demandait sa charte : garder le contrôle total des taux d'intérêt que payaient les entreprises et les ménages. Mais pour cela, poursuivait Draghi, la BCE devait d'abord faire baisser les taux d'intérêt que payaient les États, dans l'espoir d'un débordement thérapeutique qui ferait baisser également les taux d'intérêt commerciaux[44]. Autrement dit, Draghi présentait l'OMT comme un mécanisme pour rendre à la banque centrale le contrôle des taux d'intérêt, toute assistance aux finances publiques de l'Italie et l'Espagne n'étant qu'un effet secondaire de sa politique – un simple moyen, pas une fin en soi.

S'il était vrai que le mécanisme de transmission de la politique monétaire de la BCE était brisé et devait être réparé, il était vrai aussi que l'intention réelle de Draghi était d'épargner aux gouvernements italien et espagnol une faillite à la grecque. Et le seul moyen d'y parvenir, c'était de faire ce que la charte de la BCE interdisait : « monétiser » les dettes publiques des États-membres[45].

Puisque la Bundesbank attendait en coulisses, prête à dénoncer Mario Draghi comme un apostat qui violait le traité de Maastricht, le président de la BCE a dû prendre une importante précaution juridique : ces achats de dette publique italienne et espagnole n'auraient lieu qu'à condition que Rome et Madrid, respectivement, acceptent un implacable programme d'austérité à la grecque, programme qui serait administré par la troïka détestée. C'était le prix que Merkel lui avait fait payer pour l'autoriser à sauver l'euro en annonçant son programme OMT.

Avant même l'annonce de l'OMT, le discours de Draghi à Londres et son « tout ce qu'il faudra » avaient fonctionné. Les taux d'intérêt avaient vivement chuté, apportant un répit bienvenu à l'Italie et à l'Espagne. Les opérateurs des marchés monétaires étaient si avides de bonnes nouvelles venues d'Europe qu'ils ont pris pour argent comptant l'engagement de Draghi, en ignorant tout ce qui prouvait qu'il n'était pas crédible – une menace, ou une promesse, qu'on n'allait pas autoriser le président de la BCE à mettre en œuvre s'il devenait nécessaire de le faire[46].

Mais Draghi, lui, ne s'y trompait pas. Il était parfaitement conscient de ce que nous redoutons en permanence, nous qui avons compris les vices de l'architecture de l'euro : le programme OMT reposait sur une menace non crédible de la BCE contre les opérateurs du marché obligataire qui envisageaient de « shorter » les bons d'État espagnols et italiens – c'est-à-dire de miser des sommes considérables sur une baisse de leur valeur. Comme me l'ont confirmé Mario Monti et Luis de Guindos, le ministre espagnol des Finances, dans des conversations que nous avons eues quelques années plus tard, dans la période où j'ai été ministre des Finances, ni Rome ni Madrid n'étaient prêts à signer un mémorandum de style grec avec la Commission européenne, la Banque centrale européenne et le Fonds monétaire international. Car s'ils avaient signé un accord avec la troïka, les gouvernements italien et espagnol n'auraient pas duré plus de quelques semaines.

Le programme OMT entrera dans l'histoire comme un improbable succès. Il a apaisé le marché des bons d'État de l'Italie et de l'Espagne, et plus tard du Portugal et de l'Irlande, par la promesse non crédible de la BCE d'acheter massivement ces obligations. Il n'a fonctionné que pour une seule raison : comme dans un bluff qui gagne, on n'a jamais mis la BCE au pied du mur. On a cru Draghi sur parole, on a eu confiance en lui – ou peur de lui, pour être exact. Les opérateurs des marchés obligataires se sont mis à acheter de la dette italienne et espagnole pour engranger les profits permis par la remontée des cours de ces bons d'État (après le discours de Draghi). Le président de la BCE n'a donc jamais eu à confirmer ses propos avec son argent et, dans ces conditions, Rome et Madrid n'ont jamais eu à signer de mémorandum avec la troïka.

Mario Draghi a gagné ainsi un temps précieux pour l'euro. Rome et Madrid se sont eux-mêmes imposé une austérité modérée pour conjurer la version beaucoup plus dure de la troïka, et les taux d'intérêt ont radicalement baissé, mais les prix moyens et les revenus nominaux en ont fait autant, donc les dettes de ces pays sont toujours aussi insoutenables. L'Italie, en particulier, s'est trouvée prise dans un piège singulier. Elle exportait plus qu'elle n'importait et son gouvernement avait un salubre excédent, hors intérêts et remboursement de la dette, de plus de 2 % du revenu national. Pourtant sa dette publique augmentait considérablement en proportion du revenu national. Pourquoi ? Parce que son revenu national total diminuait, tandis que sa dette continuait à s'accroître – même si elle le faisait lentement grâce au programme OMT de la BCE.

Draghi savait que l'OMT lui avait fait gagner au plus un an. Il lui faudrait développer considérablement la monétisation des dettes des États-membres s'il voulait perpétuer l'illusion qui permettait d'assurer le salut de l'euro. Malheureusement pour lui, Jens Weidmann, le président de la Bundesbank, le savait aussi. Il voyait dans l'OMT une violation des règles qu'avait dictées la Bundesbank, ses conditions pour abandonner le deutschemark. Et il prévoyait également que Draghi allait devoir aggraver énormément cette violation s'il voulait réussir à sauver l'euro.

Nord et Sud

À bien des égards, les Irlandais et les Grecs sont très différents. Pourtant la crise de l'euro a largement uni leurs destins, en contraignant les plus faibles des Grecs et les plus faibles des Irlandais à éponger les pertes privées des banquiers allemands et français[47].

Le mitraillage de Klaus Masuch par Vincent Browne, au cours de cette conférence de presse saisissante, a mis le malheureux dirigeant de la BCE dans la position impossible d'avoir à défendre le comportement indéfendable de la BCE vis-à-vis du peuple d'Irlande. Dans son questionnement agressif, Browne a fait plusieurs fois allusion au chantage exercé par la BCE sur le gouvernement de Dublin pour le forcer à transférer sur les comptes publics les dettes privées d'une banque qui était morte et enterrée, donc ne représentait plus aucune menace pour la stabilité financière de l'Irlande. Mais ce qu'il ne soupçonnait pas, c'est que la BCE n'avait pas encore fini son sale travail.

Pour reprendre l'affaire à son début, quand l'Anglo-Irish Bank et autres bombes à retardement financières ont explosé en 2009, la BCE a obligé le gouvernement irlandais d'alors, sans le consentement de son électorat, à offrir aux banquiers en faillite des « billets à ordre » – autre type d'IOU –, lesquels, comme chaque Irlandaise et Irlandais le sait aujourd'hui, ont provoqué la faillite du pays, le retour de l'émigration massive et des épreuves inouïes pour la majorité de la population. Ces billets à ordre prévoyaient des paiements réguliers du Trésor irlandais au porteur. Leur montant était énorme et la somme devait être acquittée en un petit nombre d'années. Ils ont donc entraîné simultanément une crise des liquidités dans le secteur public et l'insolvabilité de l'État irlandais. Les banques irlandaises défuntes ont pris ces billets à ordre et les ont déposés comme nantissement auprès de la Banque centrale d'Irlande ; elles ont alors retiré des liquidités pour rembourser les détenteurs de leurs obligations non garanties (essentiellement des Allemands).

Le gouvernement s'est effondré sous le poids de son hubris, mais son successeur a cédé, lui aussi, aux pressions de la BCE qui ne voulait ni décote ni restructuration des billets à ordre. Dublin a opté pour la stratégie du « prisonnier modèle » : « Nous allons faire ce qu'on nous dit en espérant une remise de peine. » Désormais, les billets à ordre se trouvaient sur les livres de comptes de la Banque centrale d'Irlande, et le gouvernement irlandais faisait les plus grands efforts pour les payer quand ils arrivaient à maturité. Pendant deux ans, le gouvernement irlandais a sollicité, à Bruxelles et à Francfort, un allongement de leur calendrier de remboursement, tout en soumettant les plus faibles des citoyens irlandais aux pires coupes qu'avait connues l'Europe du Nord depuis la famine de la pomme de terre en Irlande.

Hélas, la BCE a été intraitable. Elle n'a pas autorisé la Banque centrale d'Irlande à consentir de meilleures conditions à son propre gouvernement, car cela aurait été une violation de la clause de « non-renflouement » du traité de Maastricht. Autrement dit, les banquiers privés non garantis devaient absolument bénéficier d'un renflouement illégal[48] et parfaitement immoral ; mais les contribuables qu'on obligeait à payer les pots cassés ne pouvaient même pas obtenir de meilleures conditions de remboursement de la dette odieuse privée qu'ils avaient été contraints d'assumer pour renflouer les banquiers.

Ce n'est qu'en 2014 que la BCE s'est radoucie : elle a accepté que les billets à ordre soient échangés contre de nouveaux bons d'État irlandais à plus long terme, portant intérêt. Elle admettait ainsi, de fait, que cette dette odieuse devait être restructurée, ce qui allégeait un peu la pression sur l'État irlandais. La Banque centrale d'Irlande a donc échangé les billets à ordre exécrés[49] qu'elle détenait contre de nouveaux bons d'État irlandais qui promettaient au porteur d'importants versements d'intérêts à long terme. Et, tant que le porteur était la Banque centrale d'Irlande, qui allait conserver ces bons jusqu'à maturité, l'État paierait ces intérêts à sa propre banque centrale, qui les lui rendrait sous forme de dividendes. En un sens, les bénéficiaires à long terme seraient les contribuables irlandais, petite compensation pour les épreuves que leur avaient fait subir la BCE et les banquiers.

Mais non : pour la BCE, pas question ! Quoi ? se sont exclamés ses hauts fonctionnaires à Francfort. L'État irlandais va bénéficier de l'échange des billets à ordre contre les bons d'État ? Nous ne pouvons pas laisser passer ça ! Ce serait un cadeau aux contribuables irlandais. Un financement monétaire de l'État irlandais par la BCE. Que va dire la Bundesbank ? Les hommes de bien de Francfort ont donc fait pression sur la Banque centrale d'Irlande pour qu'elle se défasse de ces bons d'État, pour qu'elle les vende à des banquiers privés, qui plus tard, quand le moment serait venu, encaisseraient les intérêts payés par les contribuables irlandais. Si quelqu'un devait profiter de l'opération, ce devait être les banquiers et les fonds spéculatifs, encore. Jamais les citoyens.

Dans la même période, un scénario similaire se déroulait en Grèce. Au printemps 2012, la dette publique grecque avait enfin fait l'objet d'une décote, ce qui confirmait qu'une dette impossible à rembourser subirait un *haircut* quels que soient les dogmes des responsables européens. Mais qui allait perdre et gagner au choix du moment et aux modalités de l'opération ? C'était toute la question. En l'occurrence, ce sont les bons d'État en majorité détenus par les banques grecques, les petits détenteurs grecs et les fonds de pension grecs qui ont été matraqués. La troïka a exigé du gouvernement grec qu'il ne prenne aucune mesure compensatoire en faveur des petits détenteurs ou des fonds de pension, mais qu'il rembourse intégralement les banquiers.

Effectivement, la décote avait coûté aux banques grecques 38 milliards d'euros et elles étaient de fait en faillite[50]. Le second renflouement de la Grèce (qui a eu lieu en même temps que la décote, au printemps 2012) a donc assigné à la recapitalisation des banques 50 milliards d'euros, que le gouvernement emprunterait au FESF-MES – contrairement aux exigences formulées par Mario Monti, cette somme alourdirait encore la dette publique de la Grèce. Concrètement, l'État grec en faillite a été contraint par l'Europe d'emprunter à l'Europe pour le compte des banquiers grecs en faillite, et de permettre ainsi à ces derniers de recevoir des injections de capital sans perdre le contrôle de leurs établissements – sans qu'ils soient nationalisés. Pour que les banquiers puissent conserver leurs banques, le parlement grec a voté un texte de loi : s'ils étaient en mesure de lever 10 % du capital supplémentaire requis, l'État grec avancerait les 90 % restants – que le contribuable allait emprunter à l'Europe –, mais il n'aurait aucun droit de regard sur la gestion[51].

Et, comme si cela ne suffisait pas, le même texte législatif précisait que les acheteurs privés des actions des banques recevraient, avec leurs actions, des « warrants ». Pour l'essentiel, les warrants sont des options qui permettent d'acheter d'autres actions au faible prix initial. Autrement dit, non seulement l'État autorisait les banquiers à rester aux commandes des banques qu'ils avaient mises en faillite, mais il s'engageait à leur livrer tous les bénéfices que pourrait rapporter une éventuelle remontée du cours des actions de ces banques. Pile, l'État perdait, face, les banquiers gagnaient. C'était simple !

Naturellement, ces conditions d'une folle générosité, notamment les warrants, ont provoqué un tourbillon d'intérêt spéculatif pour les banques grecques. En avril 2014, pour bien verrouiller les gains des banquiers, un changement des règles de recapitalisation des banques est passé en douce au parlement grec, sous une forme que pratiquement aucun élu n'a remarquée. Un amendement apparemment innocent à une loi a interdit à l'État grec d'acheter les nouvelles actions que les banques étaient sur le point d'émettre. Autoriser l'émission de nouvelles actions à des prix très inférieurs à ceux que l'État grec avait payés pendant l'injection de près de 40 milliards d'euros dans les banques, tout en lui interdisant d'en acheter, c'était dévaloriser les actions que possédait l'État et diluer considérablement sa participation au capital des banques. Bref, le peuple grec était arnaqué, par des méthodes qui n'étaient pas si éloignées de celles qui avaient été mises en pratique la même semaine en Irlande – quand la banque centrale de ce pays avait été obligée de se défaire des bons d'État irlandais qu'elle avait reçus en échange de ses billets à ordre.

Et quel est le point commun entre ces nouvelles agressions contre les peuples grec et irlandais ? La présence du gardien européen de l'euro, du défenseur du système monétaire, du garant de l'intérêt général de l'Europe : la Banque centrale européenne.

L'empire contre-attaque

En décembre 2012, la banque centrale allemande, l'inflexible Bundesbank, est passée à la contre-offensive. Elle a attaqué le programme OMT de la BCE et de M. Draghi par une déposition de son président, Jens Weidmann, devant la Cour constitutionnelle de son pays[52]. Trois de ses déclarations ont fait l'effet d'une bombe. Il demandait ouvertement si la BCE avait mandat d'empêcher l'effondrement de l'euro. Il contestait la décision, prise en commun par la chancelière

Angela Merkel et le président de la BCE Mario Draghi à l'été 2012, de maintenir la Grèce dans la zone euro. Enfin, il niait que, comme le répétait souvent M. Draghi, le mécanisme brisé de transmission monétaire de la BCE dût être réparé le plus vite possible.

Conjointement, ces trois déclarations constituaient un acte de guerre contre l'euro en tant que monnaie cohérente, d'autant plus qu'il s'agissait de dépositions officielles de la Bundesbank devant la Cour constitutionnelle allemande en vue de faire interdire, comme inconstitutionnels, les derniers instruments monétaires dont disposait M. Draghi et par lesquels il s'efforçait de maintenir la zone euro.

Mais si ce n'est pas à la BCE d'assurer la cohésion de l'euro, comme le laissait entendre M. Weidmann, qui doit le faire ? En contestant que la survie de l'euro relève des compétences de la BCE, la Bundesbank prenait une position aussi neuve qu'intéressante : sauver la zone euro n'est pas primordial, même si les dirigeants politiques de l'Europe pensent le contraire. Manifestement, la tendance passée de la Bundesbank à guider en arrière-plan l'évolution de l'Europe n'avait pas disparu à la mort de son cher deutschemark. Elle était restée un moment en sommeil, mais avec Jens Weidmann elle s'était réveillée.

Quand on la lit attentivement, la déposition du président de la Bundesbank acquiert une logique étrangement rigoureuse. Elle tente de torpiller la crédibilité du programme OMT avec lequel Draghi s'efforce d'assurer l'irréversibilité de l'euro, et elle se sert de la Grèce comme torpille. La détermination de la BCE à maintenir la Grèce dans la zone euro, affirme Weidmann, est incompatible avec sa charte. Si empêcher une fragmentation progressive de l'union monétaire nécessite de faire « tout ce qu'il faudra » pour garder ouvertes les banques grecques, la BCE annonce au monde qu'elle est résolue à acheter des créances possédées par les banques grecques même après la disparition de toute prétention sérieuse de ces banques à être solvables. Mais quand la BCE tient ce discours, c'est comme si elle se déclarait prête à violer sa charte pour sauver l'euro !

Weidmann avait raison, bien sûr. Si elle voulait maintenir l'intégrité de la zone euro, la BCE devait trouver régulièrement d'habiles prétextes pour infléchir ses propres règles grotesques datant de Maastricht. Nul n'y est mieux parvenu, ou avec plus de panache, que Mario Draghi. Si l'euro est aujourd'hui en vie, pour le meilleur ou pour le pire, c'est grâce à l'adresse du président de la BCE à ce jeu potentiellement explosif : circonvenir les règles de la BCE par des moyens qui ne soient ni flagrants ni trop timides.

Jens Weidmann le voyait bien, et il savait que Draghi allait être obligé d'augmenter la mise. Une fois l'orthodoxie de l'OMT bien établie, il lui faudrait aller encore plus loin pour garder l'initiative face aux opérateurs des marchés obligataires. Furieuse à la perspective de nouvelles violations de la charte qu'elle avait fait tant d'efforts pour imposer à la BCE, la Bundesbank était, et reste, prête à faire « tout ce qu'il faudra » pour arrêter net Mario Draghi.

Jusqu'à présent, Herr Weidmann n'est pas parvenu à ses fins. Cela prouve la détermination de la chancelière Merkel à ne pas voir l'euro s'écrouler pendant son mandat. Mais Draghi le sait parfaitement : ni lui ni Berlin ne peuvent se permettre d'ignorer la fureur de la Bundesbank, ni sa préférence pour une zone euro plus réduite.

Assouplissement rigide

L'OMT de M. Draghi était l'arme parfaite : elle fonctionnait parce qu'elle n'avait jamais servi. Mais le président de la BCE savait que, si les marchés obligataires l'avaient mis au pied du mur et qu'il avait dû l'utiliser, le résultat aurait été décevant[53]. Il pouvait aussi constater que l'austérité, d'abord imposée à la Grèce puis exportée pratiquement partout dans la zone euro, provoquait une déflation perverse qui menaçait de précipiter toute la zone dans une version postmoderne de la Grande Crise des années 1930. Dans ces conditions, l'OMT lui avait simplement fait gagner le temps nécessaire pour sortir l'artillerie lourde : l'assouplissement quantitatif[54].

Le QE (*Quantitative Easing*, assouplissement quantitatif) a été inventé au Japon dans les années 1990 et adopté aux États-Unis après le désastre de 2008. Lorsqu'une crise se révèle si grave que chacun tente désespérément de rembourser ses dettes alors que ses revenus chutent, nul ne veut emprunter, même si les taux d'intérêt tombent à zéro. À ce stade, les banques centrales ne sont plus en mesure de stimuler l'économie par leur méthode habituelle – en réduisant les taux d'intérêt. Zéro est effectivement un nombre extrême, et si les taux descendaient au-dessous, les déposants, désormais tenus de payer les banques pour qu'elles gardent leur argent, retireraient aussitôt jusqu'au dernier centime : le secteur bancaire n'y survivrait pas.

En 1936, John Maynard Keynes avait dû citer *Le Canard sauvage* d'Ibsen pour faire toucher du doigt à ses lecteurs le problème auquel est confrontée une banque centrale quand les taux d'intérêt sont tombés à zéro et que, malgré tout, l'économie reste enlisée dans le marasme : « Le canard sauvage a plongé profondément, aussi loin qu'il pouvait aller, et il s'est solidement cramponné aux herbes, à la mousse et aux débris qui jonchent le fond ; il faudrait un chien extraordinairement adroit pour plonger à sa recherche et le rapporter[55]. » Le QE a été conçu pour être le « chien extraordinairement adroit » de Keynes : une méthode de substitution permettant aux banques centrales de stimuler l'économie.

L'idée est simple. La banque centrale achète aux banques de dépôt des créances sur d'autres. Qui sont ces « autres » ? Il peut s'agir de familles qui ont contracté des prêts immobiliers auprès des banques, ou d'entreprises, ou même d'un État qui a vendu aux banques des bons d'État. En échange de ces créances et des flux de revenus qu'elles produisent, la banque centrale dépose des dollars ou des euros sur les comptes que les banques de dépôt possèdent auprès d'elle. Où la banque centrale trouve-t-elle l'argent ? Dans l'air que nous respirons : ce ne sont que des chiffres qu'elle crée à partir de rien et ajoute au compte de la banque de dépôt. Pourquoi fait-elle cela ? Dans l'espoir que la banque utilise ensuite cet argent en le prêtant à des entreprises qui souhaitent investir et à des familles qui veulent acheter des maisons, des voitures, divers appareils, etc. Si c'est bien ce qui se passe, l'activité économique va remonter quand ce flux de liquidités y entrera à vive allure. Du moins est-ce ainsi qu'en théorie l'assouplissement quantitatif stimule une économie exsangue.

Le QE fonctionne, mais, même dans les meilleures conditions possible, il ne le fait pas très bien, ni de la façon prévue. La raison est claire : pour que le cercle vertueux de l'assouplissement quantitatif s'enclenche, l'apparition simultanée de multiples jugements impossibles est absolument nécessaire.

Jack et Jill, clients de la banque Y, doivent estimer que le marché de l'immobilier ne descendra pas plus bas à moyen terme, et que leurs emplois sont assez sûrs pour qu'ils demandent à leur banque un prêt hypothécaire. La banque Y doit être disposée à prendre le risque d'alourdir sa colonne d'actifs déjà longue (sa liste de prêts rapportant un revenu) en prêtant à Jack et à Jill l'argent nécessaire pour acquérir une maison, dans l'espoir que la banque X achètera ce prêt en puisant dans son compte de réserve à la banque centrale, alimenté par l'assouplissement quantitatif. Les entreprises qui envisagent d'employer des personnes comme Jack et Jill à moyen et long terme doivent croire que la banque X va effectivement acheter leur prêt hypothécaire à la banque Y et que ce type de transaction va augmenter la demande pour leurs produits, donc justifie des embauches.

Pour abréger une longue histoire, disons qu'il faut que bien des gens croient bien des choses pour que l'assouplissement quantitatif tienne sa promesse de stimuler l'économie réelle. Mais, dans le climat d'anticipations pessimistes autoréalisatrices qui règne au cœur d'une crise grave, imaginer que ces jugements optimistes vont tous venir simultanément à l'esprit des divers agents, c'est croire aux miracles. Le plus probable, comme nous l'avons vu au Japon et aux États-Unis, où l'assouplissement quantitatif a été expérimenté à fond, c'est que les banques vont prêter l'argent créé par la banque centrale non à d'autres banques ou à Jack et à Jill, mais à des entreprises. Or ces entreprises n'investissent pas l'argent emprunté en machines et en main-d'œuvre, de crainte qu'il n'y ait pas de demande pour une production supplémentaire. Elles s'en servent pour racheter leurs propres actions à la bourse afin de faire monter leur cours, et d'engranger un joli bonus pour avoir « valorisé la compagnie ». Si ce processus stimule, dans une certaine mesure, les prix de l'immobilier haut de gamme et la demande de biens de luxe, son seul vrai résultat est l'ascension d'une inégalité grossière.

Au Japon et aux États-Unis, le QE n'a pas réussi à provoquer la reprise[56], mais il a au moins permis d'empêcher la récession de se muer en dépression. En Europe, on a toujours supposé que son efficacité serait plus incertaine, à cause de la piteuse architecture de la zone euro, que reflètent les incongruités du traité de Maastricht. Le président Draghi le savait, mais il estimait qu'il n'avait pas le choix : il devait mettre en œuvre l'assouplissement quantitatif. Pour deux grandes raisons.

D'abord, il était persuadé qu'il serait tôt ou tard mis au pied du mur dans son bluff sur l'OMT. Deuxièmement, il s'attendait à un retour en force de l'instabilité quand la Federal Reserve et la Banque du Japon commenceraient, en 2014, à réduire leurs propres QE : son stratagème de l'OMT aurait alors besoin de solides renforts.

Comme la Bundesbank ne cesse de le rappeler à Mario Draghi, la BCE n'a pas le droit de monétiser la dette des États-membres. Elle ne peut donc pas acheter des bons italiens à volonté aux banques italiennes ou espagnoles comme la Federal Reserve achète des bons du Trésor[57]. Pour rester autant que possible dans le corset de sa charte, le conseil d'administration de la BCE, que préside Draghi, a imaginé le plan suivant : acheter des bons d'État à chaque État-membre en proportion de ses parts de la BCE – autrement dit, de la taille de son économie. De toute évidence, Draghi comptait prétexter que, si la BCE monétise la dette de tous les pays en proportion de la taille relative de leur économie, personne n'est renfloué. De plus, puisque Jens Weidmann faisait valoir qu'en achetant des obligations d'États insolvables, la BCE s'orientait vers l'achat de créances aux banques insolvables qui leur étaient rattachées, Draghi a contré cet argument en acceptant de laisser en dehors de l'assouplissement quantitatif les pays tombés entre les mains de la troïka. Autant dire que le pays qui avait le plus besoin de l'assouplissement quantitatif de la BCE, la Grèce, en serait exclu, et que les pays qui en avaient le moins besoin, les économies auxquelles il pouvait en fait porter tort, en recevraient la plus forte dose.

Le cas de l'Allemagne est un bel exemple. Selon les calculs des économistes de la BCE, pour que le programme de QE sur l'ensemble de la zone euro fonctionne, c'est-à-dire arrête la spirale déflationniste qui menaçait l'euro, la BCE devait acheter 60 milliards d'euros par mois de bons d'État – de dette publique. En vertu de la règle qu'elle s'était fixée, 27 % de ces obligations devaient être des Bunds (on appelle ainsi les bons d'État allemands), puisque l'Allemagne possède 27 % de la BCE, le revenu national de l'Allemagne représentant environ 27 % du revenu national global de la zone euro.

Dans la première année de mise en œuvre du QE, en 2015, la BCE s'était engagée à acheter plus de 190 milliards d'euros de Bunds – 16 milliards d'euros par mois. Hélas, en 2015, l'émission totale de Bunds de l'Allemagne devait se monter à 140 milliards d'euros seulement, car le gouvernement fédéral avait entrepris d'effectuer un « déleverage » – de se désendetter, donc d'emprunter très peu. La BCE s'est alors trouvée en position délicate, puisque le gouvernement allemand vendait 50 milliards d'euros de Bunds de moins qu'elle était tenue d'en acheter. Elle n'avait qu'une solution : prendre contact avec les banques de dépôt et les fonds de pension allemands et les prier de bien vouloir se défaire de leurs Bunds pour combler l'écart. Mais il y avait un problème : la loi fait obligation à la plupart des compagnies d'assurances et des fonds de pension allemands de détenir leurs réserves sous forme de Bunds. Pour acheter les Bunds dont elle avait besoin, la BCE a donc dû proposer des prix exorbitants à des banques, à des fonds spéculatifs ou à des particuliers qui en avaient thésaurisé. Pour illustrer l'extravagance de ces prix, précisons que, dans bien des cas, la BCE a payé 1 010 euros un bout de papier qui promettait à son propriétaire 1 000 euros dans cinq ans ! Comme si Jack devait payer à Jill le privilège de lui prêter de l'argent ; autrement dit, un taux d'intérêt négatif.

Les problèmes provoqués par ces taux d'intérêt négatifs ont été légion. Ils mettaient au bord de la ruine les épargnants et les fonds de pension allemands, qui comptaient sur des taux d'intérêt corrects pour survivre. De plus, les spéculateurs, profitant des taux ultrafaibles en Allemagne, empruntaient de l'argent pour acheter des actions en bourse, ce qui faisait monter les cours et apportait ainsi des profits financiers à des Européens déjà riches, en un temps où les travailleurs subissaient les bas salaires en Allemagne et la catastrophe absolue dans des pays comme la Grèce et l'Espagne.

Si l'on avait autorisé Mario Draghi à agir en banquier central vraiment indépendant, il aurait pu acheter uniquement des bons espagnols et italiens et aucun Bund allemand, puisque la déflation touche l'Espagne et l'Italie et pratiquement pas l'Allemagne. Mais non, la BCE est tenue d'acheter davantage de Bunds allemands pour pouvoir continuer à prétendre que sa charte stupide est respectée.

Un putsch très européen

Le QE de M. Draghi a orienté à la hausse les cours boursiers et les prix de l'immobilier haut de gamme dans des pays excédentaires comme l'Allemagne et les Pays-Bas, mais il n'a pas contribué à mobiliser l'épargne dormante dans ces pays pour la transformer en investissements productifs, et son échec sur ce point a été particulièrement net dans les pays en crise. La presse financière n'en semble pas moins persuadée que l'assouplissement quantitatif a fonctionné.

En fait; voici ce qui s'est passé : lorsque la quantité d'euros fabriquée par la BCE a augmenté, ces euros ont été en partie échangés contre d'autres devises, et puisqu'on a vendu sur les marchés des changes davantage d'euros contre d'autres devises, la valeur internationale de l'euro – son taux de change – a baissé. Pour certains pays, comme l'Espagne, cette baisse a entraîné une petite embellie des exportations. Mais il suffit d'un coup d'œil sur le marché du travail espagnol dévasté, où les salaires sont au plus bas, pour voir que les seuls emplois créés par cette stimulation l'ont été aux dépens d'emplois en

France, où les rémunérations n'avaient pas encore diminué. Les compagnies européennes ont simplement profité des Espagnols acculés, et l'effet net sur l'emploi global dans la zone euro a été négligeable. Ce qui ne l'est pas, c'est que l'Europe est en train de dévaluer sa propre main-d'œuvre par la concurrence intérieure, exactement comme elle dévaluait ses propres devises par la concurrence dans les années 1930. Dans ces conditions, le QE de M. Draghi n'a stabilisé les forces déflationnistes de la zone euro que pour permettre à cette forme stérile, moralement destructrice, de l'effet « dépouille ton prochain » de prendre racine, sans contribuer réellement à vaincre la crise.

Paradoxalement, du point de vue de Bruxelles, Francfort et Berlin, le plus grand succès de l'assouplissement quantitatif de la BCE est ailleurs : il a permis à la troïka de vaincre le gouvernement grec dans sa lutte pour renégocier le désastreux programme qui condamnait notre peuple à une dépression sans fin. Comment a-t-il eu cet effet ?

À la fin de l'année 2012, les deux renflouements de la Grèce avaient achevé le transfert aux contribuables européens des pertes privées potentielles, donc mis les banques européennes à l'abri du drame grec. Avec l'entrée en vigueur de l'assouplissement quantitatif, on savait que M. Draghi pouvait imprimer jusqu'à 60 à 70 milliards d'euros par mois pour acheter les obligations des États en difficulté budgétaire (autres que la Grèce). Cela a joué comme un amortisseur de choc supplémentaire sur les marchés financiers, et c'est ce qui a permis à l'Eurogroupe et à la BCE de fermer les banques grecques sans qu'il s'ensuive aucune panique sur les marchés obligataires. Une politique censée s'attaquer à la déflation dans toute l'Europe a commencé par exclure le pays qui avait le plus grand besoin de sa thérapie – la Grèce –, puis elle a étranglé son gouvernement fraîchement élu parce qu'il avait osé contester le programme d'austérité et la dette insoutenable qui étaient les causes initiales de la dépression. Seule la zone euro pouvait assigner un rôle aussi méprisable à une politique monétaire conçue pour alléger les souffrances de ses citoyens.

Cruauté

Il y a quelques années, longtemps avant qu'une carrière politique ne se profile pour moi, je me suis trouvé à Bruxelles, et j'ai eu l'occasion de discuter des derniers rebondissements de la crise avec un des grands prêtres de la Commission européenne. C'était ma première conversation avec une personnalité aussi puissante et haut placée dans la technocratie égocentrique de Bruxelles, et j'ai posé une ou deux questions presque impertinentes auxquelles, à ma grande surprise, j'ai reçu une réponse honnête.

« Pourquoi la Commission fait-elle pression sur le Portugal pour qu'il augmente ses impôts indirects dans une période d'effondrement de la demande ? » Ces hausses d'impôts n'allaient-elles pas réduire les ventes et, par conséquent, les recettes de la TVA ? De même pour le doublement des taxes sur le fioul domestique en Grèce : « Pourquoi réclamez-vous cela ? ai-je demandé. Ne comprenez-vous pas que les gens vont simplement renoncer à chauffer leur maison et que les recettes de la taxe sur le fioul vont diminuer ? »

« Évidemment. Mais nous ne faisons pression pour une hausse de la TVA et de la taxe sur le fioul qu'à des fins de dissuasion. Il s'agit de montrer à Rome ce qui l'attend si son gouvernement ne se plie pas à nos exigences, s'il ne durcit pas l'austérité en Italie. »

Plus récemment, pendant mes négociations au nom du gouvernement grec avec la Commission, la BCE et le FMI, je me suis à nouveau heurté au même type de raisonnement. J'ai demandé à l'un de mes interlocuteurs s'il pensait que les taux exorbitants de TVA qu'il essayait de me faire avaler de force allaient augmenter les recettes fiscales de notre gouvernement. Il a admis bien volontiers que non. « Alors, ai-je demandé, pourquoi insistez-vous là-dessus ? » Réponse : « Quelqu'un dont l'opinion compte ici veut montrer à Paris ce qui attend la France si elle refuse d'engager des réformes structurelles. »

Ce n'est donc pas sans solides raisons que, lorsque je parle de mes récents démêlés avec la troïka devant un public italien ou français, je dis à mes auditeurs : « Je ne suis pas venu ici solliciter votre sympathie ou votre aide. Je suis venu vous prévenir qu'il n'y a pas de crise grecque, ou irlandaise, ou portugaise. Nous sommes tous dedans, tous ensemble. La Grèce n'est qu'un immense laboratoire où l'on teste des politiques désastreuses avant de les transplanter chez vous. »

C'est ce que la crise de l'euro a fait à l'Europe. Une élite politique qui n'y comprend rien, qui est dans le déni de la nature et de l'histoire d'une crise dont les racines remontent au moins à 1971, applique des politiques voisines du bombardement en tapis aux économies de fières nations européennes pour les sauver. La Grèce, le Portugal, l'Irlande, l'Espagne ont été réduits en bouillie pour tétaniser l'Italie et la France et maintenir la BCE en activité. Simultanément, on présente ces politiques misanthropes au nom de la communauté, de la solidarité, de l'efficacité, de la responsabilité et, bien sûr, du profond souci d'éviter toute perte de la prétendue crédibilité des institutions européennes.

L'alchimie inversée n'est pas plus simple que l'alchimie. Transmuter le plomb en or, le graal de l'alchimiste, s'est révélé d'une difficulté insurmontable ; transformer l'or en plomb est tout aussi ardu.

Les « alchimistes à l'envers » de l'Europe – les hauts fonctionnaires, dirigeants politiques, commentateurs et universitaires dont ce chapitre a narré les exploits – ont œuvré d'arrache-pied, et pendant des années, pour atteindre un objectif qui aurait dû être tout aussi impossible : remplacer des décennies d'intégration du continent par une désunion qui plombe les cœurs et les esprits européens. Mais ils y sont arrivés – au moyen d'une monnaie unique.

Du haut de la célèbre grande roue du Prater, le parc d'attractions de Vienne, Harry Lime (joué par Orson Welles dans *Le Troisième Homme*[58]) avance une théorie provocatrice de la civilisation européenne. Il dit que sous les Borgia trois décennies de carnage nous ont donné la Renaissance ; mais que cinq siècles de démocratie et de coexistence pacifique en Suisse n'ont rien produit de plus brillant que l'horloge à coucou.

Si facétieuse que soit la théorie de Lime (et terriblement injuste pour l'histoire suisse), l'histoire et la culture de l'Europe sont gorgées de sang et sous-tendues par le conflit. C'est pour cela que l'idée d'union séduisait les Européens. L'art et la musique, domaines dans lesquels l'Europe a apporté une éminente contribution à l'humanité, offrent d'autres preuves de notre face sombre. Un tableau n'est pas un objet décoratif, a dit un jour Picasso, c'est « une arme contre l'ennemi ». Beethoven a dédié sa *Troisième Symphonie* à Napoléon, puis a déchiré rageusement sa dédicace quand celui-ci s'est fait couronner empereur. D. H. Lawrence affichait un mépris cinglant de la démocratie, saupoudré pour faire bonne mesure d'un antisémitisme virulent. La poésie d'Ezra Pound célébrait son immense amour de la culture européenne, qui n'a nullement fait obstacle, hélas, à sa glorification du fascisme.

Au vu de ce passé culturel riche et tourmenté, une monnaie commune qui œuvre à la dissolution de l'unité européenne paraît moins paradoxale. Dès l'instant où l'Europe a été expulsée de la confortable zone dollar américaine de l'après-guerre, ses élites se sont efforcées de la recréer sur leur continent. Mais, n'ayant jamais compris les leçons que les New Dealers avaient apprises dans les années 1930 et 1940, les dirigeants européens ont répété les erreurs des années 1920 en créant au cœur de l'Europe une monnaie mal conçue qui ressemble à l'étalon-or.

À partir de la fin des années 1990, les banques européennes ont copié les pratiques du flamboyant secteur financier de l'Anglosphère alors qu'elles ne disposaient pas du filet de sécurité d'une Federal Reserve, ni d'une Banque d'Angleterre, ni même d'une Banque du Japon, pour les rattraper quand leur chute inévitable se produirait. Cette conjonction entre la fragilité de l'architecture monétaire de la zone euro et les impératifs de la financiarisation anglo-saxonne, qui avait infecté les banques de Paris et de Francfort sous le nez de Bruxelles et de la BCE, a engendré une dépendance aux marchés monétaires à laquelle l'union monétaire de l'Europe ne pouvait résister.

Au temps où le Minotaure américain rugissait et faisait tourner à plein les usines allemandes, néerlandaises et chinoises, l'Europe a suivi la voie de la Grande-Bretagne et des États-Unis. Elle a subordonné l'industrie à la finance et converti la société au nouveau credo : les marchés sont des fins en soi, des totems qu'il convient d'adorer pour eux-mêmes, des temples dont la sainteté transcende tout examen rationnel.

L'idée de marché unique de l'Atlantique à l'Ukraine et des Shetland à la Crète n'était pas mauvaise en soi. Les frontières sont des cicatrices à la surface de la terre, et plus tôt nous en serons débarrassés, mieux cela vaudra, comme le confirme la récente crise des réfugiés syriens. Il n'y avait rien de mal non plus à envisager une monnaie unique. L'illusion dangereuse a été de croire que nous pouvions créer un marché unique et une monnaie commune sans le contrepoids d'un dèmos puissant pour les stabiliser et les civiliser.

Oublions ces mécanismes économiques à donner le tournis. Un coup d'œil sur l'esthétique de l'euro en dit très long. Regardez l'un de ses billets. Que voyez-vous ? Des arches et des ponts agréables. Mais ce sont des arches fictives et des ponts inexistants. C'est à peine croyable : sur ses billets communs tout neufs, un continent si riche en trésors culturels a choisi de n'en mettre aucun. Pourquoi ? Parce que les bureaucrates ne voulaient rien imprimer de litigieux sur la nouvelle devise. Ils voulaient déculturer nos billets comme ils aspiraient à dépolitiser la politique et à technocratiser la monnaie. Même sans rien connaître à l'économie, sans rien savoir de l'épouvantable architecture de la zone euro, on aurait pu d'un seul regard sur le désert culturel des billets deviner ce qui se passait. Au lieu d'aller vers un peuple européen souverain avec une culture partagée et affichée fièrement sur sa monnaie, l'Europe a continué sur sa lancée des années 1950, en transférant un immense pouvoir politique à une bureaucratie colossale, officiellement technocratique, qui allait nécessairement honorer la démocratie et la solidarité en les violant plus qu'en les respectant[59].

Et toute l'ironie de la situation est là. Avant l'effacement des frontières entre la Pologne, l'Allemagne, la France et la Grande-Bretagne, un film comme *La Double Vie de Véronique* faisait vibrer en accord parfait ses spectateurs à Varsovie, Paris, Londres et Stuttgart. Ce ne serait pas le cas aujourd'hui pour un film du même genre. Véronique et Weronika n'auraient aucun lien, aucune attache mystique. Elles seraient dressées l'une contre l'autre dans une Union européenne implacable où la solidarité a été réduite à des « renflouements » prédateurs qui alourdissent les dettes, à des « réformes » qui se soldent par des coupes sauvages dans les salaires et les pensions de retraite des plus pauvres, et à une « crédibilité » synonyme d'obstination dans des conduites économiques d'échec.

Les demandes d'adhésion à l'Union européenne n'ont jamais été aussi nombreuses, ne cessent de dire les commentateurs bruxellocentriques ; n'est-ce pas la preuve que l'Europe fonctionne ? Ils oublient que l'Empire romain a implosé parce que son noyau central est devenu trop fragile lorsqu'il a étendu ses frontières vers l'est. Il en est résulté une dégénérescence culturelle appelée Moyen Âge. Aujourd'hui, l'Union européenne voit également son noyau central se désintégrer à une époque d'expansion vers l'est. À l'heure où des peuples fiers sont soumis l'un après l'autre au supplice de la baignoire budgétaire, où ils se retournent les uns contre les autres, où la croissance de Ponzi se mue souplement en austérité de Ponzi, où aucun débat sérieux n'est engagé sur la création d'une architecture économique rationnelle et où certains Européens sont de plus en plus sûrs d'être des Européens plus méritants que les autres, le noyau dur de l'Europe se fragilise dangereusement et les liens d'authentique solidarité se rompent.

Pendant ce temps, sur l'autre rive de l'Atlantique, les Américains observent, incrédules, la rechute du continent qu'ils ont aidé il y a tant d'années à sauver de ses démons : le voici qui se retourne à nouveau contre lui-même, sème en son sein les germes du conflit et compromet les efforts de l'Amérique et de la Chine pour stabiliser l'économie mondiale.

Peut-on faire quelque chose pour arrêter l'effroyable alchimie inversée de l'Europe ?

L'Europe pourra-t-elle arracher un avenir démocratique aux mâchoires d'un âge des ténèbres postmoderne ?

Ou les Européens auront-ils à nouveau besoin d'une main secourable venue d'outre-Atlantique, même s'ils n'en veulent pas ?

Une chose est sûre : l'Europe est trop importante pour être laissée à ses dirigeants incompétents.

CHAPITRE 7

Retour vers le futur

Chaque fois que j'étais assis au banc des ministres au parlement grec, j'avais juste en face de moi les gangsters démocratiquement élus du parti nazi Aube dorée[1]. Et chaque fois que je n'avais pas évité leur regard, ou que des amis des États-Unis, de Grande-Bretagne, d'Australie, de Thaïlande ou de Chine me demandaient de leur expliquer le phénomène Aube dorée, le personnage de Kapnias me revenait à l'esprit.

Je l'avais vu pour la première fois en décembre 1991, dans la ferme du sud du Péloponnèse qu'il partageait avec grand-mère Georgia, son épouse, à qui je rendais visite et dont la vie mériterait d'inspirer une œuvre forte à un auteur tragique talentueux[2]. Arrivant en voiture d'Athènes pour passer un week-end avec eux, j'ai aperçu pour la première fois Kapnias debout, près de ses chèvres, sous un ciel bleu électrique où, presque immobile, planait un faucon. Débraillé mais avec dignité, vêtu de la tenue de travail que les paysans pauvres de Méditerranée considèrent comme leur uniforme, visage tanné d'octogénaire et barbe blanche de trois jours, il m'a souri. Un sourire amical et inquiétant à la fois, qui promettait récits perturbants et vérités indéchiffrables. « Enfin nous nous rencontrons ! Bienvenue dans mon humble demeure ! » a-t-il hurlé en ouvrant les bras.

Même si la réputation de Kapnias l'avait précédé, je ne m'attendais pas à la férocité tranquille de son accueil cette nuit-là. Après m'être installé dans la chambre que grand-mère Georgia avait amoureusement préparée et avoir rompu le pain avec eux, je me suis excusé et j'ai gagné la ville voisine pour rencontrer des amis. À mon retour à la ferme, bien après minuit, je n'ai entendu que le ronflement lointain de Kapnias et les miaulements d'une bande de chats excités. Épuisé, j'étais prêt pour une bonne nuit de sommeil bercée par la rumeur de la campagne péloponnésienne. Puis j'ai vu les deux livres posés sur mon oreiller.

Le premier s'intitulait *Mémoire d'un Premier ministre*. Son auteur était Adamantios Androutsopoulos, dernier Premier ministre de la dictature militaire qui avait assombri ma jeunesse et pantin de Dimitrios Ioannidis, le général de brigade qui avait poussé la junte néofasciste encore plus loin dans le néonazisme après le massacre des étudiants du 17 novembre 1973. Le second livre était un petit volume relié cuir dans un état de décomposition avancé. Incrédule même après en avoir lu le titre, *Mein Kampf*, je l'ai ouvert. C'était une édition originale allemande, publiée quelque part en Allemagne en 1934. Lectures du soir pour choquer le visiteur de gauche, me suis-je dit. Offertes par un paysan semi-illettré qui, à l'évidence, voulait en découdre.

À mon réveil, le lendemain matin, j'ai pris tout mon temps pour sortir du lit, espérant que Kapnias serait parti s'occuper de ses bêtes et de ses cultures. En vain. Pour rien au monde il n'aurait manqué mon lever, trop désireux de jauger ma réaction à ses présents nocturnes. Nous avons donc engagé la conversation.

Kapnias avait été un « intouchable », un ouvrier agricole au service du père de grand-mère Georgia, qui, avant la guerre, était une sorte de noble dans leur village natal – un beau village de montagne que la guerre civile de 1944-1949 a pratiquement dépeuplé. Sous l'occupation nazie (1941-1944), le père de Georgia faisait le lien entre le renseignement britannique et les partisans de gauche locaux, qui, conjointement, multipliaient les sabotages contre la brigade voisine de la Wehrmacht et plusieurs sections de soldats italiens. Georgia, la beauté locale, était tombée amoureuse d'un partisan, George Xenos, et elle l'avait épousé en secret. Insolemment heureux dans cette guerre implacable, le couple avait eu deux enfants.

Quant à Kapnias, le domestique adolescent, il avait décidé de s'engager dans l'autre camp : il était entré dans une unité paramilitaire constituée par la Gestapo locale, et on l'avait envoyé en Crète pour le former à l'art de l'interrogatoire et de la contre-subversion. C'était là que Hans, son instructeur, lui avait remis l'exemplaire relié cuir de *Mein Kampf*, comme ces prédicateurs qui distribuent des exemplaires de la Bible à des indigènes illettrés avant d'aller en évangéliser d'autres.

La Seconde Guerre mondiale a pris fin, mais en Grèce le conflit s'est intensifié : le pays s'est enlisé dans le bourbier d'une guerre civile cauchemardesque. Les alliés se sont retournés les uns contre les autres, frère contre frère, fille contre père. Le mari de Georgia, le partisan Xenos, s'est retrouvé face à l'armée nationale qu'avaient constituée les Britanniques, et dont le père de Georgia était un pilier local. En deux ans s'est jouée une moderne tragédie grecque : Xenos a été blessé au combat et achevé par un officier américain au cours de l'interrogatoire qui a suivi sa capture[3]. Peu après, le père de Georgia a été tué par les camarades de son mari parce qu'il avait, lui aussi, achevé un partisan blessé qui avait cherché refuge dans sa maison. Georgia s'est donc retrouvée veuve à cause des amis de son père et orpheline à cause de ceux de son mari.

Ces événements ont été la chance de Kapnias. Passé des paramilitaires de la Gestapo à la gendarmerie locale, il était maintenant en position de se venger de la classe dominante de son petit univers quasi féodal. Il a fait une proposition à Georgia : « Tu m'épouses, et j'empêcherai mes amis de vous effacer de la surface de la terre, toi et ton engeance communiste » – il parlait de ses deux jeunes orphelins. Georgia a accepté, espérant que l'uniforme de Kapnias les mettrait en sécurité, elle et ses enfants, dont elle a dissimulé les origines en prétendant, par un mensonge commode, que leur père partisan avait été assassiné par les partisans. Hélas, peu après leurs tristes noces, Kapnias a été révoqué de la gendarmerie pour usage excessif de la force pendant un interrogatoire – c'est un peu comme se faire congédier par Méphistophélès parce qu'on est trop cruel. Alors, il a retourné la fureur et la brutalité qui l'habitaient contre Georgia, son « engeance » et le monde entier. Georgia a donc payé la survie de sa famille au prix fort : une vie de violences conjugales, de pauvreté, de larmes et de terreur sous la cruauté permanente de Kapnias. Seule la mort, en 2012, lui apporterait un répit.

À l'époque, je supposais que des personnages comme Kapnias étaient une espèce en voie de disparition qui allait s'effacer du pays de nos pères. Il n'en a rien été : la présence des députés d'Aube dorée au parlement d'Athènes l'a confirmé quelques années plus tard.

L'ADN du serpent

Rien ne prépare mieux un peuple à l'autoritarisme qu'une défaite immédiatement suivie d'une humiliation nationale et d'une implosion économique[4]. La défaite de l'Allemagne dans la Grande Guerre et son assujettissement au traité de Versailles, associés au désastre économique qui a frappé la classe moyenne un peu plus tard, ont joué un rôle bien établi dans l'ascension des nazis. La Grèce a subi une défaite et une humiliation du même ordre en 1922 face à Mustafa Kemal, à cause de l'hubris de son propre gouvernement[5]. L'instabilité politique qui a suivi cette catastrophe militaire et économique, jointe à l'intensification de la pauvreté après la crise mondiale de 1929, a engendré notre propre variante du fascisme, le régime de Ioannis Metaxas, instauré par un coup d'État le 4 août 1936.

Certes, l'événement n'avait rien d'exceptionnel. Quelques jours avant la naissance du régime fasciste en Grèce, l'Espagne avait basculé dans le même abîme avec le soulèvement du général Franco contre les républicains. L'Italie était passée au fascisme dix ans plus tôt avec Mussolini, et le Portugal avec Salazar. La Hongrie, la Serbie, la Roumanie, la Bulgarie et les États baltes avaient tous succombé à quelque variante du serpent[6]. Même la Grande-Bretagne avait sa forme particulière de fascisme, avec les chemises noires d'Oswald Mosley, pour ne rien dire de plusieurs altesses royales aux inclinations nettement pronazies. Nous avons aujourd'hui tendance à l'oublier, mais le spectre du fascisme hantait la plus grande partie de l'Europe bien avant que les premiers tirs d'artillerie, raids aériens et Panzerdivisions de Hitler ne déclenchent la Seconde Guerre mondiale.

Nous oublions aussi que le rêve de l'union européenne était antérieur à la guerre. L'esprit de Charlemagne, que le président français Valéry Giscard d'Estaing et le chancelier Helmut Schmidt invoqueraient plusieurs décennies plus tard pour soutenir l'union monétaire de l'Europe, avait un passé sordide d'invocations précédentes. Fin 1944, quand tous ceux qui avaient des yeux pour voir et des oreilles pour entendre avaient compris que Hitler avait perdu la guerre, 7 000 à

11 000 Français se sont engagés dans une nouvelle division SS baptisée du nom de Charlemagne – pour lui donner son nom complet : la 33e Waffen-Grenadier-Division de la SS Charlemagne (1re française). Dans les mois qui ont suivi, ils se sont battus avec acharnement, et ont été la dernière unité SS à défendre le bunker du Führer jusqu'à la fin[7]. Quelque chose devait motiver ces Français pour combattre ainsi, et ce quelque chose avait beaucoup à voir avec l'idée d'une Paneurope digne héritière de Charlemagne, que Hitler, dans leur esprit égaré, représentait. C'est un puissant rappel d'une réalité : les symboles de l'unité européenne, qui ont déjà été les instruments de la face sombre de notre continent, pourraient facilement le redevenir.

Aujourd'hui, les Européens postulent que cette face sombre a été éradiquée ; que la Communauté économique européenne, devenue l'Union européenne par le traité de Maastricht de 1993, est un rempart contre le totalitarisme. Or, s'il est vrai qu'après le conflit les Européens ont vu dans les nouvelles institutions européennes du continent une protection contre une autre guerre et un autre totalitarisme, il n'est pas du tout évident que les institutions concrètes que nous avons créées étaient entièrement cohérentes avec cette aspiration. Puisque connaître l'histoire est indispensable pour éviter le retour de diverses formes de mal, il faut remettre en cause ce postulat. Voici un petit exercice qui pourrait nous y aider.

Lisez les deux citations qui suivent et devinez par qui, et dans quel contexte, ont été prononcées ces fortes paroles :

> Au-dessus et au-delà du concept d'État-nation, l'idée d'une nouvelle communauté transformera l'espace vital que nous avons tous reçu de l'histoire en un nouveau champ spirituel. […] La nouvelle Europe de la solidarité et de la coopération entre tous ses peuples, une Europe sans chômage, sans crises

> monétaires, [...] trouvera des fondements sûrs et une prospérité en vive croissance une fois que les barrières économiques nationales auront été levées.

> Le peuple d'Europe comprend de plus en plus que les grands problèmes qui nous divisent, quand on les compare à ceux qui apparaîtront et seront résolus entre les continents, ne sont que d'insignifiantes querelles de famille. [...] Je suis convaincu que, dans cinquante ans, les Européens ne penseront pas en termes de pays séparés.

Le premier des deux orateurs était Arthur Seyss-Inquart, le nazi qui, nommé chancelier d'Autriche, a aussitôt approuvé l'Anschluss puis est devenu ministre de la Sécurité et de l'Intérieur dans le gouvernement nazi d'après l'Anschluss. Il a été nommé plus tard proconsul des Pays-Bas occupés. Dans ses propos cités ci-dessus, il s'adressait à ses sujets néerlandais en 1940[8]. Seyss-Inquart a été condamné à mort au procès de Nuremberg en 1946. Le second extrait est de Joseph Goebbels, dans un discours de 1940[9].

Si les nazis ont été les premiers à planifier une union économique et monétaire européenne – peut-être fâcheusement proche de l'Union européenne d'aujourd'hui –, faut-il en conclure que cette dernière a été fondée sur des principes fascistes ? Non, bien sûr que non. La leçon importante n'est pas que l'Union européenne a été engendrée par le serpent, elle est plus constructive : c'est que les Européens ont le devoir moral de dissiper l'illusion dangereuse selon laquelle l'idée d'union européenne, où les nationalismes et États-nations sont censés se dissoudre graduellement, serait fondamentalement incompatible avec les fauteurs de guerre autocratiques, misanthropes, racistes et inhumains qui sont parvenus au pouvoir dans le sillage de la crise européenne de l'entre-deux-guerres. En réalité, une Europe unie fondée sur le libre-échange, la libre circulation des capitaux, une législation du travail commune et une monnaie unique est malheureusement tout aussi compatible avec un projet nazi qu'avec une visée internationaliste, humaniste et progressiste. C'est une vérité dégrisante que l'Europe actuelle est tenue de garder dans son intellect collectif.

Les conférences sur l'intégration européenne, sur les politiques agricoles communes, sur la coordination des politiques industrielles, sur les efforts communs de promotion du progrès technique, sur l'union monétaire et tout le reste ne sont pas, en elles-mêmes, des avancées vers un meilleur avenir en Europe. La première de ces conférences, réunie avec une participation massive d'universitaires, de ministres et de hauts fonctionnaires pour discuter – je cite son programme officiel – de « la formation d'une Communauté économique européenne », a eu lieu à Berlin en 1942 sous les auspices de Walther Funk, ministre des Finances de Hitler. Ce qui veut dire qu'une Union européenne ressemblant beaucoup à celle qu'administre aujourd'hui la technocratie de Bruxelles n'est pas incompatible avec le totalitarisme.

De multiples maux peuvent se camoufler sous le voile idéologique d'une intégration européenne venue d'en haut, notamment quand elle s'effectue au cours (et même au moyen) d'une terrible récession asymétrique. Proeuropéens qui désirez tant imaginer l'Europe comme notre maison commune, tout en craignant avec raison qu'elle ne soit en train de glisser dans un autoritarisme qui menace de muer cette maison commune en camp de concentration partagé, prenez garde ! Ce n'est pas avec des mesures techniques appliquées par des fonctionnaires anonymes essentiellement préoccupés de leurs propres carrières banales qu'on empêchera la dérive vers le totalitarisme. Elle ne peut être conjurée que par une démocratie saine qui fonctionne : par ce processus politique que les hauts responsables de Bruxelles et de Francfort méprisent si profondément et que chaque nouveau tour de vis de la troïka vide de son sens. À chaque renflouement toxique, à chaque triomphe de l'Eurogroupe sur un gouvernement démocratiquement élu, l'Europe est poussée un peu plus dans un avenir obscur et aride, compatible avec les projets du serpent.

Les preuves ? Elles nous environnent de toutes parts. À l'heure où j'écris, le Front national en France, qui plonge de profondes racines dans une mythologie raciste et négationniste, devrait selon les prévisions arriver en tête du premier tour de la prochaine présidentielle. La Hongrie a un gouvernement aux solides références d'extrême droite. Dans les pays Baltes, de fréquentes cérémonies, auxquelles assistent souvent des ministres de gouvernements démocratiquement élus, commémorent les nazis locaux qui ont rejoint la SS et se sont battus au côté de la division Charlemagne. Des partis politiques et des groupes paramilitaires attachés au souvenir des collaborateurs des nazis pendant la guerre restent influents en Ukraine, en Serbie, en Croatie et en Albanie.

Malgré tout, la Grèce reste un cas particulier qui intrigue. Mon pays natal est le seul où un parti ouvertement nazi, Aube dorée, a réussi à obtenir des résultats électoraux impressionnants. Pourquoi les nazis sont-ils de retour au parlement grec ? Les Espagnols, les Irlandais, les Portugais et les Italiens ont aussi senti dans leur chair l'impact de la crise de la zone euro. Pourquoi est-ce seulement en Grèce qu'un parti cent pour cent nazi, Aube dorée, est au parlement tandis que ses sections d'assaut sèment la terreur dans la rue ?

La grande raison est que l'effondrement économique en Grèce a été beaucoup plus sérieux que ceux qu'ont connus les autres pays de la zone euro. Première à tomber après le krach planétaire de 2008, la Grèce est devenue le laboratoire de la troïka. La dette publique la plus insoutenable a été traitée par les plus gros prêts de renflouement assortis de l'austérité la plus terrible. L'expérience a été un échec désastreux : près d'un tiers des revenus et des emplois ont été perdus, tandis que la dette étendait toujours plus son ombre, où rien ne peut fleurir sauf la peur et la haine. Donc, lorsqu'elle s'est tournée vers les autres États en faillite de la zone euro, la troïka avait déjà peur pour la survie de la zone. Afin de se faire un peu pardonner le désert qu'elle avait créé en Grèce, elle a appliqué l'austérité sous des formes nettement plus légères à l'Irlande, au Portugal, à l'Espagne et à l'Italie. Moins d'austérité, des récessions moins profondes, moins d'espace offert au nazisme pour prendre racine.

La réémergence du fascisme en Grèce a aussi une autre raison, qu'on devine dans l'histoire de Kapnias. En Grèce, les occupants nazis ont tenté de créer un corps local de type SS avec des marginaux qui, hostiles à la bourgeoisie locale et à la gauche, vivaient sous le poids permanent d'un malheur collectif né d'une humiliation nationale antérieure. « Kapnias » était un surnom (son vrai nom était Georges) dérivé des mots grecs qui signifient « tabac » (*kapnos*) et « suie » (*kapnia*). L'amertume destructrice connotée par ces termes lui plaisait, elle lui paraissait refléter son image d'homme amer, en colère, cherchant perpétuellement à se venger d'un monde qui ne lui avait jamais donné sa chance. Jusqu'au jour où la Gestapo lui en avait offert une, qu'il avait saisie des deux mains et qu'il savourait jusqu'au bout, entouré de ses chèvres candides et innocentes.

Pendant nos longues conversations, Kapnias était manifestement ivre du pouvoir que lui avaient donné ses instructeurs nazis. C'était à cette alliance avec le côté obscur qu'il devait sa puissance, il le savait, et il se délectait de l'abandon de la morale qui, à partir de là, allait marquer sa vie. « Les Allemands étaient au-dessus de Dieu », m'a-t-il dit. « Pas comme les Italiens, ou comme nous autres : ils ne reculaient devant rien pour faire le travail. Sans faiblesse ! Sans peur ! Sans passion ! Il aurait fallu que tu les voies de tes yeux. » « Ils étaient magnifiques » – ce fut son dernier mot sur la question, le visage illuminé comme un arbre de Noël, exultant d'un plaisir supplémentaire à voir chacune de ses phrases me faire mal au ventre.

Et pourtant je comprenais d'où il venait. Lorsqu'on lui avait remis ce petit livre relié cuir que Kapnias, ignorant l'allemand, ne pouvait pas lire, il s'était senti admis dans une confrérie européenne – une confrérie du mal, incontestablement, mais qui était aussi immensément plus avancée, sur le plan technique, que sa propre communauté, ce qui donnait à un homme marginalisé et apeuré comme Kapnias le sentiment inestimable d'appartenir à un cercle d'élus. Sentiment qui peut susciter d'effroyables débordements de violence dans les émotions, les paroles et les actes.

L'influence des misanthropes à la Kapnias s'est estompée mais n'a pas disparu après l'écrasement des partisans de gauche en 1949. Des hommes comme lui, plus élevés dans la hiérarchie, sont demeurés au cœur de l'État grec d'après-guerre. Ce sont eux qui ont assassiné le député de gauche Grigoris Lambrakis en 1963[10], qui ont pris le pouvoir en 1967 par un putsch militaire[11], et ils sont restés présents dans divers services de l'État après la chute de ce régime en 1974.

Kapnias est mort en 2009. La plupart de ses frères d'armes aussi, vers la même époque. Mais l'ADN du serpent n'a pas péri avec eux. Il était toujours là, dormant, attendant la crise suivante pour resurgir.

Rêves de migrants, croissance de Ponzi, montée du mécontentement

Si la Grèce a réussi à entrer dans la zone euro en 2001, c'est en grande partie grâce à l'afflux, dans les années 1990, d'une main-d'œuvre immigrée venue de l'autre côté du rideau de fer écroulé. L'Espagne et l'Italie aussi ont considérablement bénéficié des travailleurs étrangers sans papier, qui ont donné un coup de fouet à leur indice de compétitivité et les ont aidées à afficher un semblant de convergence avec les critères de Maastricht. Mais, tandis que la périphérie de l'Europe, de la Grèce à la péninsule Ibérique et à l'Irlande, bourdonnait des bulldozers et marteaux-piqueurs que finançaient des banquiers surmenés comme mon compagnon de voyage Franz, l'effort titanesque pour faire entrer ces pays dans la zone euro avait en fait condamné une grande proportion de leurs citoyens pauvres à une récession lente et invisible.

Si l'activité économique était en plein boom, en arrière-plan les bons emplois disparaissaient : la plupart des investissements dans la périphérie étaient aspirés par les bulles immobilières, mais les centres industriels traditionnels agonisaient, noyés par la déferlante de biens importés des économies avancées en excédent. Les bulles offrent aux arnaqueurs de fabuleuses occasions de s'enrichir mais créent très peu d'emplois sérieux, pérennes, surtout quand de gros conglomérats allemands, néerlandais et français débarquent pour acheter les entreprises locales, démanteler leurs activités industrielles et se servir de leurs locaux comme entrepôts où stocker les produits importés de leurs propres usines[12]. Les périodes d'expansion à la périphérie de l'Europe ont coïncidé, paradoxalement, avec une chute des niveaux de vie des plus faibles. Même lorsqu'ils achetaient une voiture ou un réfrigérateur à crédit, ils savaient que la marée des liquidités pouvait un jour se transformer en torrents de liquidations.

Il est vrai que les salaires ont augmenté pendant la décennie dorée de la zone euro, de 1998, date de l'égalisation des taux d'intérêt officiels, à 2008. Dans certains pays comme la Grèce, l'Irlande, la France et l'Espagne, on nous disait même qu'ils montaient trop vite, ce qui réduisait la compétitivité de ces économies par rapport à l'Allemagne, à la Finlande, aux Pays-Bas et aux autres pays où les coûts de main-d'œuvre par unité produite diminuaient ou augmentaient moins rapidement. Pourtant, le mécontentement montait aussi. En Allemagne, la raison était évidente : dans une période où les salariés travaillaient plus dur, où leurs entreprises engrangeaient des profits sans précédent, leurs salaires ne tenaient pas le rythme et leur niveau de vie stagnait. Mais pourquoi était-on encore plus mécontent dans des pays comme la France, l'Espagne et la Grèce, alors que les statistiques officielles, les présentateurs de télévision, les articles de presse et les élus disaient que nous n'avions jamais eu la vie aussi belle, que notre pouvoir d'achat augmentait, que nous nagions dans la prospérité ?

Il suffit de regarder de près les statistiques officielles pour que l'apparent paradoxe se dissipe. Effectivement, les salaires augmentaient dans les pays déficitaires à un rythme un peu supérieur à la vitesse moyenne de la hausse des prix, donc, c'est vrai, la situation du Grec, de l'Irlandais, de l'Espagnol « moyen » s'améliorait. Sauf qu'un Grec, Irlandais ou Espagnol moyen, ça n'existe pas. En fait, les prix des produits de première nécessité – ceux que chacun doit acheter, si pauvre soit-il – augmentaient beaucoup plus vite que la moyenne. Simultanément, les prix des produits de luxe – ceux qu'achetaient les 10 % les plus riches – faisaient une chute spectaculaire[13]. En moyenne, les salaires augmentaient, mais la situation réelle de la majorité des actifs était bien pire que la moyenne – notamment parce que celle-ci était fortement biaisée par les gigantesques rémunérations des managers des oligarques et par la chute des prix des biens que seuls les privilégiés pouvaient s'offrir[14].

À côté de cette fracture grandissante entre riches et pauvres, une autre ligne de faille s'élargissait insidieusement : celle qui séparait les travailleurs natifs et les migrants. Les seconds étaient plus mobiles, prêts à subir des humiliations que les salariés locaux n'auraient pas admises, donc disposés à travailler pour un moindre salaire et à profiter des embauches offertes dans certains endroits où les natifs, avec leur famille immobile et leurs gros coûts de logement, ne pouvaient se rendre. Bref, les faibles s'affaiblissaient, se divisaient et s'exaspéraient tandis que les forts s'enrichissaient et se faisaient plus arrogants que jamais. Et tout cela pendant la plus grande croissance de Ponzi de l'histoire, où l'Espagne était inondée d'absurdités grandioses comme des autoroutes ne conduisant nulle part ; où toute la Grèce n'était plus qu'un chantier de construction gigantesque qui crachait des routes, des métros et les équipements olympiques de 2004 ; et où le Tigre celtique alignait sans fin des immeubles loin de tout et encombrait l'horizon de Dublin d'« espaces » de bureau.

Dans la cacophonie de tout cet argent à gagner, discrètement, l'œuf du serpent incubait de belle manière. Échauffés par une récession cachée que seuls les faibles ressentaient et qui échappait totalement aux commentateurs sablant le champagne, les cols-bleus étaient de plus en plus abandonnés aux sirènes de la misanthropie raciste. Puisque la gauche européenne pansait ses blessures de la défaite historique de 1991, quand l'empire soviétique s'était écroulé, et que les partis sociaux-démocrates se ruaient pour prendre en marche le train de la financiarisation, les seuls partis politiques que nourrissait la montée de la colère étaient des organisations racistes, ultranationalistes, comme le Front national en France, la Ligue du Nord en Italie et, bien sûr, Aube dorée en Grèce.

En 2005, le rythme auquel Wall Street, la City et les banques de Francfort frappaient de la monnaie privée s'était un peu ralenti. Avec cette petite baisse d'énergie de la croissance de Ponzi, les migrants sans papier ont eu plus de mal à se faire embaucher. À l'approche de la date d'ouverture des Jeux olympiques de 2004 à Athènes, par exemple, les migrants qui avaient travaillé comme des fourmis à construire les stades à temps pour les athlètes et les dignitaires se sont soudain retrouvés sans travail. Ils sont devenus plus visibles et en même temps moins lucratifs. Non seulement c'étaient de « sales étrangers », mais ils avaient désormais moins d'argent à dépenser. De même en France, et partout ailleurs en Europe, les petits du serpent étaient prêts à sortir de l'œuf : ils allaient accuser les migrants de cette récession cachée qui frappait les plus faibles des natifs et dont la véritable cause était la conception intrinsèquement défectueuse de la zone euro.

La carte électorale de la France a révélé un transfert de voix clair et net des partis de gauche qui défendaient traditionnellement les faibles au Front national ; les enfants de la génération Mitterrand se sont retournés contre lui. Il en a été de même en Grèce, en Italie, en Irlande et en Espagne : ayant joué un rôle déterminant pour faire advenir l'union monétaire, les partis de centre gauche ont perdu leur autorité morale, et nombre de leurs électeurs se sont tournés vers la droite nationaliste intransigeante.

À peu près à la même époque, les éléments nazis en Grèce sont passés à la vitesse supérieure, en organisant une campagne de « nettoyage » des quartiers, qui a désespéré les survivants des années 1930. Copiant une stratégie inaugurée par le parti d'extrême droite allemand NPD dans l'est de l'Allemagne au cours des années 1990, Aube dorée a entrepris de « libérer » les banlieues où vivaient de nombreux migrants. Les qualifiant d'« ordure brune », elle a vite créé des « comités de citoyens » qui étaient en fait des groupes de miliciens racistes, tolérés et souvent aidés par la police[15].

Peu après, certaines zones comme la place Attiki (non loin du centre d'Athènes) sont devenues dangereuses pour quiconque osait avoir l'air différent. Les magasins appartenant à des migrants ont été maintes fois ciblés dans le style Nuit de cristal, et les victimes ont appris dans la douleur que porter plainte au commissariat ne servait à rien. Des promoteurs immobiliers ont vu dans Aube dorée une chance de faire de jolis profits : ils achetaient des immeubles à bas prix, en faisaient chasser *manu militari* les immigrés locaux par Aube dorée, après quoi ils empochaient les bénéfices. Même des chaînes de télévision consensuelles offraient une tribune à des « habitants excédés » qui décrivaient en direct les migrants comme des animaux enragés qu'il fallait mettre en quarantaine, voire abattre. Assez vite, la liste de celles et ceux qui l'avaient bien cherché a été élargie aux prostituées, aux gays, aux lesbiennes, aux transsexuels et, bien sûr, aux militants de gauche amis des migrants.

Puis est venue la mort du Minotaure américain, suivie du tsunami économique qui a mis la Grèce en faillite fin 2009 et conduit au prétendu renflouement de mai 2010. Les conditions austéritaires d'acier accompagnant le prêt massif ont alors détruit l'économie sociale grecque. Avec Aube dorée dans la place et le centre politique à vau-l'eau comme l'économie du pays, la résurrection du nazisme était à prévoir. Soudain, le personnage de Kapnias n'était plus le rappel d'un passé terrible mais l'actualité.

Même si la Grèce fait exception, si dans le reste de l'Europe on ne voit pas de foules brandir la croix gammée, le racisme et la puanteur du mal progressent sur tout le continent. On l'a vu avec une odieuse clarté à l'été 2015, quand les gouvernants de pays européens soi-disant civilisés ont ouvertement rivalisé à qui accueillerait le moins de réfugiés fuyant la Syrie ravagée par la guerre. Mais cela ne devrait pas nous surprendre. Si la libre circulation sans entraves des marchandises, des capitaux et des cadres supérieurs riches a toujours été un dogme sacré de la finance mondialisée et le principe des zones de libre-échange

– comme l'Union européenne, l'Accord de libre-échange nord-américain ou le Partenariat transatlantique de commerce et d'investissement –, la liberté de mouvement des gens ordinaires, en revanche, a toujours été sévèrement circonscrite. Donc comment s'étonner que le racisme monte en proportion des crises économiques de nos zones de libre commerce ?

Les nazis au pouvoir, même sans être au gouvernement

Beaucoup souligneront à juste titre les différences considérables entre l'Europe actuelle et celle des années 1930 : aujourd'hui, par exemple, aucun parti nazi n'est sur le point de gouverner un État en Europe. Mais les mouvements d'extrême droite n'ont pas besoin d'être au gouvernement pour être au pouvoir. En France, outre qu'il a légitimé un discours nationaliste ouvertement xénophobe, le Front national a aussi influencé lourdement les positions des partis traditionnels : une grande partie de l'éventail politique français a viré à droite préventivement, pour conjurer la poursuite du passage au Front national d'un électorat populaire qui jusque-là penchait à gauche.

En Grèce, Aube dorée a goûté pour la première fois au pouvoir réel juste *avant* les élections de mai 2012, où elle a remporté son premier succès dans les urnes. Cette percée a pris la forme d'un décret abject du ministre de l'Ordre public d'alors, Mihalis Chrysohoidis, membre du parti socialiste, le PASOK, et habitué des fonctions ministérielles. Avec son collègue Andreas Loverdos, alors ministre de la Santé, Chrysohoidis a lancé une campagne contre les femmes les plus vulnérables de Grèce. Loverdos a même pris la parole devant une conférence des Nations unies pour informer son assistance abasourdie du danger que faisaient courir aux « pères de famille » grecs les prostituées africaines infectées par le sida[16]. Les deux ministres ont ordonné à la police d'arrêter les prostituées présentes dans le centre d'Athènes, dont beaucoup étaient des migrantes sans papier, de les soumettre de force à des tests de dépistage du sida et d'afficher leurs photographies et leurs noms sur le site Internet du ministère pour mettre en garde des clients grecs potentiels.

Pendant plusieurs semaines, les policiers ont écumé le centre d'Athènes pour arrêter, sans mandat, toute femme qui ne leur paraissait pas suffisamment respectable, l'embarquer dans un fourgon et la conduire au commissariat, où des agents l'immobilisaient pendant que des infirmières lui faisaient une prise de sang. Et si le test du VIH révélait qu'elle était séropositive, la malheureuse était aussitôt jetée en cellule, sans aucun contact avec un avocat, et inculpée de mise en danger de la santé publique. D'un seul coup, tout un pan des principes chers à la démocratie libérale était abrogé. Pourquoi ? Pour que deux politiciens socialistes en difficulté puissent profiter électoralement d'une panique morale à base de récits xénophobes qui donnaient du grain à moudre à des organisations comme Aube dorée[17].

C'est dans ce sens-là qu'Aube dorée s'est retrouvée au pouvoir avant même d'être entrée au parlement. Pourquoi ses gangsters prendraient-ils la peine de se faire élire si leur politique était mise en œuvre par les politiciens des grands partis qui occupaient des ministères sous les ordres de la troïka des créanciers de la Grèce ? En vrais idéologues, les brutes d'Aube dorée ont fêté la conversion de leur sinistre programme en politique officielle du Renflouistan.

Quelques semaines plus tard, en juin 2012, deux élections consécutives ont abouti à la constitution d'un nouveau gouvernement grec, dirigé par le conservateur Antonis Samaras. Il a aussitôt fait voter une loi sortant de l'ordinaire : elle précisait que, pour entrer à l'académie militaire ou à l'école de la police, il ne suffisait pas qu'un jeune ait la nationalité grecque et de bonnes notes aux examens d'entrée à l'université. Que lui fallait-il d'autre ? Une preuve d'*ithageneia* – de sang grec sur plusieurs générations –, que les migrants naturalisés n'avaient évidemment pas. Pourquoi cette loi ? Pour faire plaisir aux électeurs d'Aube dorée qui, comme tous les fascistes, ont un faible pour le sang et la terre, dans l'espoir de les ramener au bercail de la droite classique.

Donc, pour la première fois depuis les lois nazies des années 1930, un pays européen a promulgué une législation qui classait ses citoyens (pas seulement ses résidents) en distinguant qui a le « bon sang » et qui ne l'a pas. L'idée même devrait nous faire frémir d'horreur et nous devrions avoir honte jusqu'au fond du cœur qu'on laisse un tel événement se produire dans le monde aujourd'hui.

Les Lotophages

Un après-midi torride de juin 1968, un peu plus d'un an après la prise du pouvoir par les colonels qui avait assombri notre vie, nous passions, ma mère et moi, devant le stade antique où s'étaient déroulés en 1896 les premiers Jeux olympiques de l'ère moderne. Un vendeur de journaux annonçait à tue-tête qu'un nommé Bobby Kennedy était mort. J'ai vu les yeux de ma mère s'emplir de larmes. Je me souviens très bien de ses premiers mots quand elle a repris contenance : « Il était notre dernière chance. »

À l'époque de ma couverture rouge, deux dirigeants germanophones et un Américain incarnaient nos espoirs. Les chanceliers d'Allemagne et d'Autriche, Willy Brandt et Bruno Kreisky, étaient des sociaux-démocrates qui s'étaient dressés contre le fascisme grec et avaient créé d'authentiques espaces de solidarité où nous pouvions chercher refuge. L'Américain était le sénateur Bobby Kennedy, le célèbre champion du mouvement des droits civiques qui, en 1968, était un candidat populaire à l'investiture démocrate pour la présidence. Ma mère voyait en lui l'espoir d'un changement de cap des États-Unis, qui allaient peut-être regretter d'avoir soutenu nos dictateurs néofascistes et faciliter un retour au régime démocratique. C'est la raison de la douleur qu'elle avait ressentie à la nouvelle de son assassinat : elle était atterrée par la perte d'un puissant défendeur des faibles.

Avec le recul, on peut imaginer que Bobby Kennedy représentait aussi un autre espoir : il était peut-être le dernier Américain qui aurait pu maintenir en vie l'esprit du New Deal à la Maison-Blanche. Lui mort et Lyndon Baines Johnson hors jeu, plus personne ne pouvait barrer la route au choc Nixon dont l'effet irréversible serait de libérer des forces qui ont déstabilisé l'Europe.

Il fut un temps où les sociaux-démocrates européens et les New Dealers américains comprenaient le rôle qu'ils devaient jouer. Ils savaient que pour civiliser le capitalisme il fallait réorienter une partie des profits des industriels vers le financement de structures et d'activités comme les hôpitaux, les écoles, l'assurance chômage ou l'art. Bruno Kreisky, Willy Brandt, le social-démocrate suédois Olof Palme[18], le Parti travailliste britannique – tous comprenaient que c'était leur mission. Certains y réussissaient mieux que d'autres, mais tous partageaient cette conviction fondamentale. Or, quand la financiarisation est arrivée, juchée sur le Minotaure, peu après 1980, tout a changé.

Dans les années 1980 et 1990, les sociaux-démocrates d'Europe et les démocrates d'Amérique ont abandonné le projet de civiliser le capitalisme en menant une négociation musclée avec les capitaines d'industrie, en soutenant les syndicats et en contenant les instincts naturels des banquiers. Ils ont oublié que, sans réglementation, le marché du travail et les marchés financiers et immobiliers sont terriblement inefficaces. Ils ont ignoré l'inégalité que cette inefficacité créait comme un sous-produit. Ils ont perdu de vue que l'inégalité déstabilise les marchés financiers et renforce la tendance du capitalisme à l'effondrement.

Quel démon a poussé l'administration Clinton à démanteler les derniers vestiges des contraintes imposées à Wall Street par le New Deal ? Car ce ne sont pas des reaganiens ou des néocons, ce sont des démocrates bon teint, comme Robert Rubin, Larry Summers et Tim Geithner, qui, dans les années 1990, ont déchiré la loi Glass-Steagall et ses entraves juridiques aux activités financières, et lâché ainsi Wall Street et sa turbofinanciarisation sur un monde sans méfiance. Et pourquoi les sociaux-démocrates d'Europe ont-ils abandonné les principes chers à Bruno Kreisky, Willy Brandt et Olof Palme ?

Une des réponses est la transformation de l'économie et de la finance mondiales dans le sillage du choc Nixon, sous la direction d'hommes comme Paul Volcker[19]. La naissance du Minotaure planétaire de l'Amérique, nous l'avons vu, impliquait que la finance soit libérée pour que la bête puisse faire son travail, fournir une demande suffisante aux usines allemandes, japonaises, suédoises et plus tard chinoises tout en étant nourrie par les profits que les propriétaires des usines allemandes, japonaises, suédoises et plus tard chinoises déversaient à Wall Street[20].

Tandis que les profits papier s'accumulaient, les sociaux-démocrates européens et les démocrates américains au gouvernement se sont laissés tenter par un pacte faustien avec les banquiers de Wall Street, de la City, de Francfort et de Paris, tous trop heureux de laisser aux politiciens réformistes une petite part de leur butin du moment que ces derniers acceptaient la déréglementation totale des marchés financiers. Franz et ses collègues avaient des quotas de prêts à satisfaire et ne pouvaient y parvenir que par des compromis opportunistes avec les plus opportunistes des politiciens[21].

En apparence, c'était le type de situation auquel on applique le qualificatif exaspérant – du moins pour moi – de « gagnant-gagnant[22] ». Les banquiers étaient libérés de leurs chaînes ; les responsables politiques de centre gauche n'avaient plus à se battre avec les industriels pour financer leurs programmes sociaux. Les financiers n'avaient qu'à feindre le déplaisir en cédant quelques miettes de leur table opulente pour que les politiques acceptent la logique et l'éthique de la financiarisation, suspendent leur attitude critique envers le capitalisme et se persuadent sincèrement que le secteur financier est le mieux placé pour savoir comment s'autoréglementer.

En termes homériques, les sociaux-démocrates d'Europe sont devenus les Lotophages[23] de notre époque. Le lotus qui les a rendus apathiques et complices des effroyables pratiques de la finance débridée a été la frappe de monnaie privée inaugurée par Wall Street et scrupuleusement dupliquée par ses imitateurs internationaux. Son suc de miel les a bercés dans les fumées d'une mystique qui leur promettait le beurre et l'argent du beurre, le risque sans risque, et une poule mystérieuse qui allait pondre toujours plus vite les œufs d'or leur permettant de financer l'État-providence, seul lien survivant avec leur conscience.

Donc, lorsque en 2008 les immenses pyramides du capital financier se sont effondrées, les sociaux-démocrates d'Europe n'avaient ni les outils intellectuels ni les valeurs morales qu'il leur aurait fallu avoir pour tenir tête aux banquiers ou procéder à l'examen critique du système qui s'écroulait. Et, à la différence de leurs homologues américains revenus au pouvoir après la victoire de Barack Obama en novembre 2008, ils ne pouvaient même pas s'appuyer sur une banque centrale fonctionnelle, puisque la Banque centrale européenne était enfermée dans la camisole de force de ses règles. Dès son premier jour à la Maison-Blanche, le président Obama a eu à ses côtés une Federal Reserve qui avait la volonté et les moyens de soutenir à toutes les étapes l'action de son gouvernement pour remettre à flot Wall Street et nettoyer le chaos. Le résultat de ces efforts a certes laissé beaucoup à désirer, mais on n'ose imaginer à quel point le cours des événements aurait été pire aux États-Unis, et dans le monde en général, si la Federal Reserve avait dû travailler selon le mandat de la Banque centrale européenne et avec ses outils.

Privés des armes éthiques, intellectuelles et financières qu'eux-mêmes et leurs prédécesseurs avaient délibérément démantelées, ou refusé de créer, dans les années précédentes, en leur préférant un approvisionnement régulier en lotus de la financiarisation, les sociaux-démocrates d'Europe étaient prêts pour la chute. Prêts pour le repli. Prêts à s'autodétruire en s'inclinant devant les banquiers qui exigeaient d'être renfloués au prix d'une terrible austérité pour les faibles. Prêts à fermer les yeux sur l'odieux transfert des coûts de la crise, de ceux qui l'avaient provoquée à la majorité des citoyens – chez les Allemands comme chez les Grecs –, ceux-là mêmes que les sociaux-démocrates étaient censés représenter.

Évidemment, la social-démocratie européenne a été balayée. Elle a laissé le champ libre aux gangsters racistes d'extrême droite, trop heureux de pouvoir se poser en protecteurs des faibles – tant qu'ils avaient le bon sang, la bonne couleur de peau et les bons préjugés.

Écho de Metternich

En 1993, le traité de Maastricht était pleinement opérationnel et, à en croire le discours dominant, la réunification allemande qui avait suivi la chute du mur de Berlin s'inscrivait dans un vaste projet d'unification européenne dont la première étape serait monétaire : la zone euro. Quant aux inquiétudes sur une hégémonie allemande qu'avaient pu ressentir le président de Gaulle, Margaret Thatcher et d'autres, et qui étaient restées dans l'air en France et ailleurs pendant des années, on les récusait à présent, car les Allemands de l'Est et de l'Ouest, assurait-on, ne voulaient se réunifier qu'en se perdant au sein d'une large Union européenne.

Jacques Delors, ancien ministre français des Finances, à présent maître d'œuvre de la zone euro en sa qualité de président de la Commission européenne, proclamait haut et fort qu'il fallait limiter l'influence des grands pays par la subsidiarité – ce principe pose qu'il faut laisser aux gouvernements nationaux le soin de concevoir et de mettre en œuvre eux-mêmes leurs politiques dans les domaines de l'action publique qui peuvent être conduites de façon relativement satisfaisante au niveau de l'État-nation. La décentralisation mettrait un frein à la domination allemande et française sur l'Union européenne.

À la même époque, de nombreux commentateurs, historiens et responsables politiques faisaient le parallèle entre l'union monétaire européenne et la façon dont l'Allemagne elle-même s'était unifiée – pas en 1991, mais au XIXe siècle. Avant 1833, le territoire actuel de l'Allemagne se composait d'une multitude d'États, de cités-États et de juridictions, dont chacun avait ses propres normes, son heure légale, sa monnaie. Commercer à travers ces multiples frontières était cauchemardesque, et c'est pour cela qu'en matière d'industrialisation, d'innovation et de mode de gouvernement l'Allemagne avait un tel retard sur la Grande-Bretagne. L'unification allemande a commencé par une union douanière, le Zollverein, accord de 1833 entre les divers territoires, présenté par ses promoteurs comme un premier pas vers une libéralisation des échanges et une intégration économique bien nécessaires.

Le Zollverein, à l'époque, a beaucoup inquiété un fin observateur. Klemens von Metternich, chancelier de l'Empire austro-hongrois, était la grande figure de la Sainte-Alliance – la ligue des monarchies autrichienne, prussienne et russe qui s'étaient donné pour objectif commun d'empêcher tout mouvement politique et de prévenir tout changement risquant de mettre en danger l'ordre établi. Metternich ne pouvait que le constater : le traité du Zollverein avait été promu par la Prusse, le principal royaume allemand, et il excluait l'Empire austro-hongrois. Au même titre que Pékin perçoit aujourd'hui comme une menace majeure l'initiative américaine de forger, sous le nom d'« Accord de partenariat transpacifique » (TPP), une zone de libre-échange du bassin du Pacifique dont la Chine est exclue, Metternich estimait que la Prusse avait de mauvaises intentions. Il s'en est expliqué dans une lettre à son empereur :

> Dans la Grande Confédération se forme une confédération plus petite, un *status in statu* [État dans l'État] dans toute l'acception du mot, qui ne s'habituera que trop tôt à poursuivre en première ligne ses vues personnelles à l'aide de ses moyens particuliers, et à ne considérer les vues de la Confédération qu'en seconde ligne, en tant qu'elles seront conciliables avec ses vues et ses moyens à lui. [...] dans toute question qui viendra à être agitée à la Diète [le parlement de la Confédération germanique] (non pas seulement en matière d'affaires commerciales), [il] agira d'après les principes arrêtés en commun et votera dans le même sens. Dans de telles circonstances, il n'y aura plus de discussion utile à la Diète ; des débats de ce genre seront remplacés par des votes concertés à l'avance et inspirés non par les intérêts de la Confédération, mais par l'intérêt exclusif de la Prusse [...]. Aujourd'hui, [...] il est malheureusement facile de déterminer

d'avance le résultat de ces votes dans toutes les questions où l'intérêt de la Prusse sera en collision avec celui du corps fédéral[24].

Avec très peu de corrections, ce texte pourrait fort bien décrire mon expérience des délibérations de l'Eurogroupe en qualité de ministre des Finances d'un petit pays européen en 2015. Metternich aurait pu expliquer dans les mêmes termes que des questions d'importance vitale pour divers États membres de la zone euro, notamment ceux qui ont d'importants déficits et des dettes insoutenables, y sont réglées sur la base de l'« intérêt exclusif » de la Prusse moderne[25].

Aujourd'hui, nous imaginons, bien à tort, que les hommes politiques du XIXe siècle utilisaient essentiellement l'épée pour étendre leurs empires, au lieu d'en appeler à l'intérêt personnel de sujets potentiels. Ce n'était pas vrai de la Confédération allemande. L'idée d'adhésion volontaire des petits États allemands sur la base de leur intérêt propre était en fait centrale dans le Zollverein. La Prusse les a persuadés d'entrer dans le nouveau système en faisant valoir qu'ils seraient en meilleure position à l'intérieur de l'Union, où ils pourraient influencer le cours des choses, qu'à l'extérieur, où ils ne pourraient que réagir aux décisions prises par les participants.

Même la notion de « subsidiarité », ou une idée assez proche, a été invoquée. La promesse d'un pouvoir décentralisé a fait merveille pour convaincre les États allemands qui craignaient une union dominée par la Prusse d'entrer dans le Zollverein. Certains soutiennent, cependant, que c'était un piège habilement posé. « Une association lâche entre des États est plus propice à l'hégémonie qu'une association étroite […], observe le constitutionnaliste allemand Heinrich Triepel. Plus les éléments unitaires dominent dans une fédération, plus elle a de fermeté interne – et plus les obstacles à la création d'une hégémonie sont importants[26]. » De fait, un État excédentaire qui cherche à dominer une confédération peut y parvenir, justement, en affaiblissant ses institutions centrales ; l'absence d'un mécanisme central de recyclage politique de l'excédent, qui est nécessaire pour éviter les crises et les atténuer quand elles se produisent, accroît la probabilité d'une grave récession économique ; quand elle survient, les différents États-membres étant désormais très intégrés, il faut pour combattre la récession des solutions systémiques – autrement dit, la centralisation. À ce moment-là, en l'absence de procédures fédérales bien définies pour l'effectuer, la centralisation a lieu en pilotage automatique et les institutions centrales sont créées aux conditions de l'État le plus puissant.

C'est ce qui s'est passé en Allemagne après 1833. C'est aussi ce qui s'est passé plus récemment dans la zone euro, quand le traité de Maastricht a engendré la crise de l'euro de 2010 : chaque incantation sur les mérites de la subsidiarité et de la décentralisation a été suivie d'une vague de mesures autoritaires prises par le centre sans rendre de comptes à personne. Au XIXe siècle, on a vu émaner de la Prusse une nuée de lois d'harmonisation qui ont établi des normes industrielles et des législations favorables à Berlin. Dans la zone euro, tous les changements institutionnels intervenus depuis 2010 ont été effectués conformément aux priorités de la République fédérale.

En 1871, la dynamique centralisatrice qu'avait tant redoutée Metternich a engendré l'Empire allemand avec tous ses attributs : une banque centrale (la Reichsbank), une monnaie unique (le Reichsmark) liée à l'étalon-or et un parlement commun (le Bundesrat) dominé par le chancelier de fer Otto von Bismarck. La Prusse n'avait que dix-sept voix sur cinquante-huit au Bundesrat, mais à ce stade elle le dominait totalement, avec l'aide des voix des représentants de petits États tombés depuis 1833 dans la zone d'influence prussienne[27]. Cela dit, à l'heure où j'écris, il est tout à fait improbable que l'histoire se répète exactement de la même façon. La zone euro peut en effet ressembler à l'Allemagne des années 1860, dans laquelle une nuée de petits États rivalisent pour être choisis comme meilleur élève de la Prusse, mais les circonstances sont tout à fait différentes. La France est importante, car, malgré son déclin rapide après la tentative malheureuse de ses élites de capturer la Bundesbank, elle reste difficile à soumettre et presque impossible à absorber dans une version contemporaine de l'empire unitaire de Bismarck.

Néanmoins, la conjonction de deux impossibilités laisse planer un immense point d'interrogation sur l'avenir de l'Europe. D'un côté, il est impossible que la zone euro continue avec sa calamiteuse architecture actuelle, qui produit en permanence différentes versions de la tragédie de la Grèce. De l'autre, il est impossible de constituer un État centralisé, unitaire, avec Berlin et Francfort au centre et Paris prenant son impuissance à la figure, acceptant d'être définitivement vassalisé.

Cela nous laisse deux possibilités : une rupture ou une vraie fédération. Le problème, c'est qu'on a investi trop de capital politique pour qu'un divorce à l'amiable soit envisageable, et que, simultanément, la crise de l'euro crée tant d'animosités entre les peuples d'Europe qu'une vraie fédération n'a jamais été plus utopique qu'aujourd'hui.

Retour aux États-Unis

Peu d'Européens progressistes seraient hostiles à des États-Unis d'Europe démocratiques, avec un vrai gouvernement élu sur une liste paneuropéenne et responsable devant un vrai parlement pleinement souverain sur toutes les questions et toutes les décisions. Mais c'est irréaliste. On connaît la déprimante réalité : évoluer vers une fédération n'est pas dans l'ADN de l'Union européenne.

Si la zone euro vit une crise existentielle interminable qui divise les Européens, c'est parce qu'au départ, on l'a vu, elle a compté sur le recyclage par beau temps et non sur un mécanisme convenable de recyclage politique de l'excédent. Et c'est surtout parce que ses institutions politiques et les intérêts qui sont derrière elles – notamment les banques de dépôt de Francfort et de Paris – se sont montrés obstinément déterminés à ne pas créer ce mécanisme, même après l'éclatement de la crise. La grande question qu'on se pose ici est : pourquoi ? Pourquoi rejeter le recyclage politique de l'excédent, qui, comme les États-Unis l'avaient compris dans les années 1940, est indispensable au maintien d'une union monétaire asymétrique ?

Une des raisons est que, aux yeux des élites européennes, il allait de soi que leurs entreprises pourraient profiter pour toujours, gratuitement, du recyclage de l'excédent dirigé par les États-Unis. Elles supposaient que l'Amérique jouerait perpétuellement ce rôle stabilisant pour le compte de l'Europe. Ce postulat a d'ailleurs été l'un des principes fondateurs de la zone euro, posé à Maastricht, celui que je me plais à nommer le « principe des dettes et des secteurs bancaires parfaitement séparables ». L'idée qui le sous-tend est simple : chaque euro de dette, privée ou publique, s'arrête aux frontières de l'État-nation. Aucun euro dû ne doit au bout du compte être dû par plusieurs États, qu'il s'agisse au départ d'un euro dû par l'État grec à une banque française ou par une banque irlandaise à un créancier privé. Il ne doit y avoir aucune mise en commun de dettes entre pays européens, aucun partage du fardeau de la garantie des dépôts dans les banques, aucun fonds commun pour combattre une crise du système monétaire commun.

Une des grandes implications de ce principe, c'est l'interdiction d'avoir un mécanisme de recyclage politique de l'excédent. En effet, notons bien que l'absence de ce mécanisme n'est pas une négligence des concepteurs de l'euro : elle était délibérée. Dans ces conditions, l'euro ne pouvait fonctionner comme monnaie stable que si quelqu'un d'autre le stabilisait. Ce quelqu'un d'autre était l'économie des États-Unis et son Minotaure.

À l'époque de Bretton Woods, qui a pris fin en 1971, puis à celle du Minotaure, le processus d'intégration des marchés et des bureaucraties d'Europe, autour de Bruxelles, s'est développé assez facilement. Et, tant que les fleuves des liquidités privées ont continué à couler de l'Anglosphère, Bruxelles et Francfort ont pu maintenir leur vision illusoire : il était inutile de centraliser les politiques budgétaires ; leur zone euro brinquebalante n'avait besoin que du recyclage par beau temps ; rien n'exigeait que le dèmos européen prenne le contrôle de la technocratie bruxelloise et d'un processus législatif ignorant les contraintes de tout ce qui pourrait ressembler à un parlement souverain. Si les parlements nationaux étaient censés exercer une supervision démocratique de la politique budgétaire, les institutions de l'Union européenne œuvraient dans les intérêts d'une sainte alliance plutôt douteuse : le cartel initial de l'industrie lourde du centre de l'Europe, les agriculteurs productivistes (surtout français) et un secteur financier en plein essor.

Mais en 2008 les États-Unis ont perdu leur capacité de stabiliser l'économie mondiale par le mécanisme de Wall Street et des déficits commercial et budgétaire américains. Et la zone euro a donc commencé à se désagréger. Plus l'Europe soutenait que les problèmes créés par les événements de 2008 pouvaient être résolus dans le cadre de ses règles, plus la crise accablant les Européens s'aggravait. Et plus l'Europe s'enfonçait dans la crise, plus il devenait difficile à la Federal Reserve et au Trésor des États-Unis de relancer l'économie américaine dont le moteur avait calé.

Dans cette situation critique, il n'y avait qu'une seule solution : centraliser la gestion de la dette publique de l'Europe, donc les politiques budgétaires. Mais comment centraliser les politiques budgétaires, puisqu'elles restaient, en principe, du ressort des parlements et gouvernements nationaux, qui étaient fondamentalement en faillite et dans une étreinte de la mort avec des secteurs bancaires insolvables ? Même alors, l'Europe n'a pas choisi de créer l'union politique fédérale dont elle avait si désespérément besoin. Elle a opté pour un autre type de centralisation : au moyen de prêts massifs aux pays insolvables qui, pour s'assurer l'aval des parlements des pays en excédent, ont été accompagnés de conditions punitives.

On a donc centralisé les politiques budgétaires de la zone euro en créant une union austéritaire qui a amplifié considérablement la crise, a bien failli l'amener à dissoudre l'euro, et finalement, quand la Banque centrale européenne est passée à l'action à l'été 2012 pour sauver la monnaie commune[28], l'a transférée des marchés monétaires à l'économie réelle de l'Europe. La crise de l'Europe a migré des marchés de la dette (ou des obligations) à son industrie, à ses commerces, à ses associations à but non lucratif, tandis que les bureaucrates et politiciens aux commandes de la nouvelle union austéritaire se félicitaient de l'avoir résolue.

Tout au long de ces événements, les dirigeants de Washington regardaient, en se demandant s'ils pouvaient faire quelque chose, et quoi, pour aider les décideurs européens à comprendre.

Puisque les lignes de faille entre États-membres excédentaires et déficitaires de la zone euro s'accentuent, l'édifice perd sa cohérence et risque la fragmentation. Même les plus ardents défenseurs de la conception initiale de l'Europe, qui disent aux dirigeants américains de s'occuper de ce qui les regarde, le comprennent aujourd'hui. Ces derniers temps, ils ont commencé à soutenir que, pour sauver la zone euro, il faut une union politique.

Mais quoi qu'ils disent, méfions-nous, nous, les autres ! Prendre ces appels à l'union politique pour une avancée vers une démocratie fédérale est une erreur totale.

Le plan Schäuble

« Dans l'idéal, l'Europe serait une union politique. [...] Voici deux propositions. Pourquoi n'aurions-nous pas un commissaire européen au Budget, ayant pouvoir de rejeter les budgets nationaux s'ils ne correspondent pas aux règles acceptées d'un commun accord ? [...] Nous sommes aussi en faveur d'un "parlement de la zone euro", composé des élus des pays de la zone euro au Parlement européen, pour renforcer la légitimité démocratique des décisions qui concernent le bloc de la monnaie unique[29]. »

Les auteurs de ces lignes sont deux hommes politiques allemands influents, considérés au début des années 1990 comme des fédéralistes purs et durs parce qu'ils avaient écrit ensemble des articles où ils plaidaient pour l'union politique : Wolfgang Schäuble, l'actuel ministre allemand des Finances, et Karl Lamers, membre du parlement fédéral et responsable de la politique étrangère à l'Union chrétienne-démocrate, le parti conservateur allemand[30]. Schäuble revient ici à son thème favori, la forme particulière d'union politique qu'il préconise, et donne deux exemples de la façon dont elle pourrait fonctionner. Les lecteurs distraits pourraient penser que le puissant ministre des Finances de l'Allemagne avance deux propositions qui feraient évoluer l'Europe vers une démocratie fédérale. Pas du tout.

Actuellement, la Commission européenne de Bruxelles examine le budget d'un État-membre et fait des recommandations. Si ce budget présente un déficit supérieur au maximum de 3 % fixé par le traité de Maastricht, elle adresse des avertissements, qui en fin de compte peuvent aboutir à des sanctions. En général, ce processus ouvre entre l'État-membre et la Commission des négociations prolongées, qui font ensuite l'objet de longues réunions de l'Eurogroupe et se soldent pour le pays concerné par une dose d'austérité supplémentaire, assortie de force tripatouillage imaginatif de sa comptabilité macroéconomique. La première proposition révolutionnaire de Schäuble est un suzerain budgétaire qui mettrait fin à la souveraineté nationale sur les budgets. Il aurait le droit et le devoir de prendre connaissance, disons, du budget national de la France et de le juger adoptable ou de le déclarer inacceptable.

Ce serait une importante rupture avec la pratique actuelle. Un budget national, approuvé par un parlement national, pourrait être rayé d'un trait de plume par un suzerain basé à Bruxelles. Naturellement, l'idée de Schäuble a suscité de vives réactions, notamment à Paris. Mais reconnaissons ce mérite au ministre : il est le seul responsable politique allemand à avoir poussé la philosophie et l'architecture actuelles de la zone euro jusqu'à leur conclusion logique. Avec une remarquable cohérence au fil des ans, le Dr Schäuble répète, un ton en dessous peut-être, des idées qu'il avait formulées il y a vingt ans. Le 8 juin 2000, par exemple, dans la *Frankfurter Allgemeine Zeitung*, il s'en prenait à la notion de souveraineté nationale en la qualifiant d'absurde, et disait tout son mépris pour ce « débat académique où l'on se demande si l'Europe est une fédération ou une alliance d'États[31] ».

Si le Dr Schäuble avait raison, s'il n'y avait aucune différence sérieuse entre une fédération et une alliance d'États, l'idée d'instaurer dans la zone euro un suzerain budgétaire ayant le pouvoir de mettre son veto aux budgets nationaux serait parfaitement sensée. La création d'un tel poste de pouvoir au centre indiquerait, effectivement, que l'union politique se resserre et qu'on progresse vers une fédération. Mais est-il vrai qu'il n'y a aucune différence entre une fédération et une alliance d'États, une Europe des nations ? Bien sûr qu'il y en a une. Et c'est la différence entre démocratie et despotisme.

Pas de souveraineté, pas de démocratie

Voici ce qu'on a souvent tendance à oublier au sujet des démocraties libérales : la légitimité d'une constitution est déterminée par la politique, pas par ses subtilités juridiques. Comme l'a suggéré un jour le travailliste britannique Tony Benn, nous devons poser constamment cinq questions à ceux qui nous gouvernent. Quel pouvoir avez-vous ? D'où le tenez-vous ? Dans l'intérêt de qui l'exercez-vous ? À qui rendez-vous des comptes ? Et comment peut-on se débarrasser de vous[32] ?

Nous savons depuis l'*Antigone* de Sophocle que les femmes et les hommes de bien ont le devoir de violer les lois dénuées de légitimité politique et morale. L'autorité politique est le ciment qui assure la cohésion du droit, et elle est fondée sur la souveraineté du corps politique qui engendre la loi. Que la zone euro soit une alliance d'États indépendamment souverains ou une fédération souveraine d'États, cela ne change rien ? Le prétendre, comme l'a fait le Dr Schäuble en 2000 et à nouveau implicitement en 2014, c'est ignorer délibérément que seul un peuple souverain peut créer une autorité politique ; une alliance d'États ne le peut pas.

L'alliance d'États du Dr Schäuble peut, bien sûr, conclure des accords fondés sur l'avantage mutuel, comme une alliance militaire défensive contre un agresseur commun, ou s'entendre sur des normes industrielles communes, ou même sur la création d'une zone de libre-échange. Mais elle ne pourra jamais instaurer légitimement un suzerain qui aurait le droit d'abroger la souveraineté d'un État-membre ou d'avoir priorité sur elle, car il n'existe aucune souveraineté collective à l'échelon de l'alliance dont pourrait venir l'autorité politique nécessaire pour le faire.

C'est pourquoi la différence entre fédération et alliance d'États compte. Une fédération remplace la souveraineté qu'on abandonne au niveau de la nation ou de l'État par une souveraineté au niveau fédéral, unitaire. Mais la centralisation du pouvoir au sein d'une alliance d'États est par définition illégitime, car il n'existe aucun corps politique qui puisse la légitimer.

On rétorquera qu'en matière de démocratie l'Union européenne est irréprochable, que la Commission est nommée par des chefs d'État élus, lesquels constituent aussi le Conseil européen qui légifère au nom de l'alliance d'États du Dr Schäuble. On rappellera l'existence du Parlement européen, qui a le pouvoir de rejeter des éléments de cette législation. Et on ajoutera souvent, pour finir, que de toute manière la souveraineté est très surévaluée et qu'elle n'a guère de sens à l'époque de l'interdépendance et de la mondialisation. Dans le village global, les Français, les Allemands – tous les Européens, même les Grecs – jouissent de plus de souveraineté quand ils unissent leurs souverainetés nationales en un seul bloc européen. Et si cela signifie que nous devons créer un suzerain budgétaire chargé de nous maintenir tous dans l'effroi et dans le respect des règles de la zone euro, ainsi soit-il.

Mais ces arguments montrent à quel point la compréhension des principes fondamentaux de la démocratie libérale s'est dégradée en Europe. Ce plaidoyer commet une erreur capitale : il confond autorité politique et puissance. Un parlement est souverain, même s'il n'est pas particulièrement puissant, quand il peut démettre de ses fonctions l'exécutif, pour s'être mal acquitté des tâches qui lui étaient assignées dans les limites du pouvoir, quel qu'il soit, que possèdent cet exécutif et ce parlement. Rien de tel n'existe aujourd'hui dans la zone euro.

Si les membres du Conseil européen et de l'Eurogroupe sont des élus, responsables, en théorie, devant leurs parlements nationaux respectifs, le Conseil et l'Eurogroupe eux-mêmes ne sont responsables devant aucun parlement, ni d'ailleurs devant aucune instance politique quelle qu'elle soit. De plus, l'Eurogroupe, où sont prises toutes les décisions économiques importantes, est un organisme qui n'existe même pas en droit européen, qui agit sur la base du principe « les forts font ce qui leur plaît et les faibles subissent ce qu'ils doivent », qui ne conserve aucun compte rendu de ses travaux et dont la seule règle est que ses délibérations sont confidentielles – c'est-à-dire non communicables aux citoyens européens. C'est un cadre conçu pour exclure toute souveraineté qui pourrait émaner du peuple d'Europe.

On peut soutenir qu'un pays européen est plus puissant au sein de la zone euro qu'en dehors d'elle, mais que devient sa souveraineté ? La Prusse, comme l'avait prédit Metternich, a convaincu les petits États allemands que leur souveraineté serait mieux protégée à l'intérieur du Zollverein qu'à l'extérieur, après quoi elle l'a brutalement détruite. C'est exactement ce qui se produit aujourd'hui en Europe, mais plus vite et avec moins de résistance parce que cela se passe pendant une crise. Le résultat prévisible, le démantèlement de l'Europe – quand le peuple de France, d'Italie et d'ailleurs dira : « Ça suffit ! » –, ne ralentit en rien ce processus dévastateur.

« Il est clair qu'il n'y a aucune place pour de petits pays souverains dans la mondialisation », m'a dit un autre ministre des

Finances pendant une pause d'une réunion de l'Eurogroupe. « L'Islande ne pourra jamais être vraiment souveraine », a-t-il conclu, satisfait d'avoir marqué un point. Mais l'argument était inconsistant. Prétendre que la souveraineté de l'Islande est illusoire parce qu'elle est trop petite pour avoir beaucoup de pouvoir, c'est comme soutenir qu'un citoyen pauvre dont l'influence politique est à peu près nulle pourrait aussi bien renoncer au droit de vote. Pour le dire un peu différemment, les petites nations souveraines comme l'Islande ont des choix à faire dans le cadre des contraintes générales que leur fixent la nature et le reste de l'humanité. Si limités que puissent être ces choix, le corps politique islandais conserve une autorité absolue pour demander des comptes à ses dirigeants élus sur les décisions qu'ils ont prises en fonction des contraintes exogènes du pays, et pour abroger toute législation qu'il a votée dans le passé.

En revanche, quand les ministres des Finances de la zone euro rentrent de Bruxelles – ou de tout autre lieu où l'Eurogroupe ou le Conseil ECOFIN vient de se réunir –, ils critiquent immédiatement les décisions qu'ils viennent de signer, en usant des prétextes classiques : « C'est ce que nous avons pu obtenir de mieux dans les négociations », ou « J'ai été mis en minorité ». Mon insistance, en tant que ministre grec des Finances, à vouloir des accords que je pourrais défendre à mon retour, en montrant qu'ils étaient utiles aux intérêts de la Grèce et de l'Europe, a été condamnée comme de l'obstination, une sorte de fol entêtement. La satisfaction des hautes sphères de l'Europe lors de ma démission le 6 juillet 2015 s'explique précisément par ma détermination particulière à ne signer aucun accord que je n'aurais pas pu défendre en ma qualité d'économiste, d'homme politique, d'intellectuel et de Grec. Un tel comportement était jugé inacceptable dans une institution créée pour traiter la souveraineté et la responsabilité comme des nuisances qui gênent le bon fonctionnement de l'union monétaire de l'Europe.

Avec la crise de l'euro, ce vide au cœur de l'Europe s'est élargi horriblement. Hauts fonctionnaires de Bruxelles, dirigeants allemands et français, agents de la Banque centrale européenne – tous attendent des représentants des petits États-membres qu'ils suivent strictement la ligne, comme on attendait des délégués des soviets qu'ils lèvent leur carte aux réunions du Comité central du Parti communiste de l'Union soviétique. Après quoi, de retour chez nous, nous sommes censés expliquer à notre parlement national que nous n'étions pas d'accord avec la décision de l'Eurogroupe ou du Conseil mais que nous avons été trop « responsables » pour lui résister. En même temps, il est devenu assez fréquent que les représentants des États puissants rejettent sur d'autres délégués la responsabilité des mauvaises décisions : eux-mêmes les ont acceptées sous la contrainte, pour ne pas miner la solidarité européenne. Donc, même si une majorité des membres de l'Eurogroupe désapprouvait, par exemple, la logique des renflouements de la Grèce, l'Eurogroupe l'adoptait, et la troïka prenait le relais en faisant voter ces accords dans des parlements nationaux qui avaient trop peur d'être traités de « déraisonnables » ou d'« antieuropéens ».

Après quoi aucun forum ni aucune assemblée de citoyens européens (même pas le prétendu Parlement européen) ne pouvait revenir sur ces décisions ni censurer ceux qui les avaient prises, même s'il s'avérait par la suite qu'elles avaient été d'effroyables erreurs. En ce sens, la petite Islande impuissante continue à jouir d'une souveraineté totale, tandis que l'Union européenne, toute-puissante en comparaison, a été dépouillée de toute forme de souveraineté.

Le tableau serait-il moins sombre si l'on mettait en œuvre la seconde proposition de Wolfgang Schäuble, une Chambre de l'euro où siégeraient exclusivement les membres de la zone euro au sein du Parlement européen[33] ? Le Parlement européen est la seule institution de l'Union européenne qui ait une vague ressemblance avec une assemblée fédérale. Élu au suffrage direct dans des élections paneuropéennes, il paraît être à l'œil non averti l'équivalent de la Chambre des représentants aux États-Unis ou de la Chambre des communes en Grande-Bretagne. Mais si l'on y regarde de plus près, il n'a pas du tout l'allure des parlements compatibles avec la démocratie libérale. Dans ces derniers, le parlement ou le Congrès dispose de l'intégralité du pouvoir législatif, et il existe une séparation nette entre l'exécutif et le législatif. Dans l'Union européenne, le principal organe législatif reste le Conseil des ministres, qui se réunit et vote à huis clos et qui se compose non de parlementaires mais de membres des exécutifs des États-membres. De plus, la zone euro est gouvernée par un groupe informel – l'Eurogroupe – qui se réunit en secret et qui, puisqu'il est informel, ne rend jamais de comptes au Parlement européen.

Ces portes tournantes entre pouvoir législatif au centre et pouvoir exécutif dans les États-membres ont été conçues à dessein pour que les lois puissent être adoptées sans le moindre examen sérieux d'aucun parlement souverain investi de l'autorité de l'arbitre ultime de la démocratie, le peuple. Bien que le Parlement européen ait acquis au fil des ans de nouveaux pouvoirs à côté du Conseil, il n'est toujours pas un vrai parlement. Le fait même qu'il partage le pouvoir législatif avec le Conseil européen et – signe distinctif remarquable – qu'il ne peut être à l'initiative d'aucune législation signifie qu'il ne dispose pas de l'autorité politique requise pour légitimer le transfert de souveraineté du niveau national à une Chambre de l'euro en son sein. Ce serait comme transférer de l'eau d'un étang local à un lointain réservoir central avec une passoire.

Wolfgang Schäuble aime l'idée d'une Chambre de l'euro parce qu'il suppose qu'elle légitimerait les actes et l'autorité de son suzerain budgétaire, qu'elle assurerait « la légitimité démocratique des décisions qui concernent le bloc de la monnaie unique[34] ». Mais on ne peut être d'accord avec lui qu'en oubliant tout ce qu'un parlement doit être et doit faire.

Démocratie contre pouvoir discrétionnaire

Cette section devrait être superflue. Elle ne l'est pas : cela reflète la triste réalité d'un monde qui semble ne plus se souvenir des prérequis minimaux d'une démocratie libérale qui fonctionne. Donc nous en sommes là, à énoncer ce qui autrefois allait de soi pour tout le monde : la finalité principale de la loi est d'égaliser le terrain entre les faibles et les forts. Un terrain égalisé n'empêche ni l'exploitation ni de graves atteintes à la liberté, mais c'est le minimum que la loi, l'état de droit, doit assurer. Réduire toute interaction humaine aux rapports de force, c'est le contraire de l'état de droit et la porte ouverte au despotisme. Pour empêcher la réduction des rapports humains aux rapports de force et faire barrage au despotisme, le pouvoir discrétionnaire de l'exécutif doit être limité le plus possible par un corps politique souverain ayant les moyens de le faire.

Vues sous cet angle, les propositions du Dr Schäuble sont sinistres. Le suzerain budgétaire qu'il propose est une sorte de léviathan à mission binaire : dire soit oui, soit non au budget soumis à ses services par un État-membre. Il aura le droit d'annuler et de retourner à l'envoyeur les budgets des gouvernements quand ils violent les règles de la zone euro (celles de Maastricht). Mais comment cela fonctionnerait-il ?

Remontons un peu dans le temps. À 2009. Quand les bulles jumelles de l'Irlande dans l'immobilier et dans la banque ont éclaté, la Banque centrale européenne a contraint le gouvernement irlandais d'ajouter la dette privée aux comptes publics, puis d'exiger des contribuables qu'ils empruntent des sommes gigantesques pour la rembourser[35]. Le déficit budgétaire et la dette publique sont donc montés en flèche, ce qui les a mis en infraction avec les règles de la zone euro. De même, en Espagne – où le gouvernement avait maintenu avant la crise un rapport « dette sur revenu » inférieur à celui de l'Allemagne –, la crise de 2008 a propulsé le déficit budgétaire et la dette de l'État au-dessus des limites de Maastricht. Qu'aurait pu faire le léviathan de Schäuble dans cette situation ? Renvoyer les budgets des gouvernements espagnol et irlandais à Madrid et à Dublin ? À quoi bon ?

Le fait est qu'aucune dose d'austérité n'aurait pu ramener les déficits de l'Irlande et de l'Espagne sous la barre des 3 % du PIB sans démolir leur économie nationale et les conduire au défaut de paiement clair et net sur leur dette publique l'année suivante. De même pour la France en 2015 : aucune dose d'austérité ne peut ramener son déficit dans les règles sans saborder la zone euro à moyen terme et porter immédiatement au pouvoir le Front national d'extrême droite.

Autrement dit, pour jouer vraiment un rôle, le léviathan budgétaire doit pouvoir dire beaucoup plus que *nein*. Il ne peut pas être binaire – répondre par 1 ou 0, oui ou non. Il doit avoir la possibilité de proposer aux gouvernements nationaux des budgets différents qui, eux aussi, violent les règles. Dans cet éventail de budgets en infraction, dont certains ont les faveurs des gouvernements nationaux et un celles du léviathan, celui-ci doit pouvoir imposer le sien. Sinon, à quoi servirait-il ?

Mais que se passe-t-il si le gouvernement national résiste, refuse de mettre en œuvre le budget que préfère le léviathan, rejette ses propositions pour des raisons que le léviathan juge inappropriées ou non convaincantes ? Wolfgang Schäuble estime sûrement que le léviathan doit être doté du pouvoir de piloter un budget national par des moyens particuliers, qui ne peuvent découler uniquement et naturellement des règles existantes acceptées d'un commun accord. Autant dire qu'un pouvoir discrétionnaire massif sera créé au centre de l'Europe – *de facto*, même si on le nie *de jure*.

Pour en revenir encore à 2008, supposons que le mécanisme du Dr Schäuble ait été en place à cette époque. Notre léviathan budgétaire serait resté d'une passivité totale avant la crise de l'euro (du moins dans le cas des budgets irlandais et espagnol, qui, année après année, respectaient confortablement les règles), mais ensuite, quand la crise aurait frappé, il se serait déchaîné furieusement, en exerçant un pouvoir discrétionnaire maximal sur tout le continent. Aurait-il été enclin au même interventionnisme dans le cas de l'Irlande et dans celui du gouvernement allemand, qui lui aussi était sorti des limites prescrites par Maastricht pour le déficit comme pour la dette ? Quelle que soit la réponse, si l'on avait mis en œuvre après 2008 le plan esquissé par le ministre allemand des Finances pour améliorer la gouvernance de la zone euro, ses effets auraient été clairs : propulser toute la zone euro dans le champ des purs rapports de force entre le léviathan et les sociétés européennes frappées par la crise ; violer l'état de droit au niveau européen ; et priver les citoyens et les États les plus faibles d'Europe de toute protection constitutionnelle contre un pouvoir discrétionnaire et arbitraire.

Puisque tout léviathan devrait avoir autorité non seulement pour rejeter mais aussi pour modeler les budgets des gouvernements des États-membres, une Chambre de l'euro, au sein ou en complément du Parlement européen, pourrait-elle être le corps politique qui manque pour protéger les Européens contre leur propre exécutif et maintenir l'état de droit au cœur de l'Europe ? Afin que cette protection soit effective, les conditions minimales seraient que la Chambre de l'euro (a) ait seule le pouvoir de nommer et de révoquer le léviathan ; (b) soit la source d'autorité ultime sur le contenu du budget de chaque État-membre ; et (c) dispose de pouvoirs clairement définis par une constitution.

Il est absolument clair qu'au moins deux de ces conditions ne seront pas satisfaites. Ni le gouvernement allemand ni les élites parisiennes n'accepteraient de laisser la Chambre de l'euro nommer et révoquer le léviathan. Et ils n'oseraient pas non plus se lancer dans la rédaction d'une constitution de l'euro.

On voit que greffer une démocratie fédérale sur une technocratie bruxelloise n'est pas simple, notamment quand ladite technocratie représente une sainte alliance entre des apparatchiks, un puissant cartel centreuropéen de l'industrie lourde, des politiciens nationaux qui ont leurs propres relations confortables avec les banquiers locaux en faillite, et de grandes banques internationales. Donc, tous ces propos sur une progression vers une union politique et « plus d'Europe » ne sont pas des premiers pas vers une fédération démocratique européenne : il s'agit d'un saut dans une cage de fer, qui va prolonger la crise et saborder toute perspective de démocratie fédérale européenne authentique à l'avenir. Si l'on enferme les peuples dans cette cage de fer au nom de la marche vers les États-Unis d'Europe, on achèvera de délégitimer « l'Europe » aux yeux des Européens. Dans une effroyable boucle de rétroaction sans fin, l'autoritarisme et la crise économique continueront à s'alimenter mutuellement, jusqu'au jour où l'Europe arrivera au point de rupture.

L'européanisation décentralisée, ou comment remplacer TINA par TATIANA

Les cages de fer ne deviennent pas des fédérations démocratiques par évolution naturelle. Si l'on enferme les pays de la zone euro dans un système de pouvoir arbitraire, discrétionnaire, sans le recyclage politique de l'excédent qui serait nécessaire pour harmoniser leurs rapports, il est bien téméraire d'espérer qu'une union politique démocratique en sortira. Le seul résultat naturel est la perpétuation du sinistre équilibre que crée l'austérité, fait d'investissement faible et de chômage massif. Il n'est pas de bon augure pour une fédération démocratique.

Les bâtisseurs d'empire, notamment quand ils sont pressés et sous pression, ne supportent pas les contre-pouvoirs qui contrôlent l'exécutif. Même lorsque les mesures qu'ils veulent prendre sont judicieuses et justifiées, elles tourneront forcément mal si leur pouvoir est sans limite. Maintenant que l'Europe a été précipitée dans la déflation par les politiques d'austérité des exécutifs, des propositions comme celles de Wolfgang Schäuble et Karl Lamers expriment le désir, bien compréhensible, d'une feuille de vigne parlementaire chez ces responsables qui veulent encore plus de pouvoir arbitraire pour atteindre leurs objectifs impossibles. Ma brève expérience ministérielle en 2015 m'a valu d'être aux premières loges dans des rencontres où le ministre allemand des Finances a exposé sa vision pour l'Europe. Ce qu'il a dit confirme amplement le jugement qui précède : l'Europe devait sauver son union monétaire à la dérive par une union politique disciplinante, diamétralement opposée à une fédération démocratique. Et la Grèce était l'agneau à sacrifier pour inspirer aux élites françaises la crainte de Dieu et arracher leur consentement à l'union politique version Dr Schäuble.

Mais trêve de lamentations sur la dérive naturelle de l'Europe officielle vers le despotisme nourri par la crise. Existe-t-il une contre-proposition réaliste, modeste ? Pouvons-nous trouver l'équilibre entre la critique de fond de l'Union européenne et la conscience des coûts effroyables qu'infligerait sa fragmentation ? Est-il possible d'utiliser les institutions terriblement imparfaites qui existent pour arrêter la crise et relancer la démocratie en Europe ? Je me suis posé ces questions avant même que la zone euro soit officiellement engloutie dans la crise. Avec deux grands amis et collègues économistes, l'ancien parlementaire britannique Stuart Holland et le célèbre économiste américain Jamie Galbraith, j'ai entrepris d'élaborer un plan pour combattre la crise spécifique à l'Europe.

Nous n'avions pas la naïveté de croire que notre projet serait mis en œuvre du seul fait de sa rationalité. Non, sa finalité était plus simple : nous permettre de contrer la doctrine officielle de l'Europe en lui opposant la nôtre. Aux eurocrates qui assenaient leur « Il n'y a pas d'autre option » (« *There is no alternative* », TINA) respectant les traités et les règles actuelles, nous pourrions désormais répondre « que, étonnamment, il y a une autre option » (« *that, astonishingly, there is an alternative* », TATIANA). Notre TATIANA, intitulée *Modeste Proposition pour résoudre la crise de la zone euro*, est un plan pour régler la crise en européanisant ses quatre composantes – les crises de la dette publique, des banques, du sous-investissement et de l'explosion de la pauvreté – tout en décentralisant le pouvoir politique par réduction du pouvoir discrétionnaire illicite qu'exerce le triangle Bruxelles-Francfort-Berlin. D'un point de vue moins politique, cette proposition – c'est son principal mérite – permet à la zone euro d'abandonner le principe douteux des dettes et des secteurs bancaires parfaitement séparables et d'introduire le mécanisme manquant de recyclage politique des excédents, sans créer au centre de l'Europe un pouvoir discrétionnaire autocratique et sans qu'il soit besoin dans l'immédiat de récrire les règles et traités en vigueur de l'Union européenne.

Comment peut-on atteindre simultanément ces objectifs apparemment contradictoires ? Comment peut-on européaniser le règlement de la crise sans centralisation ? Nous répondons qu'il est possible d'européaniser les quatre composantes de la crise (la dette, les banques, le sous-investissement et la pauvreté) en redéployant des institutions européennes existantes – la Banque centrale européenne, le Mécanisme européen de stabilité et la Banque européenne d'investissement – d'une façon qui

> réduit au minimum le pouvoir discrétionnaire de leurs dirigeants en énonçant des règles claires qu'ils seront tenus de suivre dans leurs nouveaux rôles ; applique un traitement systémique aux problèmes systémiques de la zone euro – la dette publique, des banques sous-capitalisées, un investissement global lamentable et une pauvreté déchaînée ; et rend possible aux gouvernements nationaux de respecter les règles en vigueur de la zone euro.

Si cette proposition n'exige aucune avancée vers une union politique, donc aucun pouvoir discrétionnaire pour un nouveau suzerain budgétaire, c'est parce que le redéploiement que nous suggérons

> ne demande pas aux gouvernements allemand, autrichien ou finlandais de payer les dettes ou les besoins d'investissement des Grecs ou des Italiens ; peut s'effectuer dans le cadre des traités existants ; et s'accomplit en gérant des institutions existantes d'une façon totalement déterminée par des règles.

Ce n'est pas le lieu d'expliquer en détail la Modeste Proposition (qui est résumée en appendice). Disons seulement qu'elle cherche à simuler une fédération, des États-Unis d'Europe, par des règles automatiques qui fonctionnent, à la différence de celles du traité de Maastricht et de ses successeurs. Notre mission a été de concevoir des règles supplémentaires, compatibles avec la lettre des règles existantes et ne nécessitant aucun nouveau pouvoir discrétionnaire pour Bruxelles ou Francfort. En appliquant ces règles, il serait possible de traiter les quatre composantes de la crise au niveau européen – de les européaniser – tout en rendant le pouvoir réel aux parlements nationaux. D'où mon expression : « décentralisation européanisée ».

Aucune des politiques que nous suggérons ne viole les règles existantes de la zone euro. De fait, toutes seraient intégralement applicables en fixant à la Banque centrale européenne, au Mécanisme européen de stabilité et à la Banque européenne d'investissement des règles supplémentaires qui, à la différence de celles qui existent aujourd'hui, ne risquent pas de créer des contradictions, donc n'exigent aucun pouvoir discrétionnaire pour les administrateurs chargés de les appliquer. En même temps, délivrés de certains problèmes inextricables, les gouvernements nationaux auront moins de mal à respecter les règles existantes et plus de marge pour mettre en œuvre les priorités de leur parlement.

Ceux qui n'aiment la liberté que pour les biens matériels qu'elle procure « ne l'ont jamais conservée longtemps », a écrit un jour Alexis de Tocqueville[36]. Dans l'Europe actuelle, ceux qui chantent l'intangibilité sacro-sainte des règles en vigueur sont les pires ennemis de leur propre liberté et les fourriers d'un pouvoir autocratique, discrétionnaire. C'est pourquoi les démocrates européens doivent se méfier des dirigeants qui parlent d'avancer vers l'union politique, vers « plus d'Europe », alors que leur objectif réel est de préserver une architecture monétaire insoutenable. Persister à imposer des règles impossibles, c'est ouvrir la porte aux spectres hideux de notre passé commun.

Étant donné l'histoire de l'Union européenne et l'état actuel de la zone euro, l'union politique, l'union budgétaire et divers autres projets accentuant la centralisation ne sont ni viables ni souhaitables. Lorsqu'on a conçu les institutions de l'Union européenne dans les années 1950 et 1960, on a voulu les javelliser, les immuniser contre la politique. Et comme rien n'est aussi politique ni aussi nocif que la dépolitisation d'un processus politique, on a obtenu des institutions aux antipodes du concept et des pratiques de la démocratie.

Les Européens le comprennent mieux maintenant que la crise de l'euro a rendu visibles les conséquences de la structure institutionnelle de leur union. Surtout depuis l'écrasement en juillet 2015 du gouvernement grec dans lequel j'ai servi : ils voient de plus en plus dans les technocraties de Bruxelles et de Francfort une force d'occupation, un peu comme les Français regardaient les administrateurs de Vichy. Ils ne veulent pas que Bruxelles, telle qu'elle est structurée aujourd'hui, devienne leur gouvernement central en réponse à une crise que l'Union européenne a elle-même créée. Et ils ont raison.

Le philosophe allemand Jürgen Habermas avait compris de longue date que le capitalisme a tendance à créer un « déficit de légitimation » – situation dans laquelle les citoyens, indépendamment de leurs convictions politiques ou de leur idéologie, ont perdu confiance dans le droit des autorités politiques et administratives à agir comme elles le font[37]. Puisque les Européens ne croient plus aux institutions de l'Europe, on leur propose un redoutable pacte avec le diable : si vous acceptez moins de démocratie aujourd'hui et plus de centralisation demain, vous aurez peut-être, plus tard, une sorte d'État fédéral. Accepter ce marché, hélas, ne nous rapprochera sûrement pas d'une fédération. Voici quels seraient ses effets :

> Aggraver la crise économique et faire encore grandir les montagnes de dettes, tout en comprimant encore davantage l'investissement qui pourrait assurer un avenir décent ; délégitimer encore plus l'Union européenne aux yeux des Européens ; remplacer le peu de démocratie qui nous reste au niveau national par les processus consultatifs qu'utilise Bruxelles pour bétonner l'attachement permanent à des politiques de déflation extrêmement redistributives (surtout en faveur des banques et, soyons-en sûrs, de ceux qui sont déjà forts et puissants) ; réduire les débats politiques sur la stratégie économique à des discussions pseudo-techniques entre gestionnaires non élus, inféodés à une technocratie instituée pour servir les intérêts de l'omniprésent cartel centreuropéen et d'un secteur financier décidé à tout dévorer ; assigner un rôle factice de contrôle en dernier ressort à un Parlement européen, ou à une Chambre de l'euro, qui en réalité ne fonctionne nullement comme un parlement, mais se donne l'air d'en être un pour dissimuler le fait avéré que le droit européen s'élabore en l'absence radicale de tout processus parlementaire authentique ; et ancrer fermement dans le droit européen une idée dangereuse : à l'ère de la mondialisation, la souveraineté, c'est du passé.

Aucune de ces évolutions n'est compatible avec une Union européenne viable. Le jour viendra où les Européens enverront promener cette monstruosité et s'échapperont de la cage de fer en construction autour d'eux. Malheureusement, la désintégration de l'Europe qui s'ensuivra aura un coût socioéconomique épouvantable, l'équivalent actuel de la dépression généralisée des années 1930. Il faut donc réussir à sortir de la cage sans détruire notre maison commune.

Au paradoxe d'un continent divisé par une monnaie commune, il faut substituer un autre paradoxe, l'européanisation décentralisée : redéployer, par des règles, les institutions européennes cruciales (la BCE, le MES et la BEI) pour s'attaquer aux quatre « sous-crises » de l'Europe tout en revigorant les démocraties nationales. C'est alors et seulement alors, quand nous aurons ressuscité la démocratie dans les États-membres, que nous pourrons engager entre nous le dialogue qui s'impose sur l'avenir que nous souhaitons pour l'Europe.

En attendant, mon expérience directe de la façon dont l'Europe est gouvernée me remet en tête avec une résonance nouvelle le personnage de Kapnias, dont j'ai évoqué l'histoire au début de ce chapitre. Sa forme particulière de mal m'a appris que notre aversion pour les pires ennemis de la démocratie peut renforcer leur engagement et les redynamiser. Elle m'a appris que seule une résistance ferme, inébranlable, sans passion et sans haine peut vaincre leur détermination. Elle m'a appris qu'on pouvait programmer un Grec qui n'avait jamais rencontré un Juif – aujourd'hui un Pakistanais – à croire que la cause de toutes ses souffrances était là. Elle m'a appris aussi que le serpent a la vie dure. Qu'une fois ses gènes implantés par l'humiliation d'une capitulation forcée et sans condition dans des sociétés[38], il reste tapi longtemps, très longtemps, et attend une crise systémique pour réengendrer.

« Quand je rentrerai chez moi ce soir, je me trouverai dans un parlement où le troisième parti est un parti nazi », ai-je dit à Wolfgang Schäuble, devant la presse réunie, lors de ma première visite au ministère allemand des Finances en février 2015[39]. C'était un appel à l'action commune. Il n'y a vu que du théâtre, et la presse allemande aussi.

Sept mois plus tard, en septembre 2015, le Dr Schäuble et l'Eurogroupe ayant réussi à renverser notre gouvernement en nous asphyxiant suffisamment pour que le Premier ministre Tsipras capitule, Aube dorée a accru sa représentation parlementaire à Athènes[40], la dette de la Grèce a atteint de nouveaux sommets, notre société a perdu la volonté de se réformer, et surtout la démocratie européenne a été grièvement blessée. Ce même été, la crise des réfugiés – l'arrivée de dizaines de milliers de malheureux sur les côtes grecques et les chamailleries entre dirigeants européens, et américains, pour ne pas avoir à les accueillir – a confirmé que l'intégrité et l'âme de l'Europe sont dans un triste état.

Nouvelles frontières, nouvelles divisions et divergence accrue : telle a été la moisson de l'union monétaire européenne sur un continent que le monde avait tant souhaité voir comme un modèle. Un continent autrefois source de tant de lumière exporte désormais la désolation et la récession dans le monde entier. Mais ce n'est pas une fatalité. Des politiques innovantes peuvent associer la décentralisation du pouvoir que souhaitent les Européens et l'européanisation de leurs problèmes communs dont ils ont besoin. Il faudra cependant une idée révolutionnaire pour faire décoller cet heureux paradoxe et mettre fin aux ondulations du serpent. C'est une idée loufoque, en effet, qui – vous l'avez deviné – vient aussi de mon terroir perturbant, insupportable et brillant : l'idée de démocratie.

Afin d'en finir une bonne fois avec les Kapnias dans toute l'Europe, les Européens doivent absolument reprendre aux technocrates irresponsables le contrôle de leur politique et de leur monnaie. Pour emprunter une formule idéologique aux Américains : passons d'une Europe du « Nous, les gouvernements… » et du « Nous, les technocrates… » à une Europe du « Nous, le peuple européen… ».

Dans cette démarche, il serait bon d'étendre aux quatre coins de notre continent le triptyque français *Liberté, Égalité, Fraternité*, amendé pour y intégrer trois nouveaux principes :

1 Aucune nation européenne ne peut être libre tant que la démocratie d'une autre est violée.
2 Aucune nation européenne ne peut vivre dans la dignité tant qu'une autre en est privée.
3 Aucune nation européenne ne peut espérer la prospérité si une autre est précipitée dans l'insolvabilité et la dépression permanentes.

C'est seulement lorsque ces principes seront respectés dans toute l'Europe que les successeurs de Kapnias perdront leur sourire mauvais.

CHAPITRE 8

Crise de l'Europe, avenir de l'Amérique

Le système financier mondial a implosé une première fois en 1929 et une seconde en 2008. En 1929, après la chute des banques de Wall Street dans un trou noir de leur propre fabrication, la monnaie commune de cette époque a commencé à se désagréger. C'était l'étalon-or. Peu après, en Europe, nous nous sommes retrouvés avec les nazis et autres fascistes au pouvoir. En 2008, quand les banques de Wall Street ont plié sous le poids de leurs transactions en dérivés, la monnaie commune de notre temps s'est mise à se désagréger. C'était l'euro, résurrection de l'étalon-or au cœur de l'Europe.

En février 2010, l'onde de choc de 2008 avait atteint l'Europe et porté au point de rupture son maillon le plus faible, la Grèce. L'euro commençait à flancher, avec d'effroyables conséquences potentielles pour les banques, les entreprises, les populations et la vie politique du continent. Mais, loin de s'inquiéter de la perspective atterrante d'une version postmoderne des années 1930, les dirigeants européens avaient d'autres priorités. Timothy Geithner, le secrétaire au Trésor des États-Unis qui venait de passer douze mois à lutter contre la crise outre-Atlantique, n'en a pas cru ses oreilles lorsqu'il a participé à une réunion avec ses homologues d'Europe : « Nous allons donner aux Grecs une bonne leçon », lui ont-ils dit. « [N]ous allons les écraser[1]. »

Geithner n'est pas connu pour être un tendre. S'il ne s'agissait que de cela, l'écrasement des Grecs par des Européens du Nord furieux ne l'aurait pas empêché de dormir. Il a d'ailleurs dit à ses interlocuteurs d'y aller franchement si c'était leur souhait : « Vous pouvez mettre le pied sur le cou de ces gars-là si vous voulez. Mais vous devez aussi envoyer un signal dans l'autre sens pour rassurer l'Europe et le monde, leur signifier que vous allez maintenir la cohésion, et non tout laisser couler. [Que vous] allez protéger le reste de la zone[2]. » Entouré d'Européens soulevés d'une sainte colère, Geithner était seul dans la pièce à ne pas perdre de vue le ballon : les terribles effets qu'allait avoir l'« écrasement » des Grecs sur les Allemands, les Français, et en fait les Américains.

À peu près à la même époque, tout à fait indépendamment de la conversation de Geithner avec les ministres des Finances européens, dont j'ignorais tout, j'exprimais mes peurs de ce qui risquait de s'abattre sur le continent dans un article intitulé « Un nouveau Versailles hante l'Europe[3] ». « Transformer des pays comme la Grèce en friche au soleil, écrivais-je, et précipiter le reste de la zone euro dans une spirale accélérée de dette et de déflation est un moyen extrêmement efficace de miner l'économie de l'Allemagne elle-même. » Ma crainte, et je crois que c'était aussi celle de Geithner, était de voir l'histoire se répéter. En 1929, on avait imposé tout le poids de l'ajustement aux débiteurs les plus faibles. Cette politique ne peut pas réussir, car elle crée la déflation, nuisible pour la dynamique de la dette, et le chômage massif, nuisible pour la démocratie. Inévitablement, elle a échoué. En 2010, à nouveau, on a fait peser le fardeau le plus lourd sur les épaules des plus faibles.

En quelques années, l'Europe a perdu son intégrité et elle est aujourd'hui en bonne voie de perdre son âme.

Le spectre de Versailles

Le titre de 1992 du *Figaro* qui fêtait le traité de Maastricht comme un nouveau traité de Versailles – grâce auquel l'Allemagne allait à nouveau payer pour la France sans qu'il ait été besoin de tirer un seul coup de feu – était incontestablement un affront manifeste à l'histoire européenne[4]. Il est clair que le journal conservateur français ne voyait pas la folie de Versailles. L'essence de ce lamentable traité était moins d'écraser économiquement l'Allemagne et d'infliger aux Allemands une indicible souffrance collective que de marquer, à la fin, un but contre son camp. C'était un accord effroyable même pour les vainqueurs, un acte punitif virant à l'autopunition. John Maynard Keynes l'avait vu très tôt[5] et le reste du monde a fini par le comprendre dans les années 1930, quand il était trop tard.

S'il était scandaleux que le journal conservateur français qualifie Maastricht de nouveau Versailles, le parallèle entre Versailles et les renflouements de la zone euro, notamment celui de la Grèce, est parfaitement exact. En 2010, j'ai cité[6] le livre de Keynes *Le Docteur Melchior, un ennemi vaincu*, réflexion autobiographique sur les termes de ce traité, en changeant simplement les noms des protagonistes, pour reprocher au gouvernement grec « l'acceptation hypocrite […] de conditions impossibles qu'on n'avait pas l'intention de mettre à exécution », car elle rendait « la Grèce [l'Allemagne] presque aussi coupable d'accepter ce qu'elle était incapable d'accomplir que la troïka [la conférence des Alliés] d'imposer ce qu'elle n'avait pas le droit de demander[7] ».

M'amusant à constater combien la critique cinglante du traité de Versailles par Keynes sonnait juste sur le drame grec, j'ai poursuivi en citant cette fois son livre *Les Conséquences économiques de la paix* :

> Mû par de folles illusions et une vanité sans bornes, le peuple grec [allemand] a renversé les fondations sur lesquelles, tous, nous vivons et bâtissons. Mais les représentants de l'Union européenne [de l'Angleterre et de la France] ont pris le risque d'achever la ruine commencée par la Grèce [l'Allemagne]. Leur renflouement [traité de paix], s'il est mis en œuvre, affaiblira, alors qu'il aurait pu la restaurer, l'organisation complexe et délicate, déjà ébranlée et brisée par la crise de 2008 [la guerre], dont dépendent entièrement, pour leur travail et pour leur vie, les peuples de l'Europe[8].

Bien des lecteurs jugent peut-être terriblement excessif de voir dans le renflouement de la Grèce une menace pour l'Europe et, en fait, pour l'économie mondiale. Mais je n'exagère pas.

Les dirigeants européens ont eu tort d'espérer que, pour sauver les banques d'Europe du Nord, il suffirait de prêter d'énormes sommes irrécupérables à la Grèce, puis de laisser mon pays végéter dans la dépression permanente pour servir de leçon à tous. Cette stratégie, qui, appliquée ensuite au reste de la périphérie de l'Europe, a transformé la majorité des États européens en ce que je me plais à nommer le Renflouistan, était vouée dès le départ à revenir frapper durement l'économie européenne. Tim Geithner et Jack Lew, son successeur au Trésor des États-Unis, l'avaient fort bien compris. Tous deux partageaient la même analyse : l'enchaînement commencé en Grèce en 2010 par un renflouement absurde et un niveau effroyable d'austérité a mis l'Europe dans une situation qui fragilise la reprise aux États-Unis et menace les perspectives de la Chine, de l'Amérique latine, et même de l'Inde et de l'Afrique.

L'avenir de l'Amérique est en péril

Les États-Unis ont fourni les amortisseurs sur lesquels a pu compter le capitalisme après la Seconde Guerre mondiale. Bretton Woods, le vaste plan dont il faisait partie, puis le nouvel univers post-1971 de Paul Volcker[9] ont été le soubassement du triomphe mondial du capitalisme après ce conflit.

Qu'est-ce que l'Amérique a donc apporté de si efficace au capitalisme mondial ? Le rejet de la phobie du déficit à Washington. Cette phobie est indissociable d'un penchant pour le fétichisme de l'excédent mercantiliste. Quand des dirigeants déficitophobes gouvernent les économies les plus puissantes, la guerre économique de tous contre tous dans le grand style du « dépouille ton prochain » des années 1930 finit par relever sa tête immonde. Les pays se disputent alors les réserves du monde et sont conduits, comme par une main invisible, à un équilibre économique épouvantable dont jaillissent toutes sortes de maux politiques et moraux. Après 1944, les New Dealers au pouvoir à Washington comprenaient parfaitement tout cela et étaient bien décidés à ne jamais plus laisser les années 1930 se reproduire, ce qui a été une bénédiction pour le monde. Voici comment Francis Bator, conseiller adjoint à la sécurité nationale de Lyndon Johnson, exposait en 1968 leur pensée et leurs politiques :

> Pendant la plus grande partie de l'après-guerre, le problème de l'incohérence[10] a été masqué – et ses effets préjudiciables ont été épargnés au monde – parce que les États-Unis, avec la coopération des autres pays, ont accepté non seulement de

rester en dehors de la concurrence pour les réserves, mais aussi de jouer le rôle de banque centrale du monde, en injectant des liquidités, en laissant les autres satisfaire leurs désirs d'excédent et de réserve, alors qu'eux-mêmes réduisaient leurs réserves brutes et augmentaient les dettes liquides du pays. Si le système a fonctionné, c'est justement parce que les États-Unis ont été si longtemps imperméables à la phobie du déficit.

Avant comme après le choc Nixon, l'Amérique a créé un environnement où les économies et les entreprises allemandes, japonaises et plus tard chinoises pouvaient accumuler des réserves et des excédents. La disposition de Washington à se mettre dans le rouge était un prérequis au succès des autres. Il n'y avait là aucune philanthropie : seulement l'intérêt personnel éclairé de dirigeants américains qui comprenaient les voies étranges du capitalisme.

L'aptitude de l'Amérique à porter le poids du capitalisme mondial sur ses épaules a dangereusement diminué en 2008. L'effondrement de Wall Street a été contenu, grâce aux mesures prises par des dirigeants comme Tim Geithner et Ben Bernanke[11], mais les États-Unis n'ont pas retrouvé leurs capacités de recyclage de l'excédent mondial. À partir de 2009, leur refus de la phobie du déficit a contribué à mettre un plancher à la récession ; le déficit commercial des États-Unis s'est remis à grandir, ce qui a un peu aidé les usines chinoises et allemandes à améliorer leur situation bien compromise, et le déficit budgétaire de l'État fédéral américain a continué à offrir aux investisseurs mondiaux le refuge sûr auxquels ils aspirent[12]. Il reste que le déficit américain n'est plus capable d'entretenir le mécanisme qui, avant 2008, assurait l'équilibre des flux de biens et de profits mondiaux. Le Minotaure américain est blessé, et il ne peut plus accomplir les tâches que Paul Volcker et autres lui avaient assignées à la fin des années 1970.

Le gouvernement chinois a vaillamment tenté de stabiliser son économie – et en fait l'ordre mondial – en créant délibérément une bulle de l'investissement fondée sur une bulle de l'immobilier que gonflaient des ventes de terrains par les autorités régionales[13]. Si ce stratagème de Pékin a réussi pour un temps à maintenir en marche les usines chinoises, et, dans une large mesure, allemandes, en assurant une demande à leurs produits, aujourd'hui les bulles qu'il a créées se dégonflent. L'Allemagne a exploité cette bulle *made in China* pour éponger les produits qu'elle expédiait auparavant à des pays européens déficitaires comme l'Espagne, la Grèce et le Portugal, dont les importations s'étaient effondrées dans l'intervalle. Mais à la différence de Berlin, qui, à cause de sa phobie du déficit, ne comprend pas ses devoirs d'aide au recyclage des excédents mondiaux, Pékin a très bien perçu tant ses devoirs que ses limites. Il savait que son aptitude à relancer son économie pour la tirer d'affaire, et stabiliser du même coup les pays européens excédentaires, n'allait pas durer longtemps : si l'Europe ne se joignait pas à l'Amérique, au Japon et à la Chine pour aider à stabiliser les flux mondiaux de marchandises et de capitaux, les bulles chinoises se dégonfleraient et le monde sombrerait dans des difficultés encore plus graves[14].

Les dirigeants de Washington en étaient tout à fait conscients, et ils guettaient anxieusement le moindre signe de retour des Européens à la raison. Hélas, avec la déficitophobie des pays excédentaires d'Europe, leur attachement à ce que j'ai appelé le « principe des dettes publiques et des secteurs bancaires parfaitement séparables » (voir chapitre 7, « Retour aux États-Unis »), et leur domination totale sur les autres États membres de la zone euro, Washington, Tokyo et Pékin n'ont reçu aucune aide d'une zone euro introvertie et incompétente en macroéconomie.

À nouveau, la Grèce a été le test clé, test auquel le triangle Bruxelles-Francfort-Berlin ne cesse d'échouer. Washington a toutes les raisons d'être furieux contre les Européens, pour leur phobie du déficit et ses effets préjudiciables. En dépit des montagnes de liquidités qu'a imprimées la Federal Reserve pour stimuler l'économie intérieure, les compagnies basées aux États-Unis refusent d'investir suffisamment dans des emplois de qualité et des moyens de production, de peur d'un nouveau coup de froid venu d'Europe qui, en créant une boucle de rétroaction négative avec le ralentissement de la Chine, réduira l'activité économique dans le monde entier. Si aujourd'hui aux États-Unis le marché du travail regorge de salariés américains qui aimeraient faire davantage d'heures mais ne peuvent pas ; si les salaires ne décollent pas ; si les entreprises préfèrent utiliser leurs liquidités supplémentaires pour racheter leurs propres actions au lieu d'investir, les carences de l'Europe y sont pour beaucoup.

Bref, les États-Unis n'ayant plus la capacité de stabiliser le monde, ceux qui ont le plus bénéficié dans le passé de cette aptitude disparue, les Européens, s'affranchissent aujourd'hui de tous leurs devoirs envers l'Amérique et le reste de la planète.

De la rage de Geithner à l'angoisse de Lew

Lorsque Tim Geithner a constaté directement que les Européens ne comprenaient strictement rien à la nature de la crise de la zone euro[15] et à l'importance symptomatique de la Grèce, il a failli exploser de colère[16]. Son successeur au département du Trésor, Jack Lew, est entré dans le jeu à un moment où la situation s'était beaucoup calmée, mais il a tout de même été frappé par l'incapacité de l'Europe à comprendre son propre impact négatif sur l'économie mondiale.

Le 30 octobre 2013, Lew a présenté au Congrès le rapport du département du Trésor sur les politiques économiques et de taux de change[17]. Il y administrait une volée de bois vert à l'Allemagne, accusée d'exporter la dépression économique dans le reste de la zone euro, et en fait dans l'économie mondiale. Le ministère de Wolfgang Schäuble a répondu le lendemain : « Il n'existe en Allemagne aucun déséquilibre nécessitant correction. Bien au contraire, l'économie allemande innovante apporte une éminente contribution à la croissance mondiale par ses exportations, et par l'importation de composants pour ses produits finis[18]. » Il est rare que, dans un débat, un camp ait entièrement raison et l'autre absolument tort. C'est le cas ici. Le rapport de Jack Lew avait mis dans le mille et la réponse allemande était parfaitement ridicule. L'analyse qui sous-tendait les assertions du Trésor américain reposait sur les principes de base de la macroéconomie, que Berlin et l'Eurogroupe refusent d'admettre (j'en ai été personnellement témoin). Sa logique est imparable.

Le plan de Berlin prévoit que les États membres de la zone euro surmonteront la crise en associant des exportations nettes à un budget en équilibre. Puisque l'épargne est très supérieure à l'investissement dans les États membres de la zone euro, tant excédentaires que déficitaires, ce plan ne peut fonctionner que si la zone euro se transforme en monstre mercantiliste. Cela peut se traduire par un chiffre simple : pour réussir ce type de sortie de crise, la zone euro doit dégager un excédent de ses comptes courants[19] avec le reste du monde d'au moins 9 % du revenu européen total.

Au cas où nous l'aurions oublié, je rappelle que la Chine a été fustigée comme grande force « déstabilisatrice » de l'ordre mondial quand son excédent commercial se situait à ce niveau, en 2008. Puisque l'excédent commercial d'une économie est le déficit d'une autre, accroître les exportations nettes d'une grosse économie comme la Chine ou l'Europe signifie exporter la déflation dans le reste du monde. Un excédent commercial de la zone euro à 9 % détruirait les espoirs de stabilité et de croissance de l'Amérique, de la Chine, de l'Amérique latine, de l'Inde, de l'Afrique et de l'Asie du Sud-Est[20]. Il signifierait le chômage massif dans le reste du monde, l'instabilité politique et des appels à ériger des barrières protectionnistes qui réduiraient les revenus partout, y compris en Allemagne.

C'est pourquoi le Trésor des États-Unis regarde les plans de Berlin et de Bruxelles avec un mélange d'incompréhension et d'horreur. Washington sait que, si elles réussissent, les politiques déficitophobes que Berlin essaie d'imposer au reste de la zone euro (en commençant par le cobaye grec) détruiront le peu d'équilibre qui reste dans l'économie mondiale. Mais puisqu'en dernière analyse elles ne peuvent pas réussir[21], elles vont nécessairement avoir deux autres effets simultanés : couler encore plus la périphérie de l'Europe[22] et envoyer en permanence des ondes de choc déflationnistes dans l'économie mondiale.

Les dirigeants américains observent tout cela d'outre-Atlantique, inquiets de voir et d'entendre les forces de déflation qu'une Europe inepte, inconsciente de la nature autodestructrice de ses politiques, envoie vers Washington. Voici ce que je conclus de mes entretiens personnels avec eux :

1. Ils savent que l'Amérique n'a plus le pouvoir de stabiliser seule l'économie mondiale.
2. Ils comprennent que les politiques suivies en Europe sont nocives pour l'avenir de l'Amérique.
3. Ils sont exaspérés de constater que leurs interlocuteurs européens non seulement ignorent les lois les plus élémentaires de la macroéconomie mais n'ont même pas honte de leur ignorance.

Épilogue : des règles religieuses en plein essor

Quand les économies s'effondrent, les innovations religieuses ne tardent jamais à se manifester. On ne peut comprendre entièrement les « règles » de la zone euro et leur capacité de perdurer malgré leurs échecs lamentables si l'on n'a pas quelques lumières sur la façon dont la pensée d'origine religieuse s'impose aux époques de crise prolongée.

Dans un débat tenu en septembre 2015[23], Emmanuel Macron, ministre français de l'Économie, a souligné que la crise de l'euro en cours risquait de piéger l'Europe dans une nouvelle guerre de religion entre catholiques et protestants. J'ai alors fait remarquer par plaisanterie que sa formule nous laissait hors jeu, nous, Grecs orthodoxes, peut-être parce que nous sommes forcés de mettre en œuvre une politique économique *orthodoxe* dont l'échec a rendu nos *protestations catholiques* (au sens d'unanimes). Plus sérieusement, nous avons fait allusion, Macron et moi, à l'absence d'analyse économique sérieuse à Bruxelles et à Francfort, où on lui a substitué un engagement quasi religieux à défendre la foi originelle de la zone euro. J'ajouterais que ses défenseurs semblent s'être inspirés de presque toutes les Églises établies ; ils sont interconfessionnels quand ils fabriquent des doctrines logiquement viciées que les politiciens répètent ensuite dans toute l'Europe comme des vérités.

Ils ne soutiennent que les « analyses » économiques (« dogmes » serait plus exact) qui confirment les prophéties orthodoxes de la Commission européenne ou de la Banque centrale européenne. Et quand les faits ne sont pas d'accord avec les dogmes, tant pis pour les faits. Confrontés à des preuves empiriques accablantes de l'austérité de Ponzi, ils recourent à une stratégie jésuitique : ils défendent à la fois le dogme austéritaire et les faits qui le contredisent. Simultanément, les rituels des bureaucrates resserrent le cercle des vrais croyants, si bien que les exclus (ceux qui osent contester les dires de la troïka, par exemple) ne peuvent être « sauvés » qu'en répétant inlassablement des incantations à la gloire de l'austérité rédemptrice.

L'institutionnaliste américain Clarence Ayres (1891-1972) a fait un jour sur les bureaucrates une remarque qui préfigure avec une étrange prescience l'Eurogroupe, la Commission européenne, la Banque centrale européenne, le Mécanisme européen de stabilité et tout le reste :

> Ils accordent à la réalité l'insigne honneur de fonder la croyance à l'ordre rituel, mais ils le font à seule fin de valider cet ordre et non d'être efficaces.

À bien des égards, l'Europe est régie par un jeu de croyances qui a été coupé de la raison et des faits constatés. Ses mécanismes ressemblent moins à la méthode rendue célèbre par Descartes, Hume, Newton ou Leibniz qu'au réseau de convictions mythologiques qui, selon une étude de l'anthropologue Evans-Pritchard dans les années 1930, soutient idéologiquement les structures de pouvoir de la tribu africaine des Azandé : « Tout aussi bien que nous, les Azandé voient que si leur oracle n'a pas réussi à faire une prophétie véridique, il faut expliquer l'échec ; mais ils sont empêtrés dans leurs notions mystiques, au point qu'il faut recourir à ces notions mêmes pour rendre compte de l'échec. La contradiction entre l'expérience et une notion mystique s'explique par référence à d'autres notions mystiques[24]. »

Par nécessité pratique, les « modernes » aussi se tournent vers la croyance rituelle, notamment s'il n'y a pas de débat rationnel dans le cadre d'une démocratie qui fonctionne. En périodes de crise et de tensions, les sociétés modernes prises au piège de telles croyances sombrent dans l'autoflagellation.

Dans un article de 2013 intitulé « Nous, Allemands, nous ne voulons pas d'une Europe allemande[25] », Wolfgang Schäuble affirme que la majorité des Européens soutiennent sa stratégie de sortie de crise de la zone euro (il passe sous silence l'avis de la plupart des macroéconomistes, du Trésor des États-Unis et du reste du monde). « L'idée de combattre la crise par des réformes, des coupes dans les dépenses publiques et une réduction de la dette a les faveurs d'une nette majorité de la population, pas seulement en Europe du Nord mais aussi au Sud », écrit le ministre allemand des Finances. C'est peut-être vrai. Mais ce n'est pas la question. Puisque les Européens sont désorientés, voient leur situation s'aggraver en permanence et n'ont aucun contrôle démocratique sur ceux dont les décisions déterminent leur vie, ils se retournent contre eux-mêmes, s'accusent eux-mêmes. Au Moyen Âge, quand la peste noire frappait l'Europe, la plupart des Européens croyaient sincèrement qu'il y avait la peste parce qu'ils vivaient dans le péché, et qu'ils pourraient l'exorciser en se flagellant. Ils se trompaient du tout au tout, bien sûr, mais on assiste actuellement à une réaction du même ordre.

Aujourd'hui, le texte dominant n'est pas la Bible, ni ses interprétations par ceux qui prétendent disposer d'une *hotline* avec le divin. Ce sont les règles posées par les traités et les accords de renflouement : les dispositions contractuelles auxquelles ceux qui ont pénétré dans le cercle des fidèles de l'euro doivent se conformer, ou gare à eux ! Je le sais parce que je l'ai vécu personnellement. Vous avez le choix, m'a-t-on dit sans nuances, entre les termes existants de l'accord de renflouement de votre pays (signé par les gouvernements grecs précédents) et la porte. Quand j'ai tenté d'engager le dialogue sur l'opportunité et le réalisme de ces termes et des règles qui les fondaient, la réponse – fascinante – n'a pas été du type : « Les règles sont justes, adaptées et applicables parce que… », mais : « Les règles sont les règles, point final »[26].

C'était un peu comme rencontrer à nouveau Henry Ford. Mais cette fois il ne vendait pas son Model T que chacun pouvait commander dans la couleur de son choix, du moment que c'était le noir ; il appliquait ce principe à la prise de décision économique internationale, où notre gouvernement fraîchement élu pouvait suivre toute politique à son goût, du moment qu'elle était pratiquement identique à la stratégie calamiteuse imposée par la troïka aux gouvernements grecs précédents[27].

La dévotion religieuse à des règles contradictoires pour lesquelles les forces économiques n'ont aucun respect a détruit de puissants empires dans le passé – le plus récent est l'Union soviétique. L'Union européenne semble aujourd'hui bien décidée à suivre cette route vers l'abîme. La règle de « non-renflouement » est un bel exemple. Elle exprimait un engagement solennel quand elle a été rédigée en 1993, mais elle a été impossible à respecter face à l'inévitable crise de l'euro qui a frappé en 2010. Tragiquement, ce paradoxe a guidé tout ce qu'a fait ensuite la zone euro.

Au lieu de se demander : « Comment devons-nous faire face à cette crise ? », les hauts responsables se sont posé une question quasi religieuse : « Comment allons-nous renflouer la Grèce, l'Irlande et les autres sans donner l'impression de violer le dogme du non-renflouement ? » Il suffit d'une seconde de réflexion pour comprendre qu'en se posant la seconde question et non la première l'Europe allait forcément dérailler.

D'innombrables péchés sont nés de ce mauvais tournant. Il eût été facile et parfaitement légal de laisser les banques irlandaises ou l'État grec se déclarer en défaut de paiement vis-à-vis de leurs créanciers privés pour respecter la clause de non-renflouement. Mais le désir coupable qu'avaient les autorités de renflouer les banques allemandes et françaises (sans dire aux contribuables que c'était cela qu'elles faisaient) les a obligées à violer la règle de non-renflouement en concoctant un autre axiome : la règle de non-défaut de paiement, qui n'a jamais fait partie du jeu initial de règles de l'Europe. La règle fraîchement inventée, le non-défaut, et l'ancienne, le non-renflouement, étaient toutes deux des caprices politiques des puissants déguisés en contraintes juridiques sur les faibles. Les forts violent leurs règles à volonté et en créent de nouvelles chaque fois qu'ils estiment y avoir intérêt. L'exemple le plus lumineux de cette vérité a été la plus récente des règles posées par le Dr Schäuble : la Grèce ne peut pas se déclarer en défaut de paiement tant qu'elle est dans la zone euro mais elle pourrait le faire si on la forçait à sortir de l'euro. C'est extraordinaire, premièrement, parce qu'aucune règle de ce genre n'a jamais été adoptée, et, deuxièmement, parce que les règles n'autorisent pas l'expulsion d'un État-membre hors de la zone euro.

Bref, la dévotion religieuse de l'Europe à ses règles n'est qu'un voile à l'abri duquel les forts fabriquent les règles en avançant, en fonction de leurs priorités politiques propres. Peut-être pourrait-on s'en accommoder si lesdites priorités ne précipitaient pas à vive allure l'Europe et l'économie mondiale dans un bourbier économique, politique et moral.

POSTFACE

De la dissonance à l'harmonie

Mes cinq mois de formation accélérée, en 2015, en première ligne des affrontements politiques européens m'ont apporté une certitude : une bataille titanesque est en cours pour l'intégrité et l'âme de l'Europe, et à ce jour les forces de la raison et de l'humanisme la perdent face à la montée de l'irrationnel, de l'autoritarisme et de la haine. Le reste du monde, l'Amérique en particulier, s'en inquiète, mais pas autant qu'il le devrait. Deux fois déjà au cours des cent dernières années, l'Europe a entraîné le monde dans un effroyable bourbier. Elle peut encore le faire. Les New Dealers des années 1940 l'avaient compris : l'Europe est trop importante pour l'abandonner aux seuls Européens. Le monde entier a intérêt à la victoire de la rationalité, de la liberté, de la démocratie et de l'humanisme sur le continent qui a été le berceau de ces idées.

Dans son analyse du stalinisme, Leonard Schapiro[1] écrit : « Le véritable objet de la propagande n'est ni de convaincre ni même de persuader, mais de produire un mode uniforme d'expression publique où la moindre trace de pensée hétérodoxe prend l'apparence d'une dissonance grinçante[2]. » C'est exactement le type de propagande dont j'ai fait les frais pendant mes cinq mois de négociation à l'Eurogroupe au nom de la Grèce. Chaque fois que j'ai tenté d'injecter un peu d'humanisme rationnel dans les négociations sur le budget et le programme de réformes de mon pays, je me suis heurté à une offensive concertée pour transformer nos propositions raisonnables en « dissonance grinçante ». Il est très frappant, mais assez déprimant, qu'une remarque perspicace faite hier sur le stalinisme sonne si juste aujourd'hui à propos du pouvoir à Bruxelles, Francfort et Berlin.

Mais les dissidents, haut les cœurs ! Les faux dogmes seront finalement démasqués, aujourd'hui en Europe comme hier en Union soviétique et ailleurs. Ce qui nous importe ici et maintenant, c'est qu'ils le soient vite. Le coût humain quotidien de la crise en Europe est trop élevé, et ses horreurs peuvent s'étendre à des régions de la planète qui ne méritent pas de souffrir à cause d'une nouvelle débâcle européenne. Lorsqu'on a demandé à Gandhi ce qu'il pensait de la civilisation occidentale, il a répondu : « Ce serait une très bonne idée. » Si l'on nous interrogeait aujourd'hui sur l'Union européenne, nous n'aurions pas tort de répondre : « Une idée splendide ! Si seulement nous pouvions la concrétiser ! »

Je pense que nous le pouvons. Mais pas sans briser net avec le passé de l'Europe. Pas sans un stimulant démocratique massif que les pères de l'Union européenne auraient désapprouvé.

Remerciements

J'ai commencé à écrire *Et les faibles subissent ce qu'ils doivent?* en 2012, après m'être installé à Austin, avec mon épouse Danaé, pour prendre mon poste à l'école des affaires publiques Lyndon B. Johnson de l'université du Texas. Dans mon travail d'écriture, j'ai bénéficié de mes échanges avec les étudiants et chercheurs de la LBJ School et des encouragements de deux personnes hors du commun : Danaé et mon grand ami et collègue Jamie Galbraith.

Peu après le début de mes recherches pour ce livre, Wendy Strothman est devenue mon agent littéraire, Nation Books a accepté de le publier et l'ouvrage a commencé à prendre forme. Hélas, je ne suis pas parvenu à achever sa rédaction avant janvier 2015. Cet échec s'est révélé lourd de conséquences : avec la dissolution inattendue du parlement grec et les soudaines élections générales du 25 janvier, j'ai été élu député puis nommé ministre des Finances de la Grèce. La place du livre sous le boisseau était ainsi instantanément garantie.

Six mois plus tard, je n'étais plus ministre. Et en septembre 2015 le parlement auquel j'avais été élu a été dissous. Au cours de l'été 2015, j'ai donc trouvé le temps de revenir à mon manuscrit. La tête pleine de faits nouveaux et d'images fortes pour avoir pu observer directement, en première ligne, le cœur de la crise de l'Europe, j'ai modifié les chapitres déjà rédigés et j'en ai ajouté d'autres. J'ai pris soin de ne pas évoquer dans l'ouvrage mon expérience des négociations auxquelles j'ai participé au premier semestre 2015, et de laisser également hors de mon récit le thriller qui a conduit notre gouvernement au choc frontal avec l'Europe officielle et avec le Fonds monétaire international, jusqu'au coup d'État qui l'a, de fait, renversé[1]. Seuls ont été intégrés au texte certains éclairages pertinents pour expliquer la crise de l'euro de 2010 et l'inaptitude de l'Europe à l'affronter efficacement depuis. Quant au thriller, il attendra un autre livre – pour être relaté avec le recul qu'il mérite.

Will Hammond et Alessandra Bastagli, entre autres bons professionnels de Penguin Random et de Nation Books, méritent mes remerciements les plus sincères pour leur magnifique travail de mise en forme, et mon frère d'armes Nicholas Theocarakis pour ses habituels commentaires critiques minutieux. Enfin, je tiens à remercier toutes les personnes, très nombreuses, qui ont partagé avec moi des idées, des faits, des rumeurs et des analyses, en particulier Lord (Norman) Lamont pour ses aimables précisions sur les événements de 1990-1993 que rapporte le chapitre 5.

APPENDICE

La modeste proposition

Résumé de *Modeste Proposition pour résoudre la crise de la zone euro*, de Yanis Varoufakis, Stuart Holland et James K. Galbraith, juillet 2013[1]

La crise de la zone euro se déploie dans quatre domaines liés entre eux.

CRISE BANCAIRE. Il y a une crise bancaire commune au monde entier, dont l'élément déclencheur essentiel a été la catastrophe du secteur financier américain. Mais la zone euro s'est révélée particulièrement incapable d'y faire face, et c'est un problème de structure et de gouvernance. La zone euro, c'est une banque centrale sans État et des États nationaux sans banque centrale pour les soutenir, face à un réseau mondial de mégabanques qu'ils sont absolument incapables de superviser. L'Europe a réagi en proposant une union bancaire complète, initiative audacieuse en théorie qui reste perpétuellement en suspens dans la pratique.

CRISE DE LA DETTE. L'étranglement du crédit de 2008 a révélé que le principe des dettes publiques parfaitement séparables, en vigueur dans la zone euro, est inapplicable. Obligée de se doter d'un fonds de renflouement ne violant par les clauses de non-renflouement de la charte de la BCE et du traité de Lisbonne, l'Europe a créé, pour un temps, le Fonds européen de stabilité financière (FESF), puis, durablement, le Mécanisme européen de stabilité (MES). La création de ces institutions nouvelles a satisfait les besoins financiers immédiats de plusieurs États-membres, mais en maintenant le principe pervers des dettes publiques séparables : elle n'a donc pas pu endiguer la crise. C'est pourquoi, à partir de l'été 2012, la BCE a dû recourir à une autre méthode : elle a monétisé la dette publique, d'abord par une politique qu'elle a annoncée mais jamais pratiquée (les opérations monétaires sur titres – OMT), puis, en 2014, par un véritable assouplissement quantitatif fondé sur un étrange principe : acheter de la dette publique en proportion de la taille de chaque économie nationale (et non de sa spirale déflationniste). Si ces mesures ont atténué le resserrement du crédit, elles n'ont surmonté ni la crise de la dette ni le processus de déflation qui touche l'ensemble de la zone euro.

Crise de l'investissement. Le manque d'investissement en Europe menace ses niveaux de vie et sa compétitivité internationale. Seule l'Allemagne a eu de gros excédents après 2000, et ces déséquilibres commerciaux ne pouvaient que provoquer, lorsque la crise a frappé en 2008, l'effondrement de la demande et de l'investissement dans les régions déficitaires. Puisque le fardeau de l'ajustement retombait sur les économies déficitaires dans les zones déficitaires, qui ne pouvaient pas le supporter, et qu'il n'existait aucun mécanisme pour le contrebalancer par une relance dans les pays excédentaires, le résultat ne pouvait être que le désinvestissement dans les régions qui avaient le plus besoin d'investissements. C'est ainsi que l'Europe souffre à la fois de la faiblesse de son investissement total et de l'inégalité de la répartition de cet investissement entre ses régions en excédent et en déficit.

CRISE SOCIALE. Les Européens subissent une austérité effroyable depuis des années. D'Athènes à Dublin, de Lisbonne à l'est de l'Allemagne, ils sont des millions à ne plus accéder aux biens fondamentaux et à la dignité. Le chômage fait rage. Il y a toujours plus de sans domicile et d'affamés. Les retraites ont été réduites. Les impôts sur les produits de première nécessité n'en continuent pas moins à augmenter. Pour la première fois en deux générations, les Européens remettent en cause l'idée d'Europe. Des partis nationalistes, et même nazis, montent en puissance.

Contraintes politiques à respecter

Toute solution à la crise doit se plier aux contraintes que le réalisme fixe à l'action politique. Voici les quatre impératifs qui s'imposent aujourd'hui à l'Europe :

(a) La BCE n'a pas le droit de financer directement les États souverains en monétisant leurs dettes, ce qui aiderait à réduire le lourd passif de l'endettement dans les pays qui en sont accablés. Il n'y aura pas d'achat par la BCE de bons d'État sur le marché primaire. Et la BCE ne fera pas usage du levier pour aider le FESF-MES à en acheter sur les marchés primaire ou secondaire.

(b) Le programme OMT et l'assouplissement quantitatif de la BCE ne lient pas la stabilité à la croissance et tôt ou tard ils se révéleront insuffisants.

(c) Les pays en excédent n'accepteront pas de garantir « conjointement et solidairement » des eurobonds pour mutualiser la dette, et les pays déficitaires, à commencer par la France, résisteront à la perte de souveraineté qu'on exige d'eux s'il n'y a pas une union fédérale de transferts fonctionnant convenablement, dont l'Allemagne – on le comprend – ne veut pas.

(d) L'Europe ne peut pas attendre une fédération. Si on fait dépendre d'une fédération le règlement de la crise, la zone euro mourra avant. Pour créer un véritable Trésor européen capable de lever l'impôt, de dépenser et d'emprunter, il faudrait changer les traités. On ne peut pas, on ne doit pas envisager qu'un tel processus *précède* la résolution de cette crise.

La section suivante propose quatre politiques qui prennent en compte ces contraintes.

La modeste proposition : quatre crises, quatre politiques

La Modeste Proposition n'introduit dans l'Union européenne aucune institution nouvelle et ne viole aucun traité en vigueur. Nous proposons d'utiliser des institutions existantes en respectant à la lettre la législation européenne, mais en les laissant remplir de nouvelles fonctions et appliquer de nouvelles politiques.

Ces institutions sont :

– La Banque centrale européenne (BCE)
– La Banque européenne d'investissement (BEI)
– Le Fonds européen d'investissement (FEI)
– Le Mécanisme européen de stabilité (MES)

Politique 1 – Un Programme Bancaire au Cas par Cas (PBCC)

Dans l'immédiat, nous proposons que les banques nécessitant une recapitalisation par le MES soient directement confiées au MES – sans que l'État national soit tenu d'emprunter pour la banque. C'est au MES, et non à l'État national, qu'il incombera de restructurer, recapitaliser ou liquider les banques en faillite. Il consacrera à cette fin le gros de ses capacités de financement.

Il est impératif qu'en fin de compte la zone euro devienne une zone bancaire unifiée, avec une seule et unique autorité bancaire, un seul et même système de garantie des dépôts et un filet de sécurité budgétaire commun. Mais ce but final est devenu l'ennemi d'une bonne politique immédiate. [...] Nous proposons qu'une banque en faillite ne relève plus des compétences des pouvoirs publics nationaux mais d'une nouvelle compétence spécifique de la zone euro. La BCE nomme un nouveau conseil d'administration chargé de liquider ou de recapitaliser la banque. Dans le second cas, le MES fournit le capital, et il reçoit des actions équivalant à l'injection de capital nécessaire. La restructuration de la banque peut être une fusion, une réduction de sa taille et même sa liquidation totale, étant bien entendu que des mesures seront prises pour éviter par-dessus tout un prélèvement sur les dépôts. Après la restructuration et la recapitalisation de la banque, le MES vendra ses actions et récupérera les fonds qu'il a avancés.

Politique 2 – Un Programme de Conversion Limitée des Dettes (PCLD)

Le traité de Maastricht permet à chaque État-membre de l'Union européenne d'avoir une dette souveraine à hauteur de 60 % de son revenu national. Dans la zone euro, la plupart ont franchi cette limite depuis la crise de 2008. Nous proposons que la BCE offre aux États-membres la possibilité de convertir leur dette conforme à Maastricht (DCM) en obligations de la BCE, chaque État membre continuant à assurer le service de sa part nationale de la dette convertie.

Fidèle à la clause de non-monétisation de sa charte, la BCE ne chercherait ni à acheter ni à garantir, directement ou indirectement, de la dette souveraine DCM. Elle jouerait un simple rôle d'intermédiaire entre les investisseurs et les États-membres. En pratique, la BCE monterait un prêt de service de conversion pour la DCM, afin de payer les obligations arrivant à maturité[2].

Voici comment fonctionne le prêt de conversion. Le refinancement de la part de la dette conforme à Maastricht, désormais détenue en obligations de la BCE, incombe aux États-membres, mais ils l'effectuent à des taux d'intérêt fixés par la BCE juste au-dessus des rendements (ultra-faibles) de ses propres obligations. La BCE détient sur des comptes débiteurs les parts de la dette nationale converties en obligations de la BCE. Elles ne peuvent servir ni de nantissement pour un crédit ni de base pour créer des dérivés[3]. Quand les détenteurs d'obligations parvenues à maturité préfèrent un paiement intégral à une reconduction de leurs titres aux taux plus bas et plus sûrs offerts par la BCE, leur remboursement intégral est à la charge des États-membres.

Les États désireux de participer à ce programme pourront le faire sur la base de la coopération renforcée, qui nécessite au moins neuf États-membres[4]. Ceux qui ne le souhaitent pas pourront conserver leurs propres bons d'État même pour leur DCM. Pour que la conversion soit crédible et que les obligations de la BCE soient garanties par un moyen n'exigeant aucune monétisation de sa part, les États-membres accepteront d'accorder un statut « super-senior » à leurs comptes débiteurs à la BCE, et le mécanisme des prêts de service de conversion de la BCE pourra être assuré auprès du MES, en n'utilisant qu'une petite fraction de la capacité d'emprunt de ce dernier. Si un État-membre se met en défaut de paiement non négocié avant l'échéance d'une obligation de la BCE émise en son nom, le règlement de cette obligation de la BCE sera couvert par l'assurance achetée ou fournie par le MES.

Politique 3 – Un Programme de Convergence et de Reprise dynamisé par l'Investissement (PCRI)

Le PCRI que nous proposons s'appuie sur les faits suivants :

L'Europe a désespérément besoin d'investissements à grande échelle qui créent de la croissance. L'Europe regorge de liquidités inutilisées, qu'on a trop peur d'investir dans des activités productives, de crainte d'une absence de demande effective une fois les produits sortis des chaînes de production. La BCE veut acheter des actifs papier de grande qualité afin de contenir les anticipations déflationnistes qui résultent des deux phénomènes précédents. La BCE ne veut pas avoir à acheter des actifs allemands, italiens ou espagnols, pour ne pas être accusée de violer sa charte ou de privilégier l'Allemagne, l'Italie, l'Espagne, etc.

Voici ce que pourrait faire la BCE pour atteindre ses objectifs complexes :

La Banque européenne d'investissement (BEI) et sa filiale de moindre envergure le Fonds européen d'investissement (FEI) doivent être autorisées à s'engager dans un programme de reprise à base d'investissements sur l'ensemble de la zone euro, à hauteur de 8 % du PIB de la zone. La BEI se concentrerait sur les projets d'infrastructure à grande échelle et le FEI sur les start-up, les PME, les entreprises innovantes technologiquement, la recherche en énergie verte, etc.

La BEI/FEI émet depuis des décennies des obligations pour financer des investissements, couvrant ainsi 50 % des coûts de financement de certains projets. Elle doit aujourd'hui émettre des obligations pour couvrir dans son intégralité – c'est-à-dire en supprimant la convention selon laquelle 50 % des fonds doivent venir de source nationale – le financement du programme de reprise à base d'investissements sur l'ensemble de la zone euro.

Pour garantir que les obligations de la BEI/FEI ne subissent pas de hausse de leur rendement en raison de l'importance de ces émissions, la BCE pourra rester en alerte, prête à entrer sur le marché secondaire afin d'acheter autant de ces obligations de la BEI/FEI que nécessaire pour maintenir leurs rendements à leur bas niveau d'aujourd'hui. Pour rester cohérent avec son évaluation actuelle, le niveau de ce type d'assouplissement quantitatif pourrait être fixé à 1 000 milliards d'euros sur quelques années.

Dans ce scénario, la BCE met en œuvre l'assouplissement quantitatif en achetant des eurobonds solides, puisque les obligations émises par la BEI/FEI sont émises au nom de tous les États de l'Union européenne (sans avoir la structure de type CDO des obligations du MES). De cette façon, on n'a plus à se demander, dans la pratique, quels bons d'État nationaux il faut acheter. De plus, la forme proposée d'assouplissement quantitatif soutient directement des investissements productifs, au lieu de gonfler des instruments financiers à risque, et n'a aucun effet négatif sur le respect des règles budgétaires européennes (puisque les financements de la BEI n'ont pas de contrepartie pesant sur les déficits ou sur la dette des États-membres).

Politique 4 – Un Programme de Solidarité Sociale d'Urgence pour combattre la montée de la pauvreté (PSSU)

Enfin, l'Union européenne doit s'engager sans délai dans un programme de solidarité sociale d'urgence qui satisfasse les besoins alimentaires et énergétiques de tous les Européens, grâce à deux mesures : un programme de bons alimentaires inspiré du programme des « food stamps » *aux États-Unis et un programme européen d'accès minimum à l'énergie.*

Ces programmes seraient financés par la Commission européenne grâce aux revenus du Système européen de banques centrales (intérêts accumulés, profits liés aux opérations obligataires des gouvernements, déséquilibres du programme *TARGET 2*) et pourraient l'être à terme grâce aux futurs prélèvements fiscaux sur les transactions financières ou sur les entreprises, actuellement à l'étude par l'UE.

Logique

L'Union européenne doit faire face à la pire crise humanitaire et sociale qu'elle ait connue depuis la fin des années 1940. Dans des États-membres tels que la Grèce, l'Irlande ou le Portugal, mais également dans certaines régions situées au cœur de l'Union, les besoins de base de millions de personnes ne sont pas satisfaits. Cette situation touche particulièrement les personnes âgées, les chômeurs, les enfants, les personnes handicapées, ainsi que les personnes sans domicile fixe. Agir pour satisfaire ces besoins au plus vite constitue un impératif moral. Et ce d'autant plus que l'Europe est désormais en proie aux dangers immédiats de l'extrémisme, du racisme, de la xénophobie et même du nazisme – en particulier dans des pays tels que la Grèce, qui doivent supporter l'essentiel du poids de la crise. Jamais, par le passé, le dédain de nombreux Européens à l'égard de l'Union européenne et de ses institutions n'a été aussi élevé. De ce fait, la dimension humaine et sociale de la crise est ainsi rapidement en train de devenir une question de légitimité pour l'UE.

Pourquoi financer ce programme via TARGET 2 ?

TARGET 2 est un système de transfert de fonds instantanés entre banques de la zone euro. Il est géré par l'Eurosystème, qui réunit la BCE et les banques centrales des pays membres de la zone euro. Dans une zone euro fonctionnant de manière harmonieuse, c'est-à-dire où le déficit commercial d'un État membre serait compensé par des flux de capitaux vers ce pays, le passif de sa banque centrale à l'égard des banques centrales des autres États devrait être exactement égal à son actif. De tels flux commerciaux et financiers équilibrés auraient pour conséquence une valeur de l'indicateur TARGET 2 proche de zéro pour tous les États-membres. C'était d'ailleurs approximativement le cas de la zone euro avant la crise.

Cependant, la crise a provoqué de profondes perturbations, qui se sont vite traduites par de larges déséquilibres au sein de TARGET 2. À mesure que les flux de capitaux vers la périphérie se sont taris et que le capital a commencé à remonter vers le centre, les banques centrales des États de la périphérie ont commencé à accumuler des montants élevés de dettes, tandis que celles des pays en surplus engrangeaient un montant équivalent d'actifs nets.

Les architectes de l'Eurosystème avaient tenté d'incorporer au sein de TARGET 2 un mécanisme empêchant l'accumulation de passifs élevés d'un côté et d'actifs élevés de l'autre. Ce mécanisme a pris la forme d'intérêts à payer sur les dettes nettes de chaque banque centrale nationale, à un taux d'intérêt égal au taux de refinancement principal de la BCE. Ces paiements sont ensuite reversés aux banques centrales des États-membres en surplus, qui les reversent à leurs Trésors respectifs.

La zone euro a donc été construite sous l'hypothèse que les déséquilibres au sein de TARGET 2 seraient isolés, limités, idiosyncrasiques, et qu'ils pourraient être corrigés grâce à des mesures nationales.

Le système n'avait pas prévu la possibilité d'asymétries structurelles fondamentales, ni celle d'une crise systémique.

Aujourd'hui, les importants déséquilibres enregistrés par TARGET 2 constituent le versant monétaire de la crise. Ils suivent le chemin du désastre humain et social qui frappe principalement les régions en déficit. Les intérêts en hausse dont les pays en déficit doivent s'acquitter au sein de TARGET 2 n'auraient jamais dû être versés si la crise n'avait pas éclaté. Ils sont la conséquence du fait que, par exemple, des épargnants grecs et espagnols préfèrent placer leur épargne dans une banque de Francfort plutôt que dans leur propre pays. De ce fait, en raison des règles en vigueur dans TARGET 2, les banques centrales espagnole et grecque doivent verser des intérêts à la Bundesbank, qui les transfère ensuite au gouvernement fédéral allemand. Cette stimulation budgétaire indirecte des régions en surplus de la part des régions en déficit n'a aucun fondement rationnel ou moral. Mais puisque les fonds sont là, on pourrait les utiliser pour écarter les dangers politiques et sociaux qui menacent l'Europe.

Il y a donc de solides arguments en faveur de la réorientation des intérêts collectés auprès des banques centrales des pays déficitaires en direction d'un compte finançant notre programme de solidarité sociale d'urgence. De la même manière, si l'UE venait à introduire une taxe sur les transactions financières, ou des prélèvements fiscaux proportionnels à la taille du bilan des entreprises, les mêmes arguments justifieraient l'utilisation de ces fonds pour financer notre programme. Ainsi, avec notre proposition, le programme ne serait pas financé par des transferts fiscaux entre pays ni par des impôts nationaux.

Conclusion

À cinq faux choix, substituons quatre politiques réalistes

Après des années de crise, l'Europe n'est plus légitime aux yeux de ses citoyens ni crédible aux yeux du monde. Alors que rien ne l'y oblige, elle continue sur sa lancée d'investissement anémique et de croissance dérisoire. Si les actes de la BCE ont apaisé les marchés obligataires, la zone euro court toujours à la désintégration.

Tandis que ce processus dévore le potentiel de prosperité commune de l'Europe, ses gouvernements sont prisonniers de faux choix :

– La stabilité ou la croissance ?
– L'austérité ou la stimulation ?

– L'étreinte de la mort entre banques insolvables et États insolvables ou une Union bancaire admirable, mais mal définie et toujours remise à plus tard ?

– Le principe des dettes nationales parfaitement séparables ou la mise à contribution, supposée nécessaire, des pays excédentaires pour financer les autres ?

– La souveraineté nationale ou le fédéralisme ?

Ces faux dilemmes paralysent la pensée et vouent les États à l'immobilisme. Ils sont les grands responsables d'une crise de légitimation du projet européen. Et ils créent en Europe un risque de scénario catastrophe : crise humanitaire, crise sociale et crise de la démocratie.

La Modeste Proposition répond :

– Le choix réel est : déflation pour « dépouiller-ton-prochain » ou reprise dynamisée par l'investissement et assortie d'une stabilisation sociale ? La reprise par l'investissement sera financée par le capital mondial, essentiellement les fonds souverains et fonds de pensions en quête d'occasions d'investir à long terme. La stabilisation sociale pourra l'être, au début, par le mécanisme de paiement TARGET2.

– Les contribuables d'Allemagne et des autres pays excédentaires ne sont nullement tenus de financer le programme européen de reprise économique 2020, la restructuration des dettes souveraines, le règlement de la crise bancaire ou le programme humanitaire d'urgence dont la périphérie de l'Europe a un besoin pressant.

– Ni un expansionnisme monétaire, ni une stimulation budgétaire en Allemagne et dans les autres pays en excédent, certes bienvenus, ne suffiraient à relancer l'économie en Europe.

– Changer les traités pour instaurer une union fédérale peut être une aspiration chez certains, mais c'est trop long, beaucoup sont contre, et ce n'est pas nécessaire pour résoudre la crise immédiate.

Dans ces conditions, les quatre politiques de la Modeste Proposition donnent les moyens d'apporter une solution réalisable et décisive aux problèmes de l'Europe : la crise bancaire, la crise de la dette, le sous-investissement, le chômage et les urgences humanitaires, sociales et politiques.

Si elle voit grand, la Modeste Proposition ne suggère aucune institution nouvelle. Elle ne vise pas à changer les bases de la zone euro. Elle n'a aucun besoin de nouvelles règles, de pactes budgétaires, de troïkas. Elle n'exige aucun accord préalable pour aller vers une fédération, tout en permettant une évolution consentie par la coopération renforcée et non par l'austérité imposée.

C'est en ce sens qu'elle est modeste.

Annexe

Mouvement pour la démocratie en Europe 2025

Notre message :
L'Union européenne va se démocratiser.
Ou elle va se désintégrer.

Notre mission :
DÉMOCRATISER L'EUROPE !

Manifeste pour démocratiser l'Europe

Quelles que soient les inquiétudes que leur inspirent leur compétitivité mondiale, les flux migratoires et le terrorisme, un seul risque terrifie vraiment les Pouvoirs qui tiennent l'Europe : la démocratie ! Ils parlent au nom de la démocratie, mais dans la pratique ils la nient, ils l'exorcisent, ils la suppriment. Ils cherchent constamment à récupérer, esquiver, corrompre, mystifier, usurper et manipuler la démocratie pour briser son énergie et arrêter ses potentialités.

Le pouvoir aux peuples d'Europe ! Le gouvernement du Dèmos ! Voilà le cauchemar commun qui hante :

- la bureaucratie de Bruxelles (et ses plus de 10 000 lobbyistes) ;
- les inspecteurs de ses « escadrons de choc », et la Troïka qu'ils ont formée avec des « technocrates » non élus d'autres institutions européennes et internationales ;
- le puissant Eurogroupe, sans fondement dans le droit ni dans les traités ;
- les banquiers renfloués, gérants de fonds spéculatifs et oligarchies résurgentes, avec leur éternel mépris des multitudes et de leurs expressions organisées ;

• les partis qui exaltent le libéralisme politique, la démocratie, la liberté et la solidarité pour mieux trahir leurs principes les plus chers quand ils sont au pouvoir ;

• les gouvernements qui alimentent une épouvantable inégalité en infligeant une austérité sans issue ;

• les titans des médias qui ont fait de l'exacerbation des peurs une forme d'art et une source magnifique de pouvoir et de profit ;

• les grandes entreprises qui, de mèche avec des administrations publiques opaques, investissent dans les mêmes peurs pour promouvoir le secret, et une culture de la surveillance capable de plier l'opinion publique à leur volonté.

L'Union européenne a été une réussite exceptionnelle : en rassemblant pacifiquement des peuples européens de langues différentes, immergés dans des cultures différentes, elle a prouvé que nous pouvons créer une base commune de droits humains sur un continent qui a été, il n'y a pas si longtemps, le foyer des tueries du chauvinisme, du racisme et de la barbarie. L'Union européenne aurait pu être une lumière pour le monde, montrer à toute la planète qu'il est possible d'arracher la paix et la solidarité aux mâchoires du conflit et de l'intolérance.

Hélas, les peuples européens, qui commençaient à s'unir malgré la multiplicité et la diversité de leurs langues et de leurs cultures, sont aujourd'hui divisés par une bureaucratie commune et par une monnaie commune. Une confédération de politiciens myopes, de hauts fonctionnaires candides en économie et d'« experts » incompétents qui n'entendent rien à la finance se soumet servilement aux diktats de conglomérats financiers et industriels, ce qui discrédite l'Europe et provoque un dangereux choc en retour antieuropéen. On est en train de dresser des nations fières les unes contre les autres. On réveille le nationalisme, l'extrémisme et le racisme.

L'une après l'autre, les économies de la zone euro sont précipitées dans l'abîme de l'austérité compétitive. Les résultats sont clairs : récession permanente dans les pays faibles, investissement anémique dans ceux du noyau dur, inégalité sans précédent et désenchantement général partout. Simultanément, les États membres de l'Union européenne mais pas de la zone euro sont exaspérés. Ils cherchent partenaires et inspiration sous d'autres cieux, où ils ne trouveront, très probablement, que des accords de libre-échange opaques et coercitifs qui mineront leur souveraineté.

Cette « Europe » inefficace, autoritaire, illégitime et antidémocratique se fragmente. Les Européens sont déchirés entre les deux termes d'un faux choix :

- se replier dans le cocon de leur État-nation
- ou capituler et se rendre à la zone hors-démocratie de Bruxelles.

Mais dans les deux cas – retour à l'État-nation ou adhésion totale à l'Union européenne existante –, les conséquences seront effroyables pour l'Europe, pour les Européens et pour les pro-Européens.

Il *faut* un autre cap. Et il y en a un.

C'est celui auquel l'« Europe » officielle résiste des quatre fers, de toutes les forces de sa mentalité et de ses pratiques de cartel. C'est l'antidote à l'autoritarisme qui ronge l'Union européenne et ses institutions : *l'irruption de la démocratie*.

Notre mouvement, DIEM25[1], veut appeler à cette irruption. La démocratisation de l'Union européenne doit commencer immédiatement, car sans démarrage rapide il sera

1. Sigle de « Democracy In Europe Movement 2025 », Mouvement pour la démocratie en Europe 2025.

peut-être impossible de surmonter la résistance institutionnalisée à temps, avant que l'Europe ait franchi le point de non-retour.

Notre objectif, démocratiser l'Europe, est réaliste. Il n'est pas plus utopique de la démocratiser qu'il ne l'était au tout début de la construire. En fait, il est *moins* utopique de la démocratiser que de tenter de maintenir en vie l'actuelle Union européenne antidémocratique qui se fragmente.

Notre objectif, démocratiser l'Europe, est d'une urgence extrême. Nous lui donnons dix ans : horizon 2025.

Si nous n'avons pas démocratisé l'Europe à cette date, si les pouvoirs autocratiques de l'Europe réussissent à étouffer la démocratisation, l'Union européenne s'effondrera sous sa propre arrogance, sous son hubris, elle éclatera, et sa chute infligera de terribles épreuves dans le monde entier – pas seulement en Europe.

Pourquoi l'Europe perd-elle son intégrité morale et son âme ?

Dans les décennies d'après guerre où a été construite l'Union européenne, les cultures nationales ont été revitalisées dans un esprit d'internationalisme, d'effacement des frontières, de prospérité partagée et de hausse des niveaux de vie qui a rapproché les Européens. Mais l'œuf du serpent était au cœur du processus d'intégration.

Économiquement, l'Union européenne à sa naissance était un cartel de l'industrie lourde (plus tard élargi à des agriculteurs), bien décidé à fixer des prix et à redistribuer des profits d'oligopole à travers sa bureaucratie bruxelloise. Le cartel émergent, et son administration installée à Bruxelles, avaient peur du Dèmos et méprisaient l'idée de gouvernement par le peuple.

Patiemment, méthodiquement, un processus de dépolitisation de la prise de décision s'est mis en place. Il s'est traduit par un effort asséchant mais continu pour ôter le Dèmos de la démocratie et habiller toute décision d'un fatalisme pseudo-technocratique ambiant. Les politiciens nationaux ont été joliment récompensés d'avoir consenti à faire de la Commission, du Conseil, du Conseil Ecofin, de l'Eurogroupe et de la BCE des zones hors politique. Quiconque s'opposait à ce processus de dépolitisation était étiqueté « antieuropéen » et traité comme une dissonance discordante.

Un gros mensonge est donc tapi au cœur de la bureaucratie de l'Union européenne : elle prétend que sa façon opaque et verticale de décider est apolitique, et elle exige que nous la traitions tous comme telle. En réalité, ses procédures sont ultra-politiques, puisqu'elles tentent de tuer la démocratie en assimilant les décisions politiques à des problèmes techniques. Elles masquent l'objectif réel de la sanctification des « règles » : empêcher la majorité des Européens d'exercer un pouvoir démocratique sur la monnaie et la finance – et défendre les intérêts des vrais maîtres de cette bureaucratie, les conglomérats financiers et industriels.

Le prix de ce mensonge n'est pas seulement que la démocratie disparaît, mais aussi que les politiques économiques sont mauvaises. Nul ne devrait être surpris que les institutions économiques et politiques de l'Europe aient abouti à des résultats économiques effroyables et à des épreuves que l'on aurait pu éviter.

- Les règles devraient être au service des Européens, pas le contraire.
- Les monnaies devraient être des instruments, pas des fins en soi.
- Un marché unique n'est compatible avec la démocratie que s'il comprend des mécanismes communs, choisis et

construits démocratiquement, pour protéger les Européens les plus faibles et l'environnement.

• La démocratie est essentielle pour restreindre les pires élans autodestructeurs du capitalisme et pour ouvrir une fenêtre sur de nouveaux horizons d'harmonie sociale et de développement durable.

Pour réagir à l'échec inévitable de l'économie sociale cartellisée de l'Europe, incapable de rebondir après la Grande Récession qui a suivi 2008, les institutions de l'Union européenne, qui sont la cause de cet échec, se sont lancées dans une escalade de l'autoritarisme. Plus elles asphyxient la démocratie, moins leur autorité politique est légitime et plus la récession économique est forte – donc plus elles ont besoin de muscler leur autoritarisme. Dans ces conditions, les ennemis de la démocratie accumulent de nouveaux pouvoirs tout en perdant leur légitimité et en limitant l'espoir et la prospérité à une toute petite élite (qui ne peut en jouir qu'à l'abri des murailles nécessaires pour la protéger du reste de la société).

C'est par ce processus invisible que la crise de l'Europe replie nos nations sur elles-mêmes et les tourne les unes contre les autres, en amplifiant le chauvinisme et la xénophobie préexistantes. La privatisation de l'angoisse, la peur de « l'autre », la nationalisation de l'ambition et la renationalisation de la politique nous menacent d'une désintégration pernicieuse de nos intérêts communs, dont l'Europe ne peut que souffrir. Les lamentables réactions de l'Europe à ses crises bancaires, à ses crises de la dette, à la crise des réfugiés, au besoin d'une politique étrangère et antiterroriste cohérente, sont autant d'exemples de ce qui se passe quand le mot « solidarité » perd son sens :

• L'habitude de postuler que, chaque fois qu'il faut redresser le budget d'un État ou renflouer une banque, le monde du travail et les éléments les plus fragiles de la société doivent payer pour les péchés des rentiers les plus riches.

• La blessure infligée à l'intégrité morale de l'Europe quand on a écrasé le printemps d'Athènes, puis imposé à la Grèce un programme de « réforme » économique qui a été conçu pour échouer.

• Le « pas chez nous » scandaleux de la plupart des États membres de l'Union européenne face aux réfugiés débarquant sur les côtes de l'Europe – qui montre qu'un modèle de gouvernance européen disloqué aboutit au déclin moral et à la paralysie politique, et prouve que la xénophobie envers les non-Européens suit la mort de la solidarité intra-européenne.

• L'expression comique que nous obtenons quand nous associons les mots « politique », « étrangère » et « européenne ».

• La facilité avec laquelle les gouvernements européens ont décidé, après les effroyables attentats de Paris, que la solution consiste à rétablir les frontières, alors que la plupart des terroristes qui les ont commis étaient des citoyens de l'Union européenne – encore un signe de la panique morale qui submerge cette Union incapable d'unir les Européens pour forger des réponses communes à leurs problèmes communs.

Que faire ? Notre horizon

Pour avoir une Union européenne prospère et fonctionnelle, une condition préalable est la démocratie dans toute l'Europe. Nous estimons que le temps qui reste à l'Union est compté, qu'il avance vite. Elle doit changer. Changer de cap immédiatement en vue de créer une union démocratique en 2025 au plus tard. La bureaucratie de l'Union européenne, qu'anime aujourd'hui un profond mépris de la démocratie, doit absolument se démocratiser. Ou elle se désintégrera.

La force motrice de DIEM25 est une idée simple, radicale :

Démocratisons l'Europe ! La démocratie *ne peut pas* être un luxe offert aux créanciers et refusé aux débiteurs.

Le pragmatisme nous impose de nous fixer de grandes étapes selon un calendrier réaliste. C'est pourquoi DIEM25 va viser quatre percées majeures, à des intervalles réguliers, pour faire advenir une Europe pleinement démocratique et fonctionnelle en 2025.

Aujourd'hui, les Européens se sentent abandonnés par les institutions de l'Union partout en Europe. De Helsinki à Lisbonne, de Dublin à la Crète, de Leipzig à Aberdeen, ils comprennent qu'un choix radical approche à grands pas : entre la démocratie authentique et la désintégration insidieuse. Nous devons décider de faire bloc pour que l'Europe fasse le choix qui s'impose : la démocratie authentique !

Quand on nous demande ce que nous voulons et quand nous le voulons, nous répondons :

IMMÉDIATEMENT : **La transparence complète de la prise de décision**.

– Diffusion en streaming, en direct, des réunions du Conseil de l'Union européenne, du Conseil ECOFIN et de l'Eurogroupe.

– Publication des minutes des réunions du Conseil des gouverneurs de la Banque centrale européenne quelques semaines après leur tenue.

– Mise en ligne de tous les documents concernant les négociations cruciales (par exemple, Partenariat transatlantique de commerce et d'investissement, prêts de « renflouement », statut de la Grande-Bretagne) qui vont avoir une influence multiforme sur l'avenir des citoyens européens.

– Inscription obligatoire des lobbyistes sur un registre où figurent notamment les noms de leurs clients, leur rémunération et un compte rendu de leurs entretiens avec les responsables publics (élus et non élus).

DANS LES DOUZE MOIS : **Une offensive contre la crise économique en cours, en utilisant les institutions existantes et dans le cadre des traités européens existants.**

La crise actuelle de l'Europe se déroule simultanément dans quatre domaines :

- la dette publique
- les banques
- l'insuffisance de l'investissement, et
- la montée de la pauvreté.

Aujourd'hui, ces quatre problèmes sont tous laissés aux mains des gouvernements nationaux, qui n'ont pas les moyens d'agir sur eux. DIEM25 présentera des propositions détaillées pour les européaniser tous les quatre, tout en limitant les prérogatives arbitraires de Bruxelles et en rendant le pouvoir aux parlements nationaux, aux conseils régionaux, aux municipalités et aux communautés de base. Les mesures proposées viseront à redéployer les institutions existantes (par réinterprétation créatrice des chartes et traités existants) pour stabiliser les crises de la *dette publique*, des *banques*, de l'*insuffisance des investissements* et de la *montée de la pauvreté*.

DANS LES DEUX ANS : **Une Assemblée constituante.**

Les Européens ont le droit d'examiner l'avenir de l'Union, et le devoir de transformer l'Europe (à l'horizon 2025) en démocratie pleine et entière, dotée d'un Parlement souverain qui respecte l'autodétermination nationale et partage le pouvoir avec les parlements nationaux, les conseils régionaux et les conseils municipaux. Pour qu'ils puissent le faire, il faut convoquer une Assemblée de leurs représentants. DIEM25 va préconiser une Assemblée constituante composée de représentants élus sur des listes transnationales. Aujourd'hui, quand des universités sollicitent des fonds de recherche à Bruxelles, elles sont tenues d'établir des alliances transnationales. Dans le même esprit, pour l'élection de l'Assemblée constituante, les listes doivent être tenues de comporter des candidats issus de la majorité des pays européens. L'Assemblée constituante sortie des urnes aura pouvoir de décision sur une future constitution démocratique, qui remplacera tous les traités européens existants dans les dix ans.

À L'HORIZON 2025 : **La mise en œuvre des décisions de l'Assemblée constituante.**

Qui réalisera le changement ?

Nous, les peuples d'Europe, avons décidé de reprendre le contrôle de notre Europe aux technocrates irresponsables et aux institutions opaques.

Nous constituons DIEM25 pour passer d'une Europe du « Nous les gouvernements » et du « Nous les technocrates » à une Europe du « Nous les peuples européens ».

Nous avons quatre principes :

- Aucun peuple européen ne peut être libre tant que la démocratie d'un autre est violée.
- Aucun peuple européen ne peut vivre dans la dignité tant qu'un autre en est privé.
- Aucun peuple européen ne peut espérer la prospérité si un autre est précipité dans l'insolvabilité et la dépression permanentes.

• Aucun peuple européen ne peut se développer sans biens élémentaires pour ses citoyens les plus modestes, développement humain, équilibre écologique et détermination à s'affranchir totalement des énergies fossiles dans un monde qui change ses modes de fonctionnement – et pas le climat de la planète.

Nous nous inscrivons dans une magnifique tradition d'Européens en lutte au fil des siècles contre la « voix de la sagesse » qui leur disait : la démocratie est un luxe et les faibles subissent ce qu'ils doivent.

Dévoués à nos principes par le cœur, l'esprit et la volonté, et déterminés à faire une différence, nous déclarons ce qui suit :

Notre engagement

Nous appelons les Européens à nous rejoindre immédiatement pour créer le mouvement européen DIEM25 en vue de :

• démocratiser l'Union européenne ;
• mettre fin à la réduction de toute relation politique à des rapports de force camouflés en décisions purement techniques ;
• soumettre la bureaucratie de l'Union européenne à la volonté des peuples souverains d'Europe ;
• démanteler la priorité permanente du pouvoir des grandes entreprises sur la volonté des citoyens ;
• repolitiser les règles qui gouvernent notre marché unique et notre monnaie commune.

Nous estimons que le modèle des alliances boiteuses entre partis nationaux au Parlement européen est obsolète. Le combat pour la « démocratie par la base » (au niveau local, régional ou national) est nécessaire, mais il reste insuffisant s'il est mené sans stratégie internationaliste en vue d'une coalition paneuropéenne pour démocratiser l'Europe. Les démocrates européens doivent d'abord s'unir, forger un programme commun, et ensuite trouver comment faire le lien avec les collectivités locales et au niveau régional et national.

Nous venons de toutes les régions du continent, et nous sommes *unis* par nos *différences* de cultures, de langues, d'accents, d'affiliations politiques, d'idéologies, de couleurs de peau, d'identités sexuelles, de confessions et de conceptions de la société idéale.

Notre objectif suprême, démocratiser l'Union européenne, est indissociable de l'ambition de promouvoir l'autogouvernement (économique, politique et social) sur le plan local, municipal, régional et national ; d'ouvrir grand les portes des lieux de pouvoir à la population ; de faire cause commune avec les mouvements sociaux et civiques ; et d'émanciper les autorités publiques, à tous les niveaux, du pouvoir des bureaucraties et des grandes entreprises.

Nous sommes inspirés par une **Europe** de la **Raison**, de la **Liberté**, de la **Tolérance** et de l'**Imagination**, rendue possible par une **Transparence** exhaustive, une **Solidarité** réelle et une **Démocratie** authentique. Nous voulons :

- *Une Europe démocratique* où toute autorité politique vient des peuples souverains d'Europe.
- *Une Europe transparente* où toute prise de décision a lieu sous le regard des citoyens.
- *Une Europe unie* dont les citoyens ont autant en commun dans l'espace transnational que national.
- *Une Europe réaliste* qui entreprend des réformes démocratiques radicales mais réalisables.
- *Une Europe décentralisée* qui se sert du pouvoir central pour maximiser la démocratie à tous les niveaux : lieux de travail, villes, agglomérations, régions et États.

• *Une Europe pluraliste* des régions, des ethnies, des confessions, des nations, des langues et des cultures.

• *Une Europe égalitaire* qui célèbre la différence et met fin à la discrimination de genre, de couleur, de classe ou d'orientation sexuelle.

• *Une Europe cultivée* qui mobilise la diversité culturelle de sa population et œuvre à promouvoir son héritage inestimable, mais aussi le travail des artistes, musiciens, écrivains et poètes dissidents de l'Europe.

• *Une Europe sociale* qui comprend que la liberté ne suppose pas seulement d'être affranchi des ingérences mais aussi de disposer des biens élémentaires qui libèrent du besoin et de l'exploitation.

• *Une Europe productive* qui oriente l'investissement en vue d'une prospérité verte et partagée.

• *Une Europe durable* qui vit dans la limite des moyens de la planète, en réduisant au minimum son impact environnemental et en laissant le plus possible d'énergie fossile *sous* terre.

• *Une Europe écologique* engagée dans une authentique transition verte au niveau mondial.

• *Une Europe créative* qui libère la puissance innovante de l'imagination de ses citoyens.

• *Une Europe technologique* qui met les technologies nouvelles au service de la solidarité.

• *Une Europe consciente de son histoire* qui se cherche un bel avenir sans esquiver son passé.

• *Une Europe internationaliste* qui traite les non-Européens comme des fins en soi.

• *Une Europe pacifique* qui pratique la désescalade des tensions à l'Est et en Méditerranée, en faisant barrage aux sirènes du militarisme et de l'expansionnisme.

• *Une Europe ouverte* qui est sensible aux idées, aux personnes et aux inspirations venues du monde entier, parce qu'elle comprend que les barrières et les frontières sont des signes de faiblesse qui répandent l'insécurité au nom de la sécurité.

• *Une Europe libérée* où le privilège, le préjugé, la misère et la menace de la violence s'estompent, si bien que les Européens seront moins voués à des rôles stéréotypés dès la naissance, jouiront de chances égales de développer leurs potentialités et seront libres de choisir davantage leurs partenaires dans la vie, au travail et dans la société.

Bibliographie

ALLIN, Dana H. (2011), « De Gaulle and American Power », *in* Benjamin M. Rowland (éd.), *Charles de Gaulle's Legacy of Ideas*, New York, Lexington Books.

AMBROSE, Stephen E. (1989), *Nixon*, t. II, *The Triumph of a Politician. 1962-1972*, New York, Simon and Schuster.

BALL, George W. (1982), *The Past Has Another Pattern*, New York, Norton.

BATOR, Francis M. (1968), « The Political Economics of International Money », *Foreign Affairs*, vol. 47, n° 1.

— (2001), « Lyndon Johnson and Foreign Policy : The Case of Western Europe and the Soviet Union », *in* Aaron Lobel (éd.), *Presidential Judgment : Foreign Policy Decision Making in the White House*, Washington, Hollis.

BECKER, Andreas (2013), « German Economic Miracle : Thanks to Debt Relief », site Internet de la Deutsche Welle, <http://www.dw.de/german-economic-miracle-thanks-to-debt-relief/a-16630511>.

BRECHT, Bertolt ([1933] 1995), *Le Roman de quat'sous*, trad. fr. de Claude Vernier, Paris, L'Arche.

CONDORCET, Marie Jean Antoine Nicolas Caritat (marquis de) ([1795] 1988), *Esquisse d'un tableau historique des progrès de l'esprit humain*, Paris, Flammarion, coll. « GF ».

CONNOLLY, Bernard (1996), *La Sale Guerre de la monnaie européenne*, trad. fr. de Jean-Marc Mendel, Paris, Albin Michel.

COUDENHOVE-KALERGI, Richard Nikolaus (comte) (1923), *Pan-Europe*, trad. fr. de Mathilde et Pierre Trainard, Paris, PUF, 1988.

CRAWFORD, Ann F., et KEEVER, Jack (1973), *John B. Connally: Portrait in Power*, Austin, Jenkins.

DALLEK, Robert (1995), *Franklin D. Roosevelt and American Foreign Policy. 1932-1945*, Oxford, Oxford University Press.

EICHENGREEN, Barry (2011), *Un privilège exorbitant : le déclin du dollar et l'avenir du système monétaire international*, trad. fr. de Michel Le Séac'h, Paris, Odile Jacob.

EVANS-PRITCHARD, Edward E. ([1937] 1972), *Sorcellerie, oracles et magie chez les Azandé*, trad. fr. de Louis Évrard, Paris, Gallimard.

FERRELL, Robert H. (éd.) (2010), *Inside the Nixon Administration : The Secret Diary of Arthur Burns, 1969-1979*, Lawrence, University Press of Kansas.

FUNK, Walther (1942), « Das wirtschaftliche Gesicht des neuen Europa », *in* « Europäische Wirtschaftsgemeinschaft » [série de conférences sur la communauté économique européenne], Berlin, Verein Berliner Kaufleute und Industrieller / Wirtschafts-Hochschule Berlin.

GALBRAITH, James K. (2012), *Inequality and Instability : A Study of the World Economy just before the Great Crisis*, Oxford, Oxford University Press.

GALBRAITH, James K., et VAROUFAKIS, Yanis (2014), « Wither Europe ? The Modest Camp versus the Federalist Austerians », openDemocracy.org, 11 juin 2014, <https://opendemocracy.net/can-europe-make-it/james-galbraith-yanis-varoufakis/whither-europe-modest-camp-vs-federalist-austeri>.

GEITHNER, Timothy (2014), *Stress Test: Reflections on Financial Crises*, New York, Broadway Books.

GILBERT, Mark (2003), *Surpassing Realism: The Politics of European Integration since 1945*, Oxford, Rowman et Littlefield.

GODLEY, Wynne (1992), « Maastricht and All That », *London Review of Books*, vol. 14, n° 19, 8 octobre 1992, p. 3-4.

GRAY, William G. (2007), « Floating the System: Germany, the United States, and the Breakdown of Bretton Woods, 1969-1973 », *Diplomatic History*, vol. 31, n° 2, p. 295-323.

GROS, Daniel, et THYGESEN, Nils (1992), *European Monetary Integration: From the European Monetary System to the European Monetary Union*, Londres, Longman.

HABERMAS, Jürgen (1978), *Raison et légitimité: problèmes de légitimation dans le capitalisme avancé*, trad. fr. de Jean Lacoste, Paris, Payot.

HALEVI, Joseph, et VAROUFAKIS, Yanis (2003), « The Global Minotaur », *Monthly Review*, vol. 55, juillet-août, p. 56-74.

HERSH, Seymour M. (1983), *The Price of Power: Kissinger in the Nixon White House*, New York, Simon et Schuster.

KALDOR, N. (1980), *Collected Economic Essays of Nicholas Kaldor*, Londres, Wiley, publié pour la Royal Economic Society; voir t. VI, *Further Essays on Applied Economics*, chap. 12, « The Dynamic Effects of the Common Market », p. 187-220.

KEYNES, John Maynard (1920*a*), *Les Conséquences économiques de la paix*, trad. fr de David Todd, Paris, Gallimard, coll. « Tel », 2002.

— (1920*b*), *Le Docteur Melchior, un ennemi vaincu*, trad. fr. de Bernard Hœpffner, Castelnau-le-Lez, Climats, 1993.

— (1924), *La Réforme monétaire*, trad. fr. de Paul Franck, Paris, Éd. du Sagittaire.

— (1925), « Les conséquences économiques de M. Churchill », in *Essais de persuasion*, trad. fr. de Herbert Jacoby, Paris, Gallimard, 1933.

— (1932), « The World's Economic Outlook », *The Atlantic Monthly*, vol. 149, mai, p. 521-526.

— (1936), *Théorie générale de l'emploi, de l'intérêt et de la monnaie*, trad. fr. de Jean de Largentaye, Paris, Payot, 1969.

— (1980), « Closing Speech, Bretton Woods Conferences, July 22, 1944 », *in* Donald E. Moggridge (éd.), *Collected Writings of John Maynard Keynes*, vol. XXVI, « Activities 1941-1946 ; Shaping the Post-War World, Bretton Woods and Reparations », Londres, Macmillan, pour la Royal Economic Society, 1980.

Kissinger, Henry (1979), *À la Maison-Blanche*, 2 vol., trad. fr. de l'Agence française de traduction, Paris, Fayard.

— (1996), *Diplomatie*, trad. fr. de Marie-France de Paloméra, Paris, Fayard.

Klinkowstroem, Alphons von (éd.) (1880-1884), *Mémoires, documents et écrits divers laissés par le prince de Metternich, chancelier de Cour et d'État*, 8 vol., Paris, Plon.

Krotz, Ulrich, et Schild, Joachim (2012), *Shaping Europe : France, Germany and Embedded Bilateralism from the Elysée Treaty to Twenty-First Century Politics*, Oxford, Oxford University Press.

Laughland, John (2001), *La Liberté des nations : essai sur les fondements de la liberté politique et sur leur destruction par l'Europe*, trad. fr. d'Édouard Husson, Paris, F.-X. de Guilbert.

LIPGENS, Walter (éd.) (1984), *Documents on the History of European Integration*, t. I, *Continental Plans for European Union 1939-1945*, New York, Walter de Gruyter.

LIPGENS, Walter, et LOTH, Wilfried (éd.) (1988), *Documents on the History of European Integration*, t. III, *The Struggle for European Union by Political Parties and Pressure Groups in Western European Countries, 1945-1950*, New York, Walter de Gruyter.

LUDLOW, Peter (1982), *The Making of the European Monetary System*, Londres, Butterworth.

MARSHALL, Matt (2012), *The Bank : Birth of Europe's Central Bank and Rebirth of Europe's Power*, New York, Random House Business.

MIROWSKI, Philip, et PLEHWE, Dieter (2009), *The Road from Mont Pelerin : The Making of the Neoliberal Thought Collective*, Cambridge, Harvard University Press.

MITCHELL, William (2015), *Eurozone Dystopia : Groupthink and Denial on a Grand Scale*, Cheltenham, Edward Elgar.

NAUMANN, F. (1915), *Mitteleuropa* ; trad. fr., *L'Europe centrale*, Neuchâtel, Delachaux et Niestlé, Paris, Payot, 1916.

PIKETTY, Thomas (2013), *Le Capital au* XXIe *siècle*, Paris, Éd. du Seuil.

REINERT, Erik S. (2004), *Globalization, Economic Development, and Inequality : An Alternative Perspective*, Aldershot, Edward Elgar.

ROSAMOND, Ben (2000), *Theories of European Integration*, Basingstoke, Palgrave Macmillan.

ROWLAND, Benjamin M. (éd.) (2011), *Charles de Gaulle's Legacy of Ideas*, New York, Lexington Books.

RUEFF, Jacques (1971), *Le Péché monétaire de l'Occident*, Paris, Plon.

SCHALLER, Michael (1996), « The Nixon "Shocks" and the United States-Japan Strategic Relations », Washington, D.C., The Woodrow Wilson Center.

— (1997), *Altered States : The United States-Japan Relations Since the Occupation*, New York, Oxford University Press.

SCHOENBORN, Benedikt (2014), « Chancellor Erhard's Silent Rejection of De Gaulle's Plans : The Example of Monetary Union », *Cold War History*, vol. 14, nº 3, p. 377-402.

SILBER, William L. (2012), *Volcker*, New York, Bloomsbury Press.

STEPHEY, M. J. (2008), « A Brief History of the Bretton Woods System », *Time*, 21 octobre ; voir <http://content.time.com/time/business/article/0,8599,1852254,00.html>.

STIGLITZ, Joseph E. (2012), *Le Prix de l'inégalité*, trad. fr. de Françoise et Paul Chemla, Paris, Les Liens qui libèrent.

STUERMER, Michael (2011), « The General and the Germans », *in* Benjamin M. Rowland (éd.), *Charles de Gaulle's Legacy of Ideas*, New York, Lexington Books.

TRIEPEL, Heinrich (1906), *Unitarismus und Föderalismus im Deutschen Reich*, Tübingen, J. C. B. Mohr (Paul Siebeck).

VAROUFAKIS, Yanis (2014), *Le Minotaure planétaire : l'ogre américain, la désunion européenne et le chaos mondial*, trad. fr. d'Olivier Goulon, Paris, Éd. du Cercle.

— (2015), « Dr Schäuble's Plan for Europe : Do Europeans approve ? », *Die Zeit*, nº 29, 15 juillet. Version allemande en ligne à l'adresse : <http://www.zeit.de/2015/29/schuldenkrise-europa-wolfgang-schaeuble-yanis-varoufakis>, et version anglaise en ligne à l'adresse <http://yanisvaroufakis.eu/2015/07/17/dr-schaubles-plan-for-europe-do-europeans-approve-english-version-of-my-article-in-die-zeit>.

VAROUFAKIS, Yanis, HALEVI, Joseph, et THEOCARAKIS, Nicholas (2011), *Modern Political Economics: Making Sense of the Post-2008 World*, Londres-New York, Routledge.

VAROUFAKIS, Yanis, HOLLAND, Stuart, et GALBRAITH, James K. (2013), *Modeste Proposition pour résoudre la crise de la zone euro*, préface de Michel Rocard, trad. fr. de Gilles Raveaud, Paris, Institut Veblen-Les Petits Matins.

VOLCKER, Paul A. (1978-1979), « The Political Economy of the Dollar », *FRBNY Quarterly Review*, hiver 1978-1979, p. 1-12 [conférence Fred Hirsch à l'université de Warwick, Coventry, Angleterre, 9 novembre 1978].

Notes

Notes de la préface

1. Glezos, qui a inauguré son militantisme politique en mai 1941 en escaladant, avec Apostolos Santas, les murs de l'Acropole pour arracher le drapeau à croix gammée sans se faire voir des sentinelles allemandes, a mené campagne sur les réparations de guerre dues par l'Allemagne à la Grèce et, de façon particulièrement vigoureuse, pour le remboursement par l'État allemand d'un « prêt » forcé extorqué par le Haut Commandement allemand à la Banque de Grèce sous l'occupation.

2. Karl Marx et Friedrich Engels, *Manifeste du Parti communiste*, trad. fr. d'Émile Bottigelli, Paris, Flammarion, coll. « GF », 1998, p. 78.

Notes du chapitre I

1. La métaphore obscène de John Connally est citée dans Schaller (1996, 1997). Nixon avait été si impressionné par la vision pragmatique de Connally sur ce qu'il fallait faire en Europe (et, dans une moindre mesure, au Japon), que, selon Kissinger (1979), Ambrose (1989) et Hersh (1983), le président avait demandé à ses plus proches confidents « de trouver moyen de pousser [le vice-président] Agnew à démissionner vite » afin de le remplacer par Connally, en qui Nixon voyait son « successeur logique ».

2. Le coup en question était le découplage entre la valeur du dollar et l'or. Le président Nixon a évidemment déguisé cette déclaration terrifiante en mesure de politique intérieure américaine : « un nouveau programme économique

complet, avec des réductions d'impôts et quatre-vingt-dix jours de blocage des salaires et des prix » (Eichengreen, 2011, p. 84).

3. Voir Silber, 2012, chap. 5.

4. Pendant dix mois après le choc Nixon, Washington s'est prêté au jeu des négociations avec les Européens pour rétablir des taux de change fixes entre le dollar et les monnaies européennes. Ils sont effectivement parvenus à signer les accords de Washington du 18 décembre 1971. Hélas, il était trop tard, et, en Amérique, ni Connally, ni Volcker, ni personne ne pensait vraiment qu'après avoir cassé le vase on pouvait recoller les morceaux.

5. Ce ne sont pas les mots exacts de Connally (qui n'ont pas été notés pour la postérité), mais ils résument bien la teneur précise de son message. Lorsqu'il sortait de ces entretiens, il s'adressait aux journalistes qui couvraient sa tournée des capitales européennes en tenant un discours diplomatique et fallacieux sur le thème « l'Amérique est pauvre ». Voici un exemple de ces déclarations : « Nous leur avons dit que nous sommes là en tant que nation qui a offert au monde une grande partie de ses richesses, de ses ressources matérielles et autres, au point que, franchement, nous sommes à présent en déficit, et ce depuis plus de vingt ans, et cela a épuisé nos réserves, épuisé nos ressources, au point que nous ne pouvons plus le faire ; que, franchement, nous avons des problèmes, et que nous venons demander de l'aide à nos amis, comme ils nous ont eux-mêmes si souvent sollicités par le passé quand ils avaient des difficultés. C'est en substance ce que nous leur avons dit. » Transcription d'un document d'archive d'une émission *Analyse* de la BBC radio 4 : « Dollars et domination », diffusée le jeudi 23 octobre 2008 à 20 h 30 BST (heure d'été britannique).

6. Connally a utilisé cette formule précise en novembre 1971 lors d'une réunion des ministres des Finances à Rome, lors d'une rencontre régulière du G-10. Selon de nombreuses sources, il avait utilisé la même expression, à huis clos, pendant sa tournée des capitales européennes au mois d'août. Voir Crawford et Keever, 1973.

7. Paul Volcker, qui deviendrait plus tard président de la Federal Reserve Bank de New York avant d'être nommé à la tête de la Federal Reserve par le président Carter en 1978, a joué un rôle déterminant pour persuader Connally de convaincre Nixon d'« éjecter » l'Europe. Cela n'a pas fait que des heureux dans l'administration. Arthur Burns, qui en 1970 avait été nommé à la tête de la Federal Reserve par Richard Nixon (et que Volcker a remplacé en 1978), a eu ces mots cinglants : « Ce pauvre diable de Volcker – qui n'avait jamais aucune opinion sur rien – a réussi à instiller une peur de l'or irrationnelle chez son maître et tyran [John Connally], à qui il essayait constamment de plaire en alimentant sa peur des étrangers (des Français en particulier) au lieu de stimuler son aptitude (non négligeable) à raisonner correctement. » Voir Ferrell, 2010, p. 65.

8. Notons bien que John Connally et Paul Volcker avaient toujours été démocrates avant d'être recrutés par Nixon dans son administration républicaine. Ils étaient donc en conflit avec plusieurs républicains de la même administration qui s'opposaient à leur offensive commune pour persuader le président de faire sa déclaration choc de 1971.

9. Voir Bator, 2001.

10. Francis Bator, qui travaillait en étroite collaboration avec le président Johnson sur ce qu'il fallait faire de Bretton Woods, a publié à l'époque dans *Foreign Affairs* un article (voir Bator, 1968) où il expliquait en détail le plan de l'administration pour transformer progressivement le système. L'idée était de le rendre beaucoup plus flexible, sans toutefois le détruire, car sa désintégration soudaine aurait causé d'énormes problèmes sociaux à l'intérieur comme à l'extérieur des États-Unis.

11. C'est Nixon qui a qualifié ainsi Volcker. Il l'a fait quand il a entendu dire que Volcker était peut-être à l'origine d'une fuite publiée dans le *Wall Street Journal*. L'article révélait que l'Amérique faisait face à « une crise sans précédent sur le front monétaire international ». Nixon craignait que Volcker n'ait organisé cette fuite pour pousser Connally à faire ce que, finalement, Nixon lui-même allait faire le 15 août 1971 : mettre fin à Bretton Woods !

12. White avait obtenu son doctorat d'économie à Harvard et avait servi au Trésor américain en tant qu'assistant du secrétaire Henry Morgenthau Jr. Internationaliste convaincu, il a contribué à créer le FMI et il en a été le premier directeur général – le FMI et la Banque mondiale avaient été conçus à Bretton Woods pour constituer les deux piliers institutionnels jumeaux du système. En 1947, soupçonné d'être un agent soviétique et en butte à de multiples insinuations, White a brutalement démissionné. Il est mort l'année suivante d'une crise cardiaque.

13. Il est certain que la guerre crée des alliances inattendues. John Maynard Keynes avait écrit en 1925 un pamphlet intitulé *Les Conséquences économiques de M. Churchill*. Il y fustigeait Churchill, qui l'enverrait en 1943 représenter son gouvernement à Bretton Woods, pour avoir ramené la Grande-Bretagne à l'étalon-or. Dans ce pamphlet, Keynes expliquait que la livre avait été surévaluée par rapport à l'or et prédisait, avec justesse, que l'étalon-or serait un boulet pour l'économie britannique, car il entraînerait sans nécessité une récession interminable. Le pamphlet de Keynes a eu le mérite de réduire le soutien à l'étalon-or dans des milieux influents sur l'opinion publique, si bien qu'après le krach de 1929 la Grande-Bretagne a été l'un des premiers pays à sortir de ce système ; elle l'a fait en 1931, pour atténuer la Grande Crise, deux ans avant que le président Roosevelt n'en fasse également sortir les États-Unis. Peut-être est-il utile de préciser que le titre du pamphlet en question était une plaisante allusion au livre qui avait fait connaître Keynes, *Les Conséquences économiques de la paix*, publié en 1919 ; cette mise en garde prémonitoire affirmait que les réparations très dures imposées par le traité de Versailles à

l'Allemagne vaincue seraient aussi douloureuses pour les vainqueurs vindicatifs que pour l'Allemagne.

14. En 1936, Keynes avait exposé ses idées sur le capitalisme dans son chef-d'œuvre, *Théorie générale de l'emploi, de l'intérêt et de la monnaie* (1936). En septembre 1941, il avait fondé sur ces analyses un « plan » pour l'avenir du capitalisme mondial, qu'il a présenté à Bretton Woods en 1944 (voir Keynes, 1980). Voici comment il résume, d'une phrase, son sentiment sur la tâche qu'avec les autres négociateurs il a accomplie à Bretton Woods : « Nous avons dû simultanément faire œuvre d'économiste, de financier, d'homme politique, de journaliste, de propagandiste, de juriste, d'homme d'État – et même, je crois, de prophète et de devin » (Keynes, 1980, p. 101).

15. Thucydide, *Histoire de la guerre du Péloponnèse*, Livre V, § 89 : « *dunata de hoi proukhontes prassousi kai hoi astheneis xunkhôrousin* ».

16. *Ibid.*, Livre V, § 90. C'est moi qui souligne. [La traduction anglaise est de l'auteur et nous la suivons ici – *NdT.*]

17. Keynes a procédé à cette mise en garde en publiant son livre *Les Conséquences économiques de la paix*.

18. En découplant le dollar du yen, du franc et du mark, Nixon a fait perdre aux industriels européens et japonais une bonne part de leur avantage sur les multinationales américaines puisque le dollar a chuté. Simultanément, le cours du pétrole en dollars est monté à des hauteurs astronomiques, mettant encore plus en danger les industriels allemands et japonais, qui avaient toujours été plus vulnérables aux importations de pétrole étranger que les compagnies américaines.

19. L'hommage posthume peut-être le plus stupéfiant à la proposition de Keynes est survenu en 2011, en pleine crise de l'euro. Voici comment je l'ai présenté dans l'épilogue de mon livre *Le Minotaure planétaire : l'ogre américain, la désunion européenne et le chaos mondial* (Varoufakis, 2014) : « Dominique Strauss-Kahn, alors directeur général du FMI, fut interrogé par un journaliste de la BBC sur la manière dont il pensait que l'économie mondiale devait être reconfigurée après les événements de 2008. Sa surprenante réponse fut la suivante : "Jamais dans le passé une institution comme le FMI n'a été aussi nécessaire qu'elle ne l'est aujourd'hui… Keynes, il y a soixante ans, avait déjà compris ce qu'il fallait faire ; mais c'était alors trop tôt. Le moment est maintenant arrivé. Et je crois que nous y sommes prêts !" » (p. 352). C'était le 21 janvier 2011. Quatre mois plus tard, Strauss-Kahn était contraint de démissionner de ses fonctions à la tête du FMI après son arrestation dans un hôtel de New York, en raison d'une plainte pour agression sexuelle qui, par la suite, a été retirée.

20. Voir George Krimpas, « The Recycling Problem in a Currency Union », annexe au chap. 12 de Varoufakis *et al.*, 2011.

21. Voir Keynes, 1932.

22. Comme l'écrit Keynes en 1941, avec les taux de change fixes, « le poids de l'ajustement [va être imposé] au pays qui est en position de *débiteur* dans l'équilibre international des paiements – donc à celui qui est (dans ce contexte) par hypothèse le *plus faible* et surtout le *plus petit* en comparaison de l'autre plateau de la balance qui (en l'occurrence) est le reste du monde » (Keynes, 1980, p. 27).

23. Quand le président Roosevelt a suggéré que les Américains ne devaient avoir « peur que de la peur », il faisait allusion à la terreur autoréalisatrice qui empêche les détenteurs d'excédents privés d'investir leurs fonds là où on en a le plus besoin, et à la nécessité d'une intervention politique qui surmonte cette peur en dirigeant des investissements vers les États et les régions où se concentrent le plus de dettes, de chômage et de déficits. La vision de Roosevelt s'est encore renforcée plus tard, après Pearl Harbor, lorsque son administration a fait l'expérience de la gestion de l'économie de guerre, qui a été une vraie révélation : elle lui a prouvé définitivement, s'il en était besoin, que le chômage massif n'a rien de naturel et que la dépression est un échec de l'action publique, et non une vengeance divine à laquelle il faudrait se soumettre.

24. Il est intéressant de comparer le destin du Nevada à celui de l'Irlande, membre de cette autre union monétaire qu'est la zone euro. Comme le Nevada, l'Irlande a subi en 2008 un effondrement majeur de ses secteurs immobilier et bancaire. Mais, contrairement au Nevada, il lui a fallu assumer seule le renflouement de ses banques et le versement de ses allocations chômage. Ne possédant pas de planche à billets, elle a dû solliciter respectueusement les marchés financiers pour emprunter des sommes faramineuses – qui, dans le cas du Nevada, ont été payées par l'État fédéral. Évidemment, les marchés financiers, en pleine atmosphère d'étranglement du crédit, n'allaient pas lâcher l'argent à des taux autres qu'usuraires. L'Irlande a donc fini par accepter un prêt massif des États européens, de la Banque centrale européenne et du FMI, prêt qui a rendu l'État irlandais insolvable et précipité durablement sa société dans une situation de capital négatif. Entre-temps, le Nevada était vite sorti de sa crise, et avec très peu de dettes en comparaison.

25. De même pour le budget militaire américain : depuis le début de la Seconde Guerre mondiale, il avait été conçu pour gagner la guerre non seulement contre le Japon et l'Allemagne, mais aussi contre le chômage et la pauvreté qui persistaient dans le sillage de la Grande Dépression. Aujourd'hui encore, quand Boeing ou Lockheed obtiennent des contrats militaires, ils doivent respecter des conditions qui leur imposent de construire des unités de production dans des États déficitaires comme le Tennessee ou le Missouri. Ce recyclage de l'excédent, inauguré par les New Dealers dans les années 1930 et 1940, a offert à la « zone dollar » – aussi nommée États-Unis d'Amérique – une certaine protection contre les récessions qui naissent dans les régions

déficitaires puis s'étendent comme de dangereux feux de brousse aux États excédentaires.

26. En plus du FMI, qui existe toujours (mais joue, depuis 1971, un rôle bien différent de celui qui lui avait été assigné à Bretton Woods), une deuxième institution a été créée lors de la conférence de 1944 : la Banque internationale pour la reconstruction et le développement (BIRD), aujourd'hui nommée simplement « Banque mondiale ». Si Keynes voulait faire du FMI la banque centrale du monde, chargée d'émettre et de gérer la devise mondiale, il avait donné pour objectif à la BIRD de mobiliser l'épargne inutilisée pour la transformer en investissements productifs dans des pays relativement sous-développés, déficitaires. Comme le FMI, la Banque mondiale a fini par jouer un rôle tout à fait différent. Néanmoins, de ces deux institutions de Bretton Woods, c'est elle qui reste la plus fidèle aux intentions initiales de Keynes.

27. Dans ces circonstances, le FMI avait un rôle supplémentaire : fournir des prêts à court terme aux pays qui avaient besoin de défendre leur taux de change en raison d'un déficit commercial inattendu ou pendant qu'une procédure d'approbation de dévaluation était en cours au FMI.

28. Ajoutons qu'ils devraient alors payer de leur poche le coût de leurs emprunts aux banques françaises, et on comprendra aisément pourquoi l'intervention de la Bundesbank était une perspective terrifiante pour les spéculateurs.

29. Les excédents allemands ne sont recyclés vers le reste de l'Europe que par le seul « recyclage par beau temps », comme je l'ai appelé plus haut, c'est-à-dire celui qu'effectuent les banques de dépôt de Francfort. Ce type de recyclage, je l'ai dit, a gonflé des bulles aux époques fastes et, quand elles ont éclaté, n'a rien fait pour contribuer à la reprise. En revanche, à l'époque de Bretton Woods, les excédents américains étaient orientés par un mécanisme de recyclage politique qui atténuait les pénuries de crédit dans les pays déficitaires en temps de crise et empêchait la formation de bulles pendant les périodes de croissance.

30. Cette évolution est due, en partie, à la croissance de la productivité et aux progrès technologiques des industries allemande et japonaise – améliorations qui ne se seraient probablement pas concrétisées sans le soutien constant des décideurs politiques américains.

31. Valeur calculée au taux fixe de Bretton Woods, 35 dollars l'once.

32. Avant le choc Nixon, il y avait deux marchés de l'or : le marché officiel, sur lequel les banques et les États négociaient leurs stocks d'or à 35 dollars l'once, et le marché non officiel, fantôme – par exemple les transactions informelles entre bijoutiers et particuliers qui négociaient de l'or à plus petite échelle, mais à des prix considérablement supérieurs au taux officiel. À la fin des années 1960, le prix officieux avait atteint 55 dollars l'once, ce qui révélait la puissance des pressions que subissait le système de Bretton Woods. Mais pour que les spéculateurs tirent vraiment de gros profits de leurs paris sur la

poursuite de la hausse du prix de l'or, il était essentiel que les grands acteurs (les banques et les États) soient également libérés du prix officiel.

33. Exactement comme les autorités françaises comptaient sur la Bundesbank pour maintenir la stabilité de la valeur du franc en marks.

34. En 1968, une situation désespérée a nécessité des mesures désespérées. Les banques centrales ont accepté de s'en tenir au prix de 35 dollars l'once quand elles négociaient de l'or entre elles, mais elles ont autorisé son prix commercial à monter librement, même quand il s'agissait de transactions à grande échelle entre banques. Ces prix jumeaux – l'un officiel, l'autre officieux – constituaient une défaite majeure du capitalisme mondial. L'Occident ne pouvait plus accuser les Soviétiques de mentir sur la valeur réelle du rouble, en faisant valoir que son taux de change officiel n'avait aucun rapport avec la valeur du rouble au marché noir. À présent, le dollar avait également deux valeurs en or : l'une officielle, l'autre officieuse. De plus, cette « solution », en réalité, ne résolvait pas grand-chose. Plus l'écart était grand entre la valeur officieuse de l'or et sa valeur officielle de 35 dollars, plus les spéculateurs se sentaient certains de pouvoir, finalement, forcer Washington à dévaluer le dollar par rapport à l'or et aux autres devises.

35. La « relation spéciale » avec les États-Unis dont se targuait la Grande-Bretagne comme substitut à son rayonnement impérial prouvait aux yeux de De Gaulle que, si elle était admise dans l'Union européenne, elle servirait de cheval de Troie à l'Amérique.

36. En 1965, le président de Gaulle a ordonné le retrait de 25 900 lingots d'or, soit plus de 350 tonnes, des sous-sols de la Federal Reserve de New York et leur transfert à Paris. Ce fut un cauchemar logistique, dont la portée symbolique était d'autant plus forte qu'il impliquait le retour inamical de la marine de guerre française sur les côtes américaines. (Voir *New York Times*, 2 mars 1965, p. 45.) Mais ce qui a déclenché le choc Nixon, c'est la demande du gouvernement britannique de changer 3 milliards de dollars détenus par la Banque d'Angleterre contre de l'or américain, au prix officiel de 35 dollars l'once, inférieur de 18 dollars au moins au prix officieux. Cette annonce a été faite le mercredi 11 août 1971. C'est la goutte d'eau qui a fait déborder le vase de Bretton Wood – John Connally et Paul Volcker s'en sont chargés : c'est le week-end suivant, pendant leurs réunions de Camp David, qu'ils ont convaincu Nixon de casser le vase.

37. Voir Stephey, 2008.

38. Après le choc Nixon, le gouvernement français a instantanément changé de discours. Jusque-là ouvertement hostile à un système monétaire mondial fondé sur le dollar (voir chap. 2), le président Pompidou a exigé que les États-Unis rétablissent Bretton Woods, même avec un dollar plus bas (par rapport à l'or et à d'autres devises). Washington ayant rejeté ses exigences, il a imploré. Le président Nixon lui a donné satisfaction en décembre 1971 par les accords de Washington signés à la Smithsonian Institution, lors d'une

réunion du groupe des Dix. L'idée était d'accorder à Bretton Woods une seconde chance avec de nouveaux taux de change plus « réalistes ». Mais il était trop tard. Le génie était sorti de la bouteille et refusait d'y retourner. Dix-huit mois plus tard, les principales devises flottaient et l'Europe était en très mauvaise posture.

Notes du chapitre 2

1. Kurt Schmücker est assez représentatif des chrétiens-démocrates qui ont gouverné l'Allemagne de l'Ouest sans interruption de 1949 à 1969. Il n'a que dix-huit ans, en 1937, quand il adhère au parti nazi ; trois ans plus tard, il part faire la guerre et sert dans la Wehrmacht jusqu'à la dernière extrémité. Un an après la fin de la guerre, il rejoint les chrétiens-démocrates et devient l'un des plus jeunes membres du Parlement fédéral aux élections de 1949. En 1963, quand Ludwig Erhard (économiste accompli, ministre des Finances depuis 1949 et maître d'œuvre de l'impressionnante reconstruction économique de l'Allemagne de 1949 à 1963) devient chef du gouvernement allemand, Schmücker lui succède au ministère de l'Économie – non sans éprouver une certaine inquiétude sur son aptitude à prendre la place d'Erhard, car il n'a qu'une formation de typographe. Finalement, Erhard et Schmücker sont tous deux éjectés du gouvernement en 1966 à la suite de la première récession allemande d'après-guerre, sans doute orchestrée pour des raisons politiques par la Bundesbank.

2. La CEE a été rebaptisée Union européenne par le traité de Maastricht, le 1er novembre 1993, au moment où ont été adoptées les règles gouvernant l'euro. Dans ce livre, j'appelle la CEE Union européenne par souci de continuité.

3. Au début de la conversation, Schmücker avait répondu aux inquiétudes de Giscard sur le risque de voir le libre-échange dans l'Union européenne créer des déséquilibres commerciaux de nature à déstabiliser le taux de change entre le franc et le mark. Il avait suggéré que les membres de l'Union européenne signent un contrat en bonne et due forme et respectent des règles sur les politiques budgétaires et monétaires de l'État afin d'assurer la stabilité du système. Giscard avait d'autres idées. Le dialogue qui suit est cité dans Schoenborn (2014) [et dans Benedikt Schoenborn, *La Mésentente apprivoisée : de Gaulle et les Allemands, 1963-1969*, Paris, Presses universitaires de France, 2007, p. 116-117, que nous reprenons ici – *NdT*] :

« Giscard d'Estaing : C'est trop peu ! Nous n'en avons pas encore discuté au sein du Cabinet, mais de Gaulle m'a dit que sans monnaie commune des pays membres de la CEE, des développements dangereux comme nous les vivons actuellement ne pourront être ni évités ni maîtrisés. Nous avons besoin d'une monnaie communautaire unique.

SCHMÜCKER : Ou bien on peut maintenir les monnaies de façon nominale et soumettre la politique monétaire des pays membres à une discipline rigoureuse, par des règles contractuelles. Cela donnera le même effet.

GISCARD D'ESTAING : Pourquoi choisir un système qui fonctionne seulement tant que chacun joue le jeu ?

SCHMÜCKER : Simplement, je cherche une méthode susceptible d'aboutir, sans que la France soit forcée de renoncer à ses droits de souveraineté. Une monnaie communautaire unique serait quelque chose de supranational. Jusqu'à présent, la France s'est prononcée contre toute institution supranationale.

GISCARD D'ESTAING : De Gaulle m'a dit explicitement qu'il juge nécessaire une monnaie commune de la CEE. Il voit qu'aucune autre solution ne reste. Tant qu'un État continue à pousser l'autre à l'inflation, les socialistes seront les seuls à en bénéficier.

SCHMÜCKER : Que ferons-nous, si les quatre autres ne participent pas ? Créer une union monétaire représente un avancement politique décisif. Dès que l'union monétaire existera, des conséquences politiques en découleront tout naturellement. Les essais d'Erhard de promouvoir l'union politique n'ont pas trouvé chez tous les gouvernements l'écho espéré. Donc, nous devons nous attendre à ce que la proposition soit accueillie de façon sceptique. Ou bien pensez-vous que la France et l'Allemagne doivent se lancer en avant ?

GISCARD D'ESTAING : Un accord France-Allemagne ne devra être considéré que si les autres ne participent pas. Dans ce cas, l'accord doit prévoir la possibilité, juridique et réelle, d'une adhésion à tout moment pour les autres. »

4. Voir Gray, 2007.

5. J'entends par planification le penchant des administrateurs français, depuis l'époque de Napoléon, pour les projets grandioses. On en a de multiples exemples dans l'urbanisme, la politique énergétique (notamment le plan extraordinaire qui a abouti à la production de plus de 95 % de l'électricité dans des centrales nucléaires conçues et possédées par l'État), la création d'un complexe militaro-industriel avancé, les chemins de fer ultrarapides qui sillonnent la France et débordent en Grande-Bretagne et en Belgique, et même des projets comme l'avion supersonique Concorde et Airbus Industries, très brillant concurrent de Boeing.

6. On trouvera plus loin un exposé complet des plans qu'Erhard a contrariés, ce qui lui a permis de devenir chancelier d'Allemagne.

7. Voir Schoenborn, 2014.

8. Giscard était un keynésien convaincu, qui faisait peu de cas des idées conservatrices de De Gaulle sur la gestion de l'économie. En particulier, il avait le plus grand mépris pour Jacques Rueff, économiste qui croyait dur comme fer à l'étalon-or et que le général considérait comme son gourou économique. La présence de Giscard au ministère des Finances dans les gouvernements de De Gaulle était donc précaire.

9. Par exemple, en 1962, General Motors a licencié des ouvriers français de l'automobile sans consultation avec le gouvernement de Paris. Un an plus tard, en 1963, cette compagnie a racheté le constructeur français Simca et a immédiatement licencié une partie de son personnel. Simultanément, General Electric «convoitait» plusieurs établissements industriels que Paris jugeait d'importance stratégique pour la France.

10. Cette expression est souvent attribuée à tort à de Gaulle. Elle est en fait de Giscard. Voici comment l'économiste français Jacques Rueff (dont Giscard rejetait les thèses mais avec lequel il était obligé de travailler, puisqu'il était le théoricien préféré du président) a expliqué ce que Giscard avait voulu dire par «privilège exorbitant»: «Lorsque les États-Unis – pays à monnaie de réserve – ont un déficit dans leur balance des paiements, ils paient le pays créancier en dollars, qui aboutissent à la Banque centrale. Mais des dollars sont sans emploi à Bonn, à Tokyo ou à Paris. Le jour même où ils sont reçus, ils sont placés sur le marché monétaire de New York et, par là, reviennent à leur place d'origine. Le pays débiteur ne perd pas ce que le pays créancier a gagné. Ainsi le pays à monnaie de réserve ne ressent pas l'effet du déficit de sa balance des paiements. Il n'est aucune raison pour que le déficit y disparaisse, puisqu'il n'y est à aucun moment apparu» (Rueff, 1971, p. 101-102).

11. Voir Ball, 1982, p. 271.

12. Konrad Adenauer a laissé sa marque sur la politique allemande bien avant la Seconde Guerre mondiale, car il a été maire de Cologne de 1917 à 1933. Catholique fervent et farouche adversaire de la domination de la Prusse sur l'Allemagne, il a utilisé son mandat pour plaider en faveur d'un nouvel État rhénan, affranchi de la poigne de fer de Berlin, au sein de la république de Weimar. Voyant que ses efforts n'aboutissaient à rien, il a engagé le dialogue avec de hauts responsables français en vue de créer une Rhénanie autonome dans le cadre d'un vaste projet centreuropéen qui réaliserait la réconciliation franco-allemande. Bien qu'il se soit ensuite montré conciliant avec le parti nazi en ascension, auquel il a essayé de faire une place dans l'administration de la ville de Cologne, les nazis l'ont considéré comme un patriote peu fiable pour s'être tant rapproché des Français dans les années 1920. À la fin de la guerre, Cologne, dévastée par les bombardements, s'est retrouvée dans la zone britannique, et on a demandé à Adenauer de redevenir maire. Il a accepté, mais ensuite, en décembre 1945, il a subi l'affront d'être démis de ses fonctions par un général de l'armée britannique pour «incompétence», alors qu'en réalité sa révocation était due à ses condamnations publiques du bombardement sans mesure de sa ville par la Royal Air Force pendant la guerre. Adenauer n'a jamais pardonné aux Britanniques cette humiliation.

13. John Wills Tuthill, alors ambassadeur des États-Unis auprès de la Communauté économique européenne.

14. En 1953, les États-Unis ont réuni à Londres une célèbre conférence où ils ont « persuadé » les créanciers de l'Allemagne d'accepter une réduction colossale de la dette du pays vaincu à leur égard.

15. Voir Schoenborn, 2014.

16. Voir mémorandum de réunion du Conseil de sécurité nationale, 5 février 1963, 16 h 30, FRUS, 1961-1963, vol. 13, p. 175-179 ; mémorandum de conversation, Carstens et Rusk, 5 février 1963, 18 h, *ibid.*, p. 186 ; réunion du Conseil de sécurité nationale, 31 janvier 1963, *ibid.*, p. 162, Kennedy Library.

17. Le Préambule soulignait « l'importance suprême de la coopération transatlantique ». Ce sont des responsables américains qui en ont eu l'idée : ils y ont vu une « solution » au « problème » du traité de l'Élysée, et ont aussitôt fait savoir aux services d'Erhard qu'il serait bon de l'envisager. Fondamentalement, le Préambule annulait l'esprit du traité – la création d'une alliance franco-allemande indépendante des États-Unis. Selon la présentation qu'en a faite Erhard aux parlementaires de Bonn, le Préambule était indispensable pour « libérer le traité de l'Élysée de toute erreur d'interprétation sur la politique allemande ».

18. Voir Schoenborn, 2014.

19. De 1945 à 1958.

20. De Gaulle était si farouchement opposé à l'idée d'une Communauté économique européenne conçue par l'Amérique (qui a émergé officiellement en 1950 avec la Communauté européenne du charbon et de l'acier) qu'il a fait le choix politique de la traversée du désert jusqu'en 1958. À cette date, l'effondrement de la IVe République lui a permis de remodeler à son image la Constitution française et la politique de la France.

21. Signalons, à l'intention des lecteurs américains, que d'importantes personnalités politiques américaines partageaient la sévère critique de De Gaulle contre le plan mondial d'après-guerre des États-Unis. Par exemple, George F. Kennan (diplomate qui, par son « long télégramme » de Moscou, avait été à l'origine de la logique d'endiguement de l'URSS) et Robert Taft (leader des républicains au Sénat qui avait combattu le New Deal du président Roosevelt) déploraient aussi la perspective d'un monde divisé en deux blocs dressés l'un contre l'autre, l'américain et le soviétique. La différence avec de Gaulle, c'est que le président français avait les moyens et la détermination de rendre le bloc américain ingouvernable.

22. Voir Connolly (1996), p. 26.

23. Leur raisonnement était simple : si l'État français perdait le droit d'imprimer de la monnaie, soit en revenant à l'étalon-or, soit en adoptant le mark, les prix cesseraient d'augmenter et les syndicats perdraient leur position de force dans les négociations avec les employeurs ; l'État se trouvant incapable de stimuler la demande globale, notamment pendant une récession, ils seraient bien obligés d'accepter soit un chômage massif – qui détruirait

la base de leur puissance –, soit des bas salaires. Bref, retirer la planche à billets à l'État français rendrait les organisations syndicales moins militantes, plus « allemandes ». Et si cela signifiait également une plus forte tendance à la récession, ce n'était qu'un faible prix à payer. Aujourd'hui, dans une France en stagnation permanente sous l'euro, les élites françaises ne manifestent aucun remords quant à ce choix, tout en s'inquiétant simultanément de la montée des mécontentements et d'un ultranationalisme raciste et antieuropéen.

24. Voir Connolly, 1996, p. 26.

25. La révolte d'Erhard contre Adenauer doit être replacée dans son contexte : de nombreux Allemands avaient peur d'un retrait américain. Paul Volcker, selon son biographe officiel, a dit qu'il « se souvenait de la menace de JFK [...] d'interrompre l'aide militaire à l'Europe si les Européens refusaient de promettre de ne pas attaquer la position du dollar comme monnaie mondiale ». Voir Silber, 2012, p. 55.

26. Dans une convergence d'opinions fascinante, et extrêmement rare, le *Wall Street Journal* et la *Pravda* (organe officiel du Parti communiste de l'Union soviétique) ont salué l'appel de De Gaulle au retour à l'étalon-or en le qualifiant d'« inspiré » : le *Wall Street Journal*, parce qu'il n'avait jamais aimé les New Dealers, étant donné la façon dont l'administration Roosevelt avait traité Wall Street ; la *Pravda*, parce que l'URSS était l'un des premiers producteurs d'or de la planète et avait donc toutes les raisons de souhaiter une hausse de la demande d'or.

27. Cité *in* Laughland, 2001, p. 250.

28. Jacques Rueff était un économiste influent que de Gaulle connaissait depuis des années avant de se tourner vers lui, en 1958, pour réussir la désinflation de l'économie française au moment où le général effectuait son retour en politique (c'est alors qu'il a créé la Ve République dont il deviendra le premier président). De Gaulle avait gardé un souvenir cuisant de l'inflation galopante qui lui avait fait perdre le pouvoir peu après la fin de la guerre. Donc, quand Rueff a réussi à la vaincre en 1958 (il lui a fallu pour cela ôter quelques zéros à la monnaie, fixer fermement au dollar la nouvelle valeur du franc et imposer un encadrement rigoureux des dépenses publiques), de Gaulle a été impressionné. Rueff était un *goldbug* – un partisan inconditionnel de l'or –, persuadé qu'il fallait lier la quantité de papier-monnaie à la quantité d'or possédée par l'État afin d'empêcher les politiciens d'interférer dans la valeur de la monnaie. C'est une des raisons pour lesquelles de Gaulle, dans son effort pour discréditer le système financier mondial de l'Amérique fondé sur le dollar, a proposé de le remplacer par l'étalon-or. Toutefois, j'estime après mûre réflexion que le général était un adorateur opportuniste du fétiche de l'or, tandis que Rueff était un vrai croyant. Peut-être est-il utile aussi de signaler que Rueff était membre de la Société du Mont-Pèlerin, organisation « libertarienne » où il côtoyait des économistes comme Friedrich von Hayek et Milton Friedman. Pour mesurer l'importance de cette association, voir

Mirowski et Plehwe (2009). De Gaulle, qui était très attaché à la tradition française d'économie planifiée par l'État, tolérait les idées économiques libertariennes de Rueff parce que celui-ci, contrairement à Hayek, acceptait le rôle dirigeant de l'État dans la société sur les plans éthique, culturel et social.

29. Selon Allin (2011), de Gaulle pensait que, comme l'URSS était en surextension logistique et militaire en Eurasie, les États-Unis étaient en surextension financière dans le vaste système de Bretton Woods.

30. Voir Dallek, 1995. Ramener l'Allemagne à une économie pastorale était l'intention explicite du plan Morgenthau – du nom du secrétaire au Trésor des États-Unis Harry Morgenthau Jr –, cosigné par les États-Unis et la Grande-Bretagne le 16 septembre 1944. Au printemps 1945, après la capitulation sans conditions de l'Allemagne, le général Eisenhower a adressé des instructions aux commandants américains en Allemagne, la directive JCS1067, leur ordonnant de s'abstenir « de toute mesure orientée vers le relèvement de l'Allemagne ou conçue pour maintenir ou renforcer l'économie allemande ». La directive JCS1067 précisait clairement que l'intention était de désindustrialiser l'Allemagne et d'y faire baisser le niveau de vie. Le 1er août 1945, lors des accords de Potsdam entre les États-Unis, l'URSS et la Grande-Bretagne, les trois alliés se sont entendus sur la réduction ou la destruction de toute industrie lourde civile à potentiel militaire et sur la restructuration de l'économie allemande autour de l'agriculture et de l'industrie légère. En 1946, les Alliés ont réduit la production d'acier de l'Allemagne à moins de six millions de tonnes par an, soit environ 75 % de son niveau d'avant-guerre. Quant à sa production automobile, ils ont décidé de la faire chuter jusqu'à 10 % environ de ce qu'elle était avant que l'Allemagne envahisse la Pologne.

31. Voir Dallek, 1995.

32. Voir Reinert, 2004, p. 158.

33. Pour une explication plus complète des événements historiques évoqués dans cette section, voir Varoufakis, 2014, chap. 3.

34. Même si les États-Unis, il faut le dire, avaient des antécédents dans ce domaine : après le traité de Versailles de 1919 qui avait imposé à l'Allemagne des réparations insupportables au terme de la Grande Guerre, l'Amérique a été le seul pays victorieux à soutenir l'économie allemande au moyen de prêts et d'accords bilatéraux qui ont allégé l'intolérable fardeau que le traité imposait au pays vaincu.

35. Secrétaire à la Défense et ancien secrétaire à la Marine.

36. Successeur de James Byrnes au poste de secrétaire d'État ; il a mis en œuvre le contestable plan Marshall.

37. Successeur de George Marshall au département d'État.

38. Voir chap. 2.

39. Les pays foyers de l'industrie lourde ont en général de grandes entreprises puissantes liées en réseau. Pour couvrir leurs frais généraux, elles doivent produire beaucoup et contenir leurs coûts de main-d'œuvre. Dans

ces conditions, les habitants du pays (qui sont dans leur grande majorité des salariés) ne peuvent pas consommer tout ce que les usines produisent. C'est pourquoi les économies poids lourd ont besoin autour d'elles d'un arrière-pays qui crée la demande nécessaire pour leur production excédentaire. Si le taux de change entre l'économie poids lourd et l'arrière-pays est fixe, le second sera déficitaire en permanence par rapport à la première. Pour continuer à financer ces déficits permanents, il faut un recyclage des excédents. Aux époques fastes, les banques s'en chargent : c'est le recyclage par beau temps, comme je l'ai appelé au chapitre 1.

40. De Gaulle est brièvement sorti de sa retraite en 1954 pour descendre en flammes à l'Assemblée nationale française l'idée de Communauté européenne de défense, confirmant ainsi qu'il rejetait fermement une alliance franco-allemande sous le parapluie de la *pax americana*. Puis, en 1958, alors que la France était enlisée dans l'atroce guerre coloniale d'Algérie, il a été appelé aux fonctions de Premier ministre pour la sortir de ce bourbier. Lui seul, le héros national de la guerre, avait l'autorité nécessaire pour retirer les troupes françaises de ce Vietnam de la France. Après quoi, et grâce au succès des réformes monétaires de Jacques Rueff qui ont tué l'inflation, le général a eu les coudées franches pour réécrire la Constitution (en créant la Ve République) et devenir président. C'est à ce stade qu'avec beaucoup de réticence il a accepté l'idée d'une Europe unie, autour de l'axe franco-allemand, au sein de laquelle la France jouerait les premiers rôles au niveau administratif.

41. Kennan travaillait à l'ambassade des États-Unis à Moscou, d'où, en février 1946, il a envoyé le « long télégramme » analysant les raisons pour lesquelles les États-Unis devaient faire de l'endiguement de l'URSS leur priorité absolue. À ce moment-là, les partisans grecs de gauche, qui avaient mené une glorieuse résistance contre les nazis, étaient persécutés par le gouvernement que soutenait la Grande-Bretagne et par les sympathisants nazis. En mars 1946, un régiment de ces partisans de gauche a ouvert les hostilités contre le gouvernement ; c'est ainsi qu'a débuté la seconde guerre civile grecque, la plus meurtrière.

42. Avec la doctrine Truman, l'Amérique déclarait que ce qui commençait en Grèce se terminerait par un affrontement majeur avec l'URSS. Elle assurait à l'armée nationale grecque des fonds et des ressources pour combattre les partisans. Ces derniers ne recevaient pratiquement aucun soutien de l'Union soviétique, liée par les accords de Yalta en vertu desquels elle avait accepté que la Grèce reste dans la sphère d'influence britannique. Lorsque la Grande-Bretagne, épuisée par sa propre crise économique, s'est retirée de la guerre civile grecque en 1946, elle a passé le relais au président Truman.

43. Harry Truman était entré à la Maison-Blanche après la mort du président Roosevelt en 1945.

44. Il allait redevenir président de la Deutsche Bank en 1957 et le rester jusqu'en 1967.

45. Voir Becker, 2013.

46. Le 28 octobre 1940, tandis que les armées allemandes écrasaient totalement les forces alliées partout ailleurs, Mussolini a adressé au gouvernement grec un ultimatum: capituler ou être envahi. La Grèce l'a rejeté. L'Italie l'a donc envahie à partir de l'Albanie, qu'elle occupait déjà. L'armée grecque sous-équipée a vaincu les envahisseurs, et apporté aux Alliés leur première victoire dans la Seconde Guerre mondiale. Hitler a donc été contraint de différer son invasion de l'Union soviétique pour envoyer d'abord ses troupes dans les Balkans soumettre le « trublion » grec. Ce retard de cinq mois a immensément aidé les Soviétiques, puisque, au moment où les troupes allemandes ont atteint les steppes russes, elles ont dû faire face au… général Hiver! De plus, de 1942 à 1944, les partisans grecs ont attaqué l'occupant nazi en permanence, en lui infligeant des dommages considérables et en l'obligeant à se confiner aux centres urbains. Pour la population grecque, le prix à payer, en meurtres, en persécutions, en destruction des infrastructures, en famines, a été énorme.

47. Voir la préface.

48. F. Naumann, 1915 et 2012.

49. Voir Coudenhove-Kalergi, 1923.

50. Il s'exprime ainsi dans une lettre du 7 septembre 1914, citée *in* Laughland, 2001, p. 138.

51. Durant la première année du plan Marshall, son montant a été de 5,3 milliards de dollars environ, un peu plus de 2 % du PIB des États-Unis. Au 31 décembre 1951, lorsqu'il a pris fin, 12,5 milliards de dollars avaient été dépensés. Le résultat était une forte hausse de la production industrielle européenne (autour de 35 %), et surtout une stabilisation politique et la création d'une demande durable pour les biens manufacturés européens et américains.

52. Voir Rosamond, 2000, p. 20-21.

53. Techniquement, l'Union européenne a été constituée en 1993, par le traité de Maastricht. Avant cette date, on l'appelait Communauté économique européenne, ou Marché commun. C'est par souci de simplicité que, tout au long de ce livre, j'utiliserai l'expression « Union européenne » pour désigner le continuum d'institutions et de traités inauguré en 1950 qui a abouti, en se développant, à l'Union européenne d'aujourd'hui.

54. Voir *New York Times*, 2 mars 1965, p. 45.

55. Lyndon B. Johnson a dû empêcher les hauts responsables de sa propre administration de se déchaîner contre les Français. Lorsqu'ils l'ont incité à une réaction belliqueuse, il a refusé net: « Quand quelqu'un nous demande de sortir de chez lui, nous partons. » Voir Bator, 2001.

56. Aucun responsable politique, nous l'avons vu, n'aime les grands titres de presse qui annoncent une dévaluation. Quant aux dirigeants des pays en excédent, dont les taux de change doivent monter, ils savent que cette

réévaluation va mettre en colère les exportateurs : leurs biens et services vont devenir plus chers pour les étrangers, ce qui réduira leurs ventes.

57. Souvenons-nous que, selon les accords de Bretton Woods, les ministres des Finances se rencontraient régulièrement dans les bureaux du FMI à Washington pour discuter des changements nécessaires dans les taux de change officiels entre leurs devises. Au cours de ces réunions, quand le dollar et le franc se trouvaient sous la pression des spéculateurs, les dirigeants américains disaient simplement à leurs homologues allemands : « Soit la Bundesbank doit imprimer davantage de marks, soit vous devez accepter, ici et maintenant, une réévaluation du mark. » Les politiques allemands étaient en position difficile. Ils ne pouvaient pas contrôler pleinement ce que faisait la Bundesbank. Et s'ils acceptaient de réévaluer le mark, ils risquaient de s'attirer la fureur de leur banque centrale et des exportateurs allemands – alliance suprêmement puissante dont les intérêts communs étaient clairs : faible inflation en Allemagne (principale préoccupation de la Bundesbank et raison de sa réticence à imprimer toujours plus de marks) et taux de change stable (qui n'augmente pas), compatible avec une croissance des exportations.

58. Voir Connolly, 1996, p. 28.

59. Willy Brandt, dirigeant progressiste des sociaux-démocrates, était vice-chancelier. Il y a tant gagné en réputation et en stature qu'en 1969, lors des élections générales, il a réussi à obtenir assez de voix pour former le premier gouvernement social-démocrate (en s'alliant au petit Parti libéral-démocrate [FDP]) et rejeter les chrétiens-démocrates dans l'opposition pour la première fois. Karl Schiller, du Parti social-démocrate (SPD), et Franz Josef Strauss, dirigeant de l'Union chrétienne-sociale bavaroise, l'ultraconservatrice CSU, se sont partagé les ministères économiques pendant les années de la Grande Coalition : Strauss était ministre des Finances et Schiller, ministre de l'Économie. Plus tard, en 1971, Schiller est devenu ministre des Finances.

60. Saut dans le temps : nous sommes en 1997. L'Europe se prépare à la monnaie commune et l'Allemagne dicte aux autres pays européens les conditions auxquelles elle va abandonner son cher deutschemark et faire de la Bundesbank une « franchise » de la Banque centrale européenne « possédée » en commun. Une de ces conditions est que toute l'Europe se soumette à un pacte de stabilité et de croissance imprégné de la philosophie de 1967.

61. Durcir la politique monétaire revient en général à faire monter les taux d'intérêt. En augmentant le coût de l'emprunt de francs ou, ce qui revient au même, l'intérêt payé à ceux qui épargnaient des francs, Paris visait à attirer davantage d'argent venu de l'étranger sur des comptes bancaires français. Si les investisseurs réagissaient effectivement en convertissant leurs dollars et leurs marks en francs afin de profiter des taux d'intérêt plus élevés sur les comptes bancaires en francs, la demande internationale de francs allait augmenter, donc faire monter la valeur de la devise française – ce qui était le but recherché par de Gaulle. Le revers de la médaille de cette hausse des taux

d'intérêt était évident : le coût de l'investissement en France allait augmenter et, toutes choses égales par ailleurs, l'activité économique et les emplois allaient souffrir. C'est précisément ce qui s'est passé en l'occurrence.

62. Voir Stuermer, 2011.

63. Voir Gray, 2007.

64. *Ibid.*

65. La boucle est bouclée : tels ont été les événements et développements qui nous amènent au début du chapitre 1 et à la formule obscène de John Connally (secrétaire au Trésor de Nixon) appelant son président à « entuber les étrangers ».

66. Je dois cette citation à Klaus Kastner.

67. Quatre ans après l'article outrancier du *Figaro*, Lucas Delattre écrivait dans le quotidien proeuropéen *Le Monde* : « [D]ans le fond, le chancelier Kohl a réussi à obtenir pacifiquement ce que d'autres que lui ont essayé d'extorquer par la conquête armée depuis Bismarck : une zone de paix et de prospérité tout autour de l'Allemagne » (1er janvier 1996). Qu'est-ce qui avait changé ? Comment étions-nous passés de l'euro qui, tel un nouveau traité de Versailles, faisait payer l'Allemagne au triomphe allemand qu'applaudirait Bismarck ? Réponse : en 1993, la Bundesbank avait fait en sorte de réduire à néant les ambitions monétaires de la France. Et s'il a fallu pour cela que des millions d'Européens souffrent du chômage et de difficultés terribles, c'était un simple dommage collatéral. Mais nous y reviendrons au fil des chapitres suivants.

Notes du chapitre 3

1. Le système monétaire européen a été conçu comme une version européenne de Bretton Woods, à la suite de la destruction de ce système par le choc Nixon de 1971 (voir chap. 2). Cf. Ludlow, 1982.

2. *Corriere della Sera*, 16 septembre 1978, cité *in* Ludlow, 1982, p. 182.

3. Schmidt avait lui aussi été ministre des Finances (1972-1974). Il avait remplacé à la chancellerie en 1974 le populaire Willy Brandt, contraint à la démission par un scandale d'espionnage où l'un de ses collaborateurs était impliqué. Comme Brandt, Schmidt dirigeait un gouvernement de coalition avec le petit Parti libéral-démocrate (FDP), mais en 1982 le FDP a changé de camp, fait tomber Schmidt, et constitué avec les chrétiens-démocrates une nouvelle coalition dirigée par le chancelier Helmut Kohl – l'homme qui, avec le successeur de Giscard, le président François Mitterrand, allait créer l'euro en 1992 (en signant le traité de Maastricht qui a remplacé le SME par la monnaie commune, l'euro).

4. Voir par exemple Connolly, 1996, p. 37.

5. Selon Marshall (2012), Giscard et Schmidt ont laissé entendre plus tard que l'idée d'une Banque centrale européenne leur était venue dans la

cathédrale d'Aix-la-Chapelle pendant qu'ils rendaient hommage à Charlemagne.

6. J'ai expliqué au chapitre 1 pourquoi une monnaie commune, ou un système de taux de change fixes, écrase totalement les pays en déficit en temps de crise s'il n'y a pas de recyclage politique de l'excédent, et il est certain que l'étalon-or n'en avait pas. Voir la section « Recyclage politique de l'excédent ou barbarie ».

7. Laquelle, sous Hjalmar Schacht, ministre des Finances et président de la Reichsbank (ainsi s'appelait la banque centrale allemande avant et pendant la guerre), n'était pas contrainte par l'étalon-or, mais libre d'ajuster sa masse monétaire d'une façon qui a permis au régime nazi de stimuler fortement la production et l'emploi de 1933 à 1938.

8. Voir chap. 2, section « Tumulte sur les deux rives du Rhin » : le président de la Bundesbank a reconnu, on s'en souvient, avoir usé de la force pour renverser le gouvernement Erhard.

9. Pays qui étaient censés rejoindre l'Union européenne l'année suivante. Finalement, seuls la Grande-Bretagne, l'Irlande et le Danemark y sont entrés en 1973 ; la Norvège refuse encore de le faire à ce jour.

10. Ces contraintes étaient encore plus rigoureuses que celles de Bretton Woods. Alors que Bretton Woods permettait aux monnaies de fluctuer de plus ou moins 1 % par rapport au dollar, les oscillations autorisées dans le serpent européen se limitaient à plus ou moins 0,75 % par rapport au deutschemark. Cela voulait dire, par exemple, que le franc belge était censé rester dans une fourchette extrêmement resserrée : de 19,85 FB à 20,15 FB pour 1 deutschemark. Pour confiner le serpent du franc belge dans un tunnel aussi extraordinairement étroit, les banques centrales belge et allemande devaient intervenir constamment, la première en épuisant ses stocks de marks et de dollars pour acheter des francs belges, la seconde en imprimant des marks pour acheter aussi des francs belges.

11. « Une fois l'enchaînement des faillites enclenché, les revenus vont forcément s'effondrer, alors que les dettes privées et publiques à l'égard des banques étrangères vont rester les mêmes. Le prix d'un taux de change fixe, c'est une étreinte de la mort entre un État en faillite, des citoyens désargentés et un secteur privé insolvable » (chap. 1, section « Recyclage politique de l'excédent ou barbarie »).

12. Par exemple le mécanisme de change européen (MCE) au début des années 1990. Voir chap. 4, section « Le bras long de Francfort ».

13. Le 28 février 1978, pour être précis.

14. Voir Gilbert, 2003, p. 143. Il n'est pas si surprenant que Schmidt ait souhaité une victoire de la droite en France. Bien qu'il fût lui-même de centre gauche, il craignait qu'un gouvernement français de la même tendance n'engage de fortes dépenses publiques qui auraient été un *casus belli* pour la

Bundesbank : Schmidt n'aurait eu alors aucun moyen de convaincre les élites allemandes d'accepter l'union monétaire avec la France.

15. Voir chap. 2, section « Tumulte sur les deux rives du Rhin ».

16. Située à Coventry, en Angleterre.

17. Voir Volcker (1978-1979).

18. Il offre aussi de nombreuses pistes pour comprendre la pensée du chancelier Schmidt sur la nécessité du système monétaire européen. Mais nous y reviendrons.

19. Par « revenus non gagnés », on entend les loyers, les revenus de la propriété d'actifs papier comme les obligations et les actions, les droits de propriété d'un terrain où se trouve du gaz ou du pétrole, etc. Les « revenus gagnés » sont les salaires reçus en échange d'un travail et les profits issus d'une activité d'entrepreneur.

20. Paradoxalement, les salaires réels n'ont pas diminué durant la Grande Dépression. Ils ont même un peu augmenté. Les salaires nominaux – en dollars – se sont évidemment beaucoup réduits. Mais les prix ont chuté encore plus vite, donc le pouvoir d'achat de ceux qui avaient un emploi s'est accru. Le problème, qui a valu à cette dépression son qualificatif de « grande », c'est que très peu de travailleurs ont réussi à garder leur emploi pour profiter de cette hausse du salaire réel.

21. C'est un thème commun à toutes les études sérieuses sur l'inégalité. Voir Galbraith, 2012, Stiglitz, 2012 et Piketty, 2013.

22. Dans les deux premières décennies du XXe siècle, la financiarisation s'est produite en conjonction avec la création des premières grandes compagnies gérant des réseaux. Puisque la construction des centrales et des réseaux électriques exigeaient des investissements massifs, les petites banques ont uni leurs forces pour constituer des mégabanques, qui ont alors financé les nouvelles mégacompagnies comme Edison, General Electric et Ford. L'essor des mégabanques a créé une montée en flèche de la frappe de monnaie privée (les banquiers ayant les moyens de prêter des sommes bien plus importantes). Celle-ci a donné un coup de fouet à la bourse et produit les folles années 1920, qui, comme on sait, se sont écrasées en flammes en 1929.

23. On se souvient du dialogue, dans *La Guerre du Péloponnèse* de Thucydide, entre les généraux athéniens et les Méliens, qu'ils allaient réduire en esclavage après avoir rasé leur cité. Voir aussi chap. 1, section « La réplique des Méliens ».

24. Condorcet, 1988, p. 111.

25. Un autre facteur a donné un élan considérable à son projet : on pouvait prévoir que la sphère d'influence soviétique serait elle aussi sévèrement touchée.

26. La même attitude a refait surface à Berlin au début des années 2000, lorsque la frappe de monnaie privée d'origine américaine a permis au reste de l'Europe d'augmenter considérablement ses achats de produits exportés par

l'Allemagne et que, simultanément, l'État allemand a maintenu sous pression les salaires et les dépenses publiques dans son pays.

27. On se souvient des raisons, expliquées au chapitre 1, pour lesquelles le capitalisme est confronté à un choix clair entre le recyclage politique de l'excédent et le recyclage « par beau temps », qui conduit en définitive à la barbarie.

28. Pour décrire la seconde phase de la domination économique de l'Amérique dans l'après-guerre, j'ai utilisé pour la première fois l'allégorie du Minotaure mondial dans un article rédigé avec Joseph Halevi : voir Halevi et Varoufakis, 2003. J'en ai fait plus tard le titre de mon livre sur la crise mondiale (voir Varoufakis, 2014).

29. *Le Monde*, 16 novembre 2011.

30. *Les Échos*, 18 février 2015.

31. L'Eurexit est un néologisme de mon cru pour désigner l'expulsion de l'Europe hors de la zone dollar à la suite du choc Nixon de 1971. Quant au Grexit, Giscard n'est pas le seul pionnier de la zone euro à l'envisager sérieusement. Le ministre allemand des Finances, Wolfgang Schäuble, en est un autre.

32. Ce dialogue entre Mitterrand et Delors m'a été relaté par un de mes collègues et amis, l'ancien parlementaire britannique et professeur d'économie Stuart Holland. Au début des années 1990, il travaillait comme conseiller de Jacques Delors. Stuart a intimement participé à ces conversations et les rapportera dans ses Mémoires, quand ils seront finis.

33. Souvenons-nous de l'analyse faite au chapitre précédent : l'Union européenne a été construite en tant qu'administration politique d'un cartel de l'industrie lourde des pays centraux de l'Europe, alors que les États-Unis ont toujours été un mécanisme politique de médiation entre classes sociales en conflit et intérêts antagonistes.

34. Le rapport Werner a été commandé en 1968, car la Commission européenne commençait à craindre que le système de Bretton Woods ne soit en bout de course. Rédigé en 1969 et soumis à la Commission européenne en 1970, il prévoyait l'union monétaire de l'Europe.

35. Voir l'article publié dans *The New Statesman* le 12 mars 1971 sous le titre « The Dynamic Effects of the Common Market ». Il a été également repris dans Kaldor, 1980.

36. Voir note précédente.

NOTES DU CHAPITRE [illegible]

1. C'est moi qui souligne. Les lecteurs peuvent regarder en ligne ce discours sous-titré en français : <www.youtube.com/watch?v=vZZf7cLhPG8> [consulté en février 2016].

2. L'Eurogroupe est, de fait, l'organisme qui prend toutes les décisions importantes sur le fonctionnement de la zone euro – une des plus grandes économies du monde. Ses membres sont les ministres des Finances des États membres de la zone euro, le président de la Banque centrale européenne, le commissaire aux affaires économiques et financières de la Commission européenne et, curieusement, un représentant du Fonds monétaire international, en général le directeur des bureaux européens du FMI, mais à l'occasion la directrice générale elle-même. Signe particulier : l'Eurogroupe est un organisme informel. Alors que son pouvoir est immense, il n'existe pas en droit européen, et il n'est responsable devant aucun corps régulièrement constitué, pas même devant le Parlement européen. Le déficit démocratique de l'Europe n'est nulle part plus prononcé que dans l'Eurogroupe.

3. Voir préface, n. 1.

4. Cité *in* Connolly, 1996, p. 96.

5. Voir chap. 2, section « La guerre par d'autres moyens ».

6. Quand la crise financière a frappé les États-Unis en 2008, l'État du Nevada n'a pas eu à emprunter aux investisseurs internationaux pour renflouer les banques opérant sur son territoire ou payer les allocations chômage des travailleurs du bâtiment licenciés. C'est l'État fédéral qui s'en est chargé, par l'intermédiaire de la FDIC (Federal Deposit Insurance Corporation) et des fonds fédéraux de sécurité sociale et d'assurance chômage. C'est pourquoi le Nevada s'est relevé, au lieu de tomber dans le trou noir des États insolvables et d'être condamné à une austérité effroyable, qui aurait ravagé encore plus son économie. Des institutions fédérales capables de stabiliser à la fois les banques et les gouvernements : voilà, clairement, ce dont la zone euro avait besoin ; par exemple une union bancaire convenable, comprenant des autorités de type FDIC pour régler la situation des banques en défaut de paiement et les recapitaliser au niveau de l'Union.

7. On peut citer par exemple le Fonds européen de stabilité financière, son successeur le Mécanisme européen de stabilité, et la prétendue Union bancaire, instituée en 2014, qui se présente tout à fait comme un système fédéral à l'américaine pour superviser et traiter les faillites de banques (l'ensemble FDIC-Federal Reserve), mais qui, en réalité, est une pseudo-union plus apte à violer les principes fédéraux qu'à les respecter. Voir chap. 6.

8. La législation de l'Union européenne est traditionnellement introduite, débattue et adoptée au Conseil européen, composé des chefs de gouvernement européens, ainsi qu'aux conseils des ministres représentant les États-membres sur des questions particulières. Le droit européen s'élabore au niveau intergouvernemental : les parlements nationaux donnent leur aval après coup, sans qu'il leur soit permis d'introduire des amendements aux lois sur lesquelles les chefs de gouvernement se sont déjà mis d'accord. Ce processus de création du droit existait avant l'instauration du Parlement européen. En raison de son arrivée tardive dans le paysage politique, celui-ci a toujours joué les

seconds rôles par rapport au Conseil européen. Même aujourd'hui, après des décennies d'efforts pour acquérir des pouvoirs d'ordre plus législatif, le Parlement européen n'a ni le droit ni la capacité de prendre l'initiative des lois : il est confiné dans un rôle de chambre d'enregistrement.

9. Ce qui constitue, bien sûr, la position du Parti national écossais, et fonde sa campagne pour l'indépendance de l'Écosse.

10. En prenant prétexte de la « situation critique » que leur union monétaire avait amplifiée.

11. Souvenons-nous du discours de Volcker à l'université de Warwick (voir chap. 3, section « Encore ce “maudit” Volcker ! »), où il préconisait une « désintégration contrôlée dans l'économie mondiale » en tant qu'« objectif légitime pour les années 1980 ».

12. On rencontre à nouveau ici l'affreux dilemme du gouvernement d'un pays déficitaire : il doit soit abandonner son ambition de maintenir sa devise fixée à celle d'un pays en excédent, soit introduire des politiques réduisant les déficits de son pays (celui du commerce extérieur et celui du budget de l'État) au moyen de l'austérité, qui diminue les revenus, détruit les emplois et réduit la capacité de l'État à venir en aide à ses citoyens les plus faibles.

13. Si un constructeur automobile allemand fabrique des boîtes de vitesses au Portugal, des moteurs en Slovaquie et de l'électronique automobile en Allemagne, et qu'il prévoit de vendre ses voitures en Europe, il se sent beaucoup mieux quand ces pays utilisent la même monnaie. Avant l'euro, il devait s'attendre à des fluctuations de taux de change entre l'escudo portugais et le deutschemark, par exemple, ce qui introduisait un désagréable facteur d'incertitude. Les oligopolistes préfèrent avoir à s'inquiéter de fluctuations de la demande pour leurs articles – ils pourront les réguler par des remises ou par un commerce intra-européen – que voir les caprices des marchés des changes semer la pagaille dans leurs calculs de coûts.

14. Schmidt a éminemment contribué à organiser l'échec, et le renversement final, du gouvernement de gauche radicale parvenu au pouvoir au Portugal après la révolution de 1975, qui avait mis fin à une longue dictature de droite. Il a aussi joué un rôle déterminant pour empêcher la gauche de marquer des points pendant la transition du régime fasciste de Franco à la démocratie parlementaire en Espagne.

15. Les retraites grecques avaient déjà baissé d'à peu près 40 % entre 2011 et 2014. La majorité des pauvres en Grèce sont des personnes âgées de plus de soixante ans qui ont une petite pension. Leur vie est devenue insupportable, rude et de plus en plus courte. (L'espérance de vie s'est mise à baisser pour la première fois en soixante-dix ans.) C'est dans ces circonstances que les créanciers de la Grèce exigeaient de moi une nouvelle coupe dans les pensions de retraite, pour un montant total de plus d'1 % du revenu national ; ils voulaient aussi la suppression d'un petit complément (d'environ 100 euros par mois, qu'on appelle l'« allocation de solidarité sociale »)

versé à ceux qui touchaient des pensions ridiculement faibles (par exemple, 200 euros par mois).

16. Un pays déficitaire (par exemple, la France) qui fait partie d'une union monétaire avec un pays excédentaire (comme l'Allemagne) ne peut pas éviter une fuite des capitaux quand cette union est frappée par une crise. Au moindre indice signalant que l'union monétaire risque de se dissoudre et que les deux pays pourraient recréer leurs monnaies nationales, les épargnants anticipent une dévaluation de la monnaie du pays déficitaire : ils préfèrent retirer leurs liquidités des banques du pays déficitaire et les transférer dans celles du pays excédentaire. L'argent émigre donc en masse du pays en déficit au pays en excédent, l'activité économique dans le pays en déficit décline, donc ses recettes fiscales chutent et son budget national passe de plus en plus dans le rouge. Voilà pourquoi la crise de l'euro soumet le budget national de la France à des pressions croissantes.

17. Quand une crise monte au sein d'une union monétaire, la fuite des capitaux des pays déficitaires vers les pays excédentaires ne profite pas seulement aux banques de ces pays en excédent mais aussi à leurs gouvernements. Le budget de l'État allemand a bénéficié de la crise de l'euro parce qu'une bonne partie de l'argent étranger entré en Allemagne a servi à acheter des bons d'État – de la dette publique allemande. Voyant augmenter la demande pour ses bons d'État, le gouvernement allemand a pu en émettre de nouveaux qui offraient des taux d'intérêt inférieurs (pensons ces taux comme le prix que doit payer l'Allemagne pour emprunter : plus la demande est forte pour les instruments de sa dette, plus le prix que Berlin doit payer est faible). En fait, le flux de capitaux venu des pays déficitaires pour acheter de la dette publique allemande a aidé le gouvernement allemand à économiser plus de 80 milliards d'euros de 2011 à 2014, sous la forme d'une forte baisse du coût du service de sa dette.

18. Une longue série de volte-face du même genre allait suivre au fil des ans. Un bel exemple est celle du gouvernement du parti socialiste grec (PASOK) en 2010, suivi quelques mois plus tard par les partis socialistes espagnol et portugais et par le parti travailliste irlandais, qui a participé à un gouvernement d'austérité totale à la suite de l'effondrement des banques en Irlande. En France, le président François Hollande a aussi connu ce type de mutation immédiatement après son élection en 2012. Mais la conversion la plus spectaculaire d'un pouvoir européen antiaustérité en pouvoir appliquant une politique d'austérité a été celle du gouvernement Syriza en Grèce. Une lutte acharnée entre la Grèce et l'Eurogroupe s'est soldée en juillet 2015 par notre capitulation totale et, bien sûr, par ma démission du ministère des Finances. Le processus précis par lequel notre gouvernement a été vaincu est une autre histoire, qui ne peut être traitée ici.

19. Trichet a hérité de la présidence de la Banque centrale européenne en 2003. Peut-être le plus lamentable banquier central de tous les temps, il

a relevé les taux d'intérêt deux mois avant l'implosion de l'univers financier à l'automne 2008. Et comme si cela ne suffisait pas, un an après le début de la crise de l'euro, en 2011, il les a de nouveau relevés au moment précis où l'union monétaire de l'Europe basculait dans le vide.

20. Voir Connolly, 1996, p. 95.

21. Le mot *glidepath* désigne la trajectoire suivie par un avion qui atterrit, mais aussi diverses formes de descente en douceur par glissade. C'est pourquoi on parlait volontiers à l'époque du « toboggan vers l'euro ». Néanmoins, comme l'image de l'avion s'impose dans plusieurs passages de ce livre, nous traduirons ici le mot par « trajectoire de descente » [*NdT*].

22. Comme toujours, toute augmentation des taux d'intérêt de la Bundesbank rendait plus difficile de maintenir le franc au niveau de la valeur du mark, ce qui obligeait les autorités françaises à durcir l'austérité, avec les coûts politiques et sociaux qu'impliquait cette décision, pour maintenir l'apparence du franc fort.

23. Finalement, le processus a pris trois ans de plus (l'euro a été lancé en 2000), mais surtout il ne s'est absolument pas déroulé en douceur comme on l'avait prévu.

24. Voir Gros et Thygesen, 1992, p. 166. Des années plus tard, en tant que ministre des Finances de la Grèce, j'ai croisé Daniel Gros dans diverses enceintes à Bruxelles. Il avait toujours la même foi dans la logique supérieure de la conception de l'union monétaire, et les chocs perpétuels entre cette foi et la réalité n'avaient ébranlé ni ses certitudes ni son prestige professionnel.

25. La dette publique totale ne peut pas dépasser 60 % du revenu national et les déficits budgétaires des États doivent rester inférieurs à 3 % du revenu national. Bizarrement, aucune limite n'a été imposée aux dettes et déficits privés, d'où les crises de l'Irlande et de l'Espagne en 2009-2011.

26. Voir Connolly, 1996, p. 119.

27. La victoire du non était inattendue parce que tous les grands partis avaient recommandé le oui. Ce ne fut pas le seul cas de ce genre. En Irlande et en France, le non à des questions semblables a remporté d'excellents résultats malgré la campagne des grands partis en faveur de la ligne de Bruxelles.

Notes du chapitre 5

1. Comme on l'a vu au chapitre précédent, Margaret Thatcher est tombée en raison de son opposition inflexible à l'union monétaire de l'Europe. Tony Benn (1925-2014) était un géant de la gauche britannique. Membre du Parlement pendant près de cinquante ans, ancien ministre du gouvernement de Harold Wilson, il incarnait la tradition du socialisme démocratique britannique. Au référendum de 1975 qui a entériné l'entrée du Royaume-Uni dans l'Union européenne, Benn s'est prononcé contre l'adhésion. Sa position

entrait en forte résonance avec celle des conservateurs britanniques, qui eux aussi craignaient une réduction de l'autorité du Parlement, mais pour des raisons différentes : ils tenaient à défendre le principe « une nation, un Parlement, une monnaie » (voir, au chapitre précédent, la section « Pas dans sa nature »). Aujourd'hui, un nouveau dirigeant travailliste, Jeremy Corbyn, qui a été beaucoup influencé par Tony Benn, s'efforce d'élaborer sa stratégie sur l'Union européenne. Quant à l'actuel Premier ministre conservateur, David Cameron, il prépare la Grande-Bretagne à un référendum qui décidera si elle se retire totalement de l'Union ou si elle y reste pour continuer à se plaindre de l'intérieur, confinée dans l'espace toujours plus étriqué réservé aux pays membres de l'Union mais pas de la zone euro.

2. Sauf quand un État impose à tous les autres ses propres normes, règles et réglementations, comme les États-Unis ont tenté de le faire avec les accords commerciaux transatlantique et transpacifique, le TTIP et le TTP.

3. L'élément déclencheur de toutes ces évolutions a été le tournant de la financiarisation pris après le choc Nixon et les exploits minotauriens de Paul Volcker. Voir chap. 3, en particulier la section « Une bête immémoriale », et Varoufakis, 2014.

4. Prenons l'exemple du marché immobilier. Quand les acheteurs en perspective ont, réunis, davantage d'argent à dépenser pour un nombre de maisons qui reste fixe, la somme proposée pour chaque maison augmente, ce qui fait monter les prix immobiliers : c'est un cas typique d'inflation.

5. C'est-à-dire de relever les taux d'intérêt chaque fois que la Banque d'Angleterre estimait que la masse monétaire totale (mesure appelée M3, qui comprenait les billets de banque, les dépôts en liquide et ceux des comptes courants) augmentait plus rapidement que le volume des biens et services produits.

6. Le système monétaire européen-mécanisme de change européen, établi en 1978 (voir chap. 3).

7. Puisque le taux de change entre la livre et le mark se dégradait et que chaque livre achetait moins de marks, le prix en sterling des importations allemandes en Grande-Bretagne montait. Simultanément, le dollar montait aussi face à la livre, ce qui augmentait les coûts des transports et de l'énergie, et la croissance britannique post-1983 aspirait dans le pays davantage d'importations. Il y avait donc hausse générale des prix. Plus la livre s'affaiblissait, plus le taux d'inflation grimpait. Voilà pourquoi, en 1990, l'inflation allemande était à ce point inférieure à celle de la Grande-Bretagne.

8. En pratique, cela signifiait la fixation d'un taux de change cible entre le deutschemark et la livre sterling : 2,95 contre 1, avec une marge de fluctuation de plus ou moins 6 %. Si la livre descendait au-dessous de 2,775 deutschemarks, les autorités de Londres étaient tenues d'intervenir en achetant des marks ou en relevant les taux d'intérêt britanniques pour la ramener dans la fourchette prévue par l'accord.

9. Voici ce que Lamont m'a dit dans une communication privée : « Il nous fallait réduire d'urgence notre taux d'inflation, et le MCE l'a fait, de façon spectaculaire. On a continué à en ressentir les effets longtemps après, par le biais des anticipations inflationnistes, et ils ont contribué à créer l'expansion dont ont bénéficié Blair et Brown. Je ne crois pas que nous aurions réduit l'inflation aussi radicalement et aussi vite si nous n'avions pas été dans le MCE. L'erreur a été de ne pas nous en retirer, comme je l'avais vivement conseillé à Major, au cours de l'été 1992, quand l'inflation avait chuté et restait orientée à la baisse. »

10. La livre monte toujours quand le Parti travailliste perd une élection, et tout particulièrement quand les sondages le donnaient gagnant. Rien n'inspire aux marchés monétaires plus d'enthousiasme qu'une victoire inattendue des conservateurs.

11. La Bundesbank craignait terriblement que les largesses du gouvernement fédéral à l'égard des Allemands de l'Est ne donnent un coup de fouet à l'inflation. Pour la contenir, elle relevait les taux d'intérêt.

12. Le texte du débat télévisé est en ligne à l'adresse <http://discours.vie-publique.fr/notices/927010500.html> [consulté en février 2016]. Voir Connolly, 1996, p. 138.

13. Voir Connolly, 1996, p. 146. [Selon la légende, le roi Knut le Grand aurait ordonné aux vagues de s'écarter – *NdT*.]

14. Lamont était soulagé en raison de ses instincts de pur tory. La participation au SME-MCE imposait une politique monétaire terriblement restrictive. Aux yeux de monétaristes comme Lamont, réduire la masse monétaire pendant une récession revient à l'aggraver considérablement. Le SME-MCE l'obligeait donc à emprunter et à dépenser plus, pour contrebalancer budgétairement sa politique de restriction monétaire. Autant dire qu'il devait agir à l'encontre de sa répulsion idéologique pour la dépense par le déficit. En sortant du SME-MCE, Lamont a pu laisser descendre les taux d'intérêt, accroître la masse monétaire et s'affranchir ainsi de la nécessité de suivre une politique budgétaire qu'il jugeait keynésienne.

15. Voici le récit de Lamont lui-même, tel qu'il me l'a fait : « En fait, j'étais à Washington le 18 septembre, et un journaliste m'a demandé pourquoi j'étais de si bonne humeur. J'ai répondu : "C'est une belle journée, ensoleillée. Mais c'est drôle que vous disiez ça, car mon épouse m'a dit qu'elle m'a entendu chanter dans mon bain ce matin." Donc l'histoire n'est pas tout à fait conforme à ce qui allait devenir un mythe. Mais la presse a bien compris que je ne considérais pas notre sortie du MCE comme un désastre sans mélange. Mon point de vue est que le MCE a été efficace en tant qu'outil anti-inflationniste, et qu'il s'est désintégré entre mes mains au moment où il avait achevé son rôle et n'avait plus d'utilité. Être à l'intérieur a été bon pour nous et en sortir a été bon pour nous. »

16. Après l'arrivée au pouvoir du Parti travailliste en 1997, le nouveau Premier ministre, Tony Blair, s'est montré fort désireux de se joindre au projet politique de l'euro. Comme pour John Major, c'est son chancelier de l'Échiquier, Gordon Brown, qui a freiné des quatre fers : il a retardé cette adhésion assez longtemps pour donner à l'euro l'occasion de démontrer son inadaptation. Quelles qu'aient été leurs insuffisances, Lamont et Brown ont joué un rôle déterminant pour maintenir la Grande-Bretagne hors de la zone euro ; les erreurs commises sous leur règne ont donc eu des effets modérés sur leur économie, comparés au désastre en cours en Europe continentale. La raison était claire, bien sûr : le ministère britannique des Finances, le Trésor, bénéficiait du soutien permanent de la Banque d'Angleterre, qui avait la volonté et les moyens de contrer immédiatement une récession par l'assouplissement monétaire. Moyens que l'on avait malheureusement ôtés à la Banque centrale européenne dès sa conception – à l'instigation de la Bundesbank, qui avait posé cette condition pour s'abstenir d'étrangler l'euro à la naissance : la BCE ne devait avoir ni la capacité ni la mission institutionnelle de venir en aide aux économies sous sa garde quand elles étaient en récession.

17. Tant qu'a duré l'illusion du SME-MCE, la Suède et la Finlande ont eu de gros flux entrants de devises étrangères. Les spéculateurs étaient attirés par le haut niveau de leurs taux de profit et, dès l'instant où ils se sont persuadés de la stabilité de la valeur de leurs devises (mesurée en marks), ils ont été alléchés par les jolis rendements à prévoir s'ils envoyaient leur argent à Stockholm ou à Helsinki. Les banques suédoises et finlandaises ont prêté ces capitaux entrants comme si demain n'existait pas, et ont ainsi contribué à créer des bulles dans divers secteurs. Avec la déconfiture du SME-MCE et la dévaluation des monnaies nordiques, d'innombrables dettes en devises étrangères sont devenues impossibles à rembourser, les débiteurs ont fait faillite, et les banques suédoises et finlandaises aussi. En 1992, les gouvernements de Stockholm et de Helsinki ont été contraints d'intervenir : ils ont renfloué les banques, les ont nationalisées, puis les ont revendues au secteur privé après les avoir nettoyées des prêts irrécupérables. Si la récession qui en a résulté a été très dure, la gestion de ce désastre bancaire est entrée dans l'histoire comme un brillant succès. Quel dommage que la zone euro n'ait pas usé des mêmes méthodes pour traiter sa crise bancaire de 2008-2012 !

18. En raison de changements de majorité parlementaire, il y avait eu deux périodes de « cohabitation » entre le président socialiste et un Premier ministre conservateur [*NdT*].

19. Le oui l'a emporté avec 50,8 % des voix : sur 26 381 000 suffrages, un peu moins de 540 000 ont séparé le oui du non.

20. Par « politique monétaire plus souple », les économistes entendent la disposition à réduire les taux d'intérêt. Une baisse des taux d'intérêt en Allemagne était toujours une bonne nouvelle pour les pays déficitaires comme la

Grande-Bretagne et la France, puisqu'elle réduisait les flux de capitaux qui les quittaient en direction de l'Allemagne.

21. Les premières étant que Berlin voulait une monnaie unique pour des motifs politiques et pour libérer les exportateurs allemands de la peur constante de la dévaluation des devises de leurs clients étrangers.

22. Cela ne se produirait qu'avec la crise de l'euro qui a éclaté en 2010 : elle a déclenché une réaction en chaîne qui a conduit Paris à perdre… Paris.

23. C'est ainsi qu'un syndicaliste britannique qui avait lutté contre la privatisation de l'électricité en Grande-Bretagne m'a annoncé un jour triomphalement qu'elle avait été renationalisée – mais par le mauvais pays !

24. Cet ami restera anonyme, puisqu'il occupe actuellement à l'Union européenne un poste qui pourrait être compromis par cette révélation.

25. Voir chap. 4, section « La lente défaite de la France ».

26. Voir chap. 4, section « Les aspirations de la canaille ».

27. Le jour où la Banque centrale européenne a été inaugurée à Francfort, plusieurs hauts responsables ont comparé sa création au couronnement de Charlemagne et à la création d'un empire européen chrétien. Peut-être n'est-il pas trop discourtois d'ajouter ici une note en bas de page : il a fallu l'abominable assassinat de milliers d'hommes musulmans à Srebrenica un an plus tard, en 1995, et l'inefficacité spectaculaire des casques bleus européens des Nations unies à les protéger, pour que l'Europe découvre qu'il existait des citoyens européens autochtones musulmans, aux yeux desquels la résurrection de l'héritage de Charlemagne n'avait guère d'attrait.

28. Le mécanisme politique de recyclage de l'excédent entre en scène quand les recycleuses par beau temps – les banques – gagnent précipitamment la sortie en laissant derrière elles la ruine et les dettes irrécouvrables. Un dispositif politique qui investit dans ces régions au cours d'une dépression est le seul moyen de maintenir un taux de change fixe sans vider le pays déficitaire de sa population et le transformer en terrain de golf géant pour banquiers en visite. (Voir chap. 1, section « Recyclage politique de l'excédent ou barbarie ».)

29. Lord Norman Lamont m'a fait cette énumération, dans une version plus courte, un jour où nous préparions un face-à-face – je crois que c'était un débat à Melbourne. Notre amitié a commencé plus ou moins à ce moment-là.

30. *Le Figaro*, 18 septembre 1992.

31. Dans cette optique, il aurait fallu que l'Italie et l'Espagne subissent des récessions plus graves en maintenant la lire et la peseta au-dessus du taux de change optimal pour leurs marchés du travail, et que l'Allemagne réévalue sa monnaie au détriment de ses exportateurs pour s'ajuster au fantasme du franc fort.

32. Connolly (1996, p. 169-170) rappelle cette remarque de Keynes (1924, p. 8) : « Chaque fois que le franc perd de sa valeur, le ministre des Finances est persuadé que cela est dû à tout, sauf à des causes économiques. Il attribue le fait à la présence d'étrangers dans les couloirs de la Bourse, aux

forces perverses et malignes de la spéculation. Cette attitude se rapproche assez de celle du sorcier qui attribue au "mauvais œil" la maladie du bétail, et la tempête à l'insuffisance des sacrifices offerts à quelque idole. »

33. L'hôtel de cette chanson de Glenn Frey et Don Henley est « programmé pour accueillir », et on ne peut pas en sortir [*NdT*].

34. C'est en effet le seul moyen de rendre compétitives les exportations du pays en dépression sans lui imposer une nouvelle réduction des salaires et des prix des biens produits sur son territoire.

35. Je ne pensais pas crédible la menace d'un départ forcé. C'est essentiellement pour cette raison que j'ai démissionné quand mon Premier ministre m'a dit qu'il allait capituler. J'en dirai beaucoup plus sur ce point dans un livre entièrement consacré au Printemps d'Athènes et à son écrasement.

Notes du chapitre 6

1. Ce qui, en jargon de banquiers, signifie rechercher un taux d'intérêt supérieur à celui auquel emprunte la banque elle-même, et plus élevé, espère-t-on, que ceux qu'elle facture à son client moyen.

2. Après l'implosion du secteur financier en 2008, les banques les mieux pourvues en experts en gestion du risque ont fini dans les trous noirs les plus profonds. Pour ne citer qu'un seul exemple, la Royal Bank of Scotland en employait *quatre mille* et son renflouement a coûté au contribuable britannique 50 milliards de livres.

3. Dans les années 1998-2007, les taux d'intérêt diminuaient partout, puisque les manigances des financiers occidentaux mettaient le turbo au crédit. Néanmoins, avec l'excédent commercial croissant de l'Allemagne sur l'Europe du Sud et le flux financier vers l'Allemagne qui en résultait, le loyer de l'argent (le taux d'intérêt) était toujours plus bas en Allemagne qu'en Europe du Sud.

4. Plus une banque accorde de prêts à un débiteur comme l'État grec, plus elle doit réduire le taux d'intérêt qu'elle lui facture pour le convaincre d'en contracter de nouveaux. Donc l'écart, le spread, entre les taux d'intérêt payés par les gouvernements grec et allemand diminue, ce qui incite les banquiers à accroître encore davantage leurs prêts au premier.

5. On peut aider un débiteur en difficulté en réduisant le taux d'intérêt qu'on lui facture ou, ce qui revient au même, en allongeant la période de remboursement sans facturer d'intérêts supplémentaires. Naturellement, cet allégement du taux d'intérêt réduit la valeur que récupérera le créancier.

6. « Je soussigné, Yanis Varoufakis, déclare que je paierai au porteur de cette feuille une somme de X euros à telle date. Cette feuille de papier est librement transférable. » Si j'écris ces mots sur une feuille de papier, et dans la mesure où l'on m'estime solvable, cette reconnaissance de dette [ou IOU – de *I owe you*,

« je vous dois » – *NdT*] a une valeur de marché : elle peut être vendue par un porteur qui, au lieu d'attendre la date indiquée pour toucher X euros, préfère recevoir tout de suite une somme inférieure à X.

7. Et quand les IOU parvenaient à expiration, on répétait l'ensemble de l'opération : les banques en émettaient de nouveaux, le gouvernement les garantissait, et on les échangeait contre les anciens sur le point d'expirer.

8. Seule différence entre nous : je n'étais pas assez motivé pour rester muet sur le sujet. Mais c'est une autre histoire.

9. Peter Hartz, qui a conçu ces réformes, était directeur du personnel chez Volkswagen. Ce détail ne manque pas de sel quand on pense à l'implication de Volkswagen dans l'énorme scandale des émissions polluantes, qui a fragilisé toute l'industrie allemande.

10. Dans les minijobs, on ne travaille que 16 heures par semaine, en général pour un salaire mensuel de 400 à 450 euros.

11. Les salaires monétaires et les pensions des Grecs pauvres augmentaient d'environ 3,5 % par an, une forte hausse au regard des normes européennes de l'époque. Le taux d'inflation officiel, leur annonçait-on, n'était que de 3 %. Donc leur pouvoir d'achat devait sûrement augmenter aussi. Mais il ne le faisait pas. C'est qu'en réalité, pour les Grecs pauvres, le taux d'inflation était beaucoup plus élevé, environ 9 %, mais que pour les Grecs riches, il était… négatif. Négatif ? Oui. Lorsqu'on remboursait un prêt hypothécaire pour une vaste demeure dans les banlieues du nord d'Athènes, la forte chute des taux d'intérêt provoquée par les pratiques de mon ami Franz et de ses collègues faisait baisser le coût de la vie ! Donc, pendant les premières années de l'euro, les « années fastes », les cigales grecques ont fort bien vécu, tandis que les fourmis grecques étaient à la peine. En 2010, les cigales avaient fait sortir leur butin du pays sans payer les impôts qu'elles devaient, et c'est aux fourmis qu'on a fait appel pour renflouer État en faillite et banques insolvables par des réductions de pensions, baisses de salaires, coupes dans les services de santé, etc.

12. Sans aucune nécessité. C'était une récession que les Européens n'étaient nullement tenus de vivre. Si l'on avait laissé la Grèce se déclarer en défaut de paiement, en redressant les banques allemandes et françaises par les méthodes qu'ont employées les Suédois et les Finlandais en 1992 (voir chap. 5, n. 17), cette récession aurait été évitée. Voir chap. 7, section « L'Européanisation décentralisée, ou comment remplacer TINA par TATIANA », pour des exemples de politiques substituables à la bêtise austéritaire.

13. En anglais *pigs*, quasi-homophone de l'acronyme PIIGS (*Portugal, Ireland, Italy, Greece, Spain*) [*NdT*].

14. Chiffres publiés par la Banque des règlements internationaux.

15. Après la crise de la dette du Tiers Monde, la crise latino-américaine et la crise asiatique, la réputation du FMI en tant qu'huissier international implacable n'était plus à faire. Paradoxalement, alors qu'en 2010 Dominique

Strauss-Kahn, son directeur général à la douteuse renommée, s'efforçait d'adoucir l'image de cette organisation, la chancelière Merkel a exigé sa présence dans la troïka. Elle en avait besoin pour convaincre ses propres parlementaires que les conditions austéritaires du renflouement seraient imposées avec brutalité. Le changement d'image du FMI a donc échoué, puisqu'il s'est trouvé mêlé à une nouvelle série de « sauvetages » imposant aux faibles des épreuves qu'ils ne méritaient pas.

16. Du nom d'un escroc de Boston de la première moitié du XXe siècle, Charles Ponzi, spécialiste de la « pyramide » : dans cette arnaque bien connue, on attire les capitaux en se disant capable de les faire fructifier à très haut rendement, mais en fait on paie les intérêts avec l'argent frais qu'apportent les nouveaux investisseurs – jusqu'au jour où, faute de nouveaux apports, tout s'écroule [*NdT*].

17. Second renflouement nécessaire, bien sûr, car le premier échouait toujours : il ne faisait qu'amorcer la pompe de l'austérité de Ponzi.

18. Finalement, le parti Syriza n'a pas remporté ces élections, mais en est sorti deuxième avec un très bon résultat. Il a gagné celles du 25 janvier 2015, auxquelles je me suis présenté avec succès et qui m'ont valu de devenir ministre des Finances de la Grèce.

19. Selon sa théorie, en voyant la BCE acheter des bons d'État grecs, les investisseurs seraient peut-être incités à en faire autant.

20. Ce plan aurait pu fonctionner si M. Trichet, dans un geste dont l'irréflexion laisse perplexe, n'avait pas annoncé d'avance le montant que la BCE allait consacrer à ces achats conçus pour contrer les spéculateurs. Autant dire qu'il invitait ouvertement ceux-ci à faire fortune s'ils pouvaient dépenser davantage que ne voulait le faire la BCE. C'est un peu comme si, au Far West, Clint Eastwood, en arrivant sur le lieu du duel, annonçait à son adversaire combien de balles il avait dans son revolver. Cela dit, ce comportement de M. Trichet s'explique aisément : son seul souci, répétons-le, était de tirer d'affaire les banques françaises et allemandes (en achetant au prix intégral leurs bons d'État grecs, dont la valeur s'était effondrée) ; sa volonté proclamée de conserver à la Grèce un accès aux marchés monétaires n'était qu'un prétexte.

21. Dans le premier renflouement grec, celui de mai 2010, l'Europe a fait preuve d'une rigueur absurde à l'égard de la Grèce : non à la décote, non à l'allégement de la dette, oui à un prêt gigantesque (à hauteur de 110 milliards d'euros) à taux d'intérêt élevé. Les seuls bénéficiaires, bien sûr, ont été ceux qu'on voulait servir en renflouant : les banques françaises et allemandes. Après leur avoir évité toute perte, Bruxelles et Francfort ont commencé à préparer l'inévitable décote – le *haircut* ou « coupe de cheveux » – qui allait frapper les petits détenteurs grecs de bons d'État et, tragiquement, les fonds de pension grecs, auxquels leur charte faisait obligation de détenir leur capital en bons d'État nationaux. Donc, un second « renflouement », qui comprenait une décote pour les faibles, a été pleinement ratifié au printemps 2012. Pour

contenir la hausse démesurée de la dette, les obligations détenues par des particuliers ont subi une décote substantielle, deux fois – une première fois au printemps 2012 et à nouveau en décembre 2012, déguisée, cette fois, en « rachat de dette ». Bref, en 2012, la dette de la Grèce à l'égard des détenteurs privés a été réduite, en termes réels, de 85 %. Mais les banquiers et la BCE, qui, sous Trichet, avait acheté plus de 50 milliards de dette publique grecque, ont été pleinement protégés. L'État grec a emprunté 130 milliards d'euros supplémentaires afin d'injecter, sur cette somme, 50 milliards dans les banques grecques et d'utiliser jusqu'à 50 autres milliards pour rembourser la BCE, qui s'est comportée comme un fonds spéculatif dur en affaires. Les seules victimes de la décote ont été les petits détenteurs de dette grecque et les retraités, dont les fonds de pension ont été bel et bien détroussés de leur capital.

22. Les premiers pays à violer les règles du traité de Maastricht ont été l'Allemagne et la France, presque immédiatement après le lancement de l'euro. À la suite de la récession des points-com en 2001, en particulier, Berlin a dû choisir : enfreindre une des règles de Maastricht, qui limitait le déficit budgétaire à 3 %, ou infliger une implacable austérité à l'économie allemande. Il a retenu la première option. La France en a fait autant quelques mois plus tard.

23. Les banques grecques émettaient déjà leurs propres IOU sans valeur, garantis par l'État grec insolvable.

24. Dans le cadre du programme dit de « fourniture de liquidités d'urgence » (ELA, *emergency liquidity assistance*) de la BCE.

25. De 2008 à 2010, quand les contribuables toujours généreux ont pris en charge les besoins immédiats des banques, le rapport dette sur revenu de la zone euro a grimpé de 66,2 % à 80 %. Après quoi, de 2010 à 2014, l'austérité a propulsé la dette de la zone euro au-dessus de 91 % de son PIB. Mais, dans les pays où l'on a imposé l'austérité la plus forte, la dette a vraiment explosé. Le tableau suivant dit la triste histoire de l'austérité de Ponzi :

Année	Zone euro	Grèce	Irlande	Portugal	Espagne	Italie
2008	66,2 %	105,4 %	25 %	68,3 %	36,1 %	103,6 %
2010	80 %	129,7 %	64,4 %	83,7 %	54 %	116,4 %
2014	91 %	175 %	123 %	129,7 %	92,1 %	130 %

26. C'est l'argument de l'« aléa moral », selon lequel la possibilité d'une dette commune inciterait chacun au laxisme.

27. Ainsi l'Allemagne assumait-elle environ le quart de la dette, puisque son revenu national représentait le quart de celui de la zone euro.

28. Voir Geithner, 2014. Outre le récit de cet incident qu'il a fait dans son livre, Geithner a eu bien d'autres choses à dire dans une interview enregistrée par Peter Siegel du *Financial Times* (publiée sur le blog de Siegel à

l'adresse <http://blogs.ft.com/brusselsblog/2014/11/11/draghis-ecb-management-the-leaked-geithner-files/>). Voici les propos rapportés de l'ancien secrétaire au Trésor des États-Unis sur la même réunion : « Ils se tournent vers moi pendant leur réunion, ils me demandent mes idées, mes idées normales qui vous paraîtraient à ce stade familières à bâiller d'ennui, après quoi un gros contingent de leurs ministres quitte la salle en disant : "Pour qui il se prend, Geithner, de nous dire ce qu'il faut faire ?"… C'était nul. »

29. En ces occasions, les banques centrales n'« impriment » pas de l'argent au sens propre. Chaque banque de dépôt a un compte à sa banque centrale (la Bank of America en a un à la Federal Reserve, la Deutsche Bank à la Banque centrale européenne, etc.). Au lieu d'imprimer des liquidités et de les remettre à une banque de dépôt, la banque centrale autorise celle-ci à retirer de ce compte de l'argent que cette banque de dépôt n'y a jamais déposé – c'est une sorte d'autorisation de découvert. En échange, la banque de dépôt remet à la banque centrale, comme nantissement, un actif – par exemple une pile de prêts hypothécaires ou de prêts personnels, sur lesquels la banque centrale pourra collecter de l'argent au cas où la banque de dépôt cesserait de payer ou ferait faillite. La banque centrale espère que la banque de dépôt prêtera cet argent à ses propres clients (par exemple des entreprises, ou des familles souhaitant acheter une maison ou une voiture), ce qui aura pour effet de stimuler l'économie réelle.

30. Monti avait un bilan impressionnant, comme professeur d'économie et, tout particulièrement, en tant que commissaire européen à la concurrence. Il s'était illustré à ce poste en affrontant des mammouths comme Microsoft, et il avait la réputation d'être compétent et honnête. Mais son image s'est ternie quand il a fait figure d'homme de Merkel pour occuper les plus hautes fonctions d'Italie, même si, une fois au pouvoir, il a agi dans les intérêts de son pays et engagé au Conseil européen une lutte majeure pour obtenir une véritable union bancaire (voir plus bas, section « La mutinerie de Monti »). Sur un plan personnel, Mario Monti et moi nous sommes découvert depuis de nombreux points d'accord, et une estime mutuelle pour nos points de vue sur ce que doit faire l'Europe afin de surmonter sa crise.

31. L'Irlande a été abattue par ses banques et ses promoteurs immobiliers. Le tsunami de capitaux en provenance des banques allemandes s'engouffrait directement dans les banques de dépôt irlandaises, qui les prêtaient ensuite aux promoteurs. Résultat : les « éléphants blancs » du quartier financier de Dublin, les multiples alignements d'immeubles neufs dans des coins perdus, les deuxièmes et troisièmes prêts hypothécaires. Tandis que les prix immobiliers faisaient la course en tête et créaient ainsi un semblant de richesse pour qui possédait sa maison, l'usage des cartes de crédit s'est multiplié et une vague généralisée de dépenses de consommation s'est produite. Quand l'étranglement du crédit s'est diffusé à partir de Wall Street et de Londres, les prix du foncier se sont effondrés, les ouvriers du bâtiment ont été licenciés,

des montagnes de dette sont devenues impossibles à rembourser et les banques elles-mêmes, notamment l'Anglo-Irish Bank, ont implosé. Par une décision qui restera dans les annales irlandaises comme un stigmate comparable à la famine de la pomme de terre, le gouvernement de Dublin a succombé au chantage de la BCE : dédommagez intégralement les créanciers allemands des banques de dépôt irlandaises – même d'une banque déjà fermée et qui n'a donc plus d'importance systémique pour le secteur financier irlandais –, sinon...

32. Dans *Le Roman de quat'sous* de Brecht, deux personnages, nommés McHeath et Peachum, évoquent la question. McHeath dit : « La force brutale a perdu la partie. On ne délègue plus un seul assassin, je vous le dis, quand on peut déléguer un huissier » (1995, p. 255). À quoi Peachum réplique : « On ne peut pas se dispenser tout à fait du meurtre » (1995, p. 332).

33. Les différences entre la Grèce et l'Irlande sont instructives. La dette de l'Irlande était minuscule avant 2008. Celle de la Grèce était importante. La raison en était simple : les flux de capitaux en provenance des pays en excédent passaient par l'État grec, qui les transmettait ensuite aux promoteurs – ceux qui ont construit les autoroutes, les sites olympiques de 2004, etc. En Irlande, les mêmes flux de capitaux arrivaient directement dans les banques, qui les transmettaient aux promoteurs, laissant l'État hors circuit. Donc, en Irlande, la dette publique était infime et la dette privée gigantesque, à l'inverse de ce qui se passait en Grèce. Mais lorsque la crise a frappé, le résultat a été le même. L'État irlandais a pris en charge la dette privée et s'est effondré. L'État grec s'est juste effondré.

34. Quelques mois plus tard, on le sait, le dernier jour de juin 2015, la BCE a fermé l'ensemble du système bancaire grec pour forcer notre gouvernement à accepter la logique du renflouement de la troïka. C'est le prix que nous avons eu à payer pour avoir refusé de laisser notre banque centrale subir un chantage.

35. En achetant leurs bons d'État à court et à long terme.

36. Imaginez ce qui se serait passé en 2008 aux États-Unis s'ils fonctionnaient selon les principes structurels de la zone euro. Les banques du Nevada auraient dû être recapitalisées par l'État du Nevada, sans aucune aide de la Federal Reserve, et, simultanément, le gouvernement de cet État aurait aussi dû emprunter pour financer la hausse massive des paiements d'indemnités chômage et de sécurité sociale. Les autorités du Nevada auraient aussitôt perdu leur accès aux marchés monétaires, seraient devenues insolvables, et la communauté bancaire mondiale aurait donc coupé des marchés internationaux toutes les banques domiciliées au Nevada. L'État et les banques auraient été en chute libre. Supposons que l'État du Nevada ait alors été contraint par Washington, D.C., d'accepter un gigantesque prêt de renflouement du gouvernement fédéral assorti de conditions instaurant une austérité extrême, donc réduisant considérablement les revenus de ses habitants. Il y aurait eu

deux résultats : le Nevada aurait été vraiment mort et enterré ; et le Missouri, le Mississippi ou le Nouveau-Mexique auraient vite succombé à la contagion née au Nevada, les investisseurs nerveux y réfléchissant désormais à deux fois avant de prêter à d'autres États faibles. C'est exactement ce qui s'est passé dans la zone euro, où le coup d'envoi, bien sûr, a été donné en Grèce.

37. Contrairement à des institutions comme le FESF, qui, nous l'avons vu, amplifiaient les chocs financiers au lieu de les amortir.

38. Étoffée plus tard dans un article intitulé « Banking Union Must Be Built on Firm Foundations » [« L'union bancaire doit être bâtie sur des bases solides »], *The Financial Times*, 12 mai 2013.

39. Aux termes de l'accord final sur l'« union bancaire », quand une banque a besoin d'injections de capital, la première étape a lieu au niveau national : l'État doit fournir les capitaux nécessaires pour porter le ratio minimum des fonds propres de base (catégorie 1) de cette banque à 4,5 % de ses actifs. Après quoi intervient une série de décotes. Les premiers touchés sont les actionnaires et les détenteurs d'obligations, puis viennent les déposants qui conservaient plus de 100 000 euros sur leurs comptes. C'est seulement si ces décotes ne suffisent pas à rétablir la solvabilité de la banque que le Mécanisme européen de stabilité (MES) apporte sa contribution, à hauteur de 80 % des fonds qui demeurent nécessaires, l'État national payant les 20 % restants.

40. Comme cela s'est passé à Chypre en 2013.

41. L'idée avancée par Noyer était simple. La BCE avait perdu le contrôle des taux d'intérêt. Une entreprise italienne ou espagnole rentable, solvable, devait emprunter à des taux d'intérêt faramineux, qui reflétaient les malheurs de l'État italien ou espagnol. Noyer reconnaissait que la Banque centrale européenne ne maîtrisait plus la monnaie de l'Europe, et que les entreprises italiennes et espagnoles livraient une lutte inégale. Voir « Verbindung zwischen Banken und Staaten muss durchtrennt werden », *Handelsblatt*, 18 juillet 2012, en ligne à l'adresse <http://www.handelsblatt.com/politik/konjunktur/christian-noyer-im-interview-verbindung-zwischen-banken-und-staaten-muss-durchtrennt-werden/6886472.html>. [Pour une version française de cette interview publiée par la Banque de France, voir <https://www.banque-france.fr/uploads/tx_bdfgrandesdates/HandelsFR_final.pdf> – *NdT* (pages consultées en février 2016).]

42. Discours de Mario Draghi, président de la Banque centrale européenne, à la Global Investment Conference à Londres, 26 juillet 2012. Voir <https://www.ecb.europa.eu/press/key/date/2012/html/sp120726.en.html> [consulté en février 2016].

43. De plus, pour apaiser Berlin, Mario Draghi a pris l'engagement que l'OMT ne serait pas activé pour des pays qui ne se seraient pas soumis aux rigueurs de la... troïka. C'était une condition plus draconienne qu'il ne le semble à première vue. Aucun gouvernement italien ou espagnol ne survivrait longtemps s'il se rendait aux envahisseurs de la troïka. Autrement dit, l'OMT

ne serait activé que si l'Italie ou l'Espagne tombaient si bas dans le trou noir de l'insolvabilité que leurs partis de gouvernement consentaient à perdre le pouvoir.

44. Quand il y a baisse des taux d'intérêt des bons d'État (les taux auxquels emprunte l'État), les banques de dépôt gagnent moins en prêtant à l'État. Donc, du moins en théorie, elles ont davantage d'incitations à prêter aux entreprises. Quand ces banques réorientent l'argent du prêt à l'État au prêt aux entreprises, l'offre de fonds au secteur privé augmente, donc le prix de cet argent baisse – les taux d'intérêt commerciaux diminuent –, et hop, les entreprises jouissent de taux d'intérêt plus bas.

45. C'est-à-dire créer de l'argent à la banque centrale pour le prêter indirectement aux gouvernements des États-membres – autrement dit, absoudre le pire péché selon le traité de Maastricht.

46. Quelques semaines plus tôt, Syriza, parti de gauche en ascension en Grèce, venait de perdre les législatives grecques : ce résultat avait permis la formation d'un nouveau gouvernement de coalition qui resterait dans la poche de la troïka. L'événement avait donné une nouvelle raison d'optimisme à Francfort et à Bruxelles, où l'on se disait que le pire était passé.

47. Dans le cas des banques irlandaises, les obligations privées que ces banquiers avaient achetées n'étaient pas garanties. Dans le cas des bons d'État grecs, ils savaient aussi, en les achetant, que c'étaient des contrats de droit grec, c'est-à-dire qu'un futur gouvernement grec en difficulté pouvait leur appliquer une décote (*haircut*). C'est justement pour cela que les taux d'intérêt étaient plus élevés qu'en Allemagne. Davantage de risque, meilleure rémunération. Tant que le pari a payé, les banquiers allemands en ont récolté les bénéfices, qu'ils n'ont partagés avec personne. Mais quand il a mal tourné avec la faillite des banques irlandaises et de l'État grec, ils ont exigé que les contribuables de Grèce et d'Irlande paient, comme s'ils leur avaient acheté une assurance.

48. Aucun gouvernement ne peut imposer légalement une dette à Jill pour renflouer Jack sans faire voter au parlement le texte de loi qui convient. En l'occurrence, l'illégitimité du transfert était aggravée par le fait que Jack était détenteur étranger d'obligations non garanties et Jill, citoyenne irlandaise qui n'avait jamais autorisé son gouvernement à la charger d'une nouvelle dette au bénéfice de Jack (avec les coupes qui l'accompagnent dans les prestations sociales, les salaires et les pensions, plus les hausses d'impôts).

49. Le gouvernement a déchiré – « retiré » – les billets à ordre quand la banque centrale les lui a rendus.

50. Ainsi, bien sûr, que les fonds de pension grecs, mais nul ne se souciait vraiment des retraités.

51. On soupçonne fortement les banquiers grecs de s'être prêté les 10 % les uns aux autres.

52. Voir le quotidien financier allemand *Handelsblatt*, <http://www.handelsblatt.com/downloads/8124832/1/stellungnahme-bundesbank_handelsblatt-online.pdf> [consulté en février 2016].

53. L'OMT constituait une invitation ouverte aux opérateurs du marché obligataire à éprouver la détermination de la BCE au moment qu'ils choisiraient. C'était un remède temporaire, voué à ne plus fonctionner quand les circonstances rendraient ces opérateurs plus audacieux.

54. Du point de vue économique, les taux d'intérêt très bas ne sont dus qu'en partie à l'annonce de l'OMT et à l'engagement de M. Draghi à faire « tout ce qu'il faudra ». Sa déclaration a fait baisser les taux d'intérêt sur les dettes de l'Italie et de l'Espagne, mais c'est l'austérité généralisée et le très faible niveau de l'investissement qui ont fait baisser les taux de profit et de croissance. Lorsqu'une économie se caractérise par un investissement anémique et une croissance nulle, il en résulte aussi de faibles taux de profit moyens. Récession, maigres profits et faibles rendements de l'argent – faibles taux d'intérêt – vont de pair. Donc, si l'OMT a « fonctionné » pour réduire le coût du service de la dette publique de l'Italie et de l'Espagne, il a trop bien fonctionné dans une conjoncture d'austérité en provoquant une déflation généralisée qui maintient la zone euro enlisée en permanence dans la récession.

55. Voir Keynes, 1936, p. 194.

56. Sauf quand le QE a fait baisser le yen ou le dollar, donc aidé les exportateurs japonais et américains à capter massivement la demande étrangère, ce qui ajoute à ses effets une dimension de type « dépouille ton prochain ».

57. C'est pourquoi M. Draghi a dû introduire comme condition à son OMT jamais mis en œuvre que le pays dont la BCE achète les bons devra d'abord être enfermé dans la camisole de force d'un programme de la troïka.

58. Réalisé et produit par Carol Reed d'après un roman de Graham Greene, *Le Troisième Homme* est sorti en 1949.

59. « Mais, selon mon sentiment, quoique je sois né dans ce pays et fait pour ses usages, c'est une coutume qu'il est plus honorable de violer que d'observer [*It is a custom; more honour'd in the breach than the observance.*] » (William Shakespeare, *Hamlet* [1602], I, IV, in *Théâtre complet*, 3 vol., trad. fr. de François-Victor Hugo, Paris, Garnier, 1961, t. II, p. 737).

Notes du chapitre 7

1. On qualifie souvent le parti Aube dorée, dont les députés au parlement grec siégeaient face au banc des ministres, de parti néonazi. C'est faux. On peut prouver qu'il n'y a rien de « néo » dans leur idéologie nazie. Ils vouent un culte à Hitler, ont pour symbole une variante de la svastika, s'habillent en nazis, font le salut nazi. Bref, ce sont des nazis à part entière, sans aucun faux-semblant d'adaptation au XXIe siècle.

2. Georgia Xenou était l'arrière-grand-mère de ma fille, la grand-mère de ma première épouse, Margarita.

3 En 1947, en vertu de la doctrine Truman, les États-Unis avaient pris le relais de la Grande-Bretagne pour continuer la guerre civile du côté occidental. Les troupes britanniques s'étaient retirées et avaient été remplacées par des conseillers militaires américains. La scène de la torture et de l'assassinat de Xenos blessé a été rapportée dans un récit de témoin oculaire publié en grec. Ce livre s'intitule *La Brigade morte*, de Constantin Papakonstantinou, dont le nom de guerre était capitaine Belas (1986, 3e éd. 2002, t. I, p. 623-624).

4. Comme je l'ai dit dans la préface, j'ai énoncé cette idée devant les journalistes rassemblés pour la conférence de presse au ministère fédéral des Finances, à Berlin, en février 2015. J'entendais appeler le ministre allemand des Finances et l'opinion publique allemande à soutenir les efforts du nouveau gouvernement grec pour contenir la récession et extirper le parti nazi grec émergent.

5. Après la fin de la Grande Guerre, Elefthérios Venizélos, républicain antiroyaliste et probritannique, a obtenu pour la Grèce le droit d'administrer la ville de Smyrne (aujourd'hui Izmir) sur le littoral anatolien. Mais, peu après la prise de contrôle de Smyrne par l'armée grecque, le gouvernement de Venizélos est tombé et le nouveau cabinet royaliste a ordonné à l'armée de marcher sur Ankara. D'innombrables Turcs ulcérés ont alors rallié l'armée de Kemal et ils ont fini par jeter à la mer l'armée grecque. Les Turcs ont alors entrepris de « nettoyer » la région des millions de personnes d'ethnie grecque qui y vivaient depuis l'époque d'Homère. En Grèce, on appelle encore à ce jour cette défaite survenue vers 1922 la Catastrophe.

6. J'appelle le nazisme « le serpent » à cause de la forte impression qu'a faite sur une version plus jeune de moi-même le film d'Ingmar Bergman *L'Œuf du serpent* (1977), dont l'intrigue met en lumière les impératifs pseudo-scientifiques, distordus, qui ont sous-tendu l'expérience nazie. Le titre de ce film est lui-même emprunté à ces vers prononcés par Brutus dans le *Jules César* de Shakespeare : « Et, en conséquence, regardons-le comme l'embryon d'un serpent qui, à peine éclos, deviendrait malfaisant par nature ; et tuons-le dans l'œuf » (William Shakespeare, *Jules César*, II, I, in *Théâtre complet*, 3 vol., trad. fr. de François-Victor Hugo, Paris, Garnier, 1961, t. II, p. 570-571).

7. Quand l'Armée rouge est entrée dans les faubourgs de Berlin, seuls sept cents hommes de la brigade SS Charlemagne étaient encore en vie, et ils se sont battus avec la dernière énergie pour défendre Hitler. Les deux derniers jours, ils n'étaient pas plus de trente à tenir encore dans le centre de Berlin.

8. Voir Lipgens, 1984, p. 72.

9. *Ibid.*, p. 73. Tentez votre chance avec ces autres citations, également extraites du livre de Lipgens :

1) « La solution aux problèmes économiques [...] avec, pour objectif final, une union douanière européenne et un marché libre européen, un système de

compensation européen et des taux de change stables en Europe, en attendant une union monétaire européenne. »

2) « Tout le monde a vu les résultats du nationalisme excessif et du démembrement territorial. Le seul espoir de paix passe par un processus qui, d'un côté, respecte le patrimoine fondamental et inaliénable de chaque nation, mais qui, de l'autre, modère ces considérations et les subordonne à une politique continentale. [...] Une Union européenne ne saurait être soumise aux variations de politique intérieure qui caractérisent les régimes libéraux. »

3) « Une Europe nouvelle : telle est l'idée, et c'est la tâche qui nous attend. Cela ne signifie pas que les Italiens, les Allemands et toutes les autres nations de la famille européenne vont changer de lieux et devenir méconnaissables pour eux-mêmes ou pour les autres du jour au lendemain ou d'une année sur l'autre. Ce sera une Europe nouvelle en raison de la nouvelle inspiration et du nouveau principe directeur qui va surgir parmi tous ces peuples. [...] Le problème de la hiérarchie des États ne se posera plus, du moins sous sa forme habituelle, lorsque nous aurons coupé la tête du dragon ; c'est-à-dire l'idée de souveraineté de l'État. De plus, rien n'impose de le faire de front, on peut le faire indirectement, c'est-à-dire en créant des organismes européens inter-États pour prendre en charge certains intérêts communs (les taux de change, les communications, le commerce extérieur, etc.). »

4) [Pour mener à bien ce processus fédérateur,] « tout ce qui sera demandé aux États européens est d'être des membres loyaux, proeuropéens, de la communauté, et de coopérer de bon gré à ses tâches. [...] L'objet de la coopération européenne étant de promouvoir la paix, la sécurité et le bien-être de tous ses peuples ». (Cette citation est extraite d'un document d'orientation politique, bien accueilli à l'époque. Il soulignait la nécessité de « proposer une solution européenne confédérale, fondée sur la libre coopération entre pays indépendants, [dont le point d'aboutissement serait une unification de l'Europe] sur une base fédérale ».)

5) « Nous devons créer une Europe qui ne gaspille pas son sang et ses forces dans des luttes intestines, mais qui constitue une unité compacte. C'est ainsi qu'elle deviendra plus riche, plus forte, plus civilisée, et qu'elle retrouvera son ancienne place dans le monde. [...] Les tensions nationales et les jalousies mesquines perdront leur sens dans une Europe librement organisée sur une base fédérale. Le développement politique mondial va inévitablement vers la formation de sphères économiques et politiques plus larges. »

6) « Il n'est pas très intelligent d'imaginer que, dans une maison aussi peuplée que l'Europe, une communauté de peuples puisse longtemps maintenir des systèmes juridiques différents et des conceptions différentes du droit. »

7) « À mon avis, l'idée que se fait une nation de sa propre liberté doit être harmonisée avec les réalités actuelles et avec des considérations simples d'efficacité et de finalité. [...] Nous n'avons qu'une seule exigence à l'égard

des États européens : qu'ils soient des membres sincères et enthousiastes de l'Europe. »

Voici les sources et les auteurs :

1) Rapport soumis par Hans Frohwein en juin 1943 au comité Europe du ministère des Affaires étrangères nazi, intitulé « Éléments de base d'un plan pour une nouvelle Europe ».

2) Alberto De Stefani, premier ministre des Finances de Mussolini. De Stefani a été démis de ses fonctions deux ans après sa nomination mais il est resté membre à part entière du Grand Conseil du fascisme jusqu'à la chute du régime. Il a fait cette déclaration en 1941.

3) Camillo Pellizzi, rédacteur en chef de *Civiltà Fascista*. Le premier paragraphe est extrait d'un article intitulé « L'idée de l'Europe », le second vient d'une lettre qu'il a écrite à Ugoberto Alfassio-Grimaldi le 4 septembre 1943. Pellizzi était un universitaire qui s'était fait le propagandiste du fascisme. Il a été élu à des postes d'enseignement supérieur dans des champs douteux, « histoire et doctrine du fascisme » (université de Messine, 1938) et « doctrines de l'État » (université de Florence, 1939). Après la guerre, il a vécu la terne existence d'un professeur d'université en sociologie.

4) Cecil von Renthe-Fink, diplomate nazi qui avait rang de ministre d'État. En 1943, année où il a tenu les propos cités, Renthe-Fink a proposé, avec Joachim von Ribbentrop, ministre des Affaires étrangères de Hitler de 1938 à 1945, la création d'une confédération européenne. Suivant ce plan, l'Europe aurait eu une monnaie unique, qui aurait été gérée par une banque centrale basée à Berlin. L'union économique et monétaire européenne proposée aurait été soumise à une législation commune sur les politiques du marché du travail et à un accord de libre-échange. Notons avec intérêt que le plus chaud partisan de l'idée de Ribbentrop et de Renthe-Fink était le Français Pierre Laval. Premier ministre de Vichy, l'État français vassal des nazis que Hitler avait créé dans la partie de la France qu'il n'entendait pas occuper, Pierre Laval était si désireux de voir la France s'intégrer dans un système de monnaie unique avec l'Allemagne que, dans une lettre à Hitler, il a proposé d'y inclure les colonies françaises afin de créer une « atmosphère de confiance » dans la nouvelle Europe en voie d'unification.

5) Vidkun Quisling, le nazi norvégien tristement célèbre qui a été Premier ministre de la Norvège occupée et dont le nom est devenu synonyme de « collaborateur ». Après la guerre, un tribunal norvégien l'a condamné pour trahison, crimes de guerre et détournements de fonds. Il a été passé par les armes à Oslo le 24 octobre 1945. Il a fait cette déclaration en 1942.

6) Adolf Hitler, dans un discours au Reichstag, 1936.

7) Joseph Goebbels, 1940.

10. Cet assassinat est le sujet du film de Costa Gavras *Z*.

11. D'où la couverture rouge de mon enfance ; voir la préface.

12. Ils le faisaient pour une raison simple : éliminer les concurrents locaux des biens importés tout en récupérant leurs réseaux de distribution.

13. Le taux officiel d'inflation reflète la hausse des prix moyens du « panier » de biens et services du citoyen « représentatif ». Mais le citoyen représentatif n'existe pas. Disons que c'est un pur produit de l'imagination du statisticien – une créature fictive qui consomme des éléments de chaque bien ou service en proportion des dépenses totales qu'on lui consacre dans l'économie. Or les riches s'enrichissent, et plus ils dépensent, plus le taux d'inflation officiel reflète l'évolution des prix pour les plus fortunés. Par exemple, dans une économie où les taux d'intérêt sont en baisse et les loyers en hausse, les riches occupent des maisons toujours plus opulentes et les coûts du logement semblent diminuer dans les chiffres officiels. Les difficultés que le renchérissement des loyers crée aux familles pauvres sont effacées des statistiques, parce que la diminution des remboursements des prêts des riches pèse bien plus lourd que l'augmentation des loyers des pauvres.

14. « Quand Bill Gates entre dans un bar, tout le monde devient millionnaire *en moyenne* » : cette plaisanterie bien connue suffit à faire comprendre qu'il n'y a pas d'individu moyen ou représentatif, et que, lorsque la moyenne s'améliore, cela peut très bien ne profiter en rien à la majorité.

15. Voir Varoufakis, 2013, « The Serpent's Greek Lair », *Witte de Wit Review*, novembre, <http://wdwreview.org/desks/the-serpents-greek-lair> [consulté en février 2016].

16. Il jouait ainsi la carte du racisme en plus de celle de la misogynie : l'immense majorité des prostituées en Grèce étaient des Grecques ou des migrantes venues d'Europe de l'Est.

17. En fin de compte, la plupart des femmes appréhendées et soumises aux tests dont l'identité a été mise en ligne étaient grecques et toxicomanes. Voir l'excellent documentaire *Ruins*, en ligne avec des sous-titres en français à l'adresse <https://www.youtube.com/watch?v=LlbL4sQ3_Fo&feature=youtu.be> [consulté en février 2016].

18. Premier ministre social-démocrate de Suède, au pouvoir de 1969 à 1976.

19. Voir chap. 3, section « Encore ce "maudit" Volcker ! ».

20. Voir chap. 3, section « Une bête immémoriale », et, pour une plus longue analyse, Varoufakis, 2014.

21. Voir chap. 6, section « Frénésie ».

22. Qu'est devenu l'« avantage mutuel » ? Je suppose que ceux qui ont rétréci l'industrie et dévalorisé le travail par leurs exploits en financiarisation ont ressenti le besoin de rétrécir aussi la langue.

23. Dans l'*Odyssée* d'Homère (chant IX), le lotus est un des nombreux obstacles que les dieux vengeurs mettent en travers de la route d'Ulysse et de ses hommes pour les empêcher de rentrer chez eux à Ithaque. Avec le chant des Sirènes, c'est peut-être le plus ignoble. À la différence des cyclopes ou des

mers démontées, ennemis qui tirent de ces marins le meilleur d'eux-mêmes, le fruit du lotus les rend apathiques et heureux : ils ne veulent plus se fatiguer à repartir en mer et à reprendre la lutte pour regagner leurs foyers. Ulysse doit user de la force pour ramener ses hommes aux navires. Il doit les « forcer à être libres », anticipant ainsi une célèbre expression de Jean-Jacques Rousseau.

24. Voir Klinkowstroem, 1880-1884, t. V, p. 525-526.

25. Soit dit en passant, Metternich a avec la Grèce un lien important, qui entre en résonance avec divers thèmes de ce livre. Il a été le plus farouche adversaire de la lutte de libération nationale grecque, qui a commencé en 1821 et s'est achevée par la création de l'État-nation grec moderne. Il craignait que la création d'un État grec ne fragilise l'Empire ottoman – elle l'a fait – et ne perturbe ainsi l'équilibre des forces entre les empires ottoman, russe, austro-hongrois et britannique. Pour empêcher les révolutionnaires grecs de parvenir à leurs fins, Metternich a persuadé le tsar de ne pas les soutenir, et a même promis aux Britanniques le remboursement total des dettes autrichiennes si Londres appuyait sa politique d'étranglement de la révolution grecque au berceau. Lord Byron et les autres philhéllènes ont réservé nombre de leurs flèches à Metternich. On se demande à quoi ressemblerait aujourd'hui l'Europe si la Grande-Bretagne, la Russie et la France n'avaient pas finalement changé de position en venant aider les Grecs à la bataille navale décisive de Navarin en 1827.

26. Voir Triepel, 1906, cité *in* Laughland, 2001, p. 131.

27. Voici comment Henry Kissinger a analysé l'effet de ce mode d'unification de l'Allemagne sur sa vision du monde : « L'obsession qu'avaient les hommes d'État allemands de la force brute tenait au fait que l'Allemagne, à la différence des autres États-nations, manquait de cadre philosophique intégrateur. [...] [Le] Reich [de Bismarck] était un artifice, essentiellement une grande Prusse qui ambitionnait avant tout d'accroître sa propre puissance. [...] Après avoir mis tant d'énergie à devenir une nation, [l'Allemagne] semblait ne plus avoir le temps de [...] définir son intérêt national. [...] [Le Kaiser] s'efforça de mener ce que son entourage et lui appelaient une *Weltpolitik*, ou politique mondiale, sans jamais définir ce terme ni ses rapports avec l'intérêt national allemand » (Kissinger, 1996, p. 152-154).

28. Voir chap. 6, section « Tout ce qu'il faudra ? »

29. Voir Karl Lamers et Wolfgang Schäuble, « More Integration Is Still the Right Goal for Europe », *Financial Times*, 31 août 2014. Notons que le ministre allemand des Finances a choisi de publier ce texte au moment où le débat sur l'inaptitude de la zone euro à régler sa crise s'embrasait de plus belle : Mario Draghi, président de la BCE, venait de prononcer à Jackson Hole un discours où il reconnaissait l'existence de pressions déflationnistes sur la zone de la monnaie commune européenne et le rôle de l'austérité généralisée dans leur création.

30. L'Union chrétienne-démocrate (CDU) est le parti de la chancelière Angela Merkel, celui que dirigeait avant elle Helmut Kohl, chancelier proeuropéen qui a organisé la réunification de l'Allemagne et forgé avec le président Mitterrand une alliance autour de l'idée de créer une monnaie unique : l'euro.

31. Voir aussi un autre article très influent de 1994 (également rédigé avec Karl Lamers), « Überlegungen zur europäischen Politik », <https://www.cducsu.de/upload/schaeublelamers94.pdf> [consulté en février 2016].

32. Discours à la Chambre des communes, 16 novembre 1998 (Hansard, vol. 319, col. 685, à partir de 19 h 20, sujet du débat : loi sur les élections au Parlement européen).

33. Dans leur article de 2014 du *Financial Times* cité plus haut, le Dr Schäuble et le Dr Lamers suggèrent un Congrès ou une Chambre de l'euro où siégeraient les élus du Parlement européen issus des États membres de la zone euro (c'est-à-dire sans les parlementaires britanniques, suédois, hongrois, dont les pays ne partagent pas la monnaie commune). D'autres partisans du « plus d'Europe » ont suggéré que la Chambre de l'euro soit composée de membres des parlements nationaux en proportion de la population de leur pays, afin d'étendre la souveraineté existante des parlements nationaux sur les questions budgétaires et, en définitive, de légitimer le suzerain budgétaire de la zone euro.

34. C'est aussi l'opinion du groupe d'économistes allemands appelé Glienicker Gruppe, qui comprend Armin von Bogdandy, Christian Calliess, Henrik Enderlein, Marcel Fratzscher, Clemens Fuest, Franz C. Mayer, Daniela Schwarzer, Maximilian Steinbeis, Constanze Stelzenmüller, Jakob von Weizsäcker et Guntram Wolff. Un autre groupe, composé d'économistes français, défend également des idées semblables. On l'appelle le groupe Piketty et il comprend Thomas Piketty, Florence Autret, Antoine Bozio, Julia Cagé, Daniel Cohen, Anne-Laure Delatte, Brigitte Dormont, Guillaume Duval, Philippe Frémeaux, Bruno Palier, Thierry Pech, Jean Quatremer, Pierre Rosanvallon, Xavier Timbeau et Laurence Tubiana. Pour une analyse critique comparative des positions de ces deux groupes, voir Galbraith et Varoufakis, 2014.

35. Voir chap. 6, section « Despotisme ».

36. Dans *L'Ancien Régime et la Révolution*, Livre III, chap. III : « Je ne crois pas non plus que le véritable amour de la liberté soit jamais né de la seule vue des biens matériels qu'elle procure [...]. Les hommes qui ne prisent que ces biens-là en elle ne l'ont jamais conservée longtemps » [*NdT*].

37. Voir Habermas, 1978.

38. Comme l'Allemagne en 1919 avec le traité de Versailles ; la France, la Grèce et beaucoup d'autres après 1939 ; ou aujourd'hui la périphérie de l'Europe sous l'œil vigilant de la troïka.

39. Voir la préface.

40. Aube dorée a accru son nombre de sièges, passé de 17 à 18 sur les 300 membres de la Chambre, et conservé sa place de troisième parti au parlement. Tragiquement, elle est devenue le plus grand parti hostile au désastreux programme économique de la troïka, donc l'adversaire principal d'une politique honnie par 80 % des Grecs.

NOTES DU CHAPITRE 8

1. Les propos de Tim Geithner sont aujourd'hui dans le domaine public (voir les transcriptions des enregistrements Geithner publiées par Peter Spiegel sur son blog du *Financial Times*, <http://blogs.ft.com/brusselsblog/author/peterspiegel> [consulté en février 2016]). Voici sa formulation exacte lorsqu'il rapporte ce que lui ont dit les dirigeants européens : « "Nous allons donner aux Grecs une bonne leçon. Ils sont vraiment immondes. Ils nous ont menti. Ils pompent, ils ont dépensé sans compter, ils ont profité à fond du système et nous allons les écraser." [C']était le fond de leur pensée, à tous. » Voir aussi Geithner, 2014.

2. *Ibid.*

3. Qu'on trouvera sur mon blog, <yanisvaroufakis.eu>, ou à l'adresse <http://yanisvaroufakis.eu/2010/11/21/a-new-versailles-treaty-haunts-europe-and-this-time-it-is-not-just-me-thinking-so> [consulté en février 2016].

4. Voir chap. 5, section « L'europhilie, la germanophobie et les élites françaises ».

5. Voir Keynes, 1920*a*.

6. Voir plus haut, n. 3.

7. Keynes, 1920*b*, p. 98 [*NdT*].

8. Keynes, 1920*a*, p. 17 [*NdT*].

9. Période que j'ai baptisée l'ère du Minotaure planétaire (1971-2008) – voir chap. 3 et Varoufakis, 2014.

10. L'incohérence entre les politiques des États, qui veulent tous être en excédent, ce qui est impossible [*NdT*].

11. Interventions qui ont été odieuses à bien des égards, notamment en favorisant outrageusement les banquiers de Wall Street, mais qui n'en ont pas moins réussi à arrêter la chute libre de l'économie mondiale. Voir Varoufakis, 2014.

12. Paradoxalement, quand la crise a frappé l'Amérique en 2008, les investisseurs se sont empressés d'acheter massivement des bons du Trésor américain. L'économie qui a provoqué le krach a bénéficié de leur ruée sur les bons d'État du pays qui émet la monnaie de réserve du monde. C'est un rappel du « privilège exorbitant » de l'Amérique, comme disait Giscard d'Estaing (voir chap. 2).

13. Pour le raisonnement complet, voir Varoufakis, 2014, chap. 9.

14. Ce processus a effectivement commencé en août 2015, avec une chute des cours boursiers et des prix immobiliers chinois, qui ont perdu une part importante de leur valeur.

15. Souvenons-nous de la section « Ignorance » du chapitre 6 !

16. Geithner laisse libre cours à sa colère dans la discussion enregistrée que Peter Spiegel a publiée sur son blog du *Financial Times* ; voir <http://blogs.ft.com/brusselsblog/2014/11/11/draghis-ecb-management-the-leaked-geithner-files>.

17. Voir <http://www.treasury.gov/resource-center/international/exchange-rate-policies/Documents/2013-10-30_FULL FX REPORT_FINAL.pdf> [consulté en février 2016].

18. Voir Robin Harding et Jeevan Vasagar, « Germany Rebuffs U.S. Treasury Criticism », *Financial Times*, 31 octobre 2013, <http://www.ft.com/intl/cms/s/0/821fbcba-41b1-11e3-b064-00144feabdc0.html?siteedition=uk&siteedition=intl#axzz2j5g4LpZX>.

19. Défini comme la différence entre les recettes totales des exportations de biens et services et les dépenses totales en biens et services importés.

20. N'oublions pas que le revenu total de la zone euro en 2015 est beaucoup plus élevé que ne l'était celui de la Chine en 2008. Un excédent de 9 % des comptes courants de la zone euro aujourd'hui serait donc trois fois supérieur à celui qu'avait la Chine cette année-là. Si l'on regarde les pourcentages réels, les excédents des comptes courants de la Chine et de la zone euro sont actuellement à peu près identiques, à 2,1 % du revenu national. En revanche, en 2008, la Chine affichait un excédent de 10 % tandis que la zone euro avait un petit déficit.

21. Par exemple, si l'Europe réussit à porter l'excédent de ses comptes courants à de tels sommets, le taux de change de l'euro montera, ce qui réduira les exportations.

22. Le lecteur comprendra, j'espère, mon appréciation positive du pragmatisme américain en la matière. Les responsables et les commentateurs américains sont capables de tomber d'accord avec des gens de gauche comme l'auteur de ce livre quand les problèmes se réduisent à de simples questions de logique. J'ai pu le remarquer ces derniers temps : tant les démocrates que les républicains étaient d'accord avec moi sur ces questions sans grande hésitation. Jusqu'à présent, j'ai cité dans ce livre des New Dealers et des démocrates, comme Geithner et Lew. Voici ce qu'un républicain, le professeur Martin Feldstein, a déclaré en 1992 sur la construction de la zone euro : « Si un pays ou une région n'a pas le pouvoir de dévaluer, et s'il ne bénéficie pas d'un système de péréquation budgétaire, rien ne pourra lui épargner un processus de déclin cumulatif et terminal qui, au bout du compte, fera de l'émigration le seul moyen d'échapper à la pauvreté ou à la famine. » Cité *in* Godley, 1992.

23. Discours au XXXXIe forum European House-Ambrosetti, lac de Côme, 5 septembre 2015.

24. Voir Evans-Pritchard, 1972, p. 391.

25. *The Guardian*, 19 juillet 2013 – voir <http://www.theguardian.com/commentisfree/2013/jul/19/we-germans-dont-want-german-europe?INTCMP=SRCH> [consulté en février 2016].

26. John Maynard Keynes voyait dans cet attachement aveugle aux règles et aux contrats la vraie cause des révolutions. Il formule ainsi l'idée dans son livre *La Réforme monétaire* (p. 87) : « Quand [...] nous envisageons l'action de l'État, tout doit être considéré et pesé selon ses avantages. Les modifications des lois successorales, l'impôt sur le revenu, la propriété de la terre, la liberté, [...] l'esclavage, etc., ont subi les mêmes attaques des partisans de l'immutabilité des contrats – qui sont les fauteurs de la révolution. »

27. On m'a dit que les paramètres de base du « programme » n'étaient pas négociables, mais que nous pourrions les mettre en œuvre avec le « maximum de flexibilité ». Cela paraissait presque acceptable, jusqu'au moment où j'ai compris que cette « flexibilité maximale » se réduisait au choix entre des coupes dans les allocations familiales ou une réduction du minimum vieillesse. Ou à une marge de liberté suffisante pour décider combien il y aurait de yaourt dans trente grammes de tzatziki.

Notes de la postface

1. Leonard Schapiro (1900-1983) était un éminent spécialiste du communisme soviétique. Il enseignait à la London School of Economics.

2. Leonard Schapiro, *De Lénine à Staline : histoire du Parti communiste de l'Union soviétique*, trad. fr. d'Aanda Golem, Paris, Gallimard, 1967, p. 531.

Note des remerciements

1. À strictement parler, le gouvernement Syriza a survécu : le Premier ministre Tsipras et la majorité des ministres sont encore en place. Mais notre gouvernement a été contraint de se renverser lui-même – autrement dit, d'abandonner ses principes les plus chers : c'est le prix que ses membres ont dû payer pour rester au pouvoir. Prix que je n'étais pas disposé à payer.

Notes de l'appendice

1. *Modeste Proposition pour résoudre la crise de la zone euro* a été publié en français en 2013, dans une traduction de Gilles Raveaud, par l'institut Veblen et Les Petits Matins [Varoufakis, Holland et Galbraith, 2013]. Pour prendre connaissance de l'intégralité de la proposition, nous invitons le lecteur à se

reporter à ce livre. Nous n'en donnons ici qu'un résumé détaillé. Nous remercions les éditeurs de nous avoir autorisé à inclure dans ce résumé un extrait de la traduction de Gilles Raveaud : le passage sur la quatrième politique, le programme de solidarité sociale d'urgence [*NdT*].

2. Si un État-membre est endetté à hauteur de 90 % de son PIB, sa DCM représente les deux tiers de sa dette totale. Donc, si une obligation d'une valeur faciale d'un milliard d'euros arrive à maturité, la BCE en paiera les deux tiers (667 millions d'euros), avec de l'argent qu'elle lèvera elle-même sur les marchés en émettant des obligations de la BCE.

3. De même qu'un particulier ne peut utiliser une simple carte de paiement comme carte de crédit.

4. L'article 20 du traité sur l'Union européenne stipule : « Les coopérations renforcées visent à favoriser la réalisation des objectifs de l'Union, à préserver ses intérêts et à renforcer son processus d'intégration. Elles sont ouvertes à tout moment à tous les États-membres [...]. La décision autorisant une coopération renforcée est adoptée par le Conseil en dernier ressort, lorsqu'il établit que les objectifs recherchés par cette coopération ne peuvent être atteints dans un délai raisonnable par l'Union dans son ensemble, et à condition qu'au moins neuf États-membres y participent. » Le Conseil approuve une coopération renforcée à l'unanimité ou à la majorité qualifiée. (Voir aussi les articles 326-334 du traité sur le fonctionnement de l'Union européenne.)

Table

OUVRAGE RÉALISÉ
PAR L'ATELIER GRAPHIQUE ACTES SUD
REPRODUIT ET ACHEVÉ D'IMPRIMER
EN SEPTEMBRE 2017
PAR NORMANDIE ROTO IMPRESSION S.A.S.
À LONRAI
POUR LE COMPTE DES ÉDITIONS
ACTES SUD
LE MÉJAN
PLACE NINA-BERBEROVA
13200 ARLES

DÉPÔT LÉGAL
1re ÉDITION : OCTOBRE 2017

N° d'impression : 1702952

(Imprimé en France)